宋撫州本禮記

第二册

漢 鄭玄注 唐 陸德明釋文

宋淳熙四年撫州公使庫刻本（清顧廣圻跋）

山東人民出版社·濟南

或問礼運似與老子同大公曰不是聖人書胡明仲曰礼運是子游所作樂記是子貢所作子游亦不至如此淺近

禮運一篇子游所作其發明有過高之意首章易流於莊子之失然莊子則詆[illegible]

[illegible]滅礼法所以害道此章首雖大道世而言風氣既開風俗既流三代聖人[illegible]以持之

禮記卷第七

今二代之礼既失周礼又廢壞所以爲亂人君欲治天下則莫大於礼積而至於大順則亦可以復大同之世矣

禮運第九

劉氏别録屬通論

禮記 鄭氏注

昔者仲尼與於蜡賓蜡者索也歲十二月合聚萬物而索饗之亦祭宗廟時孔子仕魯在助祭之中事畢出遊於觀之上喟然而嘆觀闕也孔子見魯君於祭禮有不備於此又覩象魏舊章之處感而嘆之仲尼之嘆蓋嘆魯也言偃在側曰君子何嘆言偃孔子弟子子游孔子曰大道之行也與三代之英丘未之逮也而有志焉大道謂五帝時也英俊選之尤者逮及也言不及見志謂識古文不言魯事爲其大切廣言之大道之行也天下爲公選賢與能講信脩睦公猶共也禪位授聖不家之睦親也故人不獨親其親不獨子其子孝慈

之道廣也使老有所終壯有所用幼有所長矜寡孤獨廢疾者皆有所養無匱乏也男有分分猶職也女有歸皆得良奧之家貨惡其弃於地也不必藏於己力惡其不出於身也不必爲己勞事不憚施無吝心仁厚之教也是故謀閉而不興盜竊亂賊而不作尚辭讓之故也故外戶而不閉禦風氣而已是謂大同同猶和也平也今大道既隱隱猶去也天下爲家傳位於子各親其親各子其子貨力爲己俗狹嗇大人世及以爲禮城郭溝池以爲固亂賊繁多爲此以服之也大人諸侯也禮義以爲紀以正君臣以篤父子以睦兄弟以和夫婦

礼不可無

以設制度以立田里以賢勇知以功爲已故謀用是作而兵由此起以其違大道敦朴之本也教令之稠其弊則然老子曰法令滋章盜賊多有禹湯文武成王周公由此其選也由用也能用禮義以成治此六君子者未有不謹於禮者也以著其義以考其信著有過刑仁講讓示民有常考成也刑猶則也如有不由此者在埶者去衆以爲殃埶埶位也去罪退之也殃猶禍惡也是謂小康康安也大道之人以禮於忠信爲薄言小安者失之則賊亂將作矣言偃復問曰如此乎禮之急也孔子曰夫禮先王以承天之道以治人之情故失之者死得之者生詩曰相

鼠有體，人而無禮。人而無禮，胡不遄死。〔相視也。遄，疾也。言鼠之有身體，如人而無禮者矣。人之無禮，可憎賤如鼠，不如疾死之愈。〕是故夫禮必本於天，殽於地，列於鬼神。〔聖人則天之明，因地之利，取法度於鬼神以制禮，下教令也。既又祀之，盡其敬也，教民嚴上也。鬼者，精魂所歸；神者，引物而出。謂祖廟、山川、五祀之屬也。〕達於喪、祭、射、御、冠、昏、朝、聘。〔民知嚴上，則此禮達於下也。〕故聖人以禮示之，故天下國家可得而正也。〔民知禮，則易教。〕言偃復問曰：夫子之極言禮也，可得而聞與？〔欲知禮終始所成。〕孔子曰：我欲觀夏道，〔欲行其禮，觀其所成。〕是故之杞，〔杞，夏后氏之後也。〕而不足徵也。〔徵，成也。無賢君，不足與成也。〕吾得夏時焉。〔得夏四時之書也。其書存者有小正。〕我欲觀殷道，是故之宋，而不足徵也（宋殷人之後也）吾得坤乾焉（得殷陰陽之書也其書存者有歸藏）坤乾之義夏時之等吾以是觀之（觀於二書之意）夫禮之初始諸飲食其燔黍捭豚汙尊而抔飲蕢桴而土鼓猶若可以致其敬於鬼神（言其物雖質略有齊敬之心則可以薦羞於鬼神鬼神饗德不饗味也中古未有釜甑釋米捭肉加於燒石之上而食之耳今北狄猶然汙尊鑿地為尊也抔飲手掬之也蕢讀為凷聲之誤也凷堛也謂摶土為桴也土鼓築土為鼓也）及其死也升屋而號告曰皋某復（招之於天）然後飯腥而苴孰（飯以稻米上古未有火化苴孰取遺奠有火利也苴或為俎）故天望而地藏也（地藏謂葬）體魄則降知氣在上故死者北首生者南鄉（首陰鄉陽）皆從其初（謂今行之然也）昔者先

王未有宮室，冬則居營窟，夏則居橧巢。寒則累土，暑則聚薪柴居其上。未有火化，食腥也。食草木之實、鳥獸之肉，飲其血，茹其毛；未有麻絲，衣其羽皮。此上古之時也。後聖有作，作起。然後脩火之利，孰冶萬物。范金，鑄作器用。合土，瓦瓴甓及甒大。以為臺榭、宮室、牖戶；榭器之所藏也。以炮，裹燒之也。以燔，加於火上。以亨，煑之鑊也。以炙，貫之火上。以為醴酪。烝釀之也。酪，酢酨。治其麻絲，以為布帛。以養生送死，以事鬼神上帝，皆從其朔。朔亦初也，亦謂今行之然。故玄酒在室，醴醆在戶，粢醍在堂，澄酒在下。陳其犧牲，備其鼎俎，列其琴瑟、管磬、鐘鼓，脩

莫冥漠之義

其祝嘏以降上神與其先祖以正君臣以篤父子以睦兄弟以齊上下夫婦有所是謂承天之祜此言今禮饌具所因於古及其事義也粢讀爲齊聲之誤也周禮五齊一曰泛齊二曰醴齊三曰盎齊四曰醍齊五曰沈齊字雖異醆與盎澄與沈蓋同物也奠之不同處重古略近也祝祝爲主人饗神辭也嘏祝爲尸致福於主人之辭也祜福也福之言備也

作其祝號玄酒以祭薦其血毛腥其俎孰其殽與其越席疏布以冪衣其澣帛醴醆以獻薦其燔炙君與夫人交獻以嘉魂魄是謂合莫此謂薦上古中古之食也周禮祝號有六一曰神號二曰鬼號三曰祇號四曰牲號五曰齍號六曰幣號號者所以尊神顯物也腥其俎謂豚解而腥之及血毛皆所以法於大古也孰其殽謂體解而爓之此以下皆所法於中古也越席翦蒲席也冪覆尊也澣帛練染以爲祭服嘉樂也莫

周礼之失

魯礼之失

小三百三十九

虛無也孝經說曰上通無莫然後退而合亨。體其犬、豕、牛、羊。實其簠、簋、籩、豆、鉶、羹。祝以孝告，嘏以慈告。是謂大祥。此謂薦今世之食也體其犬豕牛羊謂分別骨肉之貴賤以爲衆俎也祝以孝告嘏以慈告各首其義也祥善也今世之食於人道爲善也此禮之大成也。解子游以禮所成也

孔子曰：嗚呼哀哉！我觀周道，幽、厲傷之。吾舍魯何適矣！政亂禮失以爲魯尚愈魯之郊禘，非禮也，周公其衰矣！非猶失也魯之郊牛口傷鼷鼠食其角又有四卜郊不從是周公之道衰矣言子孫不能奉行興之杞之郊也，禹也；宋之郊也，契也。是天子之事守也。先祖法度子孫所當守故天子祭天地，諸侯祭社稷。祝、嘏莫敢易其常古，是謂大假。假亦大也不敢改其常古

祝嘏辭說藏於有司而君不知其義是謂幽國禮制皆失所以為亂醆斝先王之爵惟王者之後用之其餘諸侯用之者僭也

之法度是謂大大也將言令不然祝嘏辭說藏於宗祝巫史非禮也是謂幽國藏於宗祝巫史言君不知有也幽闇也國闇者君與大夫俱不明也醆斝及尸君非禮也是謂僭君僭禮之君也醆斝先王之爵也唯魯與王者之後得用之耳其餘諸侯用時王之器而已冕弁兵革藏於私家非禮也是謂脅君劫脅之君也冕弁君之尊服兵革君之武衛及軍器也大夫具官祭器不假聲樂皆具非禮也是謂亂國臣之奢富擬於國君敗亂之國也孔子謂管仲官事不攝焉得儉故仕於公曰臣仕於家曰僕三年之喪與新有昏者期不使以衰裳入朝與家僕雜居齊齒非禮也是謂君與臣同國臣有喪昏之事而不歸反服其衰裳以入朝或與僕相等輩而處是謂君臣共國無尊卑也有

喪昏不歸唯君耳臣有喪昏當致事而歸僕又不可與士齒 故天子有田以處其子孫諸侯有國以處其子孫大夫有采以處其子孫是謂制度 言今不然也春秋昭元年秦伯之弟鍼出奔晉剌其有千乘之國不能容其母弟 故天子適諸侯必舍其祖廟而不以禮籍入是謂天子壞法亂紀 以禮籍入謂大史典禮執簡記奉諱惡也天子雖尊舍人宗廟猶有敬焉自拱敕也 諸侯非問疾弔喪而入諸臣之家是謂君臣爲謔 無故而相之是戲謔也陳靈公與孔寧儀行父數如夏氏以取弒焉 是故禮者君之大柄也所以別嫌明微儐鬼神考制度別仁義所以治政安君也 疾今失禮如此爲言禮之大義也柄所操以治事 故政不正則君位危君位

此後推明人君欲治天下非礼不可

危則大臣倍小臣竊刑肅而俗敝則法無常法無常而禮無列禮無列則士不事也刑肅而俗敝則民弗歸也是謂疵國又爲言政失君危之禍敗也肅駿也疵病也故政者君之所以藏身也於此又遂爲之言政也藏謂煇光於外而形體不見若日月星辰之神是故夫政必本於天殽以降命降下也殽天之氣以下教令天有運移之期陰陽之節也命降于社之謂殽地謂教令由社下者也社土地之主也周禮土會之法有五地之物生降于祖廟之謂仁義謂教令由祖下者大傳曰自禰率而上至于祖遠者輕仁也自祖率而下至于禰高者重義也降於山川之謂興作謂教令由山川下者也山川有草木禽獸可作器物共國事降於五祀之謂制度謂教令由五祀下者五祀有中霤門戶竈行之神此始爲宮室

小字二百四十三

制度此聖人所以藏身之固也政之行如此何用城郭溝池之爲故聖人參於天地並於鬼神以治政也處其所存禮之序也玩其所樂民之治也並并也謂比方之也存察也治所以樂其事居也故天生時而地生財人其父生而師教之四者君以正用之故君者立於無過之地也順時以養財尊師以教民而以治政則無過差矣易曰何以守位曰仁何以聚人曰財故君者所明也非明人者也君者所養也非養人者也君者所事也非事人者也故君明人則有過養人則不足事人則失位明猶尊也故百姓則君以自治也養君以自安

也事君以自顯也故禮達而分定故人皆愛其死而患其生則當爲明人之道身治居安名顯則不苟生也不義而死舍義而生是不愛死患生也故用人之知去其詐用人之勇去其怒用人之仁去其貪用知者之謀勇者之斷仁者之施足以成治矣詐者害民信怒者害民命貪者害民財三者亂之原故國有患君死社稷謂之義大夫死宗廟謂之變變當爲辯聲之誤也辯猶正也君守社稷臣衞君宗廟者患謂見圍入故聖人耐以天下爲一家以中國爲一人者非意之也必知其情辟於其義明於其利達於其患然後能爲之耐古能字傳書世異古字時有存者則亦有今誤矣意心所無慮也辟開也何謂人情喜怒哀懼愛惡

欲七者弗學而能何謂人義父慈子孝兄良弟弟夫義婦聽長惠幼順君仁臣忠十者謂之人義講信脩睦謂之人利爭奪相殺謂之人患極言人事故聖人之所以治人七情脩十義講信脩睦尚辭讓去爭奪舍禮何以治之唯禮可耳飲食男女人之大欲存焉死亡貧苦人之大惡存焉故欲惡者心之大端也人藏其心不可測度也美惡皆在其心不見其色也欲一以窮之舍禮何以哉言人情之難知明禮之重故人者其天地之德陰陽之交鬼神之

會五行之秀氣也（言人兼此氣性純也）故天秉陽垂日星（秉猶持也言天持陽氣施生照臨下也）地秉隂竅於山川播五行於四時和而后月生也是以三五而盈三五而闕（竅孔也言地持隂氣出内於山川以舒五行於四時此氣和乃后月生而上配日若臣功成進爵位也一盈一闕屈伸之義也必三五者播五行於四時也一曰水二曰火三曰木四曰金五曰土合爲十五之成數也）五行之動迭相竭也五行四時十二月還相爲本也五聲六律十二管還相爲宮也五味六和十二食還相爲質也五色六章十二衣還相爲質也（竭猶負戴也言五行運轉更相爲始也五聲宮商角徵羽也其管陽曰律隂曰呂布十二辰始於黃鍾管長九寸下生者三分去一上生者三分益一終於南呂更相爲宮凡六十

也五味酸苦辛鹹甘也和之者春多酸夏多苦秋多辛冬多鹹皆有滑甘是謂六和五色六章畫繢事也周禮考工記曰土以黄其象方天時變火以圜山以章水以龍鳥獸虵雜四時五色之位以章之謂之巧也故人者天地之心也。五行之端也。食味。別聲。被色而生者也。此言兼氣性之效也故聖人作則。必以天地爲本。以陰陽爲端。以四時爲柄。以日星爲紀。月以爲量。鬼神以爲徒。五行以爲質。禮義以爲器。人情以爲田。四靈以爲畜。天地以至於五行其制作所取象也禮義人情其政治也四靈者其徵報也此則春秋始於元終於麟包之矣呂氏説月令而謂之春秋事類相近焉量猶分也鬼神謂山川也山川助地通氣之象也器所以操事田人所捊治也禮之位賓主象天地介僎象陰陽四面之位象四時三賓象三光夫婦象日月亦是也以天地爲本。故物可舉也。物天地所養生以陰陽爲端故情可睹也（情以陰陽通也）以四時爲柄故事可勸也（事以四時成）以日星爲紀故事可列也（事以日與星爲候興作有次第）月以爲量故功有藝也（藝猶才也十二月各有分猶人之才各有所長也藝或爲倪）鬼神以爲徒故事有守也（山川守職不移）五行以爲質故事可復也（事下竟復由上始也）禮義以爲器故事行有考也（考成也器利則事成）人情以爲田故人以爲奧也（奧猶主也田無主則荒）四靈以爲畜故飲食有由也（由用也四靈與羞物爲羣）何謂四靈麟鳳龜龍謂之四靈故龍以爲畜故魚鮪不淰鳳以爲畜故鳥不獝麟以爲畜故獸不狘龜

以爲畜故人情不失淰之言閃也獝狘飛走之貌也失猶去也龜北方之靈信則至矣故先王秉蓍龜列祭祀瘞繒宣祝嘏辭說設制度故國有禮官有御事有職禮有序皆卜筮所造置也埋牲曰瘞幣帛曰繒宣猶揚也繒或作贈故先王患禮之不達於下也患下不信也故祭帝於郊所以定天位也祀社於國所以列地利也祖廟所以本仁也山川所以儐鬼神也五祀所以本事也故宗祝在廟三公在朝三老在學王前巫而後史卜筮瞽侑皆在左右王中心無爲也以守至正此所以達禮於下也教民尊神慎居處也宗宗人也瞽樂人也侑四輔也故

禮行於郊而百神受職焉禮行於社而百貨可極焉禮行於祖廟而孝慈服焉禮行於五祀而正法則焉言信得其禮則神物與人皆應之百神列宿也百貨金玉之屬故自郊社祖廟山川五祀義之脩而禮之藏也脩猶飾也藏若其城郭然是故夫禮必本於大一分而爲天地轉而爲陰陽變而爲四時列而爲鬼神其降曰命聖人象此下之以爲教令其官於天也官猶法也此聖人所以法於天也夫禮必本於天本於大一與天之義動而之地後法地也列而之事後法五祀五祀所以本事也變而從時後法四時協於分藝協合也言禮合於月之分猶人之才也其居人也曰養養當爲義

字之誤也下之則爲教令居人身爲義孝經說曰義由人出其行之以貨力辭讓飲食冠昏喪祭射御朝聘貨摯幣庭實也力筋骸強者也不則偃罷故禮義也者人之大端也所以講信脩睦而固人之肌膚之會筋骸之束也所以養生送死事鬼神之大端也所以達天道順人情之大竇也竇孔穴也故唯聖人爲知禮之不可以已也故壞國喪家亡人必先去其禮言愚者之反聖人也故禮之於人也猶酒之有蘖也君子以厚小人以薄皆得以爲美味性善者醇耳故聖王脩義之柄禮之序以治人情治者去瑕穢養菁華也故人情者聖

王之田也脩禮以耕之（和其剛柔）陳義以種之（樹以善道）講學以耨之（存是去非類也）本仁以聚之（合其所盛）播樂以安之（感動使之堅固）故禮也者義之實也協諸義而協（協合也合禮於義則與義合不乖剌）則禮雖先王未之有可以義起也（以其合於義可以義起作）義者藝之分仁之節也（藝猶才也）協於藝講於仁得之者強（有義則人服之也）仁者義之本也順之體也得之者尊（有仁則人仰之也）故治國不以禮猶無耜而耕也（無以入也）爲禮不本於義猶耕而弗種也（嘉穀無由生也）爲義而不講之以學猶種而弗耨也（苗不殖草不除）講之以學而不合

大順

之以仁、猶耨而弗穫也（無以知收之豐荒也）合之以仁而
不安之以樂、猶穫而弗食也（不知味之甘苦）安之以
樂而不達於順、猶食而弗肥也（功不見也）四體既
正、膚革充盈、人之肥也。父子篤、兄弟睦、夫
婦和、家之肥也。大臣法、小臣廉、官職相序、
君臣相正、國之肥也。天子以德爲車、以樂
爲御、諸侯以禮相與、大夫以法相序、士以
信相考、百姓以睦相守、天下之肥也。是謂
大順。大順者、所以養生送死事鬼神之
常也（常謂皆有禮用無匱乏也車或爲居）故事大積焉而不苑

並行而不繆細行而不失深而通茂而有閒連而不相及也動而不相害也此順之至也言人皆明於禮無有蓄亂滯合者各得其分理順其職也故明於順然後能守危也能守自危之道也君子居安如危小人居危如安易曰危者安其位故禮之不同也不豐也不殺也所以持情而合危也豐殺謂天子及士名位不同禮亦異數所以拱持其情合安其危故聖王所以順山者不使居川不使渚者居中原而弗敝也小洲曰渚廣平曰原山者利其禽獸渚者利其魚鹽中原利其五穀使各居其所安不易其利勞敝之也民失其業則窮窮斯濫用水火金木飲食必時用水謂漁人以時漁爲梁春獻鼈蜃秋獻龜魚也用火謂司爟四時變國火以救時疾及季春出火季秋納火也用金謂卝人以時取金玉錫石也用木謂山虞仲冬斬陽木仲夏

斬陰木飲食謂食齊視春時羹齊視夏時醬齊視秋時飲齊視冬時合男女頒爵位必當年德謂媒氏令男三十而娶女二十而嫁司士稽士任進退其爵祿也用民必順不奪農時故無水旱昆蟲之災民無凶饑妖孽之疾言大順之時陰陽和也昆蟲之災螟螽之屬也故天不愛其道地不愛其寶人不愛其情言嘉瑞出人情至也故天降膏露地出醴泉山出器車河出馬圖鳳皇麒麟皆在郊棷藪龜龍在宮沼其餘鳥獸之卵胎皆可俯而闚也膏猶甘也器謂若銀甕丹甑也馬圖龍馬負圖而出也棷聚草也沼池也則是無故非有他事使之然也先王能脩禮以達義體信以達順故此順之實也實猶誠也盡也

礼器一篇多言礼之器物制數可謂大備矣然其器之備必其体之全也故曰大備盛

禮器第十

德也因明礼之本與其功效

鄭氏注

禮器是故大備大備盛德也 禮器言禮使人成器如耒耜之爲用也人情以爲田脩禮以耕之此是也大備自耕至於食之而肥 禮釋回增美質措則正施則行 釋猶去也回邪辟也質猶性也措置也 其在人也如竹箭之有筠也如松柏之有心也二者居天下之大端矣故貫四時而不改柯易葉 箭篠也端本也 四物於天下最得氣之本或柔刃於外或和澤於內用此不變傷也人之得禮亦猶然也 故君子有禮則外諧而內無怨 人協服也 故物無不懷仁鬼神饗德 懷歸也 先王之立禮也有本有文忠信禮之本也義理禮之文也無本不立無文不

行言必外內具也禮也者合於天時設於地財順於
鬼神合於人心理萬物者也鬼神所祀事有德也是故
天時有生也地理有宜也人官有能也物
曲有利也言皆有異故天不生地不養君子不以
爲禮鬼神弗饗也天不生謂非其時物也地不養謂非此地所生居山以魚
鼈爲禮居澤以鹿豕爲禮君子謂之不知
禮不順其鄉之所有也故必舉其定國之數以爲禮之
大經定國之數謂地物所出多少禮之大倫以地廣狹謂貢賦之常差
禮之薄厚與年之上下用年之豐凶也是故年雖大
殺衆不匡懼則上之制禮也節矣言用之有節也殺謂穀不

孰也臣猶恐也 禮時爲大順次之體次之宜次之稱次之 言聖人制禮所先後也 堯授舜舜授禹湯放桀武王伐紂時也 言受命改制度 詩云匪革其猶聿追來孝 革急也猶道也聿述也言文王改作者非必欲急行己之道乃追述先祖之業來居此爲孝 天地之祭宗廟之事父子之道君臣之義倫也 倫之言順也 社稷山川之事鬼神之祭體也 天地人之別體也 喪祭之用賓客之交義也 義之言宜也人道之宜 羔豚而祭百官皆足大牢而祭不必有餘此之謂稱也 足猶得也 稱稱牲之大小而爲俎此指謂助祭者耳而云百官喻衆也 諸侯以龜爲寶以圭爲瑞家不寶龜不藏圭不臺門言有稱也

古者貨貝寶龜大夫以下有貨耳易曰十朋之龜瑞信也諸侯執瑞孤卿以下執摯闍者謂之臺禮有以多爲貴者天子七廟諸侯五大夫三士一天子之豆二十有六諸公十有六諸侯十有二上大夫八下大夫六諸侯七介七牢大夫五介五牢天子之席五重諸侯之席三重大夫再重天子崩七月而葬五重八翣諸侯五月而葬三重六翣大夫三月而葬再重四翣此以多爲貴也豆之數謂天子朔食諸侯相食及食大夫公食大夫禮曰宰夫自東房薦豆六設于醬東此食下大夫而豆六則其餘著矣聘禮致饔餼於上大夫堂上八豆設于戶西則凡致饔餼堂上之豆數亦如此周禮公之豆四十其東西夾各十有二侯伯之豆三十有二其東西夾各十子男之豆二十有四

其東西夾各六諸侯七介七牢者周之侯伯也大夫五介五牢者侯伯之卿使聘者也周禮上公九介九牢侯伯七介七牢子男五介五牢聘義所云上公七介侯伯五介子男三介乃謂其使者也天子葬五重者謂抗木與茵也葬者抗木在上茵在下士喪禮下篇陳器曰抗木橫三縮二加抗席三加茵用疏布緇翦有幅亦縮二橫三此士之禮一重者以此差之上公四重

有以少爲貴者天子無介祭天特牲天子適諸侯諸侯膳以犢諸侯相朝灌用鬱鬯無籩豆之薦大夫聘禮以脯醢天子一食諸侯再大夫士三食力無數大路繁纓一就次路繁纓七就圭璋特琥璜爵鬼神之祭單席諸侯視朝大夫特士旅之此以少爲貴也天子無介無客禮也灌獻也一食再食三食謂告飽也食力謂工商農也大路繁纓一就殷祭天之

車也周禮王之五路玉路繁纓十有二就金路九就象路七就革路五就木路翦繁鵠纓圭璋特朝聘以爲瑞無幣帛也琥璜爵者天子酬諸侯諸侯相酬以此玉將幣也大夫特士旅之謂君揖之有以大爲貴者宮室之量器皿之度棺椁之厚丘封之大此以大爲貴也有以小爲貴者宗廟之祭貴者獻以爵賤者獻以散尊者舉觶卑者舉角五獻之尊門外缶門内壺君尊瓦甒此以小爲貴也凡觴一升曰爵二升曰觚三升曰觶四升曰角五升曰散五獻子男之饗禮也壺大一石瓦甒五斗缶大小未聞也易曰尊酒簋貳用缶有以高爲貴者天子之堂九尺諸侯七尺大夫五尺士三尺天子諸侯臺門此以高爲貴也有以下爲貴者至敬

不壇埽地而祭天子諸侯之尊廢禁大夫士棜禁此以下爲貴也廢猶去也棜斯禁也謂之棜者無足有似於棜或因名云耳大夫用斯禁士用棜禁如今方案隋長局足高三寸禮有以文爲貴者天子龍衮諸侯黼大夫黻士玄衣纁裳天子之冕朱綠藻十有二旒諸侯九上大夫七下大夫五士三此以文爲貴也此祭冕服也朱綠似夏殷禮也周禮天子五采藻有以素爲貴者至敬無文父黨無容大圭不琢大羹不和大路素而越席犧尊疏布鼏樿杓此以素爲貴也大圭長三尺杼上終葵首琢當爲篆字之誤也明堂位曰大路殷路也鼏或作幕樿木白理也孔子曰禮不可不省

也禮不同不豐不殺此之謂也蓋言稱也省察也不同言異也禮之以多爲貴者以其外心者也外心用心於外其德在表也德發揚詡萬物詡猶普也徧也大理物博如此則得不以多爲貴乎故君子樂其發也發猶見也樂多其外見也禮之以少爲貴者以其內心者也內心用心於內其德在內德產之致也精微致致密也觀天下之物無可以稱其德者萬物皆天所生孰可奉薦以稱也如此則得不以少爲貴乎是故君子慎其獨也少其牲物致誠愨古之聖人內之爲尊外之爲樂少之爲貴多之爲美是故先王之制禮也不可多

也不可寡也唯其稱也是故君子大牢而祭謂之禮匹士大牢而祭謂之攘君子謂大夫以上攘盜竊也管仲鏤簋朱紘山節藻梲君子以爲濫矣濫亦盜竊也鏤簋謂刻而飾之大夫刻爲龜耳諸侯飾以象天子飾以玉朱紘天子冕之紘也諸侯青組紘大夫士當緇組紘纁邊栭謂之節梁上楹謂之梲宮室之飾士首本大夫達棱諸侯斲而礱之天子加密石焉無畫山藻之禮也晏平仲祀其先人豚肩不揜豆澣衣濯冠以朝君子以爲隘矣隘猶狹陋也祀不以少牢與無田者同不盈禮也大夫士有田則祭無田則薦澣衣濯冠儉不務新是故君子之行禮也不可不愼也衆之紀也紀散而衆亂言二大夫皆非也紀絲縷之數有紀孔子曰我戰則克祭則受福蓋得其道

矣我我知禮者也克勝也君子曰祭祀不祈祈求也祭祀不為求福也詩云自求多福由己耳不麾蚤麾之言快也祭有時不以先之為快也齊人所善曰麾不樂葆大謂器幣也葆之言褒也不善嘉事嘉事之祭致夫人是也禮宜告見於先祖耳不善之而祭牲不及肥大薦不美多品以禮之義有以小少為貴也孔子曰臧文仲安知禮夏父弗綦逆祀而弗止也燔柴於奧文仲魯公子彄之曾孫臧孫辰也莊文之閒為大夫於時為賢是以非之不正禮也文二年八月丁卯大事于大廟躋僖公始逆祀是夏父弗綦為宗人之為也奧當為爨字之誤也或作竈禮尸卒食而祭饎爨饔爨也時人以為祭火神乃燔柴夫奧者老婦之祭也盛於盆尊於瓶老婦先炊者也盆瓶炊器也明此祭先炊非祭火神燔柴似失之禮也者猶體也若人身體體不備君子謂之不成人設之不當

猶不備也。禮有大，有小，有顯，有微。大者不可損，小者不可益，顯者不可揜，微者不可大也。故經禮三百，曲禮三千，其致一也。致之言至也。一謂誠也。經禮謂周禮也。周禮六篇，其官有三百六十。曲猶事也。事禮謂今禮也。禮篇多亡，本數未聞，其中事儀三千。未有入室而不由户者。三百三千皆猶誠也。君子之於禮也，有所竭情盡慎，致其敬而誠若，謂以少小下素爲貴也。若，順也。有美而文而誠若。謂以多大高文爲貴也。君子之於禮也，有直而行也，謂若始死哭踊無節也。有曲而殺也，謂若父在爲母期也。有經而等也，謂若天子以下至士庶人爲父母三年。有順而討也。討猶去也。謂若天子以十二，公以九，侯伯以七，子男以五爲節也。有摲而播也，摲之言芟也。謂芟殺有所與也若祭者貴賤皆有所得不使虛也有推而進也謂若王者之後得用天子之禮有放而文也謂若天子之服服日月以至黼黻有放而不致也謂若諸侯自山龍以下有順而摭也謂若君沐粱大夫沐稷士沐粱三代之禮一也民共由之或素或青夏造殷因一也俱趨誠也由用也素尚白青尚黑者也言所尚雖異禮則相因耳孔子曰殷因於夏禮所損益可知也周因於殷禮所損益可知也變白黑言素青者秦二世時趙高欲作亂或以青爲黑黑爲黃民言從之至今語猶存也周坐尸詔侑武方其禮亦然其道一也言此亦周所因於殷也武當爲無聲之誤也方猶常也告尸行節勸尸飲食無常若孝子之爲也孝子就養無方詔侑或爲詔囿夏立尸而卒祭夏禮尸有事乃坐殷坐尸無事猶坐周旅酬六尸使之相酌也后稷之尸發爵不受旅曾子曰周禮其猶醵與其庶合錢飲酒爲醵旅酬相酌似之也王居明堂之禮仲秋乃命國

醵

君子曰禮之近人情者非其至者也近人情者褻而遠之者敬郊血大饗腥三獻爓一獻孰郊祭天也大饗祫祭先王也三獻祭社稷五祀一獻祭羣小祀也爓沈肉於湯也血腥爓孰遠近備古今也尊者先遠差降而下至小祀孰而已是故君子之於禮也非作而致其情也作起也敬非己情也所以下彼此有由始也有所法也是故七介以相見也不然則已愨三辭三讓而至不然則已蹙已猶甚也愨蹙愿貌大愿則辭不見情無由至也故魯人將有事於上帝必先有事於頖宮上帝周所郊祀之帝謂蒼帝靈威仰也魯以周公之故得郊祀上帝與周同先有事於頖宮告后稷也告之者將以配天先仁也頖宮郊之學也詩所謂頖宮也字或為郊宮晉人將有事於河必先有事於惡池惡當為呼聲之誤也呼池嘔夷幷州

川齊人將有事於泰山，必先有事於配林。配林，林名。三月繫，七日戒，三日宿，慎之至也。繫，繫牲于牢也。戒，散齊也。宿，致齊也。將有祭祀之事，必先敬慎如此，不敢切也。故禮有擯詔，樂有相步，溫之至也。於藉。皆爲溫藉重禮也。擯詔，告道賓主者也。相步，扶工也。詔或爲紹。禮也者，反本脩古，不忘其初者也。故凶事不詔，朝事以樂。二者反本也。哭泣由中，非由人也。朝廷養賢以樂，樂之也。醴酒之用，玄酒之尚；割刀之用，鸞刀之貴；莞簟之安，而稾鞂之設。三者脩古。穗去實曰鞂。禹貢三百里納鞂服。是故先王之制禮也，必有主也。主謂本與古也。故可述而多學也。以本與古求之而已。君子曰：無節於內者，觀物弗之察矣。節猶驗也。

欲察物而不由禮弗之得矣故作事不以禮弗之敬矣出言不以禮弗之信矣故曰禮也者物之致也致之言至也極也是故昔先王之制禮也因其財物而致其義焉爾故作大事必順天時大事祭祀也春秋傳曰啓蟄而郊龍見而雩始殺而嘗閉蟄而烝爲朝夕必放於日月日出東方月出西方爲高必因丘陵謂冬至祭天於圜丘之上爲下必因川澤謂夏至祭地於方澤之中是故天時雨澤君子達亹亹焉達猶皆也亹亹勉勉也君子愛物見天雨澤皆勉勉勸樂是故昔先王尚有德尊有道任有能舉賢而置之聚衆而誓之古者將有大事必選賢誓衆重事也是故因

天事天（天高因高者以事也）因地事地（地下因下者以事也）因名山升中于天（名猶大也升上也中猶成也謂巡守至於方嶽燔柴祭天告以諸侯之成功也孝經說曰封乎泰山考績燔燎禪乎梁甫刻石紀號也）因吉土以饗帝于郊（吉土王者所卜而居之土也饗帝於郊以四時所兆祭於四郊者也今漢亦四時迎氣其禮則簡）升中于天而鳳皇降龜龍假（功成而大平陰陽氣和而致象物）饗帝於郊而風雨節寒暑時（五帝主五行五行之氣和而庶徵得其序也五行木爲雨金爲暘火爲燠水爲寒土爲風）是故聖人南面而立而天下大治（南面立者視朝）天道至教聖人至德（目下事也）廟堂之上罍尊在阼犧尊在西廟堂之下縣鼓在西應鼓在東（禮樂之器尊西也小鼓謂之應犧周禮作獻）君在阼夫人在房（人君尊東也天

子諸侯有左右房大明生於東月生於西此陰陽之分夫婦之位也大明日也君西酌犧象夫人東酌罍尊象日出東方而西行也月出西方而東行也周禮曰春祠夏禴祼用雞彝鳥彝皆有舟其朝踐用兩獻尊其再獻用兩象尊皆有罍諸臣之所酢禮交動乎上樂交應乎下和之至也言交乃和禮也者反其所自生自由也制禮者本己所由得民心也樂也者樂其所自成作樂者緣民所樂於己之功舜之民樂其紹堯而作大韶湯武之民樂其護伐而作濩武是故先王之制禮也以節事動反本也脩樂以道志勸之善也故觀其禮樂而治亂可知也國亂禮慢而樂淫也蘧伯玉曰君子之人達觀其禮樂則知治亂也蘧伯玉衛大夫也名瑗故觀其器而知其工之巧

觀其發而知其人之知[禮樂亦猶是也]故曰君子愼其所以與人者[將以見觀]大廟之内敬矣君親牽牲大夫贊幣而從[納牲於庭時也當用幣告神而殺牲]君親制祭夫人薦盎[親制祭謂朝事進血膋時所制者制肝洗於鬱鬯以祭於室及主]君親割牲夫人薦酒[親割謂進牲孰體時]卿大夫從君命婦從夫人洞洞乎其敬也屬屬乎其忠也勿勿乎其欲其饗之也[勿勿猶勉勉也]納牲詔於庭血毛詔於室羹定詔於堂三詔皆不同位蓋道求而未之得也[肉謂之羹道猶言也]設祭于堂[設祭之饌於堂人君禮然]爲祊乎外[祊祭明日之繹祭也謂之祊者於廟門之旁因名焉其祭之禮既設祭於室而事尸]

於堂孝子求神非一處也周禮曰夏后氏世室門堂三之二室三之一詩頌絲衣曰自堂徂基故曰於彼乎於此乎不知神之所在也一獻質謂祭羣小祀也三獻文謂祭社稷五祀五獻察察明也謂祭四望山川也七獻神謂祭先公大饗其王事與盛其饌與貢謂祫祭先王三牲魚腊四海九州之美味也籩豆之薦四時之和氣也此饌諸侯所獻內金示和也此所貢也內之庭實先設之金從革性和荆揚二州貢金三品束帛加璧尊德也貢享所執致命者君子於玉比德焉龜爲前列先知也龜知事情者陳於庭在前荆州納錫大龜金次之見情也金炤物金有兩義先入後設丹漆絲纊竹箭與衆共財也萬民皆有此物荆州貢丹兗州貢漆絲豫州貢纊揚州貢篠簜其餘無常貨各以其國之所有則致遠物也其餘謂九州之

外夷服鎮服蕃服之國周禮九州之外謂之蕃國世一見各以其所貴寶爲摯周穆王征犬戎得白狼白鹿近之其出也肆夏而送之蓋重禮也出謂諸侯之賓也禮畢而出作樂以節之肆夏當爲陔夏祀帝於郊敬之至也言就而祭之不敢致也宗廟之祭仁之至也仁恩也父子主恩也喪禮忠之至也謂哭踊袒襲也備服器仁之至也謂小斂大斂之衣服葬之明器賓客之用幣義之至也謂來賻賵故君子欲觀仁義之道禮其本也言禮有節於內可以觀也君子曰甘受和白受采忠信之人可以學禮苟無忠信之人則禮不虛道是以得其人之爲貴也道猶由也從也孔子曰誦詩三百不足以一獻一獻之禮不足以大饗

大饗之禮不足以大旅大旅具矣不足以饗帝謂誦詩三百喻習多言而不學禮也大旅祭五帝也饗帝祭天毋輕議禮謂若誦詩者不可以強言禮子路爲季氏宰宰治邑吏也季氏祭逮闇而祭日不足繼之以燭謂舊時也雖有強力之容肅敬之心皆倦怠矣以其久也有司跛倚以臨祭其爲不敬大矣偏任爲跛依物爲倚他日祭子路與室事交乎戶堂事交乎階質明而始行事晏朝而退室事祭時堂事儐尸孔子聞之曰誰謂由也而不知禮乎多其知禮

禮記卷第七

經四千九百二十一字

注五千七百四十字

郊特牲李氏曰劉氏別錄屬祭祀按此篇雜記朝享冠昏射饗之禮而以首句名篇宜屬通論吉禮賓禮
以少爲貴者

禮記卷第八

郊特牲第十一　鄭氏注

郊特牲而社稷大牢天子適諸侯諸侯膳用犢諸侯適天子天子賜之禮大牢貴誠之義也故天子牲孕弗食也祭帝弗用也犢者誠慤未有牝牡之情是以小爲貴也孕任子也易曰婦孕不育大路繁纓一就先路三就次路五就此因小說以少爲貴者禮器言次路七就與此乖字之誤也郊血大饗腥三獻爓一獻孰至敬不饗味而貴氣臭也血腥爓祭用氣諸侯爲賓灌用鬱鬯灌用臭也大饗尚腶脩而已矣亦不饗味也此大饗饗諸侯也大饗

君三重席而酢焉言諸侯相饗獻酢禮敵也三獻之介君專席而酢焉此降尊以就卑也三獻卿大夫來聘主君饗燕之以介爲賓賓爲苟敬則徹重席而受酢也專猶單也饗禘有樂而食嘗無樂陰陽之義也凡飲養陽氣也凡食養陰氣也故春禘而秋嘗春饗孤子秋食耆老其義一也而食嘗無樂言義同而或用樂或不用樂也此禘當爲禴字之誤也王制曰春禴夏禘飲養陽氣也故有樂食養陰氣也故無聲凡聲陽也鼎俎奇而籩豆偶陰陽之義也籩豆之實水土之品也水土之品言非人常所食不敢用褻味而貴多品所以交於旦明之義

賓礼

嘉礼

變礼

也（甶當爲神篆字之誤也）賓入大門而奏肆夏示易以敬也（賓朝聘者易和說也）卒爵而樂闋孔子屢歎之（美此禮也）奠酬而工升歌發德也（以詩之義發明賓主之德）歌者在上匏竹在下貴人聲也（匏笙也）樂由陽來者也禮由陰作者也陰陽和而萬物得（得其所得）旅幣無方所以別土地之宜而節遠邇之期也（旅衆也邇近也）龜爲前列先知也以鐘次之以和居參之也（鐘金也獻金爲作器鐘其大者以金參居庭實之閒示和也）虎豹之皮示服猛也束帛加璧往德也庭燎之百由齊桓公始也（僭天子也庭燎之差公蓋五十侯伯子男皆三十）大夫之奏肆

大夫強而君殺之義也正義謂大夫感強君能殺之以消絕惡原得其義
按文義當云大夫而饗君非禮也此乃臣強君弱之意其事由三桓始

夏也由趙文子始也僭諸侯趙文子晉大夫名武朝覲大夫之私覿非禮也大夫執圭而使所以申信也其君親來其臣不敢私見於主國君也以君命聘則有私見不敢私覿所以致敬也而庭實私覿何為乎諸侯之庭非其與君無別為人臣者無外交不敢貳君也私覿是外交也大夫而饗君非禮也其饗君由強且富也大夫強而君殺之義也由三桓始也三桓魯桓公之子莊公之弟公子慶父公子牙公子友慶父與牙通於夫人以脅公季友以君命鴆牙後慶父弑二君又死也天子無客禮莫敢為主焉君適其臣升自阼階不敢有其室也明饗君非禮也覲禮天子不下堂而見諸侯正君臣也下堂而

見諸侯。天子之失禮也，由夷王以下。（夷王，周康王之玄孫之子也。時微弱，不敢自尊於諸侯。）諸侯之宫縣，而祭以白牡，擊玉磬，朱干設錫，冕而舞大武，乘大路，諸侯之僭禮也。（言此皆天子之禮也。宫縣，四面縣也。干，盾也。錫，傅其背如龜也。武，萬舞也。白牡、大路，殷天子禮也。）臺門而旅樹，反坫，繡黼，丹朱中衣，大夫之僭禮也。（言此皆諸侯之禮也。旅，道也。屏謂之樹。樹所以蔽行道。管氏樹塞門。塞，猶蔽也。禮，天子外屏，諸侯内屏，大夫以簾，士以帷。反坫，反爵之坫也，蓋在尊南。兩君相見，主君既獻，於反爵焉。繡黼丹朱，以爲中衣領緣也。繡讀爲綃。綃，繒名也。詩云：素衣朱綃。又云：素衣朱襮。襮，黼領也。）故天子微，諸侯僭；大夫强，諸侯脅。於此相貴以等，相覿以貨，相賂以利，而天下之禮亂矣。（言僭所由。）諸侯不敢祖天子，大夫

賓礼　客礼　臣礼　嘉礼 鄉礼　射礼

不敢祖諸侯而公廟之設於私家非禮也由三桓始也 言仲孫叔孫季孫氏皆立桓公廟魯以周公之故立文王廟三家見而僭焉 天子存二代之後猶尊賢也尊賢不過二代 過之遠難法也二或爲三 諸侯不臣寓公故古者寓公不繼世 寓寄也寄公之子非賢者世不足尊也寓或爲託也 君之南鄉荅陽之義也臣之北面荅君也 荅對也 大夫之臣不稽首非尊家臣以辟君也 辟國君也 大夫有獻弗親君有賜不面拜爲君之荅己也 不面拜者於外告小臣小臣受以入也小臣掌三公及孤之復逆也 鄉人禓 禓強鬼也謂時儺索室毆疫逐強鬼也禓或爲獻或爲儺 孔子朝服立于阼存室神也 神依人也 孔子曰射之以樂

也何以聽何以射多其射容與樂節相應也孔子曰士使之射不能則辭以疾縣弧之義也男子生而設弧於門左示有射道而未能也女子設帨孔子曰三日齊一日用之猶恐不敬二日伐鼓何居居讀爲姬語之助也何居怪之也伐猶擊也齊者止樂而二日擊鼓則是成一日齊也孔子曰繹之於庫門內祊之於東方朝市之於西方失之矣祊之禮宜於廟門外之西室繹又於其堂神位在西也此二者同時而大名曰繹其祭禮簡而事尸禮大朝市宜於市之東偏周禮市有三期大市日昃而市百族爲主朝市朝時而市商賈爲主夕市夕時而市販夫販婦爲主社祭土而主陰氣也君南鄉於北墉下荅陰之義也牆謂之墉北墉社內北牆日用甲用日之始也國中之神莫貴於社天子大社必受霜露風雨以

軍礼

達天地之氣也大社王爲羣姓所立是故喪國之社屋之不受天陽也薄社北牖使陰明也絕其陽通其陰而巳薄社郼之社郼始都薄社所以神地之道也地載萬物天垂象取財於地取法於天是以尊天而親地也故教民美報焉家主中霤而國主社示夲也中霤亦土神也唯爲社事單出里唯爲社田國人畢作唯社丘乘共粢盛所以報夲反始也單出里皆往祭社於都鄙二十五家爲里畢作人則盡行非徒羡也丘十六井也四丘六十四井曰甸或謂之乘乘者以於車賦出長轂一乘乘或爲鄰季春出火爲焚也謂焚萊也凡出火以火出建辰之月火始出然後簡其車賦而歷其卒伍而君

吉礼

郊

親誓社以習軍旅左之右之坐之起之以觀其習變也簡歷謂算具陳列之也君親誓社誓吏士以習軍旅既而遂田以祭社也言祭社則此是仲春之禮也仲春以火田田止弊火然後獻禽至季春火出而民乃用火今云季春出火乃誓社記者誤也社或爲省而流示之禽而鹽諸利以觀其不犯命也流猶行也行行田也鹽讀爲艷行田示之以禽使歆艷之觀其用命不也謂禽爲利者凡田大獸公之小禽私之求服其志不貪其得失伍而獲猶爲犯命故以戰則克以祭則受福天子適四方先柴所到必先燔柴有事於上帝也書曰歲二月東巡守至于岱宗柴郊之祭也迎長日之至也易說曰三王之郊一用夏正夏正建寅之月也此言迎長日者建卯而晝夜分分而日長也大報天而主日大猶徧也天之神日爲尊兆於南郊就陽位也日大陽之精也埽地

而祭於其質也器用陶匏以象天地之性也觀天下之物無可以稱其德於郊故謂之郊牲用騂尚赤也尚赤者周也用犢貴誠也郊之用辛也周之始郊日以至言日以周郊天之月而至陽氣新用事順之而用辛日此說非也郊天之月而日至魯禮也三王之郊一用夏正魯以無冬至祭天於圓丘之事是以建子之月郊天示先有事也用辛日者凡爲人君當齊戒自新耳周衰禮廢儒者見周禮盡在魯因推魯禮以言周事卜郊受命于祖廟作龜于禰宮尊祖親考之義也受命謂告之退而卜卜之日王立于澤親聽誓命受教諫之義也澤澤宮也所以擇賢之宮也既卜必到澤宮擇可與祭祀者因誓勑之以禮也禮器曰舉賢而置之聚衆而誓之是也獻命庫門之內戒百官也大廟之命戒百姓也王自澤宮而還以誓

命重相申勑也庫門在雉門之外入庫門則至廟門外矣大廟者祖廟也百官公卿以下也百姓王之親也入廟戒親親也王自此還齊路寢之室庫或爲廏

祭之日王皮弁以聽祭報示民嚴上也報猶白也夙興朝服以待白祭事者乃後服祭服而行事也周禮祭之日小宗伯逆粢省鑊告時于王告備于王也

喪者不哭不敢凶服汜埽反道鄉爲田燭謂郊道之民爲之也反道剗令新土在上也田燭田首爲燭也弗命而民聽上化王嚴上

祭之日王被袞以象天謂有日月星辰之章此魯禮也周禮王祀昊天上帝則服大裘而冕祀五帝亦如之魯侯之服自袞冕而下也戴冕璪(藻)十有二旒則天數也天之大數不過十二乘素車貴其質也旂十有二旒龍章而設日月以象天也設日月畫於旂上素車殷路也魯公之郊用殷禮也

天垂象聖人則之郊所以明天道

蜡

也（明謂則之以示人也）帝牛不吉以爲稷牛（養牲必養二也）帝牛必在滌三月稷牛唯具所以別事天神與人鬼也（滌牢中所搜除處也唯具遭時又選可用也）萬物本乎天人本乎祖此所以配上帝也（言俱本可以配）郊之祭也大報本反始也天子大蜡八（所祭有八神也）伊耆氏始爲蜡（伊耆氏古天子號也）蜡也者索也（謂求索也）歲十二月合聚萬物而索饗之也（歲十二月周之正數謂建亥之月也饗者祭其神也萬物有功加於民者神使爲之也祭之以報焉造者配之也）蜡之祭也主先嗇而祭司嗇也（先嗇若神農者司嗇后稷是也）祭百種以報嗇也（嗇所樹蓺之功使盡饗之）饗農及郵表畷禽獸仁之至義之盡也

農田畯也郵表畷謂田畯所以督約百姓於井閒之處也詩云爲下國畷郵禽獸服不氏所教擾猛獸也古之君子使之必報之迎貓爲其食田鼠也迎虎爲其食田豕也迎而祭之也迎其神也祭坊與水庸事也水庸溝也曰土反其宅水歸其壑昆蟲毋作草木歸其澤此蜡祝辭也若辭同則祭同處可知矣壑猶坑也昆蟲暑生寒死螟螽之屬爲害者也皮弁素服而祭素服以送終也葛帶榛杖喪殺也蜡之祭仁之至義之盡也送終喪殺所謂老物也素服衣裳皆素黃衣黃冠而祭息田夫也祭謂既蜡臘先祖五祀也於是勞農以休息之論語曰黃衣狐裘野夫黃冠黃冠草服也言祭以息民服象其時物之色季秋而草木黃落大羅氏天子之掌鳥獸

者也諸侯貢屬焉草笠而至尊野服也諸侯於蜡使使者戴草笠貢鳥獸也詩云彼都人士臺笠緇撮又曰其餉伊黍其笠伊糾皆言野人之服也羅氏致鹿與女而詔客告也以戒諸侯曰好田好女者亡其國詔使者使歸以此告其君所以戒之天子樹瓜華不斂藏之種也華果蓏也又詔以天子樹瓜蓏而已戒諸侯以蓄藏蘊財利也八蜡以記四方四方方有祭也四方年不順成八蜡不通以謹民財也其方穀不孰則不通於蜡焉使民謹於用財蜡有八者先嗇一也司嗇二也農三也郵表畷四也貓虎五也坊六也水庸七也昆蟲八也順成之方其蜡乃通以移民也移之言羨也詩頌豐年曰為酒為醴烝畀祖妣以洽百禮此其羨之與既蜡而收民息已故既蜡君子不興功收謂收斂積聚也息民與蜡異則黃衣黃冠而祭為臘必

矣

恒豆之菹水草之和氣也其醢陸產之物也加豆陸產也其醢水物也此謂諸侯也天子朝事之豆有昌本麋臡茆菹麇臡饋食之豆有葵菹蠃醢豚拍魚醢其餘則有雜錯云也籩豆之薦水土之品也不敢用常褻味而貴多品所以交於神明之義也非食味之道也言禮以異爲敬先王之薦可食也而不可嗜也褻卷冕路車可陳也而不可好也武壯而不可樂也宗廟之威而不可安也宗廟之器可用也而不可便其利也所以交於神明者不可以同於所安樂之義也武萬舞也酒醴之美玄酒明水之

尚貴五味之本也黼黻文繡之美疏布之尚反女功之始也莞簟之安而蒲越稾鞂之尚明之也大羹不和貴其質也大圭不琢美其質也丹漆雕幾之美素車之乘尊其樸也貴其質而已矣所以交於神明者不可同於所安褻之甚也如是而后宜尚質貴本其至如是乃得交於神明之宜也明水司烜以陰鑑所取於月之水也蒲越稾鞂藉神席也明之者神明之也琢當爲篆字之誤也幾謂漆飾沂鄂也鼎俎奇而籩豆偶陰陽之義也牲陽也庶物陰也黃目鬱氣之上尊也黃者中也目者氣之清明者也言酌於中而清明於外

也黄目黄彝也周所造於諸侯爲上也祭天埽地而祭焉於其質而已矣醯醢之美而煎鹽之尚貴天產也割刀之用而鸞刀之貴貴其義也聲和而后斷也冠義始冠之緇布之冠也始冠三加先加緇布冠也大古冠布齊則緇之其緌也孔子曰吾未之聞也大古無飾非時人緌也雜記曰大白緇布之冠不緌大白即大古白布冠今喪冠也齊則緇之者鬼神尚幽闇也唐虞以上曰大古也冠而敝之可也此重古而冠之耳三代改制齊冠不復用也以白布冠質以爲喪冠也適子冠於阼以著代也東序少北近主位也醮於客位加有成也每加而有成人之道也成人則益尊醮於客位尊之也三加彌尊喻其志也始加緇布冠次皮弁次爵弁冠益尊則志益大也冠而字

之敬其名也〔重以未成人之時呼之〕委貌周道也章甫殷道也毋追〔牟堆〕夏后氏之道也〔常所服以行道之冠也或謂委貌爲玄冠也〕周弁殷冔夏收〔齊所服而祭也〕三王共皮弁素積〔所不易於先代〕無大夫冠禮而有其昏禮古者五十而后爵何大夫冠禮之有〔言年五十乃爵爲大夫也其有昏禮或改取也〕諸侯之有冠禮夏之末造也〔言夏初以上諸侯雖有幼而即位者猶以士禮冠之亦五十乃爵命也至其衰末未成人者多見篡弑乃更即位則爵命之以正君臣而有諸侯之冠禮〕天子之元子士也天下無生而貴者也〔儲君副主猶云士也明人有賢行著德乃得貴也〕繼世以立諸侯象賢也〔賢者子孫恒能法其先父德行〕以官爵人德之殺也〔言德益厚官益尊也〕死而

謚令也。古者生無爵，死無謚。（古謂殷以前也。大夫以上乃謂之爵，死有謚也。周制，爵及命士，雖及之，猶不謚耳。今記時死則謚之，非禮也。）禮之所尊，尊其義也。（言禮所以尊，尊其有義也。）失其義，陳其數，祝史之事也。故其數可陳也，其義難知也。知其義而敬守之，天子之所以治天下也。（言政之要，盡於禮之義。）天地合而后萬物興焉。（目禮之義。）夫昏禮，萬世之始也。取於異姓，所以附遠厚別也。（同姓或則多相褻也。）幣必誠，辭無不腆，（誠，信也。腆，猶善也。）告之以直信。（直，猶正也。此二者所以教婦正直信也。）信，事人也；信，婦德也。（事，猶立也。）壹與之齊，終身不改，故夫死不嫁。（齊謂共牢而食，同尊卑也。齊或爲醮。）男子親迎男先於女剛柔之義也天先乎地君先乎臣其義一也（先謂倡道也）執摯以相見敬章別也（言不敢相褻也摯所奠鴈也）男女有別然後父子親父子親然後義生義生然後禮作禮作然後萬物安（言人倫有別則氣性醇也）無別無義禽獸之道也（言聚麀之亂類也）壻親御授綏親之也親之也者親之也（言己親之所以使之親己）敬而親之先王之所以得天下也（先王若大王文王）出乎大門而先男帥女女從男夫婦之義由此始也（先者車居前也）婦人從人者也幼從父兄嫁從夫夫死從子（從謂順其教令）夫也

者夫也夫也者以知帥人者也 夫之言丈夫也夫或為傅 玄冕齊戒鬼神陰陽也將以為社稷主為先祖後而可以不致敬乎 玄冕祭服也陰陽謂夫婦也 共牢而食同尊卑也故婦人無爵從夫之爵坐以夫之齒 爵謂夫命為大夫則妻為命婦 器用陶匏尚禮然也 此謂大古之禮器也 三王作牢用陶匏 言大古無共牢之禮三王之世作之而用大古之器重夫婦之始也 厥明婦盥饋舅姑卒食婦餕餘私之也 私之猶言恩也 舅姑降自西階婦降自阼階授之室也 明當為家事之主也 昏禮不用樂幽陰之義也樂陽氣也 幽深也欲使婦深思其義不以陽散之也 昏禮不賀人之序也 序猶代也

陸灌用鬯臭句庚以鬯字句

有虞氏之祭也尚用氣血腥爓祭用氣也尚謂先薦之爓或爲腥殷人尚聲臭味未成滌蕩其聲樂三闋然後出迎牲聲音之號所以詔告於天地之閒也滌蕩猶搖動也周人尚臭灌用鬯臭鬱合鬯臭陰達於淵泉灌以圭璋用玉氣也既灌然後迎牲致陰氣也蕭合黍稷臭陽達於牆屋故既奠然後焫如悅蕭合羶薌灌謂以圭璋酌鬯始獻神也已乃迎牲於庭殺之天子諸侯之禮也奠謂薦孰時也特牲饋食所云祝酌奠于鉶南是也蕭薌蒿也染以脂合黍稷燒之詩云取蕭祭脂羶當爲馨聲之誤也奠或爲薦凡祭慎諸此魂氣歸于天形魄歸于地故祭求諸陰陽之義也

郊人先求諸陽周人先求諸陰此其所以先後異也詔祝於室坐尸於堂謂朝事時也朝事延尸于户西南面布主席東面取牲膟膋燎于爐炭洗肝于鬱鬯而燔之入以詔神於室又出以墮于主人主人親制其肝所謂制祭也時尸薦以籩豆至薦孰乃更延主于室之奥尸來升席自北方坐于主北焉用牲於庭謂殺之時升首於室制祭之後升牲首於北墉下尊首尚氣也直祭祝于主謂薦孰時也如特牲少牢饋食之爲也直正也祭以孰爲正則血腥之屬盡敬心耳索祭祝于祊索求神也廟門曰祊謂之祊者以於繹祭名也不知神之所在於彼乎於此乎室與堂與或諸遠人乎祭于祊尚曰求諸遠者與尚庶幾也祊之爲言倞諒也倞猶索也倞或爲詠肵祈之爲言敬也爲尸有肵俎此訓也富也者福也人君嘏辭有富此訓之也或曰福也者備也首也者直也訓所以升首祭也直或爲犆也相

饗之也相謂詔侑也詔侑尸者欲使饗此饌也特牲饋食禮曰主人拜妥尸尸荅拜執奠祝饗嘏長也大也主人受祭福曰嘏此訓也尸陳也尸或詁為主此尸神象當從主訓之言陳非也毛血告幽全之物也幽謂血也告幽全之物者貴純之道也純謂中外皆善血祭盛氣也祭肺肝心貴氣主也氣主氣之所舍也周祭肺殷祭肝夏祭心祭黍稷加肺祭齊加明水報陰也祭黍稷加肺謂綏祭也明水司烜所取於月之水也齊五齊也五齊加明水則三酒加玄酒也取膟（律）膋（僚）燔燎升首報陽也膟膋腸間脂也與蕭合燒之亦有黍稷也明水涚（稅）齊貴新也涚猶清也五齊濁泲之使清謂之涚齊及取明水皆貴新也周禮㡛氏以涚水漚絲涚齊或為汎齊凡涚新之也新之者敬也其謂之明水也由主人之絜著此水也著猶成也言主人齊絜此水乃成可得也君

再拜稽首肉袒親割敬之至也敬之至也服也拜服也稽首服之甚也肉袒服之盡也（割解牲體）祭稱孝孫孝子以其義稱也（謂事祖禰）稱曾孫某謂國家也（謂諸侯事五廟也於曾祖以上稱曾孫而已）祭祀之相主人自致其敬盡其嘉而無與讓也（相謂詔侑尸也嘉善也）腥肆爓腍祭豈知神之所饗也主人自盡其敬而已矣（治肉曰肆腍孰也爓或爲膶）舉斝角詔妥尸古者尸無事則立有事而后坐也尸神象也祝將命也（妥安坐也尸始入舉奠斝若奠角將祭之祝則以主人拜安尸使之坐尸即至尊之坐或時不自安則以拜安之也天子奠斝諸侯奠角古謂夏時也）縮酌用茅明酌也

謂泲醴齊以明酌也周禮曰醴齊縮酌五齊醴尤濁和之以明酌泲之以茅縮去滓也明酌者事酒之上也名曰明者事酒今之醳酒皆新成也春秋傳曰爾貢包茅不入王祭不共無以縮酒酌猶斟也酒巳泲則斟之以實尊彝昏禮曰酌玄酒三注于尊凡行酒亦爲酌也醆酒浼于清謂泲醆酒以清酒也醆酒盎齊盎齊差清和之以清酒泲之而巳泲盎齊必和以清酒者皆久味相得汁獻（莎）浼于醆酒謂泲秬鬯以醆酒也獻讀當爲莎齊語聲之誤也秬鬯者中有煮鬱和以盎齊摩莎泲之出其香汁因謂之汁莎不以三酒泲秬鬯者秬鬯尊也猶明清與醆酒于舊澤之酒也猶若也澤讀爲醳舊醳之酒謂昔酒也泲醴齊以明酌泲醆酒以清酒泲汁獻以醆酒天子諸侯之禮也天子諸侯禮發時人或聞此而不審知云若今明酌清酒與醆酒以舊醳之酒泲之矣就其所知以曉之也泲清酒以舊醳之酒者爲其味厚腊毒也祭有祈焉祈猶求也謂祈福祥求永貞也有報焉謂若穫禾報社有由辟（弭）焉由用也辟讀爲弭謂弭災兵遠罪疾也齊之玄也以陰幽思也故君子三日齊必

胡氏紀録此為康王之書當必有攷豈以康王古書多稱為康后而此首稱后王故係之康王歟或别自有據也

通解内則第五

通解一 后王上共卿時子婦孝者上與之

事親之礼

右事親事長子

見其所祭者 齊三日者思其居處思其笑語思其志意思其所樂則見之也

内則第十二　鄭氏注

后王命冢宰降德于衆兆民 后君也德猶教也萬億曰兆天子曰兆民諸侯曰萬民周禮冢宰掌飲食司徒掌十二教今一云冢宰記者據諸侯也諸侯并六卿爲三或兼職焉 子事父母雞初鳴咸盥漱櫛縰笄總拂髦冠緌纓端韠紳搢笏 咸皆也縰韜髮者也總束髮也垂後爲飾拂髦振去塵著之髦用髮爲之象幼時鬌其制未聞也緌纓之飾也端玄端士服也庶人深衣紳大帶所以自紳約也搢猶扱也扱笏於紳笏所以記事也 左右佩用 自佩也必佩者備尊者使令也 左佩紛帨刀礪小觿金燧 紛帨拭物之巾也今齊人有言紛者刀礪小刀及礪礱也小觿解小結也觿貌如錐以象骨爲之金燧可取火於日 右佩玦捍管遰大觿木燧 捍謂拾也言可以捍弦也管筆彄也遰刀鞞也

婦 問候 起 盥 飲食

木燧鑽火也偪偪行縢屨著綦綦屨繫也婦事舅姑如事父母雞初鳴咸盥漱櫛縰笄總衣紳笄今簪也衣紳衣而著紳左佩紛帨刀礪小觿金燧右佩箴管線纊施縏袠大觿木燧縏小囊也縏袠言施明爲箴管線纊有之衿纓綦屨衿猶結也婦人有纓示繫屬也以適父母舅姑之所適之及所下氣怡聲問衣燠寒疾痛苛癢而敬抑搔之怡說也苛疥也抑按搔摩也出入則或先或後而敬扶持之先後之隨時便也進盥少者奉槃長者奉水請沃盥盥卒授巾槃承盥水者巾以帨手問所欲而敬進之柔色以溫之溫藉也承尊者必和顏色饘酏酒醴芼

未冠笄者

凡内外

孺子

羹菽麥蕡稻黍粱秫唯所欲酏粥也芼菜也蕡熬枲實棗栗飴蜜以甘之堇苣枌榆免薨滫瀡以滑之脂膏以膏之謂用調和飲食也苣堇類也冬用堇夏用苣榆白曰枌免新生者薨乾也秦人溲曰滫齊人滑曰瀡也父母舅姑必嘗之而后退敬也男女未冠笄者雞初鳴咸盥漱櫛縰拂髦總角衿纓皆佩容臭總角收髮結之容臭香物也以纓佩之爲迫尊者給小使也昧爽而朝後成人也問何食飲矣若已食則退若未食則佐長者視具具饌也凡內外雞初鳴咸盥漱衣服斂枕簟灑埽室堂及庭布席各從其事斂枕簟者不欲人見己褻者簟席之親身也孺子蚤寢晏起唯所

命士以上

寢處

衣服器用

恒食佐餕

欲食無時（又後未成人者孺子小子也）由命士以上父子皆異宮昧爽而朝慈以言甘日出而退各從其事日入而夕慈以言甘（異宮崇敬也慈愛敬進之日出乃從事食祿不免農也）父母舅姑將坐奉席請何鄉將衽長者奉席請何趾少者執牀與坐（將衽謂更卧處）御者舉几斂席與簟縣衾篋枕斂簟而襡之（須卧乃敷之也襡韜也）父母舅姑之衣衾簟席枕几不傳杖屨祇敬之勿敢近（傳移也）敦牟卮匜非餕莫敢用（餕乃用之牟讀曰鍪也卮匜酒漿器敦牟黍稷器也）與恒食飲非餕莫之敢飲食（餕乃食之恒常也旦夕之常食）父母在朝夕

在親所

漱澣

恒食子婦佐餕（婦皆與夫餕也）既食恒餕（每食餕而盡之未有原也）父沒母存冢子御食羣子婦佐餕如初（御侍也謂長子侍母食也侍食者不餕其婦猶皆餕也）旨甘柔滑孺子餕在父母舅姑之所有命之應唯敬對進退周旋慎齊（齊莊也）升降出入揖遊不敢噦噫嚏咳欠伸跛倚睇視不敢唾洟（睇傾視也易曰明夷睇于左股）寒不敢襲癢不敢搔（襲謂重衣）不有敬事不敢袒裼（父黨無容）不涉不撅（撅揭衣也）褻衣衾不見裏（爲其可穢）父母唾洟不見（輒刷去之）冠帶垢和灰請漱衣裳垢和灰請澣（手曰漱足曰澣和漬也）衣裳綻裂紉箴請補綴

沐浴

男女之別

通辨三

為堂室辨內外止女不出男不言內止由左入曲礼男女不雜坐止而食

（綻猶解也）五日則燂湯請浴，三日具沐。其閒面垢，燂潘（翻）請靧；足垢，燂湯請洗。（潘米瀾也）少事長，賤事貴，共帥時。（共猶皆也，帥循也，時是也。禮皆如此也）男不言內，女不言外。（謂事業之次序）非祭非喪，不相授器。（祭嚴喪遽，不嫌也）其相授，則女受以篚；其無篚，則皆坐，奠之而后取之。（奠停地也）外內不共井，不共湢浴，不通寢席，不通乞假，男女不通衣裳，內言不出，外言不入。（湢浴室也）男子入內，不嘯不指，夜行以燭，無燭則止。（嘯讀為叱，叱嫌有隱使也）女子出門，必擁蔽其面，夜行以燭，無燭則止。（擁猶障也）道路，男子由右，女

事親 子婦孝敬

受教 子婦未孝敬

幾諫

子由左（地道尊右）子婦孝者敬者，父母舅姑之命，勿逆勿怠。（恃其孝敬之愛，或則違解。）若飲食之，雖不嗜，必嘗而待。（待後命而去也。）加之衣服，雖不欲，必服而待。（待後命釋藏也。）加之事，人代之，己雖弗欲，（謂難其妨己業。）姑與之，而姑使之，而后復之。（遠懟怨於勞事。姑猶且也。）子婦有勤勞之事，雖甚愛之，姑縱之，而寧數休之。（不可愛此而移苦於彼也。）子婦未孝未敬，勿庸疾怨，（庸之言用也。）姑教之；若不可教，而后怒之；（怒，譴責也。）不可怒，子放婦出，而不表禮焉。（表猶明也。猶爲之隱，不明其犯禮之過也。）父母有過，下氣怡色，柔聲以諫。諫若不入，起敬起孝，說

父母所愛

妻

父母沒

則復諫子事父母有隱無犯起猶更也不說與其得罪於鄉黨州閭寧孰諫子從父之令不可謂孝也周禮曰二十五家爲閭四閭爲族五族爲黨五黨爲州五州爲鄉也父母怒不說而撻之流血不敢疾怨起敬起孝撻擊也父母有婢子若庶子庶孫甚愛之雖父母沒沒身敬之不衰婢子所通賤人之子子有二妾父母愛一人焉子愛一人焉由衣服飲食由執事毋敢視父母所愛雖父母沒不衰由自也子甚宜其妻父母不說出宜猶善也子不宜其妻父母曰是善事我子行夫婦之禮焉沒身不衰父母雖沒將爲善思貽

冢婦介婦

婦礼

父母令名必果將爲不善思貽父母羞辱必不果（貽遺也果決也）舅沒則姑老（謂傳家事於長婦也）冢婦所祭祀賓客每事必請於姑（婦雖受傳猶不敢專行也）介婦請於冢婦（以其代姑之事介婦衆婦）舅姑使冢婦毋怠（雖有勤勞不敢解倦）不友（作敢）無禮於介婦（衆婦無禮冢婦不友之也善兄弟爲友娣姒猶兄弟也）舅姑若使介婦毋敢敵耦於冢婦（雖有勤勞不敢掉磬）不敢並行不敢並命不敢並坐（下冢婦也命爲使令）凡婦不命適私室不敢退（婦侍舅姑者也）婦將有事大小必請於舅姑（不敢專行）子婦無私貨無私畜無私器不敢私假不敢私與（家事統於尊也）婦或賜之飲食

事宗之礼
適辭別入
五宗篇

衣服布帛佩帨茝蘭，則受而獻諸舅姑。舅姑受之，則喜如新受賜；（或賜之，謂私親兄弟。）若反賜之，則辭，不得命，如更受賜，藏以待乏。（待舅姑之乏也。不得命者，不見許也。）婦若有私親兄弟將與之，則必復請其故，賜而后與之。適子庶子祗事宗子宗婦，（祗，敬也。宗，大宗。）雖貴富，不敢以貴富入宗子之家，雖衆車徒，舍於外，以寡約入。（入，謂入宗子家。）子弟猶歸器、衣服、裘衾、車馬，則必獻其上，而后敢服用其次也。（猶，若也。子弟若有功德，以物見饋賜，當以善者与宗子也。）若非所獻，則不敢以入於宗子之門，（謂非宗子之爵所當服也。）不敢以

飲食之礼　膳　飲　酒　羞

貴富加於父兄宗族（加猶高也）若富則具二牲獻其賢者於宗子（賢猶善也）夫婦皆齊而宗敬焉（當助祭於宗子之家）終事而后敢私祭（祭其祖禰）飯（目諸飯也）黍稷稻粱白黍黃粱稰（稰上聲疑）穛（孰穫曰稰生穫曰穛黍黃黍也）膳（目諸膳也）膷臐膮（許堯）醢牛炙醢牛胾醢牛膾羊炙羊胾醢豕炙醢豕胾芥醬魚膾雉兔鶉鷃（此上大夫之禮庶羞二十豆也以公食大夫禮饌校之則膮牛炙閒不得有醢醢衍字也又以鷃爲鴽也）飲（目諸飲也）重醴稻醴清糟黍醴清糟粱醴清糟（重陪也糟醇也清泲也致飲有醇者有泲者陪設之也）或以酏爲醴（釀粥爲醴）黍酏（酏粥）漿（酢截）水（清新）醷（梅漿）濫（以諸和水也以周禮六飲校之則濫涼也紀莒之閒名諸爲濫）酒（目諸酒也）清白（白事酒昔酒也）羞（目諸

食

烹和蓼醢醬之宜

溫涼之宜

羞也糗餌粉酏糗擣熬穀也以爲粉餌與餈此記似脫周禮羞籩之實糗餌粉餈羞豆之實酏食糁食此酏當爲餰以稻米與狼臅膏爲餰是也食目人君燕食所用也蝸醢而苽食雉羹麥食脯羹雞羹析稌犬羹兔羹和糁不蓼苽彫胡也稌稻也凡羹齊宜五味之和米屑之糁蓼則不矣此脯所謂析乾牛羊肉也濡豚包苦實蓼濡雞醢醬實蓼濡魚卵醬實蓼濡鱉醢醬實蓼凡濡謂亨之以汁和也苦苦荼也以包豚殺其氣卵讀爲鯤鯤魚子或作攔也腶脩蚳醢腶脩捶脯施薑桂也蚳蚍蜉子也脯羹兔醢麋膚魚醢魚膾芥醬麋腥醢醬桃諸梅諸卵鹽自蝸醢至此二十六物似皆人君燕所食也其饌則亂膚切肉也膚或爲胖卵鹽大鹽也凡食齊視春時飯宜温也羹齊視夏時羹宜熱也醬齊視秋時醬宜涼也飲齊視

和調之宜

性味所宜

脯脩与果之饌

冬時。飲宜寒也。凡和，春多酸，夏多苦，秋多辛，冬多鹹，調以滑甘。多其時味以養氣也。牛宜稌，羊宜黍，豕宜稷，犬宜粱，鴈宜麥，魚宜苽。言其氣味相成。春宜羔豚膳膏薌，夏宜腒鱐膳膏臊，秋宜犢麛膳膏腥，冬宜鮮羽膳膏羶。此八物四時肥美也。為其大盛，煎以休廢之膏，節其氣也。牛膏薌，犬膏臊，雞膏腥，羊膏羶。腒，乾雉也。鱐，乾魚也。鮮，生魚也。羽，鴈也。牛脩、鹿脯、田豕脯、麋脯、麕脯，麋、鹿、田豕、麕，皆有軒；雉、兔皆有芼。脯皆析乾其肉也。軒讀為憲，憲謂藿葉切也。芼謂菜釀也。軒或為胖。爵、鷃、蜩、范、蜩，蟬也。范，蜂也。芝、栭、蔆、椇、棗、栗、榛、柹、瓜、桃、李、梅、杏、柤、梨、薑、桂。蔆，芰也。椇，枳椇也。柤，梨之不臧者。自牛脩至此三十一物，皆人君燕食所加庶羞也。周禮天子羞用百有二十品，記

燕食之等

葷辛所宜

謹食

者不能次錄天夫燕食有膾無脯有脯無膾士不貳羹胾庶人耆老不徒食尊卑差也膾春用葱秋用芥豚春用韭秋用蓼芥芥醬也脂用葱膏用薤脂肥凝者釋者曰膏三牲用藙藙煎茱萸也漢律會稽獻焉爾雅謂之檓和用醯畜與家物自相和也獸用梅亦野物自相和鶉羹雞羹鴽釀之蓼釀謂切雜之也鴽在羹下烝之不羹也魴鱮烝雛燒雉薌無蓼薌蘇荏之屬也燒烟於火中也自膾用葱至此言調和菜釀之所宜也不食雛鼈狼去腸狗去腎狸去正脊兔去尻狐去首豚去腦魚去乙鼈去醜皆為不利人也雛鼈伏乳者乙魚體中害人者名也今東海鰫魚有骨名乙在目旁狀如篆乙食之鯁人不可出醜謂鼈竅也肉曰脫之魚曰作之棗曰新

膾湆之味

之栗曰撰之桃曰膽之柤棃曰攢之皆治擇之名也牛夜鳴則庮羊泠毛而毳羶狗赤股而躁臊鳥皫色而沙鳴鬱豕望視而交睫腥馬黑脊而般臂漏雛尾不盈握弗食舒鴈翠鵠鴞胖舒鳧翠雞肝鴈腎鴇奧鹿胃亦皆爲不利人也庮惡臭也春秋傳曰一薰一庮泠毛毳毛別聚旃不解者也赤股股裏無毛也皫色毛變色也沙猶嘶也鬱腐臭也望視視遠也腥當爲星聲之誤也星肉中如米者般臂前脛般般然也漏當爲螻如螻蛄臭也舒鴈鵞也翠尾肉也鵠鴞胖謂脅側薄肉也舒鳧鶩也鴇奧脾肶也鵠或爲鴞也肉腥細者爲膾大者爲軒言大切細切異名也膾者必先軒之所謂聶而切之也或曰麋鹿魚爲菹麕爲辟雞野豕爲軒兎爲宛脾切葱若薤實諸

飲食之等
通解羞食
以下至稻米
爲酏並入五
學篇

養老之礼

醢以柔之［此軒辟雞宛脾皆菹類也釀菜而柔之以醢殺腥肉及其氣今益州有鹿𪇔者近由此爲之矣菹軒聶而不切辟雞宛脾聶而切之軒或爲胖宛或作鬱］羞食自諸侯以下至於庶人無等［羞食食之主也庶羞乃異耳］大夫無秩膳［謂五十始命未甚老也秩常也］大夫七十而有閣［有秩膳也閣以板爲之庋食物也］天子之閣左達五右達五公侯伯於房中五大夫於閣三士於坫一［達夾室大夫言於閣與天子同處天子二五倍諸侯也五者三牲之肉及魚腊也］

凡養老有虞氏以燕禮夏后氏以饗禮殷人以食禮周人脩而兼用之凡五十養於鄉六十養於國七十養於學達於諸侯八十拜君命一坐再至瞽亦如之九十者使

人受五十異粻六十宿肉七十貳膳八十
常珍九十飲食不違寢膳飲從於遊可也
六十歲制七十時制八十月制九十日脩
唯絞紟衾冒死而后制五十始衰六十非
肉不飽七十非帛不煖八十非人不煖九
十雖得人不煖矣五十杖於家六十杖於
鄉七十杖於國八十杖於朝九十者天子
欲有問焉則就其室以珍從七十不俟朝
八十月告存九十日有秩五十不從力政
六十不與服戎七十不與賓客之事八十

齊喪之事弗及也五十而爵六十不親學
七十致政凡自七十以上唯衰麻爲喪凡
三王養老皆引年八十者一子不從政九
十者其家不從政瞽亦如之凡父母在子
雖老不坐有虞氏養國老於上庠養庶老
於下庠夏后氏養國老於東序養庶老於
西序殷人養國老於右學養庶老於左學
周人養國老於東膠養庶老於虞庠虞庠
在國之西郊有虞氏皇而祭深衣而養老
夏后氏收而祭燕衣而養老殷人冔而祭

孝子養老 通解此節別入

帝王養老

縞衣而養老周人冕而祭玄衣而養老（記王制有此）曾子曰孝子之養老也樂其心不違其志樂其耳目安其寢處以其飲食忠養之孝子之身終終身也者非終父母之身終其身也是故父母之所愛亦愛之父母之所敬亦敬之至於犬馬盡然而況於人乎（賤喻貴也）凡養老五帝憲（憲法也養之為法其德行）三王有乞言（有讀為又又從之求善言可施行也）五帝憲養氣體而不乞言有善則記之為惇史三王亦憲既養老而后乞言亦微其禮皆有惇史（惇史史孝厚者也微其禮者依違言

再叙飲食
淳熬
淳毋
炮

之求而不切也淳熬煎醢加于陸稻上沃之以膏曰淳熬淳沃也熬亦煎也沃煎成之以爲名淳毋煎醢加于黍食上沃之以膏曰淳毋毋讀曰模模象也作此象淳熬炮取豚若將刲之刳之實棗於其腹中編萑以苴之塗之以謹塗炮之塗皆乾擘之濯手以摩之去其皽爲稻粉糔溲之以爲酏以付豚煎諸膏膏必滅之鉅鑊湯以小鼎薌脯於其中使其湯毋滅鼎三日三夜毋絕火而后調之以醯醢炮者以塗燒之爲名也將當爲牂牂牡羊也刲刳博異語也謹當爲墐聲之誤也墐塗塗有穰草也皽謂皮肉之上魄莫也糔溲亦博異語也糔讀與滫瀡之滫同薌脯謂煑豚若羊於小鼎中使之香美也謂之脯者既去

擣珍　漬　熬　糝

皽則解析其肉使薄如爲脯然唯豚全耳豚羊入鼎三日乃內醯醢可食也擣珍，取牛羊麋

鹿麕之肉必脄，每物與牛若一，捶反側之，

去其餌，孰出之，去其皽，柔其肉。脄，脊側肉也。捶，擣之也。餌，筋腱也。柔之爲汁和也。汁和亦醯醢與。漬，取牛肉必新殺者，薄切之，必

絕其理，湛諸美酒，期朝而食之，以醯若醢

醷。湛亦漬也。爲熬，捶之，去其皽，編萑，布牛肉焉，屑

桂與薑，以洒諸上，而鹽之，乾而食之。施羊

亦如之。施麋、施鹿、施麕，皆如牛羊。欲濡肉，

則釋而煎之以醢。欲乾肉，則捶而食之。熬於火上爲之也。今之火脯似矣。欲濡欲乾，人自由也。醢或爲醯。此七者，周禮八珍，其一肝膋是也。糝，取牛羊

大三百六十三　禮記八　二十四

肝膋

夫婦之別道辭入三

男女不同不入

豕之肉三如一小切之與稻米稻米二肉一合以爲餌煎之此周禮糝食也肝膋取狗肝一幪之以其膋濡炙之舉燋其膋不蓼膋腸間脂舉或爲巨取稻米舉糔溲之小切狼臅膏以與稻米爲酏狼臅膏臆中膏也以煎稻米則似今膏餈矣此周禮酏食也此酏當從餰禮始於謹夫婦爲宮室辨外內男子居外女子居內深宮固門閽寺守之男不入女不出閽掌守中門之禁也寺掌內人之禁令也男女不同椸枷不敢縣於夫之楎椸不敢藏於夫之篋笥不敢共湢浴竿謂之椸楎杙也夫不在斂枕篋簟席襡器而藏之不敢褻也少

妾礼 通觧四 夫婦之礼止 當夕 否御妻妾

生子 通觧五 妻將生子 安否

事長賤事貴咸如之咸皆也夫婦之禮唯及七十同藏無閒褻老無嫌及猶至也故妾雖老年未滿五十必與五日之御五十始衰不能孕也妾閉房不復出御矣此御謂侍夜勸息也五日一御諸侯制也諸侯取九女姪娣兩兩而御則三日也次兩媵則四日也次夫人專夜則五日也天子十五日乃一御將御者齊漱澣慎衣服櫛縰笄總角拂髦衿纓綦屨其往如朝也角衍字也拂髦或為繆髦也雖婢妾衣服飲食必後長者人貴賤不可以無禮妻不在妾御莫敢當夕辟女君之御日也妻將生子及月辰居側室側室謂夾之室次燕寢也夫使人日再問之作而自問之妻不敢見使姆衣服而對至于子生夫復使人日再

問之作有感動夫齊則不入側室之門若始時使人問子生男子設弧於門左女子設帨於門右表男女也弧者示有事於武也帨事人之佩巾也三日始負子男射女否始有事也負之謂抱之而使鄉前也國君世子生告于君接以大牢宰掌具接讀爲捷捷勝也謂食其母使補虛強氣也三日卜士負之吉者宿齊朝服寢門外詩負之射人以桑弧蓬矢六射天地四方詩之言承也桑弧蓬矢本大古也天地四方男子所有事也保受乃負之代士也保保母宰醴負子賜之束帛醴當爲禮聲之誤也禮以一獻之禮酬之以幣也卜士之妻大夫之妾使食子食子不使君妾適妾有敵義不㨯褻以勞辱事也士妻大夫之妾謂時自有子凡接子擇

日（雖三日之內尊卑必皆選其吉焉）冢子則大牢（天子世子也冢大也冢子猶言長子通於下也）
庶人特豚士特豕大夫少牢國君世子大
牢（皆謂長子）其非冢子則皆降一等（謂冢子之弟及衆妾之子生也）
（天子諸侯少牢大夫特豕士特豚庶人猶特豚也）異爲孺子室於宮中（特埽
一處以處之）擇於諸母與可者必求其寬裕慈惠
溫良恭敬慎而寡言者使爲子師其次爲
慈母其次爲保母皆居子室（此人君養子之禮也諸母衆妾也可
者傅御之屬也子師教示以善道者慈母知其嗜欲者保母安其居處者士妻食乳之而已）他人無事
不往（爲兒精氣微弱將驚動也）三月之末擇日翦髮爲鬌男
角女羈否則男左女右（鬌所遺髮也夾囟曰角午達曰羈也）是日

也妻以子見於父貴人則爲衣服由命士以下皆漱澣貴人大夫以上也由自也男女夙興沐浴衣服具視朔食朔食天子大牢諸侯少牢大夫特豕士特豚也夫入門升自阼階立于阼西鄉妻抱子出自房當楣立東面入門者入側室之門也大夫以下見子就側室見妾子於內寢辟人君也姆先相曰母某敢用時日祗見孺子某妻姓若言姜氏也祗敬也或作振夫對曰欽有帥父執子之右手咳而名之欽敬也帥循也言教之敬使有循也執右手明將授之事也妻對曰記有成遂左還授師記猶識也識夫之言使有成也師子師也子師辯告諸婦諸母名後告諸母若名成於尊妻遂適寢復夫之燕寢夫告宰名宰辯

告諸男名，書曰某年某月某日某生，而藏之。宰謂屬吏也。春秋書桓六年九月丁卯子同生。宰告閭史，閭史書爲二，其一藏諸閭府，其一獻諸州史。州史獻諸州伯，州伯命藏諸州府。四閭爲族，族百家也。閭胥中士一人。五黨爲州，州二千五百家也。州長中大夫一人也。皆有屬吏。獻猶言也。夫入食如養禮。夫入已見子，入室也。其與妻食，如婦始饋舅姑之禮也。世子生，則君沐浴朝服，夫人亦如之，皆立于阼階西鄉，世婦抱子升自西階，君名之，乃降。子升自西階，則人君見世子於路寢也。見妾子就側室。凡子生皆就側室。諸侯夫人朝於君，次而褖衣也。適子庶子見於外寢，撫其首，咳而名之，禮帥初，無辭。此適子謂世子弟也。庶子，妾子也。外寢，君燕寢也。無辭辭謂欽有帥記有成也凡名子不以日月不以國終使易諱不以隱疾諱衣中之疾難爲醫也大夫士之子不敢與世子同名尊世子也其先世子生亦勿爲改世妾將生子及月辰夫使人日一問之子生三月之末漱澣夙齊見於內寢禮之如始入室君已食徹焉使之特餕遂入御內寢適妻寢也禮謂已見子夫食而使獨餕也如始入室始來嫁時妾餕夫婦之餘亦如之既見子可以御此謂大夫士之妾也凡妾稱夫曰君公庶子生就側室三月之末其母沐浴朝服見於君擯者以其子見君所有賜君名之衆子則使有司名之擯者傳姆之屬也人君尊雖妾不抱子有賜於君有恩惠也有司臣有事者也魯桓公名子問於申繻也庶

人無側室者及月辰夫出居羣室其問之也與子見父之禮無以異也夫雖辟之至問妻及見子禮同也庶人或無妾凡父在孫見於祖祖亦名之禮如子見父無辭見子於祖家統於尊也父在則無辭有適子者無適孫與見庶子同也父卒而有適孫則有辭與見冢子同父雖卒而庶孫猶無辭也食子者三年而出見於公宮則劬劬勞也士妻大夫之妾食國君之子三年出歸其家君有以勞賜之大夫之子有食母選於傅御之中喪服所謂乳母也士之妻自養其子賤不敢使人也由命士以上及大夫之子旬而見旬當爲均聲之誤也有時適妾同時生子子均而見者以生先後見之既見乃食亦辟人君也易說卦坤爲均今亦或作旬也冢子未食而見必執其右手適子庶子已食而見必循

其首天子諸侯尊別世子雖同母禮則異矣未食已食急正緩庶之義也子能食食教以右手能言男唯女俞男鞶革女鞶絲俞然也鞶革小囊盛帨巾者男用韋女用繒有飾緣之則是鞶裂與詩云垂帶如厲紀子帛名裂繻字雖今異意實同也六年教之數與方名方名東西七年男女不同席不共食蚤其別也八年出入門戶及即席飲食必後長者始教之讓示以廉恥九年教之數日朔望與六甲也十年出就外傅居宿於外學書計衣不帛襦袴禮帥初朝夕學幼儀請肄簡諒外傅教學之師也不用帛爲襦袴爲大溫傷陰氣也禮帥初遵習先日所爲也肄習也諒信也請習簡謂所書篇數也請習信謂應對之言也十有三年學樂誦詩舞勺成童舞象學射御

（先學勺後學象文武之次也成童十五以上）二十而冠始學禮可以衣裘帛舞大夏惇行孝弟博學不教內而不出（大夏樂之文武備者也內而不出謂人之謀慮也）三十而有室始理男事博學無方孫友視志（室猶妻也男事受田給政役也方猶常也至此學無常在志所好也孫順也順於友視其所志也）四十始仕方物出謀發慮道合則服從不可則去（方猶常也物猶事也）五十命爲大夫服官政（統一官之政也）七十致事（致其事於君而告老）凡男拜尚左手（左陽）女子十年不出（恒居內也）姆教婉娩聽從（婉謂言語也娩之言媚也媚謂容貌也）執麻枲治絲繭織紝組紃學女事以共衣服（紃絛）觀於祭祀納酒漿

籩豆葅醢禮相助奠當及女時而知十有五年而笄謂應年許嫁者女子許嫁笄而字之其未許嫁二十則笄二十而嫁有故二十三年而嫁故謂父母之喪聘則爲妻聘問也妻之言齊也以禮見問則得與夫敵體奔則爲妾妾之言接也聞彼有禮走而往焉以得接見於君子也奔或爲衔凡女拜尚右手右陰也

禮記卷第八 經六千六百八十三字
注七千一百七字

別錄屬通論
天子冠服飲食起居之節

禮記卷第九

玉藻第十三　鄭氏注

天子玉藻十有二旒前後邃延龍卷以祭祭先王之服也雜采曰藻天子以五采藻爲旒旒十有二前後邃延者言皆出冕前後而垂也天子齊肩延冕上覆也玄表纁裏龍卷畫龍於衣字或作袞玄端而朝日於東門之外聽朔於南門之外閏月則闔門左扉立于其中端當爲冕字之誤也玄衣而冕冕服之下朝日春分之時也東門南門皆謂國門也天子廟及路寢皆如明堂制明堂在國之陽每月就其時之堂而聽朔焉卒事反宿路寢亦如之閏月非常月也聽其朔於明堂門中還處路寢門終月凡聽朔必以特牲告其帝及神配以文王武王皮弁以日視朝遂以食日中而餕奏而食日少牢朔月大牢餕食朝之餘也奏奏樂也五

諸侯冠服飲食起居之節

飲上水漿酒醴酏上水水爲上餘其次之卒食玄端而居天子服玄端燕居也動則左史書之言則右史書之其書春秋尚書其存者御瞽幾聲之上下瞽樂人也幾猶察也察其哀樂年不順成則天子素服乘素車食無樂自貶損也諸侯玄端以祭祭先君也端亦當爲冕字之誤也諸侯祭宗廟之服唯魯與天子同裨冕以朝朝天子也裨冕公衮侯伯鷩子男毳也皮弁以聽朔於大廟皮弁下天子也朝服以日視朝於內朝朝服冠玄端素裳也此內朝路寢門外之正朝也天子諸侯皆三朝朝辨色始入羣臣也入入應門也辨猶正也别也君日出而視之退適路寢聽政使人視大夫大夫退然後適小寢釋服小寢燕寢也釋服服玄端又朝服以食

諸侯以下

特牲三俎祭肺食必復朝服所以敬養身也三俎豕魚腊夕深衣祭牢肉祭牢肉異於始殺也天子言日中諸侯言夕天子言餕諸侯言祭牢肉互相挾朔月少牢五俎四簋五俎加羊與其腸胃也朔月四簋則日食粱稻各一簋而已子卯稷食菜羹忌日貶也夫人與君同庖不特殺也君無故不殺牛大夫無故不殺羊士無故不殺犬豕故謂祭祀之屬君子遠庖廚凡有血氣之類弗身踐也踐當爲翦聲之誤也翦猶殺也至于八月不雨君不舉爲旱變也此謂建子之月不雨盡建未月也春秋之義周之春夏無雨未能成災至其秋秀實之時而無雨則雩雩而得之則書雩喜祀有益也雩而不得則書旱明災成也年不順成君衣布搢薦本關梁不租山澤列而不賦土功不興大夫不得造車馬皆爲

齋車之等

寢處

沐

浴

凶年變也君衣布者謂若衛文公大布之衣大帛之冠是也搢本去珽荼佩士笏也士以竹爲笏飾本以象闕梁不租此周禮也盼則關恒譏而不征列之言遮列也雖不賦猶爲之禁不得非時取也造謂作新也卜人定龜謂靈射之屬所當用者史定墨視兆坼也君定體視兆所得也周公曰體王其無害君羔幦〔覓〕虎犆〔直〕幦覆苓也犆讀皆如直道而行之直直謂緣也此君齊車之飾大夫齊車鹿幦豹犆朝車士齊車鹿幦豹犆臣之朝車與齊車同飾君子之居恒當戶鄉明寢恒東首首生氣也若有疾風迅雷甚雨則必變〔縣〕雖夜必興衣服冠而坐敬天之怒日五盥沐稷而靧〔悔〕粱櫛用樿〔展〕櫛髮晞用象櫛進禨〔音〕進羞工乃升歌晞乾也沐靧必進禨作樂盈氣也更言進羞明爲羞籩豆之實浴用二巾上絺下綌刷去垢也出杅〔于〕履

將朝
笏因進笏而併書

蒯席連用湯杅浴器也蒯席澀便於洗足也連猶釋也履蒲席衣布晞身乃屨進飲進飲亦盈氣也將適公所宿齊戒居外寢沐浴史進象笏書思對命思所思念將以告君者也對所以對君者也命所受君命也書之於笏爲失忘也既服習容觀玉聲玉佩乃出揖私朝煇如也登車則有光矣私朝自大夫家之朝也揖其臣乃行天子搢珽他頂方正於天下也此亦笏也謂之珽珽之言珽然無所屈也或謂之大圭長三尺杼上終葵首終葵首者於杼上又廣其首方如椎頭是謂無所屈後則恒直相王書曰珽王六寸明自炤諸侯荼前詘後直讓於天子也荼讀爲舒遲之舒舒懦者所畏在前也詘謂圜殺其首不爲椎頭諸侯唯天子詘焉是以謂笏爲荼大夫前詘後詘無所不讓也大夫奉君命出入者也上有天子下有己君又殺其下而圜侍坐則必

席

賜食

退席不退則必引而去君之黨（引卻也黨鄉之細者退謂旁側也辟君之親黨也）登席不由前為躐席（外必由下也）徒坐不盡席尺（示无所求於前不忘謙也）讀書食則齊豆去席尺（讀書聲當聞尊者食為汚席也）若賜之食而君客之則命之祭然後祭（雖見賓客猶不敢備禮也侍食則正不祭）先飯辯嘗羞飲而俟（俟君食而後食也君將食臣先嘗之忠孝也）若有嘗羞者則俟君之食然後食飯飲而俟（不祭侍食不敢備禮也不嘗羞膳宰存也飯飲利將食也）君命之羞羞近者（辟貪味也）命之品嘗之然後唯所欲（必先徧嘗之）凡嘗遠食必順近食（從近始也）君未覆手不敢飧（覆手以循咡已食也飧勸食也）君既食又

賜飲

尊　因賜爵而借書

不敢先君飽飯飧者三飯也臣勸君食如是可也君既徹執飯與醬乃出授從者食於尊者之前當親徹也凡侑食不盡食食於人不飽謙也唯水漿不祭若祭爲已偞（書本）里水漿非盛饌也已猶大也祭之爲大有所畏迫臣於君則祭之君若賜之爵則越席再拜稽首受登席祭之飲卒爵而俟君卒爵然後授虛爵不敢先君盡爵君子之飲酒也受一爵而色洒如也洒如肅敬貌洒或爲察二爵而言言（誾）斯言言和敬貌斯猶耳也禮已三爵而油油油油說敬貌以退禮飲過三爵則敬殺可以去矣退則坐取屨隱辟而后屨坐左納右坐右納左隱辟俛逡巡而退著屨也凡尊必上玄酒不忘

大司共五

冠制 自天子以下

古也唯君面尊面猶鄉也燕禮曰司宮尊于東楹之西兩方壺左玄酒南上公尊瓦大兩有豐在尊南南上唯饗野人皆酒飲賤者不備禮大夫側尊用棜士側尊用禁棜斯禁也無足有似於棜是以言棜始冠緇布冠自諸侯下達冠而敝之可也本大古耳非時王之法服也玄冠朱組纓天子之冠也緇布冠繢緌諸侯之冠也皆始冠之冠也玄冠委貌也諸侯緇布冠有緌尊者飾也繢或作繪緌或作蕤玄冠丹組纓諸侯之齊冠也玄冠綦組纓士之齊冠也言齊時所服也四命以上齊祭異冠縞冠玄武子姓之冠也謂父有喪服子爲之不純吉也武卷也古者冠卷殊縞冠素紕既祥之冠也紕緣邊也紕讀如埤益之埤既祥之冠也已祥祭而服之也閒傳曰大祥素縞麻衣垂緌五寸惰游

深衣

之士也（惰游罷民也亦縞冠素紕凶服之象也垂長緌明非既祥）玄冠縞武不齒之服也（所放不帥教者）居冠屬武（謂燕居冠也著冠於武少威儀）自天子下達有事然後緌（燕無事者去飾）五十不散送（送喪不散麻始衰不備禮）親沒不髦（去爲子之飾）大帛不緌（帛當爲白聲之誤也大帛謂白布冠也不緌凶服去飾）玄冠紫緌自魯桓公始也（蓋僭宋王者之後服也緌當用繢）朝玄端夕深衣深衣三袪（謂大夫士也三袪者謂要中之數也袪尺二寸圍之爲二尺四寸三之七尺二寸）縫齊倍要（縫紩也紩下齊倍要中齊丈四尺四寸縫或爲逢或爲豐）衽當旁（衽謂裳幅所交裂也凡衽者或殺而下或殺而上是以小要取名焉衽屬衣則垂而放之屬裳則縫之以合前後上下相變）袂可以回肘（二尺二寸之節）長中繼揜尺（其爲長衣中衣則繼袂揜一尺若今褎矣深衣則緣而已）袷（劫）二寸（曲領也）袪尺二寸（袂口）

也。緣廣寸半（飾邊也），以帛裏布，非禮也（中外宜相稱也。冕服絲衣也，中衣用素；皮弁服、朝服、玄端，麻衣也，中衣用布）。士不衣織（織染絲織之，士衣染繒也），無君者不貳采（大夫去位，宜服玄端玄裳）。衣正色，裳間色（謂冕服玄上纁下）。非列采不入公門（列采，正服），振絺綌不入公門，表裘不入公門（振讀爲袗，袗，禪也。表裘，外衣也。二者形且褻，皆當表之乃出），襲裘不入公門（衣裘必當裼也）。纊爲繭，縕爲袍（衣有著之異名也。纊謂今之新綿也，縕謂今纊及舊絮也），禪爲絅（有衣裳而無裏），帛爲褶（有表裏而無著）。朝服之以縞也，自季康子始也（亦僭宋王者之後）。孔子曰：朝服而朝，卒朔然後服之（謂諸侯與羣臣也。諸侯視朔皮弁服）。曰：國家未道，則不充其服焉（謂若衛文公者，未道，未合於道）。唯君有䙝裘以誓省大裘非古也僭天子也天子祭上帝則大裘而冕大[illegible]羔裘也黼裘以羔與狐白雜爲黼文也省當爲獮獮秋田也國君有黼裘誓獮田之禮時大夫又有大裘也君衣狐白裘錦衣以裼之君衣狐白毛之裘則以素錦爲衣覆之使可裼也袒而有衣曰裼必覆之者裘褻也詩云衣錦絅衣裳錦絅裳然則錦衣復有上衣明矣天子狐白之上衣皮弁服與凡裼衣象裘色也君之右虎裘厥左狼裘衛尊者宜武猛士不衣狐白辟君也狐之白者少以少爲尊也君子狐青裘豹褎袖玄綃衣以裼之君子大夫士也綃綺屬也染之以玄於狐青裘相宜狐青裘蓋玄衣之裘麛裘青豻岸褎絞衣以裼之豻胡犬也絞蒼黃之色也孔子曰素衣麛裘羔裘豹飾緇衣以裼之飾猶褎也孔子曰緇衣羔裘狐裘黃衣以裼之黃衣大蜡時臘先祖之服也孔子曰黃衣狐裘錦衣狐裘諸侯之服也非諸

笏 自天子以下

小三百五十

侯則不用錦衣爲裼犬羊之裘不裼質略亦庶人無文飾不文飾也不
裼裼主於有文飾之事裘之裼也見美也君子於事以見美爲敬弔則
襲不盡飾也喪非所以見美君在則裼盡飾也臣於君所
服之襲也充美也充猶覆也所敬不主於君則襲是故尸襲尸尊
執玉龜襲重寶瑞也無事則裼弗敢充也謂已致龜玉也笏
天子以球玉諸侯以象大夫以魚須文竹
士竹本象可也球美玉也文猶飾也大夫士飾竹以爲笏不敢與君並用純物也見
於天子與射無說笏入大廟說笏非古也
言凡吉事無所說笏也大廟之中唯君當事說笏也小功不說笏當事免則
說之免悲哀哭踊之時不在於記事也小功輕不當事可以搢笏也既搢必盥雖有

古當作禮

韠

執於朝弗有盥矣搢笏輒盥爲必執事凡有指畫於君前用笏造受命於君前則書於笏笏畢用也因飾焉畢盡也笏度二尺有六寸其中博三寸其殺六分而去一殺猶杼也天子杼上終葵首諸侯不終葵首大夫士又杼其下首廣二寸半

天子素帶朱裏終辟而素帶終辟皮大夫素帶辟垂士練帶率下辟居士錦帶弟子縞帶并紐約用組而素帶終辟謂諸侯也諸侯不朱裏合素爲之如今衣帶爲之下天子也大夫亦如之率繂也士以下皆禪不合而繂積如今作幓頭爲之也辟讀如裨冕之裨裨謂以繒采飾其側人君充之大夫裨其紐及末士裨其末而已居士道藝處士也此自而素帶亂脱在是耳宜承朱裏終辟

韠君朱大夫素士爵韋此玄端服之韠也韠之言蔽也凡韠以韋爲之必象裳色裳色則天子諸侯玄端朱裳大夫素裳唯士玄裳黃裳雜裳也皮弁服皆素韠

圜

此段在紳韠結三齊之下

紳

殺直（目韠制）天子直（四角直無圜殺）公侯前後方（殺四角使之方變於天子也所殺者去上下各五寸）大夫前方後挫角（圜其上角變於君也韠以下爲前以上爲後）士前後正（士賤與君同不嫌也正直方之間語也天子之士則直諸侯之士則方）韠下廣二尺上廣一尺長三尺其頸五寸肩革帶博二寸（頸五寸亦謂廣也頸中央肩兩角皆上接革帶以繫之肩與革帶廣同凡佩繫於革帶）大夫大帶四寸雜帶君朱綠大夫玄華士緇辟二寸再繚四寸凡帶有率無箴功（雜猶飾也即上之裨也君裨帶上以朱下以綠終之大夫裨垂外以玄内以華華黄色也士裨垂之下外内皆以緇是謂緇帶大夫以上以素皆廣四寸士以練廣二寸再繚之凡帶有司之帶也亦繂之如士帶矣無箴功則不裨之士雖繂帶裨亦用箴功凡帶不裨下士也此又亂脱在是宜承紳韠結三齊）一命縕（温）韍幽衡再命赤韍幽衡三

此段在并紐約用組之下

命赤韍葱衡此玄冕爵弁服之韠尊祭服異其名耳韍之言亦蔽也緼赤黃之間色所謂韎也衡佩玉之衡也幽讀爲黝黑謂之黝青謂之葱周禮公侯伯之卿三命其大夫再命其士一命子男之卿再命其大夫一命其士不命天子素帶朱裏終辟謂大帶也王后褘衣夫人揄狄褘讀如翬揄讀如搖翬搖皆翟雉名也刻繒而畫之著於衣以爲飾因以爲名也後世作字異耳夫人三夫人亦侯伯之夫人也王者之後夫人亦褘衣三寸長齊于帶紳長制士三尺有司二尺有五寸子游曰參分帶下紳居二焉紳韠結三齊三寸謂約帶紐組之廣也長齊于帶與紳齊也紳帶之垂者也言其屈而重也論語曰子張書諸紳有司府史之屬也三分帶下而三尺則帶高於中也結約餘也此又亂脫在是宜承約用組結或爲衿君命屈狄再命褘衣一命襢衣士褖衣君女君也屈周禮作闕謂刻繒爲翟不畫也此子男之夫人及其卿大夫士之妻命服也褘當爲鞠字之誤也禮天

侍君之容

士禮

子諸侯命其臣后夫人亦命其妻以衣服所謂夫尊於朝妻榮於室也子男之卿再命而妻鞠衣則鞠衣禮衣褖衣者諸侯之臣皆分爲三等其妻以次受此服也公之臣孤爲上卿大夫次之士次之侯伯子男之臣卿爲上大夫次之士次之褖或作税

唯世婦命於奠繭其他則皆從男子奠猶獻也凡世婦已下蠶事畢獻繭乃命之以其服天子之后夫人九嬪及諸侯之夫人夫在其位則妻得服其服矣自君命屈狄至此亦亂脫在是宜承夫人褕狄

凡侍於君紳垂足如履齊頤霤垂拱視下而聽上視帶以及袷聽鄉任左紳垂則磬折也齊裳下緝也袷交領也

凡君召以三節二節以走一節以趨節所以明信輔君命也使使召臣急則持二緩則持一周禮曰鎮圭以徵守其餘未聞也今漢使者擁節

在官不俟屨在外不俟車趨君命也必有執隨授之者官謂朝廷治事處也

士於大夫不敢拜迎而拜送禮不敵始來拜則士辟也

士於

諱 因稱没而及

佩

尊者先拜進面荅之拜則走〔士往見卿大夫卿大夫出迎荅拜亦辟也〕士於君所言大夫没矣則稱謚若字名士與大夫言名士字大夫〔君所大夫存亦名〕於大夫所有公諱無私諱〔公諱若言語所辟先君之名〕凡祭不諱廟中不諱〔謂祝嘏之辭中有先君之名者也凡祭祭羣神廟中上不諱下〕教學臨文不諱〔爲惑未知者〕古之君子必佩玉〔比德焉君子士巳上〕右徵角左宮羽〔玉聲所中也徵角在右事也民也可以勞宮羽在左君也物也宜逸〕趨以采齊〔路門外之樂節也門外謂之趨齊當爲楚薺之薺〕行以肆夏〔登堂之樂節〕周還中規〔反行也宜圜〕折還中矩〔曲行也宜方〕進則揖之退則揚之然後玉鏘鳴也〔揖之謂小俛見於前也揚之謂小仰見於後也鏘聲貌〕故君子在車則聞

鸞和之聲，行則鳴佩玉，是以非辟之心無自入也。鸞在衡，和在式，自由也。君在不佩玉，左結佩，右設佩。謂世子也。出所處而君在焉，則去德佩而設事佩，辟德而示即事也。結其左者，若於事有未能也。結者，結其綬，不使鳴也。居則設佩，謂所處而君不在焉。朝則結佩，朝於君亦結左。齊則繬結佩而爵韠。繬，屈也。結又屈之，思神靈，不在事也。爵韠者，齊服玄端。凡帶必有佩玉，唯喪否。喪主於哀，去飾也。凡，謂天子以至士。佩玉有衝牙，居中央，以前後觸也。君子無故，玉不去身，君子於玉比德焉。故，謂喪與災眚。天子佩白玉而玄組綬，公侯佩山玄玉而朱組綬，大夫佩水蒼玉而純組綬，世子佩瑜玉而綦組綬，士佩瓀乳兗玟民而縕温

[此段當在凡帶有率無箴功之下]

[食禮]

組綬（玉有山玄水蒼者視之文色所似也綬者所以貫佩玉相承受者也純當爲緇古文緇字或作絲旁才綦文雜色也縕赤黃）孔子佩象環五寸而綦組綬（謙不比德亦不事也象有文理者也環取可循而無窮）童子之節也緇布衣錦緣錦紳并紐錦束髮皆朱錦也（童子未冠之稱也冠禮曰將冠者采衣紒也）肆束及帶勤者有事則收之走則擁之（肆讀爲肄肄餘也餘束約紐之餘組也勤謂執勞辱之事也此亦亂脫在是宜承無箴功）童子不裘不帛不屨絇無緦服聽事不麻無事則立主人之北南面見先生從人而入（皆爲幼少不備禮也雖不服緦猶免深衣無麻往給事也裘帛溫傷壯氣也絇屨頭飾也）侍食於先生異爵者後祭先飯（謙也）客祭主人辭曰不足祭也（祭者盛主人之饌也）客

[或無南字]

君賜

三百六十五

飡主人辭以疏〔飡者美主人之食也疏之言麤也〕主人自置其醬則客自徹之〔敬主人也徹奠于序端〕一室之人非賓客一人徹〔同事合居者也賓客則各徹其饌也〕壹食之人一人徹〔壹猶聚也為赴事聚食也〕凡燕食婦人不徹〔婦人質不備禮〕食棗桃李弗致于核〔恭也〕瓜祭上環食中弃所操〔上環頭忖也〕凡食果實者後君子〔陰陽所成非人事也〕火孰者先君子〔備火齊不得也〕有慶非君賜不賀〔唯君賜為榮也〕有憂者〔此下絕亡非其句也〕勤者有事則收之走則擁之〔此補脫重〕孔子食於季氏不辭不食肉而飡〔以其待己及饌非禮也〕君賜車馬乘以拜賜衣服服以拜〔敬君惠也〕賜君未有命

三賜字絕本未說

獻

弗敢即乘服也謂卿大夫受賜於天子者必致於其君君有命乃服之君賜稽首據掌致諸地致首於地據掌以左手覆案右手也酒肉之賜弗再拜輕也受重賜者拜受又拜於其室凡賜君子與小人不同日愼於尊卑凡獻於君大夫使宰士親皆再拜稽首送之敬也膳於君有葷桃茢於大夫去茢於士去葷皆造於膳宰膳美食也葷桃茢辟凶邪也大夫用葷桃士桃而已葷薑及辛菜也茢菼帚也造於膳宰旣致命而授之葷或作焄大夫不親拜爲君之荅己也不敢變動至尊大夫拜賜而退士待諾而退又拜弗荅拜小臣受大夫之拜復以入告大夫拜便辟也大夫親賜士士拜受又拜於其室衣服弗服以拜異於君惠也拜受又就拜

於其家是所謂再拜也敵者不在拜於其室謂來賜時不見也見則不復往也凡於尊者有獻而弗敢以聞此謂獻辭也少儀曰君將適他臣若致金玉貨貝於君則曰致馬資於有司是其類也士於大夫不承賀下大夫於上大夫承賀承受也士有慶事不聽大夫親來賀己不敢變動尊也親在行禮於人稱父人或賜之則稱父拜之事統於尊禮不盛服不充禮盛者服充大事不崇曲敬故大裘不裼乘路車不式謂祭天也周禮王祀昊天上帝則服大裘而冕乘玉路或曰乘兵車不式父命呼唯而不諾手執業則投之食在口則吐之走而不趨至敬親老出不易方復不過時不可以憂父母也易方爲其不信己所處也復反也親癠色容不盛此孝子之疏

入門兩君相見

聘

步趨之節

節也言非至孝也𤸃病也王季有疾文王色憂行不能正履父沒而不能讀父之書手澤存焉爾母沒而杯圈不能飲焉口澤之氣存焉爾孝子見親之器物哀惻不忍用也圈屈木所爲謂卮匜之屬

君入門介拂闑大夫中棖與闑之間士介拂棖此謂兩君相見也棖門楔也君入必中門上介夾闑大夫介士介鴈行於後示不相沿也君若迎聘客擯者亦然

賓入不中門不履閾辟尊者所從也此謂聘客也閾門限

公事自闑西聘享也私事自闑東覿面也

君與尸行接武尊者尚徐蹈半迹大夫繼武迹相及也士中武迹間容迹徐趨皆用是君大夫士之徐行也皆如與尸行之節也疾趨則欲發而手足毋移疾趨謂直行也蹴數自若發謂起屨也移之言靡匜也毋移欲其直且正欲或爲數

圈舉起豚行不舉

容

坐容　燕容　祭容　喪容

足齊如流（圜轉也豚之言若有所循不舉足曳踵則衣之齊如水之流矣孔子執圭則然此徐趨也）席
上亦然（尊處亦尚徐也）端行頤霤如矢弁行剡剡起
屨（此疾趨也端直也頤或爲霤也）執龜玉舉前曳踵蹜蹜如也
著（徐趨之事）凡行容惕惕（傷）（惕惕直疾貌也凡行謂道路也）廟中齊齊（恭慤
貌也）朝廷濟濟翔翔（莊敬貌也）君子之容舒遲見
所尊者齊遬（謙慤貌也遬猶蹙蹙也）足容重（舉欲遲也）手容恭
（高且正也）目容端（不睇視也）口容止（不妄動也）聲容静（不噦欬也）頭容
直（不傾顧也）氣容肅（似不息也）立容德（如有予也）色容莊（勃如戰色）坐
如尸（尸居神位敬慎也）燕居告温温（告謂教使也詩云温温恭人）凡祭容
貌顔色如見所祭者（如觀其人在此）喪容纍纍（羸憊貌也）

戎容　自稱

色容顛顛憂思貌也視容瞿瞿梅梅不審貌也言容繭繭聲氣微也戎容暨暨果毅貌也言容詻詻教令嚴也色容厲肅儀形貌也視容清明察於事也立容辨卑毋讇辨讀爲貶自貶卑謂磬折也讇爲傾身以有下也頭頸必中頭容直山立不動搖也時行時而後行也詩云威儀孔時盛氣顛實揚休顛讀爲闐揚讀爲陽聲之誤也盛身中之氣使之闐滿其息若陽氣之付物也玉色色不變也凡自稱天子曰予一人謙自別於人而已伯曰天子之力臣伯上公九命分陝者諸侯之於天子曰某土之守臣某其在邊邑曰某屛之臣某其於敵以下曰寡人小國之君曰孤擯者亦曰孤邊邑謂九州之外大國之君自稱曰寡人擯者曰寡君上大夫曰下

別錄屬明堂陰陽

臣擯者曰寡君之老下大夫自名擯者曰寡大夫世子自名擯者曰寡君之適擯者之辭主謂見於他國君下大夫自名於他國君曰外臣某公子曰臣孽孽當爲枿聲之誤士曰傳遽之臣於大夫曰外私傳遽以車馬給使者也士臣於大夫者曰私人大夫私事使私人擯則稱名私事使謂以君命私行非聘也若魯成公時晉侯使韓穿來言汶陽之田歸之于齊之類公士擯則曰寡大夫寡君之老大夫有所往必與公士爲賓也謂聘也大聘使上大夫小聘使下大夫公士爲賓謂作介也往之也

明堂位第十四 鄭氏注

昔者周公朝諸侯于明堂之位周公攝王位以明堂之禮儀朝

諸侯也不於宗廟辟王也天子負斧依南鄉而立天子周公也負之言背也斧依爲斧文屏風於戶牖之間周公於前立焉三公中階之前北面東上諸侯之位阼階之東西面北上諸伯之國西階之西東面北上諸子之國門東北面東上諸男之國門西北面東上九夷之國東門之外西面北上八蠻之國南門之外北面東上六戎之國西門之外東面南上五狄之國北門之外南面東上九采之國應門之外北面東上四塞世告至此周公明堂之位也朝之禮不於此周公權用之也朝位之上上近主位尊也九采九州之牧典貢職者也正門謂

李氏謂此篇專論魯礼書稱周公位冢宰正百工記稱成王幼不能涖作周公相踐阼而治周明堂有周公輔成王朝會之圖而此篇徃謂周公踐天子位朝諸侯可謂誣矣此說始見於荀子之書而盛聞於王莽之時必其間諸生腐儒得魯礼器之籍而文

之應門二伯帥諸侯而入牧居外而糾察之也四塞謂夷服鎮服蕃服在四方爲蔽塞者新君即位則乃朝周禮侯服歲一見甸服二歲一見男服三歲一見采服四歲一見衞服五歲一見要服六歲一見九州之外謂之蕃國世一見明堂也者明諸侯之尊卑也朝於此所以正儀辨等也昔殷紂亂天下脯鬼侯以饗諸侯以人肉爲薦羞惡之甚也是以周公相武王以伐紂武王崩成王幼弱周公踐天子之位以治天下六年朝諸侯於明堂制禮作樂頒度量而天下大服踐猶履也頒讀爲班度謂丈尺高卑廣狹也量謂豆區斗斛筐筥所容受七年致政於成王成王以周公爲有勳勞於天下致政以王事歸授之王功曰勳事功曰勞是以封周公於曲阜地方七百里革車千乘

其說以媚當時誇後世耳且周公有事借曰難知魯之後事備於春秋經傳諸書論其君臣之變則隱公弑閔公殺子惡又弑論其礼法政俗之变則初税畝作丘甲聚吴孟子礼廢曰魯之郊禘非礼也周公其衰矣而季氏八佾三家雍徹其亡魯秋之未失孔子屢嘆

曲阜魯地上公之封地方五百里加魯以四等之附庸方百里著二十四并五王二十五積四十九開方之得七百里革車兵車也兵車千乘成國之賦也詩魯頌曰王謂叔父建爾元子俾侯于魯大啓爾宇爲周室輔乃命魯公俾侯于東錫之山川土田附庸又曰公車千乘朱英綠縢命魯公世世祀周公以天子之禮樂周公之於周尊之也魯公謂伯禽是以魯君孟春乘大路載弧韣旂十有二旒日月之章祀帝于郊配以后稷天子之禮也孟春建子之月魯之始郊日以至大路殷之祭天車也弧旌旗所以張幅也其衣曰韣天子之旌旗畫日月帝謂蒼帝靈威仰也昊天上帝魯不祭季夏六月以禘禮祀周公於大廟牲用白牡尊用犧象山罍鬱尊用黄目灌用玉瓚大圭薦用玉豆雕篹爵用玉琖仍雕加以璧散璧角俎

之又曰洙泗之間斷斷如也魯其衰矣諸若此類不可枚舉而此篇之終謂君臣未嘗相弑礼樂刑法政俗未嘗相变然則郞篇終言之評嗣篇首言周公之事其誣可知矣

用㮔嵗升歌清廟下管象朱干玉戚冕而舞大武皮弁素積裼而舞大夏昧東夷之樂也任南蠻之樂也納夷蠻之樂於大廟言廣魯於天下也季夏建巳之月也禘大祭也周公曰大廟魯公曰世室羣公稱宮白牡殷牲也尊酒器也犧尊以沙羽爲畫飾象骨飾之鬱鬯之器也黃彝也灌酌鬱尊以獻也瓚形如槃容五升以大圭爲柄是謂圭瓚篹籩屬也以竹爲之雕刻飾其直者也爵君所進於尸也仍因也因爵之形爲之飾也加加爵也散角皆以璧飾其口也㮔始有四足也嵗爲之距清廟周頌也象謂周頌武也以管播之朱干赤大盾也戚斧也冕冠名也諸公之服自衮冕而下如王之服也大武周舞也大夏夏舞也周禮昧師掌教昧樂詩曰以雅以南以籥不僭廣大也君卷冕立于阼夫人副褘立于房中君肉袒迎牲于門夫人薦豆籩卿大夫贊君命婦贊夫人各

揚其職。百官廢職，服大刑，而天下大服。副，首飾也。今之步搖是也。詩云副笄六珈。周禮追師掌王后之首服爲副。褘，王后之上服，唯魯及王者之後夫人服之。諸侯夫人則自揄翟而下。贊，佐也。命婦，於內則世婦也，於外則大夫之妻也。祭祀，世婦以下佐夫人。揚，舉也。大刑，重罪也。天下大服，知周公之德宜饗此也。是故夏礿、秋嘗、冬烝、春社、秋省，而遂大蜡，天子之祭也。不言春祠，魯在東方，王東巡守以春，或闕之。省讀爲獮。獮，秋田名也。春田祭社，秋田祀祊。大蜡，歲十二月索鬼神而祭之。大廟，天子明堂。庫門，天子皋門。雉門，天子應門。言廟及門如天子之制也。天子五門：皋、庫、雉、應、路。魯有庫、雉、路，則諸侯三門與？皋之言高也。詩云：乃立皋門，皋門有伉。乃立應門，應門將將。振木鐸於朝，天子之政也。天子將發號令，必以木鐸警衆。山節藻梲，復廟重檐，刮楹達鄉，反坫出尊，崇坫康圭，疏屏，天子之廟飾也。山節刻薄盧爲山也藻梲畫侏儒柱爲藻文也復廟重屋也重檐重承辟持也刮刮摩也鄉牖屬謂夾戶窻也每室八窻爲四達反坫反爵之坫也出尊當尊南也唯兩君爲好既獻反爵於其上禮君尊于兩楹之間崇高也康讀爲亢龍之亢又爲高坫亢所受圭奠于上焉屛謂之樹今浮思也刻之爲雲氣蟲獸如今闕上爲之矣鸞車有虞氏之路也。鉤車夏后氏之路也。大路殷路也。乘路周路也。鸞有鸞和也鉤有曲輿者也大路木路也乘路王路也漢祭天乘殷之路也今謂之桑根車也春秋傳曰大路素鸞或爲欒也有虞氏之旂夏后氏之綏殷之大白周之大赤。四者旌旗之屬也綏當爲緌讀如冠蕤之蕤有虞氏當言緌夏后氏當言旂此蓋錯誤也緌謂注旄牛尾於杠首所謂大麾書云武王左杖黃鉞右秉白旄以麾周禮王建大旂以賓建大赤以朝建大白以即戎建大麾以田也夏后氏駱馬黑鬣。殷人白馬黑首。周人黃馬蕃鬣。夏后氏牲尚黑。殷白牡。周騂剛順正色也白馬黑鬣曰駱殷黑首爲純白凶也騂剛赤色泰有虞氏之尊也。山罍夏后氏之尊也。著。殷尊也。犧象。周尊也泰用瓦著著地無足爵。夏后氏。以琖。殷。以斝。周。以爵斝畫禾稼也詩曰洗爵奠斝灌尊。夏后氏。以雞夷。殷。以斝。周。以黃目。其勺。夏后氏。以龍勺。殷。以疏勺。周。以蒲勺夷讀爲彝周禮春祠夏禴祼用雞彝鳥彝秋嘗冬烝祼用斝彝黃彝龍龍頭也疏通刻其頭蒲合蒲如鳧頭也土鼓。蕢桴。葦籥。伊耆氏之樂也蕢當爲凷聲之誤也籥如笛三孔伊耆氏古天子有天下之號也今有姓伊耆氏者拊搏。玉磬。揩擊。大琴。大瑟。中琴。小瑟。四代之樂器也拊搏以韋爲之充之以糠形如小鼓揩擊謂柷敔皆所以節樂者也四代虞夏殷周也魯公之廟。文世室也。

五マ六十八

禮記九

武公之廟，武世室也。此二廟象周有文王武王之廟也。世室者，不毀之名也。魯公，伯禽也。武公，伯禽之玄孫也，名敖。米廩，有虞氏之庠也。序，夏后氏之序也。瞽宗，殷學也。頖宮，周學也。庠序亦學也。庠之言詳也，於以考禮詳事也。魯謂之米廩，虞帝上孝，今藏粢盛之委焉。序，次序王事也。瞽宗，樂師瞽矇之所宗也。古者有道德者使教焉，死則以爲樂祖，於此祭之。頖之言班也，於以班政教也。崇鼎、貫鼎、大璜、封父龜，天子之器也。崇、貫、封父，皆國名。文王伐崇。古者伐國，遷其重器，以分同姓。大璜，夏后氏之璜。春秋傳曰：分魯公以夏后氏之璜。越棘、大弓，天子之戎器也。越，國名也。棘，戟也。春秋傳曰：子都拔棘。夏后氏之鼓足，殷楹鼓，周縣鼓。足謂四足也。楹謂之柱，貫中上出也。縣，縣之簨虡也。殷頌曰：植我鞉鼓。周頌曰：應朄縣鼓。垂之和鍾，叔之離磬，女媧之笙簧。垂，堯之共工也。女媧，三皇承宓義者。叔，未聞也。和、離

謂次亭其聲縣也笙簧笙中之簧也世本作曰垂作鐘無句作磬女媧作笙簧

夏后氏之龍簨筍虡殷之崇牙周之璧翣

簨虡所以縣鐘磬也橫曰簨飾之以鱗屬植曰虡飾之以臝屬羽屬簨以大版爲之謂之業殷又於龍上刻畫之爲重牙以挂縣紘也周又畫繒爲翣戴以璧垂五采羽於其下樹於簨之角上飾彌多也周頌曰設業設虡崇牙樹羽

有虞氏之兩敦夏后氏之四璉殷之六瑚周之八簋

皆黍稷器制之異同未聞

俎有虞氏以梡夏后氏以嶡殷以椇周以房俎

梡斷木爲四足而已嶡之言蹷也謂中足爲橫距之象周禮謂之距椇之言枳椇也謂曲橈之也房謂足下跗也上下兩間有似於堂房魯頌曰籩豆大房

夏后氏以楬豆殷玉豆周獻豆

楬無異物之飾也獻疏刻之齊人謂無髮爲禿楬

有虞氏服韍夏后氏山殷火周龍章

韍冕服之韠也舜始作之以尊祭服禹湯至周增以畫文後王彌飾也山取其仁可

仰也火取其明也龍取其變化也天子備焉諸侯火而下卿大夫山士韎韋而已韍或作黻 有虞氏祭首夏后氏祭心殷祭肝周祭肺 氣主盛也 夏后氏尚明水殷尚醴周尚酒 此皆其時之用耳言尚非 有虞氏官五十夏后氏官百殷二百周三百 周之六卿其屬各六十則周三百六十官也此云三百者記時冬官亡矣昏義曰天子立六官三公九卿二十七大夫八十一元士凡百二十蓋謂夏時也以夏周推前後之差有虞氏官宜六十夏后氏宜百二十殷宜二百四十不得如此記也 有虞氏之綏夏后氏之綢練殷之崇牙周之璧翣 綏亦旌旗之綏也夏綢其杠以練爲之旒殷又刻繒爲重牙以飾其側亦飾彌多也湯以武受命恒以牙爲飾也此旌旗及翣皆喪葬之飾周禮大喪葬巾車執蓋從車持旌御僕持翣旌從遣車翣夾柩路左右前後天子八翣皆戴璧垂羽諸侯六翣皆戴圭大夫四翣士二翣皆戴綏孔子之喪公西赤爲志焉亦用此焉爾雅說旌旗曰素錦綢杠纁白縿素升龍於縿練旒九 凡四

代之服器官魯兼用之是故魯王禮也天下傳之乆矣君臣未嘗相弒也禮樂刑法政俗未嘗相變也天下以爲有道之國是故天下資禮樂焉王禮天子之禮也傳傳世也資取也此蓋盛周公之德耳春秋時魯三君弒又士之有誄由莊公始婦人髽而弔始於臺駘云君臣未嘗相弒政俗未嘗相變亦近誣矣資或爲飲

禮記卷第九

經三千六百五十一字
注六千三百五十五字

文公曰李氏只是解儀礼喪服小記便是解喪服傳推之篇皆然

别録屬喪服

三年之喪

首服

杖

稽顙

禮記卷第十

喪服小記第十五　鄭氏注

斬衰括髮以麻爲母括髮以麻免而以布 母服輕至免可以布代麻也爲母又哭而免 齊衰惡笄以終喪 笄所以卷髮帶所以持身也婦人質於喪所以自卷持者有除無變 男子冠而婦人笄男子免而婦人髽其義爲男子則免爲婦人則髽 别男女也 苴杖竹也削杖桐也祖父卒而后爲祖母後者三年 祖父在則其服如父在爲母也 爲父母長子稽顙 喪尊者及正體不敢不盡禮 大夫弔之雖緦必稽顙 尊大夫不敢以輕待之 婦人爲夫與長子稽顙其餘則否 恩殺於父母 男

正三句单一　禮二一

主喪 傳重 親親之殺 禘祫 宗子法

主必使同姓、婦主必使異姓謂以無主後者爲主也異姓同宗之婦也婦人外成爲父後者爲出母無服不敢以己私廢父所傳重之祭祀親親以三爲五以五爲九上殺下殺旁殺而親畢矣己上親父下親子三也以父親祖以子親孫五也以祖親高祖以孫親玄孫九也殺謂親益踈者服之則輕王者禘其祖之所自出以其祖配之禘大祭也始祖感天神靈而生祭天則以祖配之自外至者無主不止而立四廟高祖以下與始祖而五庶子王亦如之世子有廢疾不可立而庶子立其祭天立廟亦如世子之立也春秋時衛侯元有兄縶別子爲祖諸侯之庶子別爲後世爲始祖也謂之別子者公子不得禰先君繼別爲宗別子之世長子爲其族人爲宗所謂百世不遷之宗繼禰者爲小宗別子庶子之長子爲其昆弟爲宗也謂之小宗者以其將遷也有五世而遷之宗其繼高祖者也謂小宗也小宗有四或繼高祖或繼曾祖或繼祖或繼禰皆至五世則遷是故祖遷於上宗易於下尊祖故敬宗敬宗所以尊祖禰也宗者祖禰之正體庶子不祭祖者明其宗也明其尊宗以爲本也禰則不祭矣言不祭祖者主謂宗子庶子俱爲適士得立祖禰廟者也凡正體在乎上者謂下正猶爲庶也庶子不爲長子斬不繼祖與禰故也尊先祖之正體不二其統也言不繼祖禰則長子不必五世庶子不祭殤與無後者殤與無後者從祖祔食不祭殤者父之庶也不祭無後者祖之庶也此二者當從祖祔食而已不祭祖無所食之也共其牲物而宗子主其禮焉祖庶之殤則自祭之凡所祭殤者唯適子耳無後者謂昆弟諸父也宗子之諸父無後者爲墠祭之庶子不祭禰者明其宗也謂宗子庶子俱爲下士得立禰廟也雖庶人亦然親親尊尊長長男女之有別

從服

禘此句當在前禘章

世適於妻

又登用生者之禄

人道之大者也言服之所以隆殺從服者所從亡則已謂若為君母之父母昆弟從母也屬從者所從雖沒也服謂若自為己之母黨妾從女君而出則不為女君之子服妾為女君之黨服得與女君同而今俱出女君猶為子期妾於義絕無施服禮不王不禘禘謂祭天世子不降妻之父母其為妻也與大夫之適子同世子天子諸侯之適子也不降妻之父母為妻故親之也為妻亦齊衰不杖者君為之主子不得伸也主言與大夫之適子同據服之成文也本所以正見父在為妻不杖於大夫適子者明大夫以上雖尊猶為適婦為主父為士子為天子諸侯則祭以天子諸侯其尸服以士服祭以天子諸侯養以子道也尸服士服父本無爵子不敢以己爵加之嫌於卑之父為天子諸侯子為士祭以士其尸服以士

婦出
婦反
喪期
緩喪

服（謂父以罪誅尸服以士服不成爲君也天子之子當封爲王者後以祀其受命之祖玄爲士則擇其宗之賢者若微子者不必封其子爲王者後及所立爲諸侯者祀其先君以禮卒者尸服天子諸侯之服如遂無所封立則尸也祭也皆如士不敢僭用尊者衣物）婦當喪而出則除之爲父母喪未練而出則三年既練而出則已未練而反則期既練而反則遂之（當喪當舅姑之喪也出除喪絕族也）再期之喪三年也期之喪二年也九月七月之喪三時也五月之喪二時也三月之喪一時也（言喪之節應歲時之氣）故期而祭禮也期而除喪道也祭不爲除喪也（此謂練祭也禮正月存親親亡至今而期期則宜祭期天道一變哀惻之情益衰衰則宜除不相爲也）三年而后葬者必再祭其祭之間

士妾

稅喪

不同時而除喪再祭練祥也間不同時者當異月也既祔明月練而祭又明月祥而祭必異月者以葬與練祥本異歲宜異時也而除喪已祥則除不禫大功者主人之喪有三年者則必爲之再祭朋友虞祔而已謂死者之從父昆弟來爲喪主有三年者謂妻若子幼少大功爲之再祭則小功緦麻爲之練祭可也士妾有子而爲之緦無子則已士卑妾無男女則不服別貴賤諸父昆弟而父稅喪己則否謂子生於外者也父以他故居異邦而生已已不及此親存時歸見之今其死於喪服年月已過乃聞之父爲之服己則否者不責非時之恩於人所不能也當其時則服稅讀如無禮則稅之稅稅喪者喪與服不相當之言生不及祖父母爲君之父母妻長子君已除喪而后聞喪則不稅目之恩輕也謂卿大夫出聘問以他故久留降而在緦小功者則稅之謂正親在齊衰大功者正親緦小功不稅

喪節　徒從　絰杖　除喪遭小喪　無時哭　復　書銘

矣曾子問曰小功不稅則是遠兄弟終無服也此句補脫誤在是宜承父稅喪己則否近臣君服斯服矣其餘從而服不從而稅謂君出朝覲不時反而不知喪者近臣閽寺之屬也其餘羣介行人宰史也君雖未知喪臣服已從服者所從雖在外自若服也虞杖不入於室祔杖不升於堂哀益衰敬彌多也虞於寢祔於祖廟爲君母後者君母卒則不爲君母之黨服徒從也所從亡則已絰殺五分而去一杖大如絰如要絰也妾爲君之長子與女君同不敢以恩輕輕服君之正統除喪者先重者謂練男子除乎首婦人除乎帶易服者易輕者謂大喪既虞卒哭而遭小喪也其易喪服男子易乎帶婦人易乎首無事不辟廟門鬼神尚幽闇也廟殯宮哭皆於其次無時哭也有事則入即位復與書銘自天子達於

葛麻之等

速葬

並有喪

士其辭一也男子稱名婦人書姓與伯仲如不知姓則書氏此謂殤禮也殤質不重名復則臣得名君周之禮天子崩復曰臯天子復諸侯薨復曰臯某甫復其餘及書銘則同斬衰之葛與齊衰之麻同絰之大俱七寸五分寸之一帶五寸二十五分寸之十九齊衰之葛與大功之麻同絰之大俱五寸二十五分寸之十九帶四寸百二十五分寸之七十六麻同皆兼服之皆者皆上二事也兼服之謂服麻又服葛也男子則絰上服之葛帶下服之麻婦人則絰下服之麻固自帶其故帶也所謂易服易輕者也兼服之文主於男子報葬者報虞三月而后卒哭報讀爲赴疾之赴謂不及期而葬也既葬即虞虞安神也卒哭之祭待哀殺也父母之喪偕先葬者不虞祔待後事其葬服斬衰偕俱也謂同月若同日死也先葬者母也曾子問曰葬先輕而後重又曰反葬奠而後辭於殯遂修葬事其虞也先重而後輕待後

大夫降殺　士祔　繼父　哭朋友　祔葬　祔廟

事謂如此也其葬服斬衰者喪之隆哀宜從重也假令父死在前月而同月葬猶服斬衰不葬不變服也言其葬服斬衰則虞祔各以其服矣及練祥皆然卒事反服重大夫降其庶子其孫不降其父祖不厭孫也大夫爲庶子大功大夫不主士之喪士之喪雖無主不敢攝大夫以爲主爲慈母之父母無服恩不能及夫爲人後者其妻爲舅姑大功以不貳隆士祔於大夫則易牲不敢以卑牲祭尊也大夫少牢也繼父不同居也者必嘗同居皆無主後同財而祭其祖禰爲同居有主後者爲異居録恩服深淺也見同財則期同居異財故同居今異居及繼父有子亦爲異居則三月未嘗同居則不服哭朋友者於門外之右南面變於有親者也門外寢門外祔葬者不筮宅宅葬地也前人葬既筮之士大夫不得祔於諸侯祔

徒從

宗子禫妻

慈母後

禫

於孫止

殤

於諸祖父之爲士大夫者其妻祔於諸祖姑妾祔於妾祖姑亡則中一以上而祔祔必以其昭穆士大夫謂公子公孫爲士大夫者不得祔於諸侯卑別也旣卒哭各就其先君爲祖者兄弟之廟而祔之中猶閒也諸侯不得祔於天子天子諸侯大夫可以祔於士人莫敢卑其祖也爲母之君母母卒則不服母之君母外祖適母徒從也所從亡則已宗子母在爲妻禫宗子之妻尊也爲慈母後者爲庶母可也爲祖庶母可也謂父命之爲子母者也即庶子爲後此皆子也傳重而已不先命之與適妻使爲母子也緣爲慈母後之義父之妾無子者亦可命己庶子爲後爲父母妻長子禫目所爲禫者也慈母與妾母不世祭也以其非正春秋傳曰於子祭於孫止丈夫冠而不爲

大不葬　笄　屨　練　祥　庶子

殤婦人笄而不爲殤言成人也婦人許嫁而笄未許嫁與丈夫同爲殤後者以其服服之言爲後者據承之也殤無爲人父之道以本親之服服之久而不葬者唯主喪者不除其餘以麻終月數者除喪則已其餘謂旁親也以麻終月數不葬者喪不變也箭笄終喪三年亦於喪所以自卷拚者有除無變齊衰三月與大功同者繩屨雖尊卑異於恩有可同也練筮日筮尸視濯皆要絰杖繩屨有司告具而后去杖筮日筮尸有司告事畢而后杖拜送賓臨事去杖敬也濯謂溉祭器也大祥吉服而筮尸凡變除者必服其吉服以即祭事不以凶臨吉也閒傳曰大祥素縞麻衣庶子在父之室則爲其母不禫妾子父在厭也庶子不以杖

諸侯弔

喪養疾

即位下適子也位朝夕哭位也父不主庶子之喪則孫以杖即位可也祖不厭孫孫得伸也父在庶子爲妻以杖即位可也舅不主妾之喪子得伸也諸侯弔於異國之臣則其君爲主君爲之主弔臣恩爲己也子不敢當主中庭北面哭不拜諸侯弔必皮弁錫衰所弔雖已葬主人必免主人未喪服則君亦不錫衰必免者尊人君爲之變也未喪服未成服也既殯成服養有疾者不喪服遂以主其喪不喪服求生主吉惡其凶也遂以主其喪謂養者有親也死則當爲之主其爲主之服如素無喪服非養者入主人之喪則不易己之喪服入猶來也謂養者無親於死者不得爲主其有親來爲主者素有喪服而來爲主與素無服者異素無服素有服爲今死者當服則皆三日成也養尊者必易服養卑

妾祔

婦之喪

主喪

陳器

奔喪

者否尊謂父兄卑謂子弟之屬妾無妾祖姑者易牲而祔於女君可也女君適祖姑也易牲而祔則凡妾下女君一等婦之喪虞卒哭其夫若子主之祔則舅主之婦謂凡適婦庶婦也虞卒哭祭婦非舅事也祔於祖廟尊者宜主焉士不攝大夫士攝大夫唯宗子主之喪雖無主不敢攝大夫以爲主宗子尊可以攝之主人未除喪有兄弟自他國至則主人不免而爲主親質不崇敬也陳器之道多陳之而省納之可也省陳之而盡納之可也多陳之謂賓客之就器也以多爲榮省陳之謂主人之明器也以節爲禮奔兄弟之喪先之墓而後之家爲位而哭所知之喪則哭於宮而后之墓兄弟先之墓骨肉之親不由主人也宮故殯宮

衆子

下殤帶

婦祔

大夫祔於妻

傳重 重出

也。父不爲衆子次於外（於庶子略自若居寢）與諸侯爲兄弟者服斬（謂卿大夫以下也與尊者爲親不敢以輕服服之言諸侯者明雖在異國猶來爲三年也）下殤小功帶澡麻不絶本詘而反以報之。（報猶合也下殤小功本齊衰之親其絰帶澡率治麻爲之帶不絶其本屈而上至要中合而糾之明親重也凡殤散帶垂）婦祔於祖姑祖姑有三人則祔於親者（謂舅之母死而又有繼母二人也親者謂舅所生）其妻爲大夫而卒而后其夫不爲大夫而祔於其妻則不易牲妻卒而后夫爲大夫而祔於其妻則以大夫牲。（妻爲大夫夫爲大夫時卒不易牲以士牲也此謂始來仕無廟者無廟者不祔宗子去國乃以廟從）爲父後者爲出母無服無服也者喪者不祭故也（適子正體）

婦人杖

免

於上當祭祀也婦人不爲主而杖者姑在爲夫杖姑不厭婦

母爲長子削杖嫌服男子當杖竹也母爲長子服不可以重於子爲己也女子子

在室爲父母其主喪者不杖則子一人杖女子子在室亦童子也無男昆弟使同姓爲攝主不杖則子一人杖謂長女也許嫁及二十而笄笄爲成人成人正杖也

緦小功虞卒哭則免棺柩已藏嫌恩輕可以不免也言則免者則既殯先啓之間雖有事不免既葬而不報虞則雖主人皆冠及虞則

皆免有故不得疾虞雖主人皆冠不可以無飾也皆免自主人至緦麻爲兄弟既除

喪已及其葬也反服其服報虞卒哭則免

如不報虞則除之小功以下遠葬者比反哭者皆冠

及郊而后免反哭墓在四郊之外君弔雖不當免時

除喪　殤

奔父母之喪

庶婦

也主人必免不散麻雖異國之君免也親者皆免不散麻者自若絞垂爲人君變貶於大斂之前既啓之後也親者大功以上也異國之君免或爲弔除殤之喪者其祭也必玄殤無變文不縞冠玄端黃裳而祭不朝服未純吉也於成人爲釋禫之服除成喪者其祭也朝服縞冠成成人也縞冠未純吉祭服也既祥祭乃素縞麻衣奔父之喪括髮於堂上袒降踊襲絰于東方奔母之喪不括髮袒於堂上降踊襲免于東方絰即位成踊出門哭止三日而五哭三袒凡奔喪謂道遠已殯乃來也爲母不括髮以至成服一而已貶於父也即位以下於父母同也三日五哭者始至訖夕反位哭乃出就次一哭也與明日又明日之朝夕而五哭三袒者始至袒與明日又明日之朝而三也適婦不爲舅後者則姑爲之小

别録屬通論
禘祫

功謂夫有癈疾他故若死而無子不受重者小功庶婦之服也凡父母於子舅姑於婦將不傳重於適及將所傳重者非適服之皆如庶子庶婦也

大傳第十六　　鄭氏注

禮不王不禘王者禘其祖之所自出以其祖配之凡大祭曰禘自由也大祭其先祖所由生謂郊祀天也王者之先祖皆感大微五帝之精以生蒼則靈威仰赤則赤熛怒黃則含樞紐白則白招拒黑則汁光紀皆用正歲之正月郊祭之蓋特尊焉孝經曰郊祀后稷以配天配靈威仰也宗祀文王於明堂以配上帝汎配五帝也諸侯及其大祖大祖受封君也大夫士有大事省於其君干祫及其高祖大事寇戎之事也省善也善於其君謂免於大難也干猶空也空祫謂無廟祫祭之於壇墠牧之野武王之大事也既事而退柴於上帝祈於社設奠

退王

人道

通論

小三司丹五

於牧室柴祈奠告天地及先祖也牧室牧野之室也古者郊關皆有館焉先祖者行主也遂率天下諸侯執豆籩逡奔走逡疾也疾奔走言勸事也周頌曰逡奔走在廟追王大王亶父王季歷文王昌不以卑臨尊也不用諸侯之號臨天子也文王稱王早矣於殷猶爲諸侯於是著焉上治祖禰尊尊也下治子孫親親也旁治昆弟合族以食序以昭繆別之以禮義人道竭矣治猶正也繆讀爲穆聲之誤也竭盡也聖人南面而聽天下所且先者五民不與焉且先言未遑餘事一曰治親二曰報功三曰舉賢四曰使能五曰存愛功功臣也存察也察有仁愛者五者一得於天下民無不足無不贍者五者一物紕

同姓異姓

異姓

繆。民莫得其死。物猶事也紕猶錯也五事得則民足一事失則民不得其死明政之難聖人南面而治天下。必自人道始矣。人道謂此五事立權度量考文章。改正朔易服色。殊徽號。異器械別衣服。此其所得與民變革者也。權稱也度丈尺也量斗斛也文章禮法也服色車馬也徽號旌旗之名也器械禮樂之器及兵甲也衣服吉凶之制也徽或作褘其不可得變革者則有矣。親親也。尊尊也。長長也。男女有別。此其不可得與民變革者也。四者人道之常同姓從宗合族屬。異姓主名治際會。名著而男女有別。合合之宗子之家序昭穆也異姓謂來嫁者也主於母與婦之名耳際會昏禮交接之會也著明也母婦之名不明則人倫亂也亂者若衛宣公楚平王爲子取而自納焉其夫

同姓

言周道正諸失

屬乎父道者妻皆母道也其夫屬乎子道者妻皆婦道也言母婦無昭穆於此統於夫耳母焉則尊之婦焉則卑之尊之卑之明非己倫以厚別也謂弟之妻婦者是嫂亦可謂之母乎言不可也謂之婦與嫂者以其在己之列以名遠之耳復謂嫂爲母則令昭穆不明昆弟之妻夫之昆弟不相爲服不成其親也男女無親則遠於相見名者人治之大者也可無慎乎人治所以正人四世而緦服之窮也五世袒免殺同姓也六世親屬竭矣四世共高祖五世高祖昆弟六世以外親盡無屬名其庶姓別於上而戚單於下昏姻可以通乎問之也玄孫之子姓別於高祖五世而無服姓世所由生繫之以姓而弗別綴之以食而弗殊雖百世而昏姻不通者周道

服術　從服　輕重

然也周之禮所建者長也姓正姓也始祖爲正姓高祖爲庶姓繫之弗別謂若今宗室屬籍也周禮小史掌定繫世辨昭穆服術有六一曰親親二曰尊尊三曰名四曰出入五曰長幼六曰從服術猶道也親親父母爲首尊尊君爲首名世母叔母之屬也出入女子子嫁者及在室者長幼成人及殤也從服若夫爲妻之父母妻爲夫之黨服從服有六有屬從子爲母之黨有徒從臣爲君之黨有從有服而無服公子爲其妻之父母有從無服而有服公子之妻爲公子之外兄弟有從重而輕夫爲妻之父母有從輕而重公子之妻爲其皇姑自仁率親等而上之至于祖名曰輕自義率祖順而下之至于禰名曰重一輕一重其義然也自猶用也率循也用恩則父母重而祖輕用義則祖重而父母輕恩重者爲之三年

公族

庶子

別子

大宗

義重者爲之齊衰然如是也君有合族之道族人不得以其戚戚君位也君恩可以下施而族人皆臣也不得以父兄子弟之親自戚於君位謂齒列也所以尊君別嫌也庶子不祭明其宗也庶子不得爲長子三年不繼祖也明猶尊也一統焉族人上不戚君下又辟宗乃後能相序別子爲祖別子謂公子若始來在此國者後世以爲祖也繼別爲宗別子之世適也族人尊之謂之大宗是宗子也繼禰者爲小宗父之適也兄弟尊之謂之小宗有百世不遷之宗有五世則遷之宗百世不遷者別子之後也宗其繼別子之所自出者百世不遷者也宗其繼高祖者五世則遷者也尊祖故敬宗敬宗尊祖之義也遷猶變易也繼別子別子之世

公子宗法

無服

通論

適也繼高祖者亦小宗也先言繼禰者據別子子弟之子也以高祖與禰皆有繼者則曾祖亦有也則小宗四與大宗凡五有小宗而無大宗者有大宗而無小宗者有無宗亦莫之宗者公子是也公子有此三事也公子謂先君之子今君昆弟公子有宗道公子之公爲其士大夫之庶者宗其士大夫之適者公子之宗道也公子不得宗君君命適昆弟爲之宗使之宗之是公子之宗道也所宗者適則如大宗死爲之齊衰九月其母則小君也爲其妻齊衰三月無適而宗庶則如小宗死爲之大功九月其母妻無服公子唯已而已則無所宗亦無之宗絶族無移服族昆弟之子不相爲服親者屬也有親者服各以其屬親疏自仁率親等而上之至于祖自義率祖順而下之至于禰是故人道親親也言先有恩親親故尊祖

別録屬制度
始見

尊祖故敬宗敬宗故收族收族故宗廟嚴宗廟嚴故重社稷重社稷故愛百姓愛百姓故刑罰中刑罰中故庶民安庶民安故財用足財用足故百志成百志成故禮俗刑禮俗刑然後樂收族序以昭穆也嚴猶尊也孝經曰孝莫大於嚴父百志人之志意所欲也刑猶成也詩云不顯不承無斁於人斯此之謂也斁厭也言文王之德不顯乎不承乎成先人之業乎言其顯且承之人樂之無厭也

少儀第十七　鄭氏注

聞始見君子者辭曰某固願聞名於將命者君子卿大夫若有異德者固如故也將猶奉也即君子之門而去願以名聞於奉命者謙遠之也重則去固奉命傳

適有喪

讀贐

致襚

辭出入不得階主（階上進者言賔之辭不得指斥主人）敵者曰某固願見（敵當也願見願見於將命者謙也）罕見曰聞名（罕希也希相見雖於敵者猶爲尊主之辭如於將命者）君子亟見曰朝夕（亟數也於君子則曰某願朝夕聞名於將命者於敵者則曰某願朝夕見於將命者）瞽曰聞名（瞽無目也以無目辭不稱見）適有喪者曰比（適之也曰某願比於將命者比猶比方俱給事）童子曰聽事（曰某願聽事於將命者童子未成人不敢當相見之禮）適公卿之喪則曰聽役於司徒（喪憂戚無賔主之禮皆爲執事來也）君將適他臣如致金玉貨貝於君則曰致馬資於有司敵者曰贈從者（適他行朝會也資猶用也贈送也）臣致襚於君則曰致廢衣於賈人敵者曰襚（言廢衣不必其以斂也賈人知物善惡也周禮玉府掌凡王之獻金玉兵器文織良貨賄之物受而藏之有賈

賵賻

授受

入見

問辭

八人親者兄弟不以襚進不執將命也以即陳而已臣爲君喪
納貨貝於君則曰納甸於有司甸謂田野之物賵馬
入廟門以其主於死者賻馬與其幣大白兵車不入
廟門以其主於生人也兵車革路也雖爲死者來陳之於外戰伐田獵之服非盛者也周禮革路建大白以即戎
賻者既致命坐委之擯者舉之主人無親
受也喪者非尸柩之事不親也舉之舉以東受立授立不坐由便性之直
者則有之矣有之有跪者也謂受授於尊者而尊者短則跪不敢以長臨之始入而
辭曰辭矣即席曰可矣可猶止也謂擯者爲賓主之節也始入則告之辭至就席
則止其辭排闔說屨於戶內者一人而已矣雖衆敵猶有所
尊也有尊長在則否在在内也後來之衆皆說屨於戶外問品味曰

通戒　埽除　問卜　卑於尊

子亟食於某乎問道藝曰子習於某乎子善於某乎不斥人謙也道三德三行也藝六藝不疑在躬躬身也不服行所不知使身疑也不度民械械兵器也不計度民家之器物使己亦有不願於大家大謂富之廣也不訾重器訾思也重器猶寶也氾埽曰埽埽席前曰拚拚席不以鬣執箕膺擖鬣謂帚也帚恒埽地不絜淸也膺親也擖舌也持箕將去糞者以舌自鄉不貳問當正己之心以問吉凶於蓍龜不得於正凶則卜筮其權也問卜筮曰義與志與義則可問志則否大卜問來卜筮者也義正事也志私意也尊長於己踰等不敢問其年踰等父兄黨也問年則己恭孫之心不全燕見不將命自不用賓主之正來則若子弟然遇於道見則面可以隱則隱不敢煩動也不請所之尊長所之或卑褻喪

御者　退

侯事不植弔亦不敢故煩動也事朝夕哭時侍坐弗使不執琴瑟不畫地手無容不翣也端慤所以爲敬他尊長或使彈琴瑟則爲之可寢則坐而將命命有所傳辭也坐者不敢臨之侍射則約矢不敢與之拾取也侍投則擁矢不敢釋於地也投投壺也投壺坐勝則洗而以請洗爵請行觴不敢直飲之客亦如之客射若投壺不勝主人亦洗而請之不角角謂觥罰爵也於尊長與客如獻酬之爵不擢馬擢去也謂徹也己徹馬嫌勝故專之執君之乘車則坐執執轡謂守之也君不在中坐示不行也僕者右帶劍負良綏申之面拖諸幦面前也幦覆苓也良綏君綏也負之由左肩上入右腋下申之於前覆苓上也以散綏升執轡然後步步行也請見不請退去止不敢自由朝廷曰退近君爲進燕遊曰歸禮褻主於家也師役曰

審量　通戒　臣道

罷［罷之言罷勞也春秋傳曰師還曰疲］侍坐於君子君子欠伸運笏澤劒首還屨問日之蚤莫雖請退可也［以此皆解倦之狀伸頻伸也運澤謂玩弄也金器弄之易以汙澤］事君者量而后入不入而后量凡乞假於人爲人從事者亦然然故上無怨而下遠罪也［量量其事意合成否］不窺密［嫌伺人之私也密隱曲處也］不旁狎［妄相服習終或爭訟］不道舊故［言知識之過失損友也孔子曰故舊不遺則民不偷］不戲色［暫變傾顏色爲非常則人不長失敬也］爲人臣下者有諫而無訕有亡而無疾［亡去也疾惡也］頌而無諂諫而無驕［頌謂將順其美也驕謂言行謀從恃知而慢］怠則張而相之［怠惰也相助也］廢則埽而更之［廢政敎壞亂無可因也］謂

通戒

儀容

之社稷之役役爲也毋拔來毋報往報讀爲赴疾之赴拔赴皆疾也人來往所之當有宿漸不可卒也毋瀆神瀆謂數而不敬毋循枉前日之不正不可復遵行以自伸毋測未至測意度也士依於德游於藝德三德也一曰至德二曰敏德三曰孝德藝六藝也一曰五禮二曰六樂三曰五射四曰五御五曰六書六曰九數工依於法游於說法謂規矩尺寸之數也說謂鴻殺之意所宜也考工記曰薄厚之所震動清濁之所由出侈弇之所由興有說說或爲申毋訾衣服成器訾思也成猶善也思此則疾貧也毋身質言語質成也聞疑則傳疑君成之或有所誤言語之美穆穆皇皇朝廷之美濟濟翔翔祭祀之美齊齊皇皇車馬之美匪匪翼翼鸞和之美肅肅雍雍匪讀如四牡騑騑齊齊皇皇讀如歸往之往美皆當爲儀字之誤也周禮教國子六儀一曰祭祀之容二曰賓客之容三曰朝廷之容四曰喪紀之

不容

婦人禮

容五曰軍旅之容六曰車馬之容問國君之子長幼長則曰能從社稷之事矣幼則曰能御未能御御謂御事問大夫之子長幼長則曰能從樂人之事矣幼則曰能正於樂人未能正於樂人正樂政也周禮大司樂以樂德教國子中和祗庸孝友以樂語教國子興道諷誦言語以樂舞教國子舞雲門大卷大咸大韶大夏大濩大武問士之子長幼長則曰能耕矣幼則曰能負薪未能負薪士祿薄子以農事爲業執玉執龜筴不趨堂上不趨城上不趨於重器於近尊於迫狹無容也步張足曰趨武車不式介者不拜兵車不以容禮下人也軍中之拜肅拜婦人吉事雖有君賜肅拜爲尸坐則不手拜肅拜

俎
重謹
跣
食新
車禮

爲喪主則不手拜（肅拜拜低頭也手拜手至地也婦人以肅拜爲正凶事乃手拜耳爲尸爲祖姑之尸也士虞禮曰男男尸女女尸爲喪主不手拜者爲夫與長子當稽顙也其餘亦手拜而已雖或爲唯或曰喪爲主則不手拜肅拜也）葛絰而麻帶（謂既虞卒哭也帶所以自結束也婦人質少變於喪之帶有除而無變）取俎進俎不坐（以其有足亦柄尺之類）執虛如執盈入虛如有人（重愼）凡祭於室中堂上無跣燕則有之（祭不跣者主敬也燕則有跣爲歡也天子諸侯祭有坐尸於堂之禮祭所尊在室燕所尊在堂將燕降說屨乃升堂）未嘗不食新（嘗謂薦新物於寢廟）僕於君子君子升下則授綏始乘則式君子下行然後還立（還車而立以俟其去）乘貳車則式佐車則否（貳車佐車皆副車也朝祀之副曰貳戎獵之副曰佐魯莊公敗于乾時公喪戎路傳乘而歸）貳車者諸侯七乘上

饋獻

大夫五乘，下大夫三乘。此蓋殷制也。周禮貳車公九乘，侯伯七乘，子男五乘，及卿大夫各如其命之數。有貳車者之乘馬服車不齒，尊有爵者之物。廣敬也。服車，所乘車也。車有新舊。觀君子之衣服、服劍、乘馬，弗賈。平尊者之物，非敬也。其以乘壺酒、束脩、一犬賜人，若獻人，則陳酒執脩以將命，亦曰乘壺酒、束脩、一犬。陳重者，執輕者，便也。乘壺，四壺也。酒謂清也，糟也。不言陳犬，或無脩者，牽犬以致命也。於卑者曰賜，於尊者曰獻。其以鼎肉，則執以將命。鼎肉謂牲體已解，可升於鼎。其禽加於一雙，則執一雙以將命，委其餘。加猶多也。犬則執緤，守犬、田犬則授擯者，既受，乃問犬名。牛則執紖，馬則執靮，皆右之。緤、紖、靮皆所以繫制之者。守犬、田犬問名畜養者當呼之名謂若韓盧宋鵲之屬右之者執之宜由便也臣則左之異於衆物臣謂囚俘車則說綏執以將命甲若有以前之則執以將命無以前之則袒櫜奉冑甲鎧也有以前之謂他摯幣也櫜弢鎧衣也冑兜鍪也袒其衣出兜鍪以致命器則執蓋謂有表裏弓則以左手屈韣獨執拊韣弓衣也左手屈衣并於拊執之而右手執簫劍則啓櫝蓋襲之加夫襓繞與劍焉櫝謂劍函也襲卻合之夫襓劍衣也加劍於衣上夫或爲煩皆發聲笏書脩苞苴弓茵席枕几穎杖琴瑟苞苴謂編束萑葦以裹魚肉也茵著蓐也穎警枕也筴著也籥如笛三孔皆十六物也左手執上上陽也右手執下下陰也戈有刃者櫝筴籥其執之皆尚左手刀卻刃授穎削笑授拊辟用時穎鐶也拊謂把凡有刺刃者以授

軍礼

五礼

飲食之礼

人則辟(僻)刃辟刃不以正鄉人也乘兵車出先刃入後刃不以刃鄉國也軍尚左左陽也陽主生將軍有廟勝之策左將軍為上貴不敗績卒尚右右陰也陰主殺卒之行伍以右為上示有死志賓客主恭祭祀主敬喪事主哀會同主詡恭在貌也而敬又在心詡謂敏而有勇若齊國佐軍旅思險隱情以虞險阻出奇覆護之處也隱意也思也虞度也當思念己情之所能以度彼之將然否燕侍食於君子則先飯而後已所以勸也毋放飯毋流歠小飯而亟之亟疾也備噦噎若見問也數噍毋為口容口容弄口客自徹辭焉則止主人辭其徹客爵居左其飲居右客爵謂主人所酬賓之爵也以優賓耳賓不舉奠于薦東介爵酢爵僎(遵)爵皆居右三爵皆飲爵也介賓之輔也酢所以酢主人也古文禮僎作遵遵謂鄉人為鄉大夫來觀禮者酢或為作僎或

爲賜羞濡魚者進尾擗之由後鯁肉易離也乾魚進首擗之由前理易析也冬右腴氣在下腴腹下也夏右鰭氣在上鰭脊也祭膴膴大臠謂刳魚腹也膴讀如冔凡齊執之以右居之於左齊謂食羹醬飲有齊和者也居於左手之上右手執而正之由便也贊幣自左詔辭自右自由也謂爲君授幣爲君出命也立者尊右酌尸之僕如君之僕當其爲尸則尊其在車則左執轡右受爵祭左右軌范乃飲周禮大御祭兩軹祭軌乃飲軌與軹於車同謂轊頭也範與范聲同謂軾前也凡羞有俎者則於俎內祭俎於人爲橫不得祭於間也君子不食圂腴周禮圂作豢謂犬豕之屬食米穀者也腴有似於人穢小子走而不趨舉爵則坐祭立飲小子弟子也卑不得與賓介俱備禮容也凡洗必盥先盥乃洗爵先自絜也盥有不洗也牛羊之肺

離而不提心提猶絶也刲離之不絶中央少者使易絶以祭耳凡羞有湆者不以齊齊和也爲君子擇葱薤則絶其本末爲有蔞乾羞首者進喙祭耳耳出見也尊者以酌者之左爲上尊尊者設尊者也酌者鄉尊其左則右尊也尊壺者面其鼻鼻在面中言鄉人也飲酒者禨者醮者有折俎不坐折俎尊徹之乃坐也已沐飲曰禨酌始冠曰醮未步爵不甞羞步行也牛與羊魚之腥聶而切之爲膾聶之言牒也先藿葉切之復報切之則成膾麇鹿爲菹野豕爲軒皆聶而不切麕爲辟雞兔爲宛脾皆聶而切之切葱若薤實之醯以柔之此軒辟雞宛脾皆菹類也其作之狀以醯與葷菜淹之殺肉及腥氣也其有折俎者

衣服
夜

執食飲
致胙

取祭反之不坐燔亦如之亦爲柄尺之類也燔炙也鄉射曰賓奠爵于薦西興取肺坐絕祭左手嚌之興加于俎坐帨手尸則坐尸尊也少牢饋食禮曰尸左執爵右兼取肝肺擩于俎鹽振祭嚌之加于葅豆衣服在躬而不知其名爲罔罔猶罔罔無知貌其未有燭而有後至者則以在者告道瞽亦然爲其不見意欲知之也師冕見及階子曰階也及席子曰席也皆坐子告之曰某在斯某在斯凡飲酒爲獻主者執燭抱燋客作而辭然後以授人爲宥言也主人親執燭敬賓示不倦也言獻主者容君使宰夫也未爇曰燋執燭不讓不辭不歌以燭繼晝禮殺洗盥執食飲者勿氣有問焉則辟咡而對示不敢歆臭也口旁曰咡爲人祭曰致福爲已祭而致膳於君子曰膳祔練曰告此皆致祭祀之

餘於君子也攝主言致福申其辭也自祭言膳謙也祔練言告不敢以爲福膳也凡膳告於君子，主人展之，以授使者于阼階之南，南面再拜稽首送，反命，主人又再拜稽首。展省具也其禮，大牢則以牛左肩臂臑折九个，少牢則以羊左肩七个，犆豕則以豕左肩五个。折斷分之也皆用左者右以祭也羊豕不言辟臑因牛序之可知國家靡敝，則車不雕幾，甲不組縢，食器不刻鏤，君子不履絲屨，馬不常秣。靡敝賦稅亟也雕畫也幾附纏爲沂鄂也組縢以組飾之及紛帶也詩云公徒三萬貝胄朱綅亦鎧飾也

禮記卷第十

經三千七百一十三字
注五千四百四十七字

劉向别録屬通論文公儀礼入學礼首言化民必由於學

人不可以不學

上不可以不立教

學

禮記卷第十一

學記第十八　鄭氏注

發慮憲求善良足以謏聞不足以動衆（憲法也言發計慮當擬度於法式也求謂招來也謏之言小也動衆謂師役之事）就賢體遠足以動衆未足以化民（就謂躬下之體猶親也）君子如欲化民成俗其必由學乎（所學者聖人之道在方策）玉不琢不成器人不學不知道是故古之王者建國君民教學爲先（謂内則設師保以教使國子學焉外則有大學庠序之官）兌命曰念終始典于學其此之謂乎（典經也言學之不舍業也兌當爲說字之誤也高宗夢傅說求而得之作說命三篇在尚書今亡）雖有嘉肴弗食不知其

敎

立教
大學之法

文公曰此段是教知之要上二字說學

旨也雖有至道弗學不知其善也旨美也是故學然後知不足教然後知困學則睹己行之所短教則見己道之所未達知不足然後能自反也知困然後能自強也故曰教學相長也自反求諸己也自強脩業不敢倦兌命曰學學半其此之謂乎言學人乃益己之學半古之教者家有塾黨有庠術有序國有學術當為遂聲之誤也古者仕焉而已者歸教於閭里朝夕坐於門門側之堂謂之塾周禮五百家為黨萬二千五百家為遂黨屬於鄉遂在遠郊之外比年入學學者每歲來入也中年考校中猶閒也鄉遂大夫閒歲則考學者之德行道藝周禮三歲大比乃考焉一年視離經辨志三年視敬業樂羣五年視博習親師七年視論學

下五字說所得

大學始教

取友謂之小成九年知類通達强立而不反謂之大成離經斷句絶也辨志謂别其心意所趣鄉也知類知事義之比也强立臨事不惑也不反不違失師道夫然後足以化民易俗近者説服而遠者懷之此大學之道也懷來也安也記曰蛾子時術之其此之謂乎蛾蚍蜉也蚍蜉之子微蟲耳時術蚍蜉之所爲其[illegible]乃服成大垤大學始教皮弁祭菜示敬道也皮弁天子之朝朝服也祭菜禮先聖先師菜謂芹藻之屬宵雅肄三官其始也宵之言小也肄習也習小雅之三謂鹿鳴四牡皇皇者華也此皆君臣宴樂相勞苦之詩爲始學者習之所以勸之以官且取上下相和厚入學鼓篋孫其業也鼓篋擊鼓警衆乃發篋出所治經業也孫猶恭順也夏楚二物收其威也夏稻也楚荆也二者所以扑撻犯禮者收謂收斂整齊之威威儀也

大二字干　禮記上　二　長太

未卜禘不視學游其志也禘大祭也天子諸侯既祭乃視學考校以游暇學者之志意時觀而弗語存其心也使之悱悱憤憤然後啓發也幼者聽而弗問學不躐等也學教也教之長穉此七者教之大倫也倫理也自大學始教至此其義七也記曰凡學官先事士先志其此之謂乎官居官者也士學士也大學之教也時教必有正業退息必有居有居有常居也學不學操縵不能安弦操縵雜弄不學博依不能安詩博依廣譬喻也依或爲衣不學雜服不能安禮雜服冕服皮弁之屬雜或爲雅不興其藝不能樂學興之言喜也歆也藝謂禮樂射御書數故君子之於學也藏焉脩焉息焉遊焉藏謂懷抱之脩

學習之方舊讀學字為句屬下文以語對章指觀之當與上句為偶以退息必有居學六字為句蓋古者大學以時聚會而教之必有正業其退息之時又必有閑居之

學正業者學中之常程居學者閒居之傳習若上文操縵博依興藝皆閑居之所學也故以藏息游脩總之又按文公語錄曰大學之教也作一句時教必有正業句退息必有居學句
教法之失与二章反

習也息謂作勞休止於之息遊謂閒暇無事於之遊夫然故安其學而親其師樂其友而信其道是以雖離師輔而不反也兌命曰敬孫務時敏厥脩乃來其此之謂乎敬孫敬道孫業也敏疾也厥其也學者務及時而疾其所脩之業乃來今之教者呻其佔畢多其訊呻吟也佔視也簡謂之畢訊猶問也言今之師自不曉經之義但吟誦其所視簡之文多其難問也呻或爲慕訊或爲訾言及于數其發言出說不首其義動云有所法象而已進而不顧其安務其所誦多不惟其未曉使人不由其誠由用也使學者誦之而爲之說不用其誠教人不盡其材材道也謂師有所隱也易曰兼三材而兩之謂天地人之道其施之也悖其求之也佛教者言非則學者失問夫然故隱其學而疾其師苦其難而

禮記上 三

教法之興

教學之廢

不知其益也（隱不稱揚也不知其益若無益然）雖終其業其去之必速（速疾也學不心解則忘之易）教之不刑其此之由乎（刑猶成也）大學之法禁於未發之謂豫（未發情欲未生謂年十五時）當其可之謂時（可謂年二十成人時）不陵節而施之謂孫（不陵節謂不教長者才者以小教幼者鈍者以大也施猶教也孫順也）相觀而善之謂摩（不並問則教者思專也摩相切磋也）此四者教之所由興也（興起也）

發然後禁則扞格（胡客）而不勝（教不能勝其情欲格讀如凍洛之洛扞堅不可入之貌）時過然後學則勤苦而難成（時過則思放也）雜施而不孫則壞亂而不脩（小者不達大者難識學者所惑也）獨學而無友則孤陋而寡聞（不相觀也）燕朋逆其師

燕猶褻也褻其朋友燕辟廢其學褻師之辟喻此六者、教之所由廢也廢滅君子既知教之所由興、又知教之所由廢、然後可以爲人師也、故君子之教喻也、道而弗牽、強而弗抑、開而弗達道示之以道塗也抑猶推也開爲發頭角道而弗牽則和、強而弗抑則易、開而弗達則思、和易以思可謂善喻矣、思而得之則深學者有四失、教者必知之、人之學也、或失則多、或失則寡、或失則易、或失則止、此四者、心之莫同也失於多謂才少者失於寡謂才多者失於易謂好問不識者失於止謂好思不問者知其心、然後能救其失也救其失者多與易則抑之

四了十四字

（寡與止則進之）教也者長善而救其失者也善歌者使人繼其聲善教者使人繼其志（言爲之善者則後人樂放傚）其言也約而達微而臧罕譬而喻可謂繼志矣（師說之明則弟子好述之其言少而解臧善也）君子知至學之難易而知其美惡然後能博喻能博喻然後能爲師能爲師然後能爲長能爲長然後能爲君（美惡說之是非也長達官之長）故師也者所以學爲君也（弟子學於師學爲君）是故擇師不可不慎也（師善則善）記曰三王四代唯其師此之謂乎（四代虞夏殷周）凡學之道嚴師爲難（嚴尊敬也）師嚴然後道尊道尊然

善學與不

善問與不

善荅問與不

後民知敬學。是故君之所不臣於其臣者二。當其爲尸。則弗臣也。當其爲師。則弗臣也。尸主也爲祭主也大學之禮。雖詔於天子。無北面。所以尊師也。尊師重道焉不使處臣位也武王踐阼召師尚父而問焉曰昔黃帝顓頊之道存乎意亦忽不可得見與師尚父曰在丹書王欲聞之則齊矣王齊三日端冕師尚父亦端冕奉書而入負屏而立王下堂南面而立師尚父曰先王之道不北面王行西折而南東面而立師尚父西面道書之言善學者。師逸而功倍。又從而庸之。不善學者。師勤而功半。又從而怨之。從隨也庸功也功之受其道有功於己善問者。如攻堅木。先其易者。後其節目。及其久也。相說如字以解。下不善問者反此。言先易後難以漸入善待問者。如撞鐘。

教學之序

叩之以小者則小鳴，叩之以大者則大鳴。待其從容，然後盡其聲。不善荅問者反此。（從讀如富父舂戈之舂。舂容謂重撞擊也。始者一聲而已，學者旣開其端意，進而復問，乃極說之，如撞鐘之成聲矣。從或爲松。）此皆進學之道也。（皆善問善荅也。）記問之學，不足以爲人師。（記問謂豫誦雜難雜說，至講時爲學者論之。此或時師不必解，或學者所未能問。）必也其聽語乎。（必待其問乃說之。）力不能問，然後語之。語之而不知，雖舍之可也。（舍之須後。）良冶之子，必學爲裘。（仍見其家鋦補穿鑿之器也。補器者其金柔乃合，有似於爲裘。）良弓之子，必學爲箕。（仍見其家撓角幹也。撓角幹者其村宜調，調乃三體相勝，有似於爲揚柳之箕。）始駕馬者反之，車在馬前。（以言仍見則貫，即事易也。）君子察於此

師問之本

三者可以有志於學矣仍讀先王之道則爲來事不惑古之學者比物醜類以事相況而爲之醜猶比也醜或爲計鼓無當於五聲五聲弗得不和水無當於五色五色弗得不章學無當於五官五官弗得不治師無當於五服五服弗得不親當猶主也五服斬衰至緦麻之親君子曰大德不官謂君也大道不器謂聖人之道不如器施於一物大信不約謂若胥命于蒲無盟約大時不齊或時以生或時以死察於此四者可以有志於本矣本立而道生言以學爲本則其德於民無不化於俗無不成三王之祭川也皆先河而後海或源也或委也此之謂務本源泉所出也委流所聚也始出一勺卒成不測

樂記第十九　鄭氏注

凡音之起由人心生也人心之動物使之然也感於物而動故形於聲宮商角徵羽雜比曰音單出曰聲形猶見也聲相應故生變樂之器彈其宮則衆宮應然不足樂是以變之使雜也易曰同聲相應同氣相求春秋傳曰若以水濟水誰能食之若琴瑟之專一誰能聽之變成方謂之音方猶文章也比（毗至）音而樂之及干戚羽旄謂之樂干盾也戚斧也武舞所執也羽翟羽也旄旄牛尾也文舞所執周禮舞師樂師掌教舞有兵舞有干舞有羽舞有旄舞詩曰左手執籥右手秉翟

樂者音之所由生也其本在人心之感於物也是故其哀心感者其聲噍以殺其樂心感者其聲嘽（昌展）以緩其喜心感者其聲

發以散其怒心感者其聲粗以厲其敬心感者其聲直以廉其愛心感者其聲和以柔六者非性也感於物而后動（言人聲在所見非有常也噍踧也嘽寬綽貌發猶揚也粗麤也）是故先王慎所以感之者故禮以道其志樂以和其聲政以一其行刑以防其姦禮樂刑政其極一也（極至也）所以同民心而出治道也（此其所謂至也）凡音者生人心者也情動於中故形於聲聲成文謂之音是故治世之音安以樂其政和亂世之音怨以怒其政乖亡國之音哀以思其民困聲音

之道與政通矣言八音和否隨政也王肅曰御聲幾聲之上下宮爲君商爲臣角爲民徵爲事羽爲物五者不亂則無怗懘胡昌制之音矣五者君臣民事物也凡聲濁者尊清者卑怗懘敝敗不和貌宮亂則荒其君驕商亂則陂畀其官壞角亂則憂其民怨徵亂則哀其事勤羽亂則危其財匱五者皆亂迭相陵謂之慢如此則國之滅亡無日矣君臣民事物其道亂則其音應而亂荒猶散也陂傾也書曰王耄荒易曰無平不陂鄭衛之音亂世之音也比於慢矣比猶同也桑閒濮上之音亡國之音也其政散其民流誣上行私而不可止也濮水之上地有桑閒者亡國之音於此之水出也昔殷紂

使師延作靡靡之樂已而自沈於濮水後師涓過焉夜聞而寫之爲晉平公鼓之是之謂也桑閒在濮陽南誣罔也

凡音者生於人心者也樂者通倫理者也（倫猶類也理分也）是故知聲而不知音者禽獸是也知音而不知樂者衆庶是也唯君子爲能知樂（禽獸知此爲聲耳不知其宮商之變也八音並作克諧曰樂）是故審聲以知音審音以知樂審樂以知政而治道備矣是故不知聲者不可與言音不知音者不可與言樂知樂則幾於禮矣禮樂皆得謂之有德德者得也（幾近也聽樂而知政之得失則能正君臣民事物之禮）是故樂之隆非極音也食饗之禮非致味也（隆猶盛也極窮

也清廟之瑟朱弦而疏越壹倡而三歎有遺音者矣大饗之禮尚玄酒而俎腥魚大羹不和有遺味者矣（清廟謂作樂歌清廟也朱弦練朱弦練則聲濁越瑟底孔也畫疏之使聲遲也倡發歌句也三歎三人從歎之耳大饗祫祭先王以腥魚爲俎實不臑孰之大羹肉湆不調以鹽菜遺猶餘也）是故先王之制禮樂也非以極口腹耳目之欲也將以教民平好惡而反人道之正也（教之使知好惡也）人生而靜天之性也感於物而動性之欲也（言性不見物則無欲）物至知知然後好惡形焉（至來也知知每物來則又有知也言見物多則欲益衆形猶見也）好惡無節於內知誘於外不能反躬天理滅矣（節法度也知猶欲也誘猶道也）

引也躬猶己也理猶性也夫物之感人無窮而人之好惡無節則是物至而人化物也化物也者滅天理而窮人欲者也窮人欲言無所不爲於是有悖逆詐僞之心有淫泆作亂之事是故強者脅弱衆者暴寡知者詐愚勇者苦怯疾病不養老幼孤獨不得其所此大亂之道也是故先王之制禮樂人爲之節言爲作法度以遏其欲衰麻哭泣所以節喪紀也鐘鼓干戚所以和安樂也昏姻冠笄所以別男女也射鄉食饗所以正交接也男二十而冠女許嫁而笄成人之禮射鄉大射鄉飲酒也禮節民心

樂和民聲，政以行之，刑以防之。禮、樂、刑、政，四達而不悖，則王道備矣。樂者爲同，禮者爲異。同則相親，異則相敬。同謂協好惡也，異謂別貴賤。樂勝則流，禮勝則離。流謂合行不敬也，離謂析居不和也。合情飾貌者，禮樂之事也。欲其並行，斌斌然。禮義立，則貴賤等矣；樂文同，則上下和矣；好惡著，則賢不肖別矣；刑禁暴，爵舉賢，則政均矣。仁以愛之，義以正之，如此，則民治行矣。等，階級也。樂由中出，和在心也。禮自外作。敬在貌也。樂由中出，故靜；禮自外作，故文。文猶動也。大樂必易，大禮必簡。易簡若於清廟大饗然。

然樂至則無怨，禮至則不爭，揖讓而治天下者，禮樂之謂也。至猶達也，行也。暴民不作，諸侯賓服，兵革不試，五刑不用，百姓無患，天子不怒，如此則樂達矣。合父子之親，明長幼之序，以敬四海之内，天子如此則禮行矣。賓協也，試用也。大樂與天地同和，大禮與天地同節。言順天地之氣與其數。和故百物不失，不失其性。節故祀天祭地，成物有功報焉。明則有禮樂，敎人者。幽則有鬼神。助天地成物者也。易曰是故知鬼神之情狀與天地相似。五帝德說黃帝德曰死而民畏其神者百年。春秋傳曰若敖氏之鬼。然則聖人之精氣謂之神，賢知之精氣謂之鬼。如此則四海之内合敬同愛矣。

禮者殊事合敬者也樂者異文合愛者也禮樂之情同故明王以相沿也沿猶因述也孔子曰殷因於夏禮所損益可知也周因於殷禮所損益可知也沿或作緣故事與時並舉事在其時也禮器曰堯授舜舜授禹湯放桀武王伐紂時也名與功偕爲名在其功也偕猶俱也堯作大章舜作大韶禹作大夏湯作大濩武王作大武各因其得天下之功故鐘鼓管磬羽籥干戚樂之器也屈伸俯仰綴兆舒疾樂之文也簠簋俎豆制度文章禮之器也升降上下周還裼襲禮之文也綴謂酇舞者之位也兆其外營域也故知禮樂之情者能作識禮樂之文者能述述謂訓其義也作者之謂聖述者之謂明明聖者述作之謂也

樂者天地之和也禮者天地之序也和故百物皆化序故羣物皆別化猶生也別謂形體異也樂由天作禮以地制言法天地也過制則亂過作則暴過猶誤也暴失文武之意明於天地然後能興禮樂也論倫無患樂之情也欣喜歡愛樂之官也倫猶類也患害也官猶事也中正無邪禮之質也莊敬恭順禮之制也質猶本也若夫禮樂之施於金石越於聲音用於宗廟社稷事乎山川鬼神則此所與民同也言情官質制先王所專也王者功成作樂治定制禮功成治定同時耳功主於王業治主於教民明堂位說周公曰治天下六年朝諸侯於明堂制禮作樂其功大

者其樂備其治辯者其禮具辯徧也干戚之舞非備樂也樂以文德爲備若咸池者孔子曰韶盡美矣又盡善也謂武盡美矣未盡善也孰亨而祀非達禮也達具也郊特牲曰郊血大饗腥三獻爓一獻孰至敬不饗味而貴氣臭也五帝殊時不相沿樂三王異世不相襲禮言其有損益也樂極則憂禮粗則偏矣樂人之所好也害在淫侉禮人之所勤也害在倦略及夫敦樂而無憂禮備而不偏者其唯大聖乎敦厚也天高地下萬物散殊而禮制行矣禮爲異也流而不息合同而化而樂興焉樂爲同也春作夏長仁也秋斂冬藏義也仁近於樂義近於禮言樂法陽而生禮法陰而成樂者敦和率

神而從天，禮者別宜，居鬼而從地。敦和，樂貴同也。率，循也。從，順也。別宜，禮尚異也。居鬼，謂居其所爲，亦言循之也。鬼神，謂先聖先賢也。故聖人作樂以應天，制禮以配地。禮樂明備，天地官矣。官猶事也，各得其事。天尊地卑，君臣定矣。卑高已陳，貴賤位矣。動靜有常，小大殊矣。方以類聚，物以羣分，則性命不同矣。在天成象，在地成形。如此，則禮者，天地之別也。卑高，謂山澤也。位矣，尊卑之位，象山澤也。動靜，陰陽用事。小大，萬物也。大者常存，小者隨陽出入。方謂行蟲也，物謂殖生者也。性之言生也，命，生之長短也。象，光耀也。形，體貌也。地氣上齊躋，天氣下降，陰陽相摩，天地相蕩，鼓之以雷霆，奮之以風雨，動之以四時，煖暄之以日月而百化興焉如此則樂者天地之和也齊讀爲躋躋升也摩猶迫也蕩猶動也奮迅也百化百物化生也化不時則不生男女無辨則亂升天地之情也辨别也升成也樂失則害物禮失則亂人及夫禮樂之極乎天而蟠乎地行乎陰陽而通乎鬼神窮高極遠而測深厚極至也蟠猶委也高遠三辰也深厚山川也言禮樂之道上至於天下委於地則其間無所不之樂著大始而禮居成物著之言處也大始百物之始生也著不息者天也著不動者地也著猶明白也息猶休止也易曰天行健君子以自強不息一動一靜者天地之間也間謂百物也故聖人曰禮樂云言禮樂之法天地也樂靜而禮動其並用事則亦天地之間耳昔者舜作五弦之琴

以歌南風夔始制樂以賞諸侯夔欲舜與天下之君共此樂也南風長養之風也以言父母之長養己其辭未聞也夔舜時典樂者也書曰夔命女典樂故天子之爲樂也以賞諸侯之有德者也德盛而教尊五穀時孰然後賞之以樂故其治民勞者其舞行綴遠其治民逸者其舞行綴短民勞則德薄酇相去遠舞人少也民逸則德盛酇相去近舞人多也故觀其舞知其德聞其謚知其行也謚者行之迹也大章章之也堯樂名也言堯德章明也周禮闕之或作大卷咸池備矣黃帝所作樂名也堯增脩而用之咸皆也池之言施也言德之無不施也周禮曰大咸韶繼也舜樂名也韶之言紹也言舜能繼紹堯之德周禮曰大韶夏大也禹樂名也言禹能大堯舜之德周禮曰大夏殷周之樂盡矣言盡人事也周禮曰大濩大武

天地之道，寒暑不時則疾，風雨不節則饑，教者民之寒暑也，教不時則傷世，事者民之風雨也，事不節則無功，教謂樂也然則先王之爲樂也，以法治也，善則行象德矣。以法治，以樂爲治之法。行象德，民之行順君之德也夫豢豕爲酒，非以爲禍也，而獄訟益繁，則酒之流生禍也。以穀食犬豕曰豢，爲作也，言豢豕作酒本以饗祀養賢，而小人飲之善酗以致獄訟是故先王因爲酒禮，壹獻之禮，賓主百拜，終日飲酒而不得醉焉，此先王之所以備酒禍也。壹獻士飲酒之禮，百拜以喻多故酒食者所以合歡也，樂者所以象德也，禮者所以綴淫也綴猶止也是故先王有大事必有禮以哀之有大福必有禮以樂之哀樂之分皆以禮終大事謂死喪也樂也者聖人之所樂也而可以善民心其感人深其移風易俗故先王著其教焉著猶立也謂立司樂以下使教國子夫民有血氣心知之性而無哀樂喜怒之常應感起物而動然後心術形焉言在所以感之也術所由也形猶見也是故志微噍殺之音作而民思憂嘽諧慢易繁文簡節之音作而民康樂粗厲猛起奮末廣賁之音作而民剛毅廉直勁正莊誠之音作而

民肅敬寬裕肉好順成和動之音作而民慈愛流辟邪散狄他歷反成滌濫之音作而民淫亂志微意細也吳公子札聽鄭風而曰其細已甚民弗堪也簡節少易也奮末動使四支也賁讀爲憤憤怒氣充實也春秋傳曰血氣狡憤肉肥也狄滌往來疾貌也濫僭差也此皆民心無常之效也肉或爲潤是故先王本之情性稽之度數制之禮義合生氣之和道五常之行使之陽而不散陰而不密剛氣不怒柔氣不懾四暢交於中而發作於外皆安其位而不相奪也生氣陰陽氣也五常五行也密之言閉也懾猶恐懼也然後立之學等廣其節奏省其文采以繩德厚等差也各用其才之差學之廣謂增習之省猶審也文采謂節奏合也繩猶度也周禮大司樂

以樂語敎國子興道諷誦言語以樂舞敎國子舞雲門大卷大咸大韶大夏大濩大武律小大之稱比終始之序以象事行律六律也周禮典同以六律六同辨天地四方陰陽之聲以爲樂器小大謂高聲正聲之類也終始謂始於宮終於羽宗廟黃鍾爲宮大呂爲角大蔟爲徵應鍾爲羽以象事行宮爲君商爲臣使親疏貴賤長幼男女之理皆形見於樂故曰樂觀其深矣謂同聽之莫不和敬莫不和順莫不和親土敝則草木不長水煩則魚鼈不大氣衰則生物不遂世亂則禮慝而樂淫是故其聲哀而不莊樂而不安慢易以犯節流湎以忘本廣則容姦狹則思欲感條暢之氣而滅平和之德是以君子賤之也遂猶成也慝穢也廣謂聲緩也狹謂聲急也感

大字二佰六十五字　禮記上　十五　高大賓刊

動也動人條暢之善氣使失其所凡姦聲感人而逆氣應之逆氣成象而淫樂興焉正聲感人而順氣應之順氣成象而和樂興焉倡和有應回邪曲直各歸其分而萬物之理各以類相動也成象若謂人樂習焉是故君子反情以和其志比類以成其行姦聲亂色不留聰明淫樂慝禮不接心術惰慢邪辟之氣不設於身體使耳目鼻口心知百體皆由順正以行其義反猶本也然後發以聲音而文以琴瑟動以干戚術猶道也飾以羽旄從以簫管奮至德之光動四氣

之和以著萬物之理（奮猶動也動至德之光謂降天神出地祇假祖考著猶成也）是故清明象天廣大象地終始象四時周還象風雨五色成文而不亂八風從律而不姦百度得數而有常小大相成終始相生倡和清濁迭相爲經（清明謂人聲也廣大謂鐘鼓也周還謂舞者五色五行也八風從律應節至也百度百刻也言日月晝夜不失正也清謂蕤賓至應鐘也濁謂黃鐘至中呂）故樂行而倫清耳目聰明血氣和平移風易俗天下皆寧（言樂用則正人理和陰陽也倫謂人道也）故曰樂者樂也君子樂得其道小人樂得其欲以道制欲則樂而不亂以欲忘道則惑而不樂（道謂仁義也欲謂邪）

淫也

是故君子反情以和其志，廣樂以成其教，樂行而民鄉方，可以觀德矣。方猶道也德者性之端也，樂者德之華也，金石絲竹，樂之器也，詩言其志也，歌詠其聲也，舞動其容也，三者本於心，然後樂氣從之，是故情深而文明，氣盛而化神，和順積中而英華發外，唯樂不可以爲僞。三者本志也聲也容也言先此本於內則不能爲樂也樂者，心之動也，聲者樂之象也，文采節奏聲之飾也，君子動其本，樂其象，然後治其飾，是故先鼓以警戒，三步以見方，再始以著往，復亂以飭歸，奮疾而不拔，極幽而不隱，獨樂其志，不厭其道，備舉其道，不私其欲。是故情見而義立，樂終而德尊，君子以好善，小人以聽過。故曰生民之道，樂爲大焉。文采樂之威儀也。先鼓，將奏樂，先擊鼓以警戒衆也。三步，謂將舞必先三舉足以見其舞之漸也。再始以著往，武王除喪至盟津之上，紂未可伐，還歸二年，乃遂伐之。武舞再更始，以明伐時再往也。復亂以飭歸，謂鳴鐃而退，明以整歸也。奮疾，謂舞者也。極幽，謂歌者也。

樂也者，施也；禮也者，報也。言樂出而不反，而禮有往來也。樂，樂其所自生；而禮，反其所自始。樂章德，禮報情，反始也。自，由也。所謂大輅者，天子之車也。龍旂九旒，天子之旌也。青黑緣者，天子之寶龜也，從之以牛羊之羣，則所以贈諸侯也。贈諸侯謂來朝將去送之以禮。樂也者，情之不可變者也；禮也者，理之不可易者也。理猶事也。樂統同，禮辨異，統同同和合也，辨異異尊卑也。禮樂之說，管乎人情矣。管猶包也。窮本知變，樂之情也；著誠去僞，禮之經也。禮樂偩天地之情，達神明之德，降興上下之神，而凝是精粗之體，領父子君臣之節。偩猶依象也。降，下也。興猶出也。凝，成也。精粗謂萬物大小也。領猶理治也。是故大人舉禮樂，則天地將爲昭焉。言天地將爲之昭然明也。天地訢（欣）合，陰陽相得，煦嫗覆育萬物，然後草木茂，區（勾）萌達羽翼奮角觡格生蟄蟲昭蘇羽者嫗伏毛者孕鬻胎生者不殰讀而卵生者不殈呼闃則樂之道歸焉耳訢讀爲熹熹猶烝也氣曰煦體曰嫗屈生曰區無䚡曰觡昭曉也蟄蟲以發出爲曉更息曰蘇孕任也鬻生也内敗曰殰殈裂也今齊人語有殈者樂者非謂黃鐘大呂弦歌干揚也樂之末節也故童者舞之鋪筵席陳尊俎列籩豆以升降爲禮者禮之末節也故有司掌之言禮樂之本由人君也禮本著誠去僞樂本窮本知變樂師辨乎聲詩故北面而弦宗祝辨乎宗廟之禮故後尸商祝辨乎喪禮故後主人辨猶別也正也弦謂鼓琴瑟也後尸居後贊禮儀此言知本者尊知末者卑是故德成而上藝

成而下行成而先事成而後德三德也行三行也藝才技也先謂位在上也後謂位在下也是故先王有上有下有先有後然後可以有制於天下也言尊卑備乃可制作以為治法魏文侯問於子夏曰吾端冕而聽古樂則唯恐臥聽鄭衛之音則不知倦敢問古樂之如彼何也新樂之如此何也魏文侯晉大夫畢萬之後僭諸侯者也端玄衣也古樂先王之正樂也子夏對曰今夫古樂進旅退旅和正以廣弦匏笙簧會守拊鼓始奏以文復亂以武治亂以相訊疾以雅君子於是語於是道古脩身及家平均天下此古樂之

發也旅猶俱也俱進俱退言其齊一也和正以廣無姦聲也會猶合也皆也言衆皆待擊鼓乃作周禮大師職曰大
祭祀帥瞽登歌合奏擊拊下管播樂器合奏鼓朄文謂鼓也武
謂金也相即拊也亦以節樂拊者以韋爲表裝之以糠糠一名
相因以名焉今齊人或謂糠爲相
雅亦樂器名也狀如漆筩中有椎今夫新樂進俯退
俯姦聲以濫溺而不止及優侏儒獶雜子
女不知父子樂終不可以語不可以道古
此新樂之發也俯猶曲也言不齊一也濫濫竊也溺而不止聲淫亂無以治之獶獼猴也言舞
者如獼猴戲也亂男
女之尊卑獶或爲優今君之所問者樂也所好
者音也夫樂者與音相近而不同言文侯好音而不知樂也
鏗鎗之類皆爲
音應律乃爲樂文侯曰敢問何如欲知音樂異意子夏對
曰夫古者天地順而四時當民有德而五

穀昌疾疢不作而無妖祥此之謂大當然後聖人作為父子君臣以為紀綱紀綱既正天下大定天下大定然後正六律和五聲弦歌詩頌此之謂德音德音之謂樂當謂樂不失其所詩云莫其德音其德克明克明克類克長克君王此大邦克順克俾俾于文王其德靡悔既受帝祉施于孫子此之謂也此有德之音所謂樂也德正應和曰莫照臨四方曰明勤施無私曰類教誨不倦曰長慶賞刑威曰君慈和徧服曰順俾當為比聲之誤也擇善從之曰比施延也言文王之德皆能如此故受天福延於後世也今君之所好者其溺音乎言無文王之德則所好非樂也文侯曰敢問溺音何

從出也玩習之久不知所由出也子夏對曰鄭音好濫淫志宋音燕女溺志衛音趨數煩志齊音敖辟喬志此四者皆淫於色而害於德是以祭祀弗用也言四國皆出此溺音濫濫竊姦聲也燕安也春秋傳曰懷與安實敗名趨數讀爲促速聲之誤也煩勞也祭祀者不用淫樂詩云肅雍和鳴先祖是聽夫肅肅敬也雍雍和也夫敬以和何事不行言古樂敬且和故無事而不用溺音無所施爲人君者謹其所好惡而已矣君好之則臣爲之上行之則民從之詩云誘民孔易此之謂也誘進也孔甚也言民從君所好惡進之於善無難然後聖人作爲鞉鼓椌楬壎篪此六者德

音之音也六者爲本以其聲質也椌楬謂柷敔也壎篪或爲簨虡然後鐘磬竽瑟以和之，干戚旄狄以舞之。此所以祭先王之廟也，所以獻酬酳酢也，所以官序貴賤各得其宜也，所以示後世有尊卑長幼之序也。官序貴賤謂尊卑樂器列數有差次鐘聲鏗，鏗以立號，號以立橫，音曠橫以立武，君子聽鐘聲則思武臣。號號令所以警衆也橫充也謂氣作充滿也石聲磬，磬以立辨，辨以致死，君子聽磬聲則思死封疆之臣。石聲磬磬當爲罄字之誤也辨謂分明於節義絲聲哀，哀以立廉，廉以立志，君子聽琴瑟之聲則思志義之臣。廉廉隅也竹聲濫，濫以立會，會以聚衆。君子聽竽笙簫管之聲，則思畜聚之臣。（濫之意猶擥聚也。會猶聚也。聚或爲最。）鼓鼙之聲讙，讙以立動，動以進衆。君子聽鼓鼙之聲，則思將帥之臣。（聞讙囂則人意動作。讙或爲歡，動或爲勳。）君子之聽音，非聽其鏗鎗而已也，彼亦有所合之也。（以聲合成己之志。）

賓牟賈侍坐於孔子，孔子與之言及樂，曰：夫武之備戒之已久，何也？對曰：病不得其衆也。（武謂周舞也。備戒，擊鼓警衆。病猶憂也，以不得衆心爲憂，憂其難也。）咏歎之淫液之，何也？對曰：恐不逮事也。（咏歎淫液，歌遲之也。逮，及也。事，伐事也。）發揚蹈厲之已蚤，何也？對曰：及時事也（時至武事當施也）武坐致右憲左，何也？對曰：非武坐也（言武之事無坐也致謂膝至地也憲讀爲軒聲之誤）。聲淫及商，何也？對曰：非武音也（言武歌在正其軍不貪商也時人或說其義爲貪商也）。子曰：若非武音，則何音也？對曰：有司失其傳也。若非有司失其傳，則武王之志荒矣（有司典樂者也傳猶說也荒老耄也言典樂者失其說也而時人妄說也書曰王耄荒）。子曰：唯丘之聞諸萇弘，亦若吾子之言是也（萇弘周大夫）。賓牟賈起，免席而請曰：夫武之備戒之已久，則既聞命矣，敢問遲之遲而又久，何也（遲之遲謂久立於綴）？子曰：居，吾語女。夫樂者，象成者也。揔干而山立，武王之事也發揚蹈厲大公之志也武亂皆坐周召之治也居猶安坐也成謂已成之事也揔干持盾也山立猶正立也象武王持盾正立待諸侯也發揚蹈厲所以象威武時也武舞象戰鬭也亂謂失行列也失行列則皆坐象周公召公以文止武也且夫武始而北出再成而滅商三成而南四成而南國是疆五成而分周公左召公右六成復綴以崇成猶奏也每奏武曲一終爲一成始奏象觀兵盟津時也再奏象克殷時也三奏象克殷有餘力而反也四奏象南方荆蠻之國侵畔者服也五奏象周公召公分職而治也六奏象兵還振旅也復綴反位止也崇充也凡六奏以充武樂也天子夾振之而駟伐盛威於中國也夾振之者王與大將夾舞者振鐸以爲節也駟當爲四聲之誤也武舞戰象也每奏四伐一擊一刺爲一伐牧誓曰今日之事不過四伐五伐分夾而進事蚤濟也分猶部曲也事猶爲也濟成也舞者各有

部曲之列又夾振之者象用兵務於早成也久立於綴以待諸侯之至也象武王伐紂待諸侯也且女獨未聞牧野之語乎欲語以作武樂之意武王克殷反商未及下車而封黃帝之後於薊封帝堯之後於祝封帝舜之後於陳下車而封夏后氏之後於杞投殷之後於宋封王子比干之墓釋箕子之囚使之行商容而復其位庶民弛政庶士倍祿濟河而西馬散之華山之陽而弗復乘牛散之桃林之野而弗復服車甲衅而藏之府庫而弗復用倒載干戈包之以虎皮將帥之士使爲諸侯名之曰建櫜然後天下知武

王之不復用兵也〔反當爲及字之誤也及商謂至紂都也牧誓曰至于商郊牧野封謂故無土地者也投舉徙之辭也時武王封紂子武庚於鄁墟所徙者微子也後周公更封而大之積土爲封封比干墓崇賢也行猶視也使其子視商禮樂之官賢者所處皆令反其居也弛政去其紂時苛政也倍祿復其紂時薄者也散猶放也桃林在華山旁甲鎧也衅釁字也包干戈以虎皮明能以武服兵也建讀爲鍵字之誤也兵甲之衣曰櫜鍵櫜言閉藏兵甲也詩曰載櫜弓矢春秋傳曰垂櫜而入周禮曰櫜之欲其約也爾或爲續祝或爲鑄〕散軍而郊射，左射貍首，右射騶虞，而貫革之射息也。裨冕搢笏，而虎賁之士說劒也。祀乎明堂，而民知孝。朝覲，然後諸侯知所以臣。耕藉，然後諸侯知所以敬。五者，天下之大教也。〔郊射爲射宮於郊也左東學也右西學也貍首騶虞所以歌爲節也貫革射穿甲革也裨冕衣裨衣而冠冕也裨衣衮之屬也搢猶插也賁憤怒也文王〕

之廟爲明堂制耕籍籍田也食三老五更於大學、天子袒而割牲、執醬而饋、執爵而酳、冕而揔干、所以教諸侯之弟也三老五更互言之耳皆老人更知三德五事者也冕而揔干親在舞位也周名大學曰東膠若此則周道四達、禮樂交通、則夫武之遲久、不亦宜乎言武遲久爲重禮樂君子曰、禮樂不可斯須去身、致樂以治心、則易直子諒之心油然生矣、易直子諒之心生、則樂、樂則安、安則久、久則天、天則神、天則不言而信、神則不怒而威、致樂以治心者也致猶深審也子讀如不子之子、油然新生好貌也善心生則寡於利欲寡於利欲則樂矣志明行成不言而見信如天也不怒而見畏如神也樂由中出故治心致禮以治躬則莊敬莊敬則嚴威躬身也禮自外作故治身心中斯須不和不樂而鄙詐之心入之矣鄙詐入之謂利欲生外貌斯須不莊不敬而易慢之心入之矣易經易也故樂也者動於內者也禮也者動於外者也樂極和禮極順內和而外順則民瞻其顏色而弗與爭也望其容貌而民不生易慢焉故德煇動於內而民莫不承聽理發諸外而民莫不承順德煇顏色潤澤也理容貌之進止也故曰致禮樂之道舉而錯之天下無難矣樂也者動於內者也禮也者動於

外者也故禮主其減樂主其盈禮主其減人所倦也樂主其盈人所歡也禮減而進以進爲文樂盈而反以反爲文進謂自勉強也反謂自抑止也文猶美也善也禮減而不進則銷樂盈而不反則放故禮有報而樂有反放淫於聲樂不能止也報讀爲褒褒猶進也禮得其報則樂樂得其反則安得謂曉其義知其吉凶之歸禮之報樂之反其義一也俱趨立於中不銷不放也夫樂者樂也人情之所不能免也樂必發於聲音形於動靜人之道也聲音動靜性術之變盡於此矣免猶自止也人道人之所爲也性術言此出於性也盡於此不可過故人不耐無樂樂不耐無形形而不爲道

不耐無亂形聲音動靜也耐古書能字也後世變之此獨存焉古以能爲三台字先王恥其亂故制雅頌之聲以道之使其聲足樂而不流使其文足論而不息使其曲直繁瘠廉肉節奏足以感動人之善心而已矣不使放心邪氣得接焉是先王立樂之方也流猶淫放也文篇辭也息猶銷也曲直歌之曲折也繁瘠廉肉聲之鴻殺也節奏闋作進止所應也方道也是故樂在宗廟之中君臣上下同聽之則莫不和敬在族長鄉里之中長幼同聽之則莫不和順在閨門之內父子兄弟同聽之則莫不和親故樂者審一以定和比物以飾

節節奏合以成文所以合和父子君臣附親萬民也是先王立樂之方也（審一審其人聲也比物謂雜金革土匏之屬也以成文五聲八音克諧相應和）故聽其雅頌之聲志意得廣焉執其干戚習其俯仰詘伸容貌得莊焉行其綴兆要其節奏行列得正焉進退得齊焉故樂者天地之命中和之紀人情之所不能免也（綴表也所以表行列也詩云荷戈與綴兆域也舞者進退所至也要猶會也命教也紀揔要之名也）夫樂者先王之所以飾喜也軍旅鈇鉞者先王之所以飾怒也故先王之喜怒皆得其儕焉（儕猶輩類）喜則天下和之怒則

暴亂者畏之先王之道禮樂可謂盛矣子王之於天下喜怒節之以禮樂則兆民和從而畏敬之禮樂王者所常興則盛也子贛見師乙而問焉曰賜聞聲歌各有宜也如賜者宜何歌也子貢孔子弟子師樂官也乙名聲歌各有宜氣順性也師乙曰乙賤工也何足以問所宜請誦其所聞而吾子自執焉樂人稱工執猶處也愛者宜歌商溫良而能斷者宜歌齊夫歌者直己而陳德也動己而天地應焉四時和焉星辰理焉萬物育焉故商者五帝之遺聲也寬而靜柔而正者宜歌頌廣大而靜疏達而信者宜歌大雅恭儉

而好禮者宜歌小雅正直而靜廉而謙者宜歌風肆直而慈愛（此文換簡失其次寬而靜宜在上愛者宜歌商宜承此下行讀云肆直而慈愛者宜歌商商宋詩也愛或爲哀直已而陳德各因其德歌所宜齊生也）商之遺聲也商人識之故謂之商齊者三代之遺聲也齊人識之故謂之齊（云商之遺聲也衍字也又誤上所云故商者五帝之遺聲也當居此衍字處也）明乎商之音者臨事而屢斷明乎齊之音者見利而讓（屢數也數斷事以其肆直也見利而讓以其溫良能斷也斷猶決也）臨事而屢斷勇也見利而讓義也有勇有義非歌孰能保此（保猶安也知也）故歌者上如抗下如隊曲如折止如槀木倨中矩句中鉤纍

纍乎端如貫珠言歌聲之著動人心之審如有此事故歌之爲言也，長言之也。說之故言之，言之不足，故長言之，長言之不足，故嗟歎之，嗟歎之不足，故不知手之舞之足之蹈之也。長言之引其聲也，嗟歎和續之也。不知手之舞之足之蹈之，歡之至也。子貢問樂上下同美之也

禮記卷第十一 經六千四百九十五字 注五千五百三十二字

劉氏別録屬喪服　秀岩李氏曰此篇記諸侯以下死喪祭祀冠昏之礼以簡帙重多分爲上下篇皆喪服也合而言之宜爲遠論

道有喪　諸侯

禮記卷第十二

雜記上第二十　　鄭氏注

諸侯行而死於館則其復如於其國如於道則升其乘車之左轂以其綏復館主國所致舍復招魂復魄也如於其國主國館賓與使有之得升屋招用褒衣也如於道道上廬宿也升車左轂象升屋東榮綏當爲緌讀如蕤賓之蕤字之誤也緌謂旌旗之旄也去其旒而用之異於生也其輤有裧緇布裳帷素錦以爲屋而行輤載柩將殯之車飾也輤取名於櫬與蒨讀如蒨旆之蒨櫬棺也蒨染赤色者也將葬載柩之車飾曰柳裧謂鱉甲邊緣緇布裳帷圍棺者也裳帷用緇則輤用赤矣輤象宮室屋其中小帳櫬覆棺者若未大斂其載尸而歸車飾皆如之至於廟門不毀牆遂入適所殯廟所殯宮牆裳帷也適所殯唯輤爲說於廟門外謂兩楹之間去輤乃入廟門

大夫士

以其入自有宮室也毀或爲徹凡柩自外來者正棺於兩楹之閒尸亦使之於此皆因殯焉異者柩入自闕升自西階尸入自門升自阼階其殯必於兩楹之閒者以其死不於室而自外來留之於中不忍遠也

大夫士死於道則升其乘車之左轂以其綏復如於館死則其復如於家綏亦緌也大夫復於家以玄冕士以爵弁服大夫以布爲輤而行至於家而說輤載以輲車入自門至於阼階下而說車舉自阼階升適所殯大夫輤言用布白布不染也言輤者達名也不言裳帷俱用布無所別也至門亦說輤乃入言載以輲車入自門明車不易也輲讀爲輇或作槫許氏說文解字曰有輻曰輪無輻曰輇周禮又有蜃車天子以載柩蜃輇聲相近其制同乎輇崇蓋半乘車之輪諸侯言不毀牆大夫士言不易車互相明也不易者不易以輴也廟中有載柩以輴之禮此不耳

士輤葦席以爲屋蒲席以爲裳帷言以葦席爲屋則無素錦爲帳

實 一說如字，亦通。實猶狀也，使其以實告

凡訃於其君，曰君之臣某死。訃或皆作赴。赴，至也。臣死，其子使人至君所告之父母妻長子，曰君之臣某之某死。此臣於其家喪所主者君訃於他國之君，曰寡君不祿，敢告於執事。夫人，曰寡小君不祿。大子之喪，曰寡君之適子某死。君夫人不稱薨，告他國君謙也大夫訃於同國適者，曰某不祿。訃於士，亦曰某不祿。訃於他國之君，曰君之外臣寡大夫某死。訃於適者，曰吾子之外私寡大夫某不祿，使某實。訃於士，亦曰吾子之外私寡大夫某不祿，使某實。適讀爲匹敵之敵，謂爵同者也。實當爲至，此讀周秦之人聲之誤也士訃於

君居喪

大夫士喪服之變王肅非之黃勉齋謂從鄭說

同國大夫，曰某死。訃於士，亦曰某死。訃於他國之君，曰君之外臣某死。訃於大夫，曰吾子之外私某死。訃於士，亦曰吾子之外私某死。大夫次於公館以終喪，士練而歸，士次於公館。公館，公宮之舍也。練而歸之士，謂邑宰也。練而猶處公館，朝廷之士也。唯大夫三年無歸也。

大夫居廬，士居堊室。謂未練時也。士居堊室，亦謂邑宰也。朝廷之士亦居廬。

大夫為其父母兄弟之未為大夫者之喪，服如士服。士為其父母兄弟之為大夫者之喪服，如士服。大夫雖尊，不以其服服父母兄弟，嫌若踰之也。士，謂大夫庶子為士者也。已卑，又不敢服尊者之服。今大夫喪禮逸，與士異者未得而備聞也。春秋傳曰：齊晏桓子卒，晏嬰麤縗斬，苴絰帶，杖，菅屨，食粥，居倚廬寢苫枕草其老曰非大夫之禮也曰唯卿爲大夫此平仲之謙也言己非大夫故爲父服士服耳麤衰斬者其縷在齊斬之間謂縷如三升半而三升不緝也斬衰以三升爲正微細焉則屬於麤也然則士與大夫爲父服異者有麤衰斬枕草矣其爲母五升縷而四升爲兄弟六升縷而五升乎唯大夫以上乃能備儀盡飾士以下則以臣服君之斬衰爲其父以臣從軍而服之齊衰爲其母與兄弟亦以勉人爲高行也大功以下大夫士服同大夫之適子服大夫之服仕至大夫賢著而德成適子得服其服亦尊其適象賢大夫之庶子爲大夫則爲其父母服大夫服其位與未爲大夫者齒雖庶子得服其服尚德也使齒於士不可不宗適士之子爲大夫則其父母弗能主也使其子主之無子則爲之置後大夫之子得用大夫之禮而士不得也置猶立也大夫卜宅與葬日有司麻衣布衰布帶因喪屨緇布冠

不蓺占者皮弁有司卜人也麻衣白布深衣而著衰馬及布帶緇布冠此服非純吉亦非純凶也皮弁則純吉之尤者也占者尊於有司卜求吉其服彌吉大夫士朔服皮弁如筮則史練冠長衣以筮占者朝服筮者筮宅也謂下大夫若士也筮史筮人也長衣深衣之純以素也長衣練冠純凶服也朝服純吉服也大夫士日朝服以朝也大夫之喪既薦馬薦馬者哭踊出乃包奠而讀書嫌與士異記之也既夕禮曰包牲取下體又曰主人之史請讀賵大夫之喪大宗人相小宗人命龜卜人作龜卜葬及日也相相主人禮也命龜告以所問事也作龜謂揚火灼之以出兆內子以鞠衣襃衣素沙下大夫以襢衣其餘如士此復所用衣也當在夫人狄稅素沙下爛脫失處在此上耳內子卿之適妻也春秋傳曰晉趙姬請逆叔隗於狄趙衰以為內子而己下之是也下大夫謂下大夫之妻襢周禮作展王后之服六唯上

復　　池飾有說文上　　袝

公夫人亦有褘衣侯伯夫人自揄狄而下子男夫人自闕狄而
下卿妻自鞠衣而下大夫妻自展衣而下士妻稅衣而已素沙
若今紗縠之帛也六服皆袍制不禪以素紗裏之如今袿袍襈
重繒矣襃衣者始爲命婦見加賜之衣也其餘如士之妻則亦
用稅
衣
復諸侯以襃衣冕服爵弁服復招魂復魄
也冕服者上
公五侯伯四子男三襃衣亦始命爲諸
侯及朝覲見加賜之衣也襃猶進也
夫人稅衣揄狄
狄稅素沙言其招魂用稅衣上至揄狄也
狄稅素沙言皆以白紗縠爲裏
復西上北面
而西
上陽長左也復者多
少各如其命之數
大夫不揄絞屬於池下謂池飾
也揄揄
翟也采青黃之間曰絞屬猶繫也人君之柳其池繫絞繒於
下而畫翟雉焉名曰振容又有銅魚在其間大夫去振容士
去魚此無人君
及士亦爛脫
大夫附於士士不附於大夫附於
大夫之昆弟無昆弟則從其昭穆雖王父
母在亦然附讀皆爲祔大夫祔於士不敢以己尊自殊於
其祖也士不祔於大夫自卑別於尊者也大夫

傳重

既練

遭大功之喪

之昆弟謂爲士者也從其昭穆中一以上祖又祖而巳祔者祔於先死者婦附於其夫之所附之妃無妃則亦從其昭穆之妃妾附於妾祖姑無妾祖姑則亦從其昭穆之妾夫所附之妃於婦則祖姑男子附於王父則配女子附於王母則不配配謂幷祭王母不配則不祭王父也有事於尊者可以及卑有事於卑者不敢援尊配與不配祭饌如一祝辭異不言以某妃配某氏耳女子謂未嫁者也嫁未三月而死猶歸葬於女氏之黨公子附於公子不敢戚君君薨大子號稱子待猶君也謂未踰年也雖稱子與諸侯朝會如君矣春秋魯僖公九年夏葵丘之會宋襄公稱子而與諸侯序待或爲侍有三年之練冠則以大功之麻易之唯杖屨不易謂既練而遭大功之喪者也練除首絰要絰葛又不如大功之麻重也言練冠易麻互言之也唯杖屨不易言其餘皆易

附兄弟之殤　異居奔兄弟之喪　妾之喪

也屨不易者練與大功俱用繩耳有父母之喪尚功衰而附兄弟之殤則練冠附於殤稱陽童某甫不名神也此兄弟之殤謂大功親以下之殤也斬衰齊衰之喪練皆受以大功之衰此謂之功衰以是時而祔大功親以下之殤大功親以下之殤輕不易服冠而凡爲殤謂同年者也凡十九而死已明年因喪而冠陽童謂庶殤也宗子則曰陰童童未成人之稱也某甫且字也尊神不名爲之造字凡異居始聞兄弟之喪唯以哭對可也惻怛之痛不以辭言爲禮也其始麻散帶絰與居家同也凡喪小斂而麻未服麻而奔喪及主人之未成絰也䟽者與主人皆成之親者終其麻帶絰之日數䟽者謂小功以下也親者大功以上也䟽者及主人之節則用之其不及亦自用其日數主妾之喪則自附至於練祥皆使其子主之其殯祭不於正室

妾爲女君之黨
奔兄弟之喪
葬
主
喪弔之変
大夫之服

祔自爲之者以其祭於祖廟 君不撫僕妾略於賤也 女君死則妾爲女君之黨服攝女君則不爲先女君之黨服妾於女君之親若其親然 聞兄弟之喪大功以上見喪者之鄉而哭奔喪鄭也 適兄弟之送葬者弗及遇主人於道則遂之於墓言骨肉之親不待主人也 凡主兄弟之喪雖疏亦虞之喪事虞祔乃畢 凡喪服未畢有弔者則爲位而哭拜踊客始來主人不可以殺禮待之 大夫之哭大夫弁絰大夫與殯亦弁絰弁絰者大夫錫衰相弔之服也如爵弁而素加環絰曰弁絰 大夫有私喪之葛則於其兄弟之輕喪則弁絰私喪妻子之喪也輕喪緦麻也大夫降焉弔服而往不以私喪之末臨兄弟 爲

余俊

爲長子 爲妻

不反服

喪冠 帶

緦制

檖

長子杖則其子不以杖即位辟尊者爲妻父母在不杖不稽顙尊者在不敢盡禮於私喪也母在不稽顙稽顙者其贈也拜言獨母在於贈拜得稽顙則父在贈拜不得稽顙違諸侯之大夫不反服違大夫之諸侯不反服其君尊卑異也違猶去也去諸侯仕諸侯去大夫仕大夫乃得爲舊君服喪冠條屬以別吉凶三年之練冠亦條屬右縫別吉凶者吉冠不條屬也條屬者通屈一條繩若布爲武垂下爲纓屬之冠象大古喪事略也吉冠則纓武異材焉右縫者右辟而縫之小功以下左左辟象吉輕也緦冠繰纓繰當爲澡麻帶絰之澡聲之誤也謂有事其布以爲纓大功以上散帶小功緦輕初而絞之朝服十五升去其半而緦加灰錫也緦精麤與朝服同去其半則六百縷而疏也又無事其布不灰焉諸侯相

襚以後路與冕服先路與褎衣不以襚不以己之正者施於人以彼不以爲正也後路貳車貳車行在後也遣車視牢具言車多少各如所包遣奠牲體之數也然則遣車載所包遣奠而藏之者與遣奠天子大牢包九个諸侯亦大牢包七个大夫亦大牢包五个士少牢包三个大夫以上乃有遣車疏布輤四面有章置于四隅輤其蓋也四面皆有章蔽以隱翳牢內四隅椁中之四隅載粻有子曰非禮也粻米糧也喪奠脯醢而已言死者不食糧也遣奠本無黍稷祭稱孝子孝孫喪稱哀子哀孫各以其義稱端衰喪車皆無等喪車惡車也喪者衣衰及所乘之車貴賤同孝子於親一也衣衰言端者玄端吉時常服喪之衣衰當如之大白冠緇布之冠皆不蕤委武玄縞而后蕤不蕤質無飾也大白冠大古之布冠也春秋傳曰衛文公大布之衣大白之冠委武冠卷也秦人曰委齊東曰武玄玄冠也縞縞冠也大

冕弁 祭器 率帶 葬物 埋重

夫冕而祭於公弁而祭於己士弁而祭於公冠而祭於己 弁爵弁也冠玄冠也祭於公助君祭也大夫爵弁而祭於己唯孤爾 士弁而親迎然則士弁而祭於己可也 緣類欲許之也親迎雖亦己之事攝盛服爾非常也 暢臼以椈杵以梧 所以擣鬱也椈柏也 枇以桑長三尺或曰五尺 枇所以載牲體者此謂喪祭也吉祭枇用棘 畢用桑長三尺刊其柄與末 畢所以助主人載者刊猶削也 率帶諸侯大夫皆五采士二采 此謂襲尸之大帶率繂也繂之不加箴功大夫以上更飾以五采士以朱綠襲事成於帶變之所以異於生 醴者稻醴也甕甒筲衡實見間而后折入 此謂葬時藏物也衡當為桁所以庪甕甒之屬聲之誤也實見間藏於見外椁內也折承席也 重既虞而埋之 就所倚處埋之 凡婦人從其

大〇九十六小二百六十

禮記十二

婦人
斂
殯
既塟
將塟君弔
襲
道有喪

夫之爵位婦人無專制生禮死事以夫爲尊卑小斂大斂啓皆辯拜嫌當事來者終不拜故明之也此既事皆拜朝夕哭不帷緣孝子心欲見殯肂也既出則施其屋鬼神尚幽闇也無柩者不帷謂既葬也棺柩已去鬼神在室堂無事焉遂去帷君若載而后弔之則主人東面而拜門右北面而踊出待反而后奠主人拜踊於賓位不敢迫君也君即位車東出待不必君留也君反之使奠子羔之襲也繭衣裳與稅衣纁袡爲一素端一皮弁一爵弁一玄冕一曾子曰不襲婦服繭衣裳者若今大襺也纊爲繭緼爲袍表之以稅衣乃爲一稱爾稅衣若玄端而連衣裳者也大夫而以纁爲之緣非也唯婦人纁袡禮以冠名服此襲其服非襲其冠曾子譏襲婦服而已玄冕又大夫服未聞子羔曷爲襲之玄冕或爲玄冠或爲玄端爲君使而死公館復私館不

踊　襲　斂

復公館者公宮與公所爲也私館者自卿大夫以下之家也公所爲君所作離宮館也公七踊大夫五踊婦人居閒士三踊婦人皆居閒公君也始死及小斂大斂而踊君大夫士一也則皆三踊矣君五日而殯大夫三日而殯士二日而殯士小斂之朝不踊君大夫大斂之朝乃不踊婦人居閒者踊必拾主人踊婦人踊賓乃踊公襲卷衣一玄端一朝服一素積一纁裳一爵弁二玄冕一褒衣一朱綠帶申加大帶於上朱綠帶者襲衣之帶飾之雜以朱綠異於生也此帶亦以素爲之申重也重於革帶也革帶以佩韍必言重加大帶者明雖有變必備此二帶也士襲三稱子羔襲五稱今公襲九稱則尊卑襲數不同矣諸侯七稱天子十二稱與小斂環絰公大夫士一也環絰者一股所謂纏絰也士素委貌大夫以上素爵弁而加此絰焉散帶公視大斂公升商祝鋪席

大三十二小三二十五

贈弔

乃斂（喪大記曰大夫之喪將大斂既鋪絞紟衾君至此君升乃鋪席則君至爲之改始新之）魯人之
贈也三玄二纁廣尺長終幅（言失之也士喪禮下篇曰贈用制幣玄纁
束）弔者即位于門西東面其介在其東南
北面西上西於門（賓立門外不當門）主孤西面（立於阼階下）相
者受命曰孤某使其某請事客曰寡君使其
如何不淑（受命受主人命以出也不言擯者喪無接賓淑善也如何不善言君痛之甚使某弔）相者
入告出曰孤某須矣（稱其君名者君薨稱子某使人知適嗣也須矣不出迎也）弔
者入主人升堂西面弔者升自西階東面
致命曰寡君聞君之喪寡君使某如何不
淑子拜稽顙弔者降反位（子孤子也降反位者出反門外位無出字脫）

含　　　　　　　　襚

含者執璧將命曰寡君使某含相者入告出曰孤某須矣〔含玉爲璧制其分寸大小未聞〕含者入升堂致命子拜稽顙含者坐委于殯東南有葦席既葬蒲席降出反位〔言降出反位則是介也春秋有既葬歸含賵襚無譏焉皆受之於殯宮〕宰夫朝服即喪屨升自西階西面坐取璧降自西階以東〔朝服告鄰國之禮也即就也以東藏於內也〕襚者曰寡君使某襚相者入告出曰孤某須矣襚者執冕服左執領右執要入升堂致命曰寡君使某襚子拜稽顙委衣于殯東〔亦於席上所委璧之北順其上下〕襚者降受爵弁服於門內霤將

命子拜稽顙如初受皮弁服於中庭自西階受朝服自堂受玄端將命子拜稽顙皆如初襚者降出反位授襚者以服者賈人宰夫五人舉以東降自西階其舉亦西面亦西面者亦襚者委衣時上介賵執圭將命曰寡君使某賵相者入告反命曰孤某須矣陳乘黃大路於中庭北輈執圭將命客使自下由路西子拜稽顙坐委于殯東南隅宰舉以東輈轅也自率也下謂馬也馬在路之下覲禮曰路下四亞之客給使者入設乘黃於大路之西客入則致命矣使或爲史凡將命鄉殯將命子拜稽顙西面而坐委之宰舉璧與

臨如字

圭宰夫舉襚升自西階西面坐取之降自西階凡者說不見者也鄉殯將命則將命時立於殯之西南宰夫宰之佐也此言宰舉辭與圭則上宰夫朝服衍夫字賵者出反位于門外乃著言門外明禮畢將更有事上客臨曰寡君有宗廟之事不得承事使一介老某相執綍上客弔者也臨視也言欲入視喪所不足而給助之謙也其實貴為哭耳相者反命曰孤某須矣臨者入門右介者皆從之立于其左東上入門右不自同於賓客宗人納賓升受命于君降曰孤敢辭吾子之辱請吾子之復位客對曰寡君命某毋敢視賓客敢辭宗人反命曰孤敢固辭吾子之辱請吾子之復

位客對曰寡君命某毋敢視賓客敢固辭宗人反命曰孤敢固辭吾子之辱請吾子之復位客對曰寡君命使臣某毋敢視賓客是以敢固辭固辭不獲命敢不敬從（賓三辭而稱使臣爲恭也爲恭者將從其命）客立于門西介立于其左東上孤降自阼階拜之升哭與客拾（其劫）踊三（拜客謝其厚意）客出送于門外拜稽顙（不迎而送喪無接賓之禮）其國有君喪不敢受弔（辟其痛傷己之親如君）外宗房中南面小臣鋪席商祝鋪絞紟衾士盥于盤北舉遷尸于斂上卒斂宰告子馮之踊夫人東面

士喪礼

重有喪

坐馮之，興踊。此喪大記脫字重著於是 士喪有與天子同者三，其終夜燎，及乘人，專道而行。乘人謂使人執引也。專道，人辟之。

雜記下第二十一 鄭氏注

有父之喪，如未沒喪而母死，其除父之喪也，服其除服，卒事，反喪服。沒猶竟也。除服謂祥祭之服也。卒事，既祭，反喪服，服後死者之服。雖諸父昆弟之喪，如當父母之喪，其除諸父昆弟之喪也，皆服其除喪之服，卒事，反喪服。雖有親之大喪，猶爲輕服者除，骨肉之恩也。唯君之喪不除私服。言當者，期大功之喪或終始皆在三年之中。小功緦麻則不除，殤長中乃除。如三年之喪，則既潁，其練祥皆行。言今之喪既服潁，乃爲前三年者變除而練祥祭也。此主謂先有父母之服，今又喪長子者。其先有

外喪

公祭聞喪

長子之服今又喪父母其禮亦然然則言未没喪者已練祥矣纇草名無葛之鄉去麻則用纇王父死未練祥而孫又死猶是附於王父也未練祥嫌未祫祭序於昭穆爾王父既附則孫可祔焉猶當爲由由用也附皆當作祔有殯聞外喪哭之他室明所哭者異也哭之爲位入奠卒奠出改服即位如始即位之禮謂後日之哭朝入奠於其殯既乃更即位就他室如始哭之時大夫士將與祭於公既視濯而父母死則猶是與祭也次於異宮既祭釋服出公門外哭而歸其它如奔喪之禮如未視濯則使人告告者反而后哭猶亦當爲由次舍異宮不可以吉與凶同處也使者反而后哭不敢專己於君命也如諸父昆弟姑姊妹之喪則既宿則與祭卒

公尸有喪

練祥間喪

事出公門釋服而后歸其它如奔喪之禮如同宮則次于異宮宿則與祭出門乃解祭服皆爲差緩也曾子問曰卿大夫將爲尸於公受宿矣而有齊衰内喪則如之何孔子曰出舍乎公宮以待事禮也尸重受宿則不得哭内喪同宮也孔子曰尸弁冕而出卿大夫士皆下之尸必式必有前驅冕兼言弁者君之尸或服士大夫之服也諸臣見尸而下車敬也尸式以禮父母之喪將祭而昆弟死既殯而祭如同宮則雖臣妾葬而后祭祭主人之升降散等執事者亦散等雖虞附亦然將祭謂練祥也言若同宮則是昆弟異宮也古者昆弟異居同財有東宮有西宮有南宮

有北宮有父母之喪當在殯宮而在異宮者疾病或歸者主人適子散等衆階爲新喪略威儀自諸侯達諸士小祥之祭主人之酢也嚌之衆賓兄弟則皆啐之大祥主人啐之衆賓兄弟皆飲之可也嚌啐皆甞也齊至齒啐入口凡侍祭喪者告賓祭薦而不食薦脯醢也吉祭告賓祭薦賓既祭而食之喪祭賓不食子貢問喪子曰敬爲上哀次之瘠爲下顏色稱其情戚容稱其服問喪問居父母之喪也喪尚哀言敬爲上者疾時尚不能敬也容威儀也孝經曰容止可觀請問兄弟之喪子曰兄弟之喪則存乎書策矣言疏者如禮行之末有加也齊斬之喪哀容之體經不能載矣君子不奪人之喪重喪禮也亦不可奪喪也不可以輕之於己也孔子

居喪

曰少連大連善居喪三日不怠三月不解期悲哀三年憂東夷之子也言其生於夷狄而知禮也怠惰也解倦也

言語

三年之喪言而不語對而不問廬堊室之中不與人坐焉在堊室之中非時見乎母也不入門言言己事也為人說為語在堊室之中以時事見乎母乃後入門則居廬時不入門

居處

疏衰皆居堊室不廬廬嚴者也言廬哀敬之處非有其實則不居

哀戚之殺

妻視叔父母姑姊妹視兄弟長中下殤視成人視猶比也所比者哀容居處也親喪外除日月已竟而哀未忘兄弟之喪內除日月未竟而哀已殺視君之母與妻比之兄弟發諸顏色者亦不飲食也言小君服輕亦內除也發於顏色謂醲美酒食使人

免喪

祥変服

袒受币

醉餘免喪之外行於道路見似目瞿聞名心瞿弔死而問疾顔色戚容必有以異於人也如此而后可以服三年之喪其餘則直道而行之是也惻隱之心能如是則其餘齊衰以下直道而行盡自得也似謂容貌似其父母也名與親同祥主人之除也於夕爲期朝服祥因其故服爲期爲祭期也朝服以期至明日而祥祭亦朝服始即吉正祭服也喪服小記曰除成喪者其祭也朝服縞冠是也祭猶縞冠未純吉也既祭乃服大祥素縞麻衣釋禫之禮云玄衣黃裳則是禫祭玄冠矣黃裳者未大吉也既祭乃服禫服朝服綅冠踰月吉祭乃玄冠朝服既祭玄端而居復平常也子游曰既祥雖不當縞者必縞然後反服謂有以喪事贈賵來者雖不及時猶變服服祥祭之服以受之重其禮也其於此時始弔者則衛將軍文子之爲之是矣反服反素縞麻衣也當袒大夫至

虞祔　祝稱　杖

雖當踊絕踊而拜之反改成踊乃襲尊大夫來至則拜之不待事已也更成踊者新其事也於士既事成踊襲而后拜之不改成踊於士士至也事謂大小斂之屬上大夫之虞也少牢卒哭成事附皆大牢下大夫之虞也犆牲卒哭成事附皆少牢卒哭成事附言皆則卒哭成事附與虞異矣下大夫虞以犆牲與士虞禮同與祝稱卜葬虞子孫曰哀夫曰乃兄弟曰某卜葬其兄弟曰伯子某祝稱卜葬虞者卜葬卜虞祝稱主人之辭也孫謂爲祖後者稱曰哀孫某卜葬其祖某甫夫曰乃某卜葬其妻某氏兄弟相爲卜稱名而已也古者貴賤皆杖叔孫武叔朝見輪人以其杖關轂而輠輪者於是有爵而后杖也記庶人失禮所由始也叔孫武

大三百三十四

叔魯大夫叔孫州仇也輪人作車輪之官鑿巾以飯公羊賈爲之也記失禮所由始也士親飯必發其巾大夫以上賓爲飯焉則有鑿巾冒者何也所以揜形也自襲以至小斂不設冒則形是以襲而后設冒也言設冒者爲其形人將惡之也襲而設冒言后衍字耳或問於曾子曰夫既遣而包其餘猶既食而裹其餘與君子既食則裹其餘乎言遣既奠而又包之是與食於人已而裹其餘將去何異與君子寧爲是乎言傷廉也曾子曰吾子不見大饗乎夫大饗既饗卷三牲之俎歸于賓館父母而賓客之所以爲哀也子不見大饗乎既饗歸賓俎所以厚之也言父母家之主今賓客之是孝子哀親之去也非爲人喪問與賜與此上滅脫

喪受遺

父母之喪

父在爲母

未聞其首云何是言非爲人喪而問之與人喪而賜之與問遺也久無事曰問三年之喪以其喪拜非三年之喪以吉拜謂受問受賜者也稽顙而後拜曰喪拜拜而后稽顙曰吉拜三年之喪如或遺之酒肉則受之必三辭主人衰絰而受之受之必正服明不苟於滋味如君命則不敢辭受而薦之薦於廟貴君之禮喪者不遺人人遺之雖酒肉受也從父昆弟以下既卒哭遺人可也言齊斬之喪重志不在施惠於人縣子曰三年之喪如斬期之喪如剡言其痛之惻怛有淺深也期之喪十一月而練十三月而祥十五月而禫此謂父在爲母也當在練則弔上爛脫在此三年之喪雖功衰不弔自諸侯達諸士

會葬之節

如有服而將往哭之則服其服而往功衰既練之服也諸侯服新死者之服而往哭謂所不臣也練則弔父在爲母功衰可以弔人者以父在故輕於出也然則凡齊衰十一月皆可以出矣既葬大功弔哭而退不聽事焉聽猶待也事謂襲斂執綍之屬期之喪未葬弔於鄉人哭而退不聽事焉功衰弔待事不執事謂爲姑姊妹無主殯不在己族者小功緦執事不與於禮禮饋奠也相趨也出宮而退相揖也哀次而退相問也既封而退相見也反哭而退朋友虞附而退此弔者恩薄厚去遲速之節也相趨謂相問姓名來會喪事也相揖嘗會於他也相問嘗相惠遺也相見嘗執摯相見也附皆當爲祔弔非從主人也四十者執綍言弔者必助主人之事從猶隨也成人二十以上至四十丁壯

毀瘠之節

時鄉人五十者從反哭四十者待盈坎非鄉人則長少皆反優遠也坎或爲壙喪食雖惡必充飢飢而廢事非禮也飽而忘哀亦非禮也視不明聽不聰行不正不知哀君子病之故有疾飲酒食肉五十不致毀六十不毀七十飲酒食肉皆爲疑死病猶憂也疑猶恐也有服人召之食不往大功以下既葬適人人食之其黨也食之非其黨弗食也往而見食則可食也爲食而往則不可黨猶親也非親而食則是食於人無數也功衰食菜果飲水漿無鹽酪不能食食鹽酪可也功衰齊斬之末也酪酢胾孔子曰身有瘍則

禮記十二　十六

免
沐浴
見人
庶人喪祭

浴首有創則沐病則飲酒食肉毀瘠爲病君子弗爲也毀而死君子謂之無子毀而死是不重親非從柩與反哭無免於堩言喪服出入非此二事皆冠也免所以代冠人於道路不可以無飾堩道路凡喪小功以上非虞附練祥無沐浴言不有飾事則不沐浴疏衰之喪既葬人請見之則見不請見人小功請見人可也大功不以執摯唯父母之喪不辟涕泣而見人言重喪不行求見人爾人來求見己亦可以見之矣不辟涕泣言至哀無飾也三年之喪祥而從政期之喪卒哭而從政九月之喪既葬而從政小功緦之喪既殯而從政以王制言之此謂庶人也從政

哭聲

諱

因喪而冠

從爲政者教令謂給繇役曾申問於曾子曰哭父母有常聲乎曰中路嬰兒失其母焉何常聲之有嬰猶鷖彌也言其若小兒亡母啼號安得常聲乎所謂哭不偯卒哭而諱自此而鬼神事之尊而諱其名王父母兄弟世父叔父姑姊妹子與父同諱父爲其親諱則子不敢不從諱也謂王父母以下之親諱是謂士也天子諸侯諱羣祖母之諱宮中諱妻之諱不舉諸其側與從祖昆弟同名則諱母之所爲其親諱子孫於宮中不言妻之所爲其親諱夫於其側亦不言也孝子聞名心瞿凡不言人諱者亦爲其相感動也子與父同諱則子可盡曾祖之親也從祖昆弟在其中於父輕不爲諱與母妻之親同名重則諱之以喪冠者雖三年之喪可也既冠於次入哭踊三者三乃出言雖者明齊衰以下皆可以喪冠也始遭喪以其冠月則喪服因冠矣非其冠月待

自凶而吉

弔服

聽樂之節

主喪

變除卒哭而冠次廬也雖或為唯大功之末可以冠子可以嫁子父小功之末可以冠子可以嫁子可以取婦己雖小功既卒哭可以冠取妻下殤之小功則不可此皆謂可用吉禮之時父大功卒哭而可以冠子嫁子小功卒哭而可以取婦己大功卒哭而可以冠子小功卒哭而可以取妻必偕祭乃行也下殤小功齊衰之親除喪而後可為昏禮凡冠者其時當冠則因喪而冠之凡弁絰其衰侈袂侈猶大也弁絰服者弔服也其衰錫也緦也疑也袂之小者二尺二寸大者半而益之則侈袂三尺三寸父有服宮中子不與於樂母有服聲聞焉不舉樂妻有服不舉樂於其側宮中子與父同宮者也禮由命士以上父子異宮不與於樂謂出行見之不得觀也大功將至辟琴瑟亦所以助哀也至來也小功至不絕樂姑姊妹

吉凶異服

國禁哭

童子喪礼

其夫死而夫黨無兄弟使夫之族人主喪妻之黨雖親弗主此謂姑姊妹無子寡而死也夫黨無兄弟無緦之親也其主喪不使妻之親而使夫之族人婦人外成主必宜得夫之姓類夫若無族矣則前後家東西家無有則里尹主之喪無無主也里尹閭胥里宰之屬王度記曰百戶爲里里一尹其祿如庶人在官者里或爲士諸侯弔於異國之臣則其君爲主里尹主之亦斯義也或曰主之而附於夫之黨妻之黨自主之非也夫之黨其祖姑也麻者不紳執玉不麻麻不加於采吉凶不相干也麻謂絰也紳大帶也喪以要絰代大帶也麻不加於采采衣采者不麻謂弁絰者必服弔服是也采玄纁之衣國禁哭則止朝夕之奠即位自因也禁哭謂大祭祀時雖不哭猶朝夕奠自因自用故事童子哭不偯不踊不杖不菲不廬未成人者不能備禮也當室則

小二百九十

五六三

踊節

相礼之失

飯含葬虞之節

諸侯使人弔

杖孔子曰伯母叔母疏衰踊不絕地姑姊妹之大功踊絕於地如知此者由文矣哉由文矣哉由用也言知此踊絕地不絕地之情者能用禮文哉能用禮文哉美之也伯母叔母義也姑姊妹骨肉也

世柳之母死相者由左世柳死其徒由右相由右相世柳之徒爲之也亦記失禮所由始也世柳魯穆公時賢人也相相主人之禮

天子飯九貝諸侯七大夫五士三此蓋夏時禮也周禮天子飯含用玉

士三月而葬是月也卒哭大夫三月而葬五月而卒哭諸侯五月而葬七月而卒哭士三虞大夫五諸侯七尊卑恩之差也天子至士葬即反虞

諸侯使人弔其次含襚賵臨皆同

諸侯問疾哀死之節

柩行

僭偪

日而畢事者也其次如此也（言五者相次同時）卿大夫疾君問之無筭士壹問之君於卿大夫比葬不食肉比卒哭不舉樂爲士比殯不舉樂升正柩諸侯執綍五百人四綍皆銜枚司馬執鐸左八人右八人匠人執羽葆御柩大夫之喪其升正柩也執引者三百人執鐸者左右各四人御柩以茅（升正柩者謂將葬朝于祖正棺於廟也五百人謂一黨之民諸侯之大夫邑有三百户之制綍引同耳廟中曰綍在塗曰引互言之御柩者居前道正之大夫士皆二綍）孔子曰管仲鏤簋而朱紘旅樹而反坫山節而藻梲賢大夫也而難爲上也（言其僭天子諸

侯鏤簋刻爲蟲獸也冠有笄者爲紘紘在纓處兩端上屬下不結旅樹門屏也反坫反爵之坫也山節薄櫨刻之爲山棁侏儒柱畫之爲藻文晏平仲祀其先人豚肩不揜豆賢大夫也而難爲下也言其偪士庶人也豚俎實豆徑尺言并豚兩肩不能覆豆喻小也君子上不僭上下不偪下婦人非三年之喪不踰封而弔踰封越竟也或爲越疆如三年之喪則君夫人歸奔父母喪也夫人其歸也以諸侯之弔禮其待之也若待諸侯然謂夫人行道車服主國致禮夫人至入自闈門升自側階君在阼其他如奔喪禮然女子子不自同於女賓也宮中之門曰闈門爲相通者也側階亦旁階也他謂哭踊髽麻闈門或爲帷門嫂不撫叔叔不撫嫂遠別也君子有三患未

凶殺　士喪礼　蜡

之聞，患弗得聞也；既聞之，患弗得學也；既學之，患弗能行也。君子有五恥：居其位，無其言，君子恥之；有其言，無其行，君子恥之；既得之而又失之，君子恥之；地有餘而民不足，君子恥之；衆寡均而倍焉，君子恥之。恥民不足者，古者居民量地以制邑，度地以居民，地邑民居必參相得也。衆寡均，謂俱有役事，人數等也。倍焉，彼功倍己也。

孔子曰：「凶年則乘駑馬，祀以下牲。」自貶損，亦取易供也。駑馬，六種最下者。下牲，少牢若特豕特豚也。

恤由之喪，哀公使孺悲之孔子學士喪禮，士喪禮於是乎書。時人轉而僭上，士之喪禮已廢矣。孔子以教孺悲，國人乃復書而存之。

子貢觀於蜡，孔子曰：「賜也

樂乎。對曰：「一國之人皆若狂，賜未知其樂也。」蜡也者，索也。歲十二月，合聚萬物而索饗之祭也。國索鬼神而祭祀，則黨正以禮屬民而飲酒于序，以正齒位。於是時民無不醉者如狂矣。曰未知其樂，怪之。子曰：「百日之蜡，一日之澤，非爾所知也。蜡之祭，主先穡也。大飲烝，勞農以休息之。言民皆勤稼穡，有百日之勞，喻久也。今一日使之飲酒燕樂，是君之恩澤，非女所知，言其義大。張而不弛，文武弗能也；弛而不張，文武弗爲也。一張一弛，文武之道也。」張弛以弓弩喻人也。弓弩久張之則絕其力，久弛之則失其體。孟獻子曰：「正月日至，可以有事於上帝；七月日至，可以有事於祖。七月而禘，獻子爲之也。」記魯失禮所由也。孟獻子，魯大夫仲孫蔑也。魯以周公之故，得以正月日至之後郊天，亦以始祖后稷配之。獻子欲尊其祖，以郊天之月對月禘之，非也。魯之宗廟

夫人

灾弔

義及服

猶以夏時之孟月爾明堂位曰季夏六月以禘禮祀周公於大廟夫人之不命於天子自魯昭公始也亦記魯失禮所由也周之制同姓百世昏姻不通吳大伯之後魯同姓昭公取於吳謂之吳孟子不告於天子自此後取者遂不告於天子天子亦不命之外宗爲君夫人猶内宗也皆爲嫁於國中者也爲君服斬夫人齊衰不敢以其親服服至尊也外宗謂姑姊妹之女舅之女及從母皆是也内宗五屬之女也其無服而嫁於諸臣者從爲夫之君嫁於庶人從爲國君廄焚孔子拜鄉人爲火來者拜謝之拜之士壹大夫再亦相弔之道也言拜之者爲其來弔己宗伯職曰以弔禮哀禍災孔子曰管仲遇盜取二人焉上以爲公臣曰其所與遊辟也可人也言此人可也但居惡人之中使之犯法管仲死桓公使爲之服宦於大夫者之爲之服也自

諱　君臣之義　內亂如父子兄弟爭立之事如衛輒之亂子羔不與　圭　問祿　釁

管仲始也有君命焉爾也亦記失禮所由也善桓公不忘賢者之舉官猶仕也此仕於大夫更升於公與違大夫之諸侯同爾禮不反服過而舉君之諱則起舉猶言也起立者失言而變自新與君之諱同則稱字謂諸臣之名也內亂不與焉外患弗辟也謂卿大夫也同僚將為亂己力不能討不與而巳至於鄰國為寇則當死之也春秋魯公子友如陳葬原仲傳曰君子辟內難而不辟外難贊大行曰圭公九寸侯伯七寸子男五寸博三寸厚半寸剡上左右各寸半玉也藻三采六等贊大行者書說大行人之禮者名也藻薦王者也三采六等以朱白蒼畫之再行也子男執璧作此贊者失之矣哀公問子羔曰子之食奚當問其先人始仕食祿以何君時對曰文公之下執事也成廟則釁之其禮祝宗

人宰夫雍人皆爵弁純衣緇廟新成必釁之尊而神之也宗人先請於君曰請命以釁某廟君諾之乃行雍人拭羊宗人視之宰夫北面于碑南東上居上者宰夫也宰夫攝主也拭靜也雍人舉羊升屋自中中屋南面刲羊血流于前乃降門夾室皆用雞先門而後夾室其衈皆於屋下割雞門當門夾室中室自由也衈謂將刲割牲以釁先滅耳旁毛薦之耳聽聲者告神欲其聽之周禮有刉衈有司皆鄉室而立門則有司當門北面有司宰夫祝宗人既事宗人告事畢乃皆退告者告宰夫反命于君曰釁某廟事畢反命于寢君南鄉于門內朝服既反命乃退君朝服者不至

廟也

路寢成則考之而不釁釁屋者交神明之道也（言路寢者生人所居不釁者不神之也考之者設盛食以落之爾檀弓曰晉獻文子成室諸大夫發焉是也）

凡宗廟之器其名者成則釁之以豭豚（宗廟名器謂尊彝之屬）

諸侯出夫人夫人比至于其國以夫人之禮行至以夫人入（行道以夫人之禮者弃妻致命其家乃義絶不用此爲始）

使者將命曰寡君不敏不能從而事社稷宗廟使使臣某敢告於執事主人對曰寡君固前辭不教矣寡君敢不敬須以俟命（前辭不教謂納采時也此辭擯在門外擯者傳焉賓入致命如初主人卒辭曰敢不聽命）

有司官陳器皿主人有司亦官受之（器皿其本所齎物也律弃妻畀所齎）

妻出夫使人致之曰某不敏不能從而共粢盛使某也敢告於侍者主人對曰某之子不肖不敢辟誅敢不敬須以俟命使者退主人拜送之肖似也不似言不如人誅猶罰也如舅在則稱舅舅沒則稱兄無兄則稱夫言棄妻者父兄在則稱之命當由尊者出也唯國君不稱兄主人之辭曰某之子不肖如姑姊妹亦皆稱之姑姊妹見棄亦曰某之姑某之姊若妹不肖孔子曰吾食於少施氏而飽少施氏食我以禮言貴其以禮待己而爲之飽也時人倨慢若季氏則不以禮矣少施氏魯惠公子施父之後吾祭作而辭曰疏食不足祭也吾飧作而辭曰疏食也不敢

嘉礼　納幣

婦初見

女未嫁

韠

以傷吾子納幣一束束五兩兩五尋納幣謂昏禮納徵也十个爲束貴成數兩兩者合其卷是謂五兩八尺曰尋一兩五尋則每卷二丈也合之則四十尺今謂之匹猶匹偶之云與婦見舅姑兄弟姑姊妹皆立于堂下西面北上是見已婦來爲供養也其見主於尊者兄弟以下在位是爲已見不復特見見諸父各就其寢旁尊也亦爲見時不來女雖未許嫁年二十而笄禮之婦人執其禮雖未許嫁年二十亦爲成人矣禮之酌以成之言婦人執其禮明非許嫁之笄燕則鬈首既笄之後去之猶若女有鬌紒也韠長三尺下廣二尺上廣一尺會去上五寸紕毗以爵韋六寸不至下五寸純以素紃以五采會謂上領縫也領之所用蓋與紕同在旁曰紕在下曰純素生帛也紕六寸者中執之表裏各三寸也純紕所

不至者五寸與會去上同
紃䌼諸縫中若今時絛也

禮記卷第十二

經五千八十四字
注六千七百十二字

始死
牖當作墉

禮記卷第十三

喪大記第二十二　鄭氏注

疾病外内皆埽爲賓客將來問病也疾困曰病君大夫徹縣士去琴瑟聲音動人病者欲靜也凡樂器天子宮縣諸侯軒縣大夫判縣士特縣去琴瑟者不命之士寢東首於北牖下謂君來視之時也病者恒居北牖下或爲北墉下廢牀徹褻衣加新衣體一人廢去也人始生在地去牀庶其生氣反徹褻衣則所加者新朝服矣互言之也加朝服者明其終於正也體手足也四人持之爲其不能自屈伸也男女改服爲賓客來問病亦朝服也庶人深衣屬纊以俟絕氣纊今之新緜易動搖置口鼻之上以爲候男子不死於婦人之手婦人不死於男子之手君子重終爲其相褻君夫人卒於路寢大夫世婦卒

復

於適寢內子未命則死於下室遷尸于寢士士之妻皆死于寢（言死者必皆於正處也寢室通耳其尊者所不燕焉君謂之路寢大夫謂之適寢士或謂之適室此變命婦言世婦者明尊卑同也世婦以君下寢之上爲適寢內子卿之妻也下室其燕處也）復有林麓則虞人設階無林麓則狄人設階（復招魂復魄也階所乘以升屋者虞人主林麓之官也狄人樂吏之賤者階梯也簨虡之類）小臣復復者朝服君以卷夫人以屈狄大夫以玄赬世婦以襢衣士以爵弁士妻以稅衣皆升自東榮中屋履危北面三號捲衣投于前司服受之降自西北榮（小臣君之近臣也朝服而復所以事君之衣也用朝服而復之者敬也復用死者之祭服以其求於神也君以卷謂上公也夫人以屈狄互言耳上公以袞則夫人用

哭位

褘衣而侯伯以鷩其夫人用揄狄子男以[illegible][illegible]夫人乃用屈狄矣赬赤也玄衣赤裳所謂卿大夫自玄冕而下之服也其世婦亦以襢衣榮屋翼升東榮者謂卿大夫士也天子諸侯言東霤危棟上也號若云皐某復也司服以篋待衣於堂前其

爲賓則公館復私館不復其在野則升其乘車之左轂而復私館卿大夫之家也不於之復爲主人之惡復衣不以衣尸不以斂不以衣尸謂不以襲也復者庶其生也若以其衣襲斂是用生施死於義相反士喪禮云以衣衣尸浴而去之婦人復不以袡如占袡嫁時上服而非事鬼神之衣凡復男子稱名婦人稱字婦人不以名行唯哭先復復而後行死事氣絶則哭哭而復復而不蘇可以爲死事始卒主人啼兄弟哭婦人哭踊悲哀有深淺也若嬰兒中路失母能勿啼乎既正尸子坐于東方卿大夫父兄子姓立于東方有司庶

喪弔

士哭于堂下北面夫人坐于西方內命婦姑姊妹子姓立于西方外命婦率外宗哭于堂上北面正尸者謂遷尸牖下南首也子姓謂衆子孫也姓之言生也其男子立於主人後女子立於夫人後世婦爲內命婦卿大夫之妻爲外命婦外宗姑姊妹之女大夫之喪主人坐于東方主婦坐于西方其有命夫命婦則坐無則皆立命夫命婦來哭者同宗父兄子姓姑姊妹子姓也凡此哭者尊者坐卑者立士之喪主人父兄子姓皆坐于東方主婦姑姊妹子姓皆坐于西方士賤同宗尊卑皆坐凡哭尸于室者主人二手承衾而哭承衾哭者哀慕若欲攀援君之喪未小斂爲寄公國賓出大夫之喪未小

小斂

斂爲君命出士之喪於大夫不當斂則出（父母始死悲哀非所尊不出也出者或至庭或至門國賓聘大夫不當斂其來非斂時）凡主人之出也徒跣扱衽拊心降自西階君拜寄公國賓于位大夫於君命迎于寢門外使者升堂致命主人拜于下士於大夫親弔則與之哭不逆於門外（拜寄公國賓於位者於庭鄉其位而拜之此時寄公位在門西國賓位在門東皆北面小斂之後寄公東面國賓門西北面士於大夫親弔謂大夫身來弔士也與之哭既拜之即位西階東面哭大夫特來則北面）夫人爲寄公夫人出命婦爲夫人之命出士妻不當斂則爲命婦出（出拜之於堂上也此時寄公夫人命婦位在堂上北面小斂之後尸西東面）小斂主人即位于戶內主婦

奉尸夷于堂
拜賓

東面乃斂卒斂主人馮之踊主婦亦如之主人袒說髦括髮以麻婦人髽帶麻于房中士既殯說髦此云小斂蓋諸侯禮也士之既殯諸侯之小斂於死者俱三日也婦人之髽帶麻於房中則西房也天子諸侯有左右房徹帷男女奉尸夷于堂降拜夷之言尸也於遷尸主人主婦以下從而奉之孝敬之心降拜拜賓也君拜寄公國賓大夫士拜卿大夫於位於士旁三拜夫人亦拜寄公夫人於堂上大夫內子士妻特拜命婦氾拜衆賓於堂上衆賓謂士妻也尊者皆特拜拜士與其妻皆旅之主人即位襲帶絰踊即位阼階之下位也有襲絰乃踊尊卑相變也母之喪即位而免記異者禮斬衰括髮齊衰免以至成服而冠爲母重初亦括髮既小斂則免乃奠

代哭

設燎

奉尸夷于堂 拜賓 附前章下

小斂奠也弔者襲裘加武帶絰與主人拾踊始死弔者

朝服裼裘如吉時也小斂則改襲而加武與帶絰矣武吉冠之卷也加武者明不改冠亦不免也檀弓曰主人既小斂子游趨而出襲裘帶絰而入

君喪虞人出木角狄人出壺雍人出鼎司馬縣之乃官代哭代更也未殯哭不絕聲爲其罷倦既小斂可以爲漏刻分時而更哭也木給爨竈角以爲𣂏水斗壺漏水之器也冬漏以火爨鼎沸而後沃之此挈壺氏所掌也屬司馬司馬涖縣其器

大夫官代哭不縣壺下君也士代哭不以官自以親疏哭也

君堂上二燭下二燭大夫堂上一燭下二燭士堂上一燭下一燭燭所以照饌也滅燎而設燭

賓出徹帷君與大夫之禮也士卒斂即徹帷徹或爲廢

哭尸于堂上主人在東方由外來者在西方諸婦南鄉由外來謂奔喪

成服 杖

者也無奔喪者婦人猶東面 婦人迎客送客不下堂下堂不哭男子出寢門見人不哭 婦人所有事自堂及房男子所有事自堂及門非其事處而哭猶野哭也出門見人謂迎賓也 其無女主則男主拜女賓于寢門內其無男主則女主拜男賓于阼階下子幼則以衰抱之人爲之拜爲後者不在則有爵者辭無爵者人爲之拜在竟內則俟之在竟外則殯葬可也喪有無後無無主 拜者皆拜賓於位也爲後者有爵攝主爲之辭於賓耳不敢當尊者禮也 君之喪三日子夫人杖五日既殯授大夫世婦杖子大夫寢門之外杖寢門之內輯之夫人世

婦在其次，則杖。即位，則使人執之。子有王命則去杖，國君之命則輯杖，聽卜有事於尸則去杖。大夫於君所則輯杖，於大夫所則杖。（三日者死之後三日也爲君杖不同日人君禮大可以見親疏也輯斂也斂者謂舉之不以拄地也夫人世婦次於房中即位堂上堂上近尸殯使人執杖不敢自持也子於國君之命輯杖下成君不敢敵之也卜卜葬卜日也凡喪祭虞而有尸大夫於君所輯杖謂與之俱即寢門外位也獨焉則杖君謂子也於大夫所杖俱爲君杖不相下也）大夫之喪，三日之朝既殯，主人主婦室老皆杖。大夫有君命則去杖，大夫之命則輯杖，內子爲夫人之命去杖，爲世婦之命授人杖。（大夫有君命去杖此指大夫之子也而去大夫者通賓大夫有父母之喪也授人杖與使人執之同也）士之喪，

儀礼通解用冰在沐浴章中

楔齒綴足遷尸

二日而殯三日之朝主人杖婦人皆杖於君命夫人之命如大夫於大夫世婦之命如大夫士二日而殯者下大夫也士之禮死與往日生與來日此二日於死者亦得三日也婦人皆杖謂主婦容妾爲君女子子在室者子皆杖不以即位子謂凡庶子也不以即位與去杖同大夫士哭殯則杖哭柩則輯杖哭殯謂既塗也哭柩謂啓後也大夫士之子於父父也尊近哭殯可以杖天子諸侯之子於父父也君也尊遠杖不入廟門弃杖者斷而弃之於隱者杖以喪至尊爲人得而褻之君設大盤造冰焉大夫設夷盤造冰焉士併瓦盤無冰設牀襢第有枕含一牀襲一牀遷尸于堂又一牀皆有枕席君大夫士一也此事皆沐浴之後宜承濡濯弃於坎下札

此一節當在弃于坎之下

爛脱在此耳造猶内也禮第袒簀也謂無席如浴時牀也禮自仲春之後尸既襲既小斂先内冰盤中乃設牀於其上不施席而遷尸焉秋涼而止士不用冰以瓦爲盤并以盛水耳漢禮大盤廣八尺長丈二深三尺赤中夷盤小焉周禮天子夷盤士喪禮君賜冰亦用夷盤然則其制宜同之

始死遷尸于牀，幠用斂衾，去死衣，小臣楔齒用角柶，綴足用燕几，君大夫士一也。牀謂所設牀第當牖者也士喪禮曰士死於適室幠用斂衾去死衣病時所加新衣及復衣也去之以俟沐浴

管人汲，不説繘，屈之，盡階不升堂，授御者，御者入浴，小臣四人抗衾，御者二人浴，浴水用盆，沃水用枓，浴用絺巾，挋用浴衣，如它日，小臣爪足，浴餘水弃于坎。其母之喪，則内御者抗衾而浴。抗衾者蔽上重形也挋拭也爪足斷足爪也

喪命之節

管人汲授御者御者差沐于堂上君沐粱大夫沐稷士沐粱甸人爲垼于西牆下陶人出重鬲管人受沐乃煮之甸人取所徹廟之西北厞薪用爨之管人授御者沐乃沐沐用瓦盤挋用巾如它日小臣爪手翦須濡濯弃于坎差淅也淅飯米取其瀋以爲沐也浴沃用枓沐於盤中文相變也士喪禮沐稻此云士沐粱蓋天子之士也以差率而上之天子沐黍與君之喪子大夫公子衆士皆三日不食子大夫公子食粥納財朝一溢米莫一溢米食之無筭士疏食水飲食之無筭夫人世婦諸妻皆疏食水飲食

之無筭納財謂食穀也二十兩曰溢於粟米之法一溢爲米一升二十四分升之一諸妻御妾也同言無筭則是皆一溢米或粥或飯大夫之喪主人室老子姓皆食粥衆士疏食水飲妻妾疏食水飲室老其貴臣也衆士所謂衆臣士亦如之如其子食粥妻妾疏食水飲既葬主人疏食水飲不食菜果婦人亦如之君大夫士一也練而食菜果祥而食肉果瓜桃之屬食粥於盛不盥食於篹思管者盥食菜以醯醬始食肉者先食乾肉始飲酒者先飲醴酒盛謂今時杯杅也篹竹筥也盥者不盥手飯者盥篹或作簨期之喪三不食食疏食水飲不食菜果三月既葬食肉飲酒期終喪不食肉不

小斂

飲酒父在爲母爲妻九月之喪食飲猶期之喪也食肉飲酒不與人樂之（食肉飲酒亦謂既葬）五月三月之喪壹不食再不食可也比葬食肉飲酒不與人樂之叔母世母故主宗子食肉飲酒（義服恩輕也故主謂舊君也言故主者關大夫君也）不能食粥羹之以菜可也（謂性不能者可食飯菜羹）有疾食肉飲酒可也（爲其氣微）五十不成喪（成猶備也所不能備謂不致毀不散送之屬也）七十唯衰麻在身（言其餘居處飲食與吉時同也）既葬若君食之則食之大夫父之友食之則食之矣不辟粱肉若有酒醴則辭（尊者之前可以食美也變於顔色亦不可）小斂於户

陳小斂衣

內大斂於阼君以簟席大夫以蒲席士以

葦席葦細葦席也三者下皆有苐小斂布絞縮者一橫者

三君錦衾大夫縞衾士緇衾皆一衣十有

九稱君陳衣于序東大夫士陳衣于房中

皆西領北上絞紟不在列絞既斂所用束堅之者縮從也衣十有九稱法

陳大斂衣

天地之終數也士喪禮小斂陳衣於房中南領西上與大夫異今此同亦蓋天子之士也絞紟不在列以其不成稱不連數也

小斂無紟因絞不在列見之也或曰縮者二大斂布絞縮者三橫者五

布紟二衾君大夫士一也君陳衣于庭百稱

北領西上大夫陳衣于序東五十稱西領

南上士陳衣于序東三十稱西領南上絞

小斂之衣

大斂衣衾

紟如朝服，絞一幅爲三，不辟，紟五幅，無紞。二衾者，或覆之，或薦之。如朝服者，謂布精麤朝服十五升。小斂之絞也，廣終幅，析其末，以爲堅之強也。大斂之絞，一幅三析用之，以爲堅之急也。紞以組類爲之，綴之領側，若今被識矣。生時禪被有識，死者去之，異於生也。士喪禮大斂亦陳衣於房中，南領西上，與大夫異，今此又同，亦蓋天子之士。紞或爲點。小斂之衣，祭服不倒。尊祭服也。斂者要方，散衣有倒。君無襚，大夫、士畢主人之祭服，親戚之衣，受之，不以即陳。無襚者，不陳不以斂。小斂，君、大夫、士皆用複衣複衾。大斂，君、大夫、士祭服無筭，君褶衣褶衾，大夫、士猶小斂也。褶，袷也。君衣尚多，去其著也。袍必有表，不禪，衣必有裳，謂之一稱。袍，褻衣，必有以表之乃成稱也。雜記曰：子羔之襲，繭衣裳與稅衣纁袡爲一，是也。論語曰：當暑袗絺綌，必表而出之，亦爲其褻也。

小斂

斂

凡陳衣者實之篋取衣者亦以篋升降者自西階取猶受也凡陳衣不詘非列采不入絺綌紵不入不屈謂舒而不卷也列采謂正服之色也絺綌紵者當暑之褻衣也襲尸重形冬夏用袍及斂則用正服凡斂者袒遷尸者襲袒者於事便也君之喪大胥是斂衆胥佐之大夫之喪大胥侍之衆胥是斂士之喪胥爲侍士是斂胥樂官也不掌喪事胥當爲祝字之誤也侍猶臨也大祝之職大喪賛斂喪祝卿大夫之喪掌斂士喪禮商祝主斂小斂大斂祭服不倒皆左衽結絞不紐左衽衽鄉左反生時也斂者旣斂必哭士與其執事則斂斂焉則爲之壹不食凡斂者六人斂者必使所與執事者不欲妄人褻之執或爲槸君錦冒黼殺

大二ㄗ七十七　禮記十三　九　元十

大斂

入斂則屍南首故父兄反在堂下臨首也外宗南面臨之也

綴旁七、大夫玄冒黼殺、綴旁五、士緇冒赬殺、綴旁三、凡冒質長與手齊、殺三尺、自小斂以往用夷衾、夷衾質殺之裁、猶冒也、冒者既襲所以韜尸重形也殺冒之下帬韜足上行者也小斂又覆以夷衾裁猶制也字或爲材君將大斂、子弁絰即位于序端、卿大夫即位于堂廉、楹西北面東上、父兄堂下北面、夫人命婦尸西東面、外宗房中南面、小臣鋪席、商祝鋪絞紟衾衣、士盥于盤上、士舉遷尸于斂上、卒斂、宰告、子馮之踊、夫人東面亦如之、子弁絰者未成服弁如爵弁而素大夫之喪子亦弁絰大夫之喪、將大斂、既鋪絞紟衾衣、君至、主人迎、先入門右、巫止于門外、

踊

憑尸 撫尸

君釋菜祝先入升堂君即位于序端卿大夫即位于堂廉楹西北面東上主人房外南面主婦戶西東面遷尸卒斂宰告主人降北面于堂下君撫之主人拜稽顙君降升主人馮之命主婦馮之先入右者入門而右也巫止者君行必與巫巫主辟凶邪也釋菜禮門神也必禮門神者禮君非問疾弔喪不入諸臣之家也主人房外南面大夫之子尊得升視斂也士之喪將大斂君不在其餘禮猶大夫也其餘謂卿大夫及主婦之位鋪絞紟踊鋪衾踊鋪衣踊遷尸踊斂衣踊斂衾踊斂絞紟踊目孝子踊節君撫大夫撫內命婦大夫撫室老撫姪娣撫以手按之也內命婦君之世婦君大

居喪
憂處

夫。馮父母妻長子。不馮庶子。士馮父母妻長子。庶子。庶子有子則父母不馮其尸。凡馮尸者。父母先。妻子後。自於其親所馮也馮謂扶持服膺君於臣。撫之。父母於子。執之。子於父母。馮之。婦於舅姑。奉之。舅姑於婦。撫之。妻於夫。拘之。夫於妻於昆弟。執之。此恩之深淺尊卑之儀也馮之類必當心馮尸不當君所。不敢與尊者所馮同處凡馮尸。興必踊。悲哀之至馮尸必坐父母之喪。居倚廬。不塗。寢苫枕𠙽。非喪事不言。君爲廬宮之。大夫。士。襢之。宮謂圍障之也襢袒也謂不鄣既葬。柱楣。塗廬。不於顯者。君。大夫。士。皆宮之。不於

言語 常礼
事為 權礼

除

御内之節

顯者不塗見面凡非適子者自未葬以於隱者爲廬不欲人屬目蓋廬於東南角既葬猶然既葬與人立君言王事不言國事大夫士言公事不言家事此常禮也君既葬王政入於國既卒哭而服王事大夫士既葬公政入於家既卒哭弁經帶金革之事無辟也此權禮也弁經帶者變喪服而弔服輕可以即事也既練居堊室不與人居君謀國政大夫士謀家事既祥黝於糾堊祥而外無哭者禫而內無哭者樂作矣故也黝堊堊室之飾也地謂之黝牆謂之堊外無哭者於門外不哭也內無哭者入門不哭也禫踰月而可作樂樂作無哭者黝堊或爲要期禫或皆作道・禫而從御吉祭而復寢

婦人居喪

歸 大夫士素在君所者歸私家大夫士有喪歸其宮

君臨臣喪 喪大小斂

從御御婦人也復寢不復宿殯宮也期居廬終喪不御於內者父在為母為妻齊衰期者大功布衰九月者皆三月不御於內婦人不居廬不寢苫喪父母既練而歸期九月者既葬而歸歸謂歸夫家也公之喪大夫俟練士卒哭而歸此公公士大夫有地者也其大夫士歸者謂素在君所食都邑之臣大夫士父母之喪既練而歸期月忌日則歸哭于宗室諸父兄弟之喪既卒哭而歸歸謂歸其宮也忌日死日也宗室宗子之家謂殯宮也禮命士以上父子異宮父不次於子兄不次於弟謂不就其殯宮為次而居君於大夫世婦大斂焉為之賜則小斂焉為之賜謂有恩惠也於外命

夫人

既殯 君弔

婦既加蓋而君至（於臣之妻略也）於士既殯而往爲之賜大斂焉夫人於世婦大斂焉爲之賜小斂焉於諸妻爲之賜大斂焉於大夫外命婦既殯而往大夫士既殯而君往焉使人戒之主人具殷奠之禮俟于門外見馬首先入門右巫止于門外祝代之先君釋菜于門内祝先升自阼階負墉南面君即位于阼小臣二人執戈立于前二人立于後（殷猶大也朝夕小奠至月朔則大奠君將來則具大奠之禮以待之榮君之來也祝負墉南面直君北房戶東也小臣執戈先後君君升而夾階立大夫殯即成服成服則君亦成服錫衰而往弔之）擯者進（當贊主人也始

夫人弔

立門東北面主人拜稽顙君稱言視祝而踊主人踊稱言舉所以來之辭也視祝而踊視祝相君之禮當節之也大夫則奠可也士則出俟于門外命之反奠乃反奠卒奠主人先俟于門外君退主人送于門外拜稽顙迎不拜拜送者拜迎則爲君之荅己君於大夫疾三問之在殯三往焉士疾壹問之在殯壹往焉所以致殷勤也君弔則復殯服復反也反其未殯未成服之服新君事也謂臣喪既殯後君乃始來弔也復或爲服夫人弔於大夫士主人出迎于門外見馬首先入門右夫人入升堂即位主婦降自西階拜稽顙于下夫人視世子而踊奠如

君至之禮，夫人退，主婦送于門內，拜稽顙，主人送于大門之外，不拜。[視世子而踊世子從夫人夫人以爲節也世子之從夫人位如祝從君也]大夫君，不迎于門外，入即位于堂下，主人北面，衆主人南面，婦人即位于房中。若有君命，命夫命婦之命，四鄰賓客，其君後主人而拜。[入即位於下不外堂而立阼階之下西面下正君也衆主人南面於其北婦人即位於房中君雖不外堂猶辟之也後主人而拜者將拜賓使主人陪其後而君前拜不俱拜者主人無二也]君弔，見尸柩而后踊。[塗之後雖往不踊也踊或爲哭或爲浴]大夫、士若君不戒而往，不具殷奠，君退必奠。[榮君之來]君、大棺八寸，屬六寸，椑[辟]四寸。上大夫，大棺八寸，

殯

屬六寸下大夫大棺六寸屬四寸士棺六
寸大棺棺之在表者也檀弓曰天子之棺四重水兕革棺被之其厚三寸杝棺一梓棺二四者皆周此以內說而出也
然則大棺及屬用梓椑用杝以是差之上公革棺不被三重也諸侯無革棺再重也大夫無椑一重也士無屬不重也庶人之
棺四寸上大夫謂列國之卿也趙簡子云不設屬椑時僭也君裏棺用朱綠用雜
金鐕大夫裏棺用玄綠用牛骨鐕士不綠
鐕所以琢著裏君蓋用漆三衽三束大夫蓋用漆二
衽二束士蓋不用漆二衽二束用漆者塗合牝牡之中也衽小
要也君大夫鬊爪實于綠中士埋之綠當爲角聲之誤也
角中謂棺內四隅也鬊亂髮也將實爪髮棺中必爲小囊盛之此綠或爲簍君殯用輴欑至
于上畢塗屋大夫殯以幬欑置于西序塗

熬

戴—披

齊荒紐帷振
容

戴—披

池魚

不暨于棺，士殯見衽，塗上帷之。欑猶菆也屋殯上覆如屋者也幬覆也暨及也此記參差以檀弓參之天子之殯居棺以龍輴欑木題湊象椁上四注如屋以覆之盡塗之諸侯輴不畫龍欑不題湊象椁其他亦如之大夫之殯廢輴置棺西牆下就牆欑其三面塗之不及棺者言欑中狹小裁取容棺然則天子諸侯差寬大矣士不欑掘地下棺見小要耳帷之鬼神尚幽闇也士達於天子皆然幬或作錞或作埻

熬，君四種八筐，大夫三種六筐，士二種四筐，加魚腊焉。熬者煎穀也將塗設於棺旁所以惑蚍蜉使不至棺也士喪禮曰熬黍稷各二筐又曰設熬旁各一筐大夫三種加以粱君四種加以稻四筐則手足皆一其餘設於左右

飾棺，君龍帷，三池，振容，黼荒，火三列，黻三列，素錦褚，加僞荒，纁紐六，齊，五采五貝，黼翣二，黻翣二，畫翣二，皆戴圭，魚躍拂池，君纁戴六，纁披六，大夫畫帷

二池不振容畫荒火三列黻三列素錦褚纁紐二玄紐二齊三采三貝黻翣二畫翣二皆戴綏魚躍拂池大夫戴前纁後玄披亦如之士布帷布荒一池揄絞纁紐二緇紐二齊三采一貝畫翣二皆戴綏士戴前纁後緇二披用纁飾棺者以華道路及壙中不欲衆惡其親也荒蒙也在旁曰帷在上曰荒皆所以衣柳也士布帷布荒者白布也君大夫加文章焉黼荒緣邊爲黼文畫荒緣邊爲雲氣火黻爲列於其中耳偽當爲帷或作于聲之誤也大夫以上有褚以襯覆棺乃加帷荒於其上紐所以結連帷荒者也池以竹爲之如小車笭衣以青布柳象宮室縣池於荒之爪端若承霤然云君大夫以銅爲魚縣於池下揄揄翟也青質五色畫之於絞繒而垂之以爲振容象水草之動搖行則又魚上拂池雜記曰大夫不揄絞屬於池下是不振容也士則去魚齊象車蓋蕤縫合雜采爲之形如爪分然綴貝落

喪車 紼

窆

其上及旁戴之言値也所以連繫棺束與柳材使相値因而結前後披也漢禮翣以木爲筐廣三尺高二尺四寸方兩角高衣以白布畫者畫雲氣其餘各如其象柄長五尺車行使人持之而從旣窆樹於壙中檀弓曰周人牆置翣是也綏當爲緌讀如冠蕤之蕤蓋五采羽注於翣首也

君葬用輴春四綍二碑御棺用羽葆大夫葬用輴船二綍二碑御棺用茅士葬用國車船二綍無碑比畀出宮御棺用功布

大夫廢輴此言輴非也輴皆當爲載以輇車之輇聲之誤也輇字或作團是以又誤爲國輇車柩車也尊卑之差也在棺曰綍行道曰引至壙將窆又曰綍而設碑是以連言之碑桓楹也御棺居前爲節度也士言比出宮用功布則出宮而止至壙無矣綍或爲率

凡封用綍去碑負引君封以衡大夫士以咸君命毋譁以鼓封大夫命毋哭士哭者相止也

封周禮作窆窆下棺也此封或皆作斂檀弓曰公輸若方小斂般請以機封謂此斂也然則棺之入坎爲

斂與斂尸相似記時同之耳咸讀爲緘凡柩車及壙説載除飾而屬紼於柩之緘又樹碑於壙之前後以紼繞碑間之鹿盧輓棺而下之此時棺下窆使輓者皆繫紼而繞要負引舒縱之備失脫也用紼去碑者謂縱下之時也衡平也人君之喪又以木横貫緘耳居旁持而平之又擊鼓爲縱舍之節大夫士旁牽緘而已庶人縣窆不引紼也禮唯天子葬有隧今齊人謂棺束爲緘繩咸或爲椷

君松椁大夫柏椁士雜木椁 椁謂周棺者也天子柏椁以端長六尺夫子制於中都使庶人之椁五寸五寸謂端方也此謂尊者用大材卑者用小材耳自天子諸侯卿大夫士庶人六等其椁長自六尺而下其方自五寸而上未聞其差所定也抗木之厚蓋與椁方齊天子五重上公四重諸侯三重大夫再重士一重

棺椁之間君容柷大夫容壺士容甒 間可以藏物因以爲節

君裏椁虞筐大夫不裏椁士不虞筐 裏椁之物虞筐之文未聞也

禮記卷第十三

經三千三百九十一字
注四千一百三十四字

宋撫州本禮記

第三册

漢 鄭玄注 唐 陸德明釋文

宋淳熙四年撫州公使庫刻本（清顧廣圻跋）

山東人民出版社·濟南

以下三篇別録屬制度祭祀文公曰此篇即國語之言但文有先後

禮記卷第十四

祭法第二十三　鄭氏注

祭法有虞氏禘黄帝而郊嚳祖顓頊而宗堯夏后氏亦禘黄帝而郊鯀祖顓頊而宗禹殷人禘嚳而郊冥祖契而宗湯周人禘嚳而郊稷祖文王而宗武王禘郊祖宗謂祭祀以配食也此禘謂祭昊天於圜丘也祭上帝於南郊曰郊祭五帝五神於明堂曰祖宗祖宗通言爾下有禘郊宗祖孝經曰宗祀文王於明堂以配上帝明堂月令春曰其帝太昊其神句芒夏曰其帝炎帝其神祝融中央曰其帝黄帝其神后土秋曰其帝少昊其神蓐收冬曰其帝顓頊其神玄冥有虞氏以上尚德禘郊祖宗配用有德者而已自夏已下稍用其姓代之先後之次有虞氏夏后氏宜郊顓頊殷人宜郊契郊祭一帝而明堂祭五帝小德配寡大德配衆亦禮之殺也燔柴於泰壇祭

天也。瘞埋於泰折祭地也。用騂犢壇折封土為祭處也壇之言坦也坦明貌也折炤晳也必為炤明之名尊神也地陰祀用黝牲與天俱用犢連言爾埋少牢於泰昭祭時也。相近於坎壇祭寒暑也。王宮祭日也。夜明祭月也。幽宗祭星也。雩宗祭水旱也。四坎壇祭四方也。山林川谷丘陵能出雲為風雨見怪物皆曰神。有天下者祭百神。諸侯在其地則祭之。亡其地則不祭昭明也亦謂壇也時四時也亦謂陰陽之神也埋之者陰陽出入於地中也凡此以下皆祭用少牢相近當為禳祈聲之誤也禳猶卻也祈求也寒暑不時則或禳之或祈之寒於坎暑於壇王宮日壇王君也日稱君宮壇營域也夜明亦謂月壇也宗皆當為禜字之誤也幽禜亦謂星壇也星以昏始見禜之言營也雩禜亦謂水旱壇也雩之言吁嗟也春秋傳曰日月星辰之神則雪霜風雨之不時於是乎禜之山川之神則水旱癘疫之不時於是乎禜之四方即謂山林川谷丘陵之神也祭山林丘陵於壇川谷於坎每方各爲坎爲壇怪物雲氣非常見者也有天下謂天子也百者假成數也

大凡生於天地之閒者皆曰命其萬物死皆曰折人死曰鬼此五代之所不變也

生時形體異可同名至死腐爲野土異其名嫌同也折弃敗之言也鬼之言歸也五代謂黃帝堯舜禹湯周之禮樂所存法也

七代之所更立者禘郊宗祖其餘不變也

七代通數顓頊及嚳也所不變者則數其所法而已變之則通數所不法爲記者之微意也少昊氏脩黃帝之法後王無所取焉

天下有王分地建國置都立邑設廟祧壇墠而祭之乃爲親疏多少之數是故王立七廟一壇一墠曰考廟曰王考廟曰皇考廟曰顯考廟

曰祖考廟皆月祭之遠廟爲祧有二祧享嘗乃止去祧爲壇去壇爲墠壇墠有禱焉祭之無禱乃止去墠曰鬼諸侯立五廟一壇一墠曰考廟曰王考廟曰皇考廟皆月祭之顯考廟祖考廟享嘗乃止去祖爲壇去壇爲墠壇墠有禱焉祭之無禱乃止去墠爲鬼大夫立三廟二壇曰考廟曰王考廟曰皇考廟享嘗乃止顯考祖考無廟有禱焉爲壇祭之去壇爲鬼適士二廟一壇曰考廟曰王考廟享嘗乃止顯考無廟有

禱焉爲壇祭之去壇爲鬼官師一廟曰考廟王考無廟而祭之去王考爲鬼庶士庶人無廟死曰鬼建國封諸侯也置都立邑爲卿大夫之采地及賜士有功者之地廟之言貌也宗廟者先祖之尊貌也祧之言超也超上去意也封土曰壇除地曰墠書曰三壇同墠王皇皆君也顯明也祖始也名先人以君明始者所以尊本之意也天子遷廟之主以昭穆合藏於二祧之中諸侯無祧藏於祖考之廟中聘禮曰不腆先君之祧是謂始祖廟也享嘗謂四時之祭天子諸侯爲壇墠所禱謂後遷在祧者也既事則反其主於祧鬼亦在祧顧遠之於無事祫乃祭之爾春秋文二年秋大事於大廟傳曰毀廟之主陳于大祖未毀廟之主皆外合食於大祖是也魯煬公者伯禽之子也至昭公定公久巳爲鬼而季氏禱之而立其宮則鬼之主在祧明矣唯天子諸侯有主禘祫大夫有祖考者亦鬼其百世不禘祫無主爾其無祖考者庶士以下鬼其考王考官師鬼其皇考大夫適士鬼其顯考而已大夫祖考謂別子也凡鬼者薦而不祭王制曰大夫士有田則祭無田則薦適士上士也官師中士下士庶士府史之屬此適士云顯考無廟非也當爲皇考字之誤

王爲羣姓立社曰大社王自爲立社曰王社諸侯爲百姓立社曰國社諸侯自爲立社曰侯社大夫以下成羣立社曰置社〔羣衆也大夫以下謂下至庶人也大夫不得特立社與民族居百家以上則共立一社今時里社是也郊特牲曰唯爲社事單出里〕王爲羣姓立七祀曰司命曰中霤曰國門曰國行曰泰厲曰戶曰竈王自爲立七祀諸侯爲國立五祀曰司命曰中霤曰國門曰國行曰公厲諸侯自爲立五祀大夫立三祀曰族厲曰門曰行適士立二祀曰門曰行庶士庶人立一祀或立戶或立竈〔此非大神所祈

報大事者也小神居人之閒司察小過作譴告者爾樂記曰明則有禮樂幽則有鬼神鬼神謂此與司命主督察三命中霤主堂室居處門戶主出入行主道路行作厲主殺罰竈主飲食之事明堂月令春曰其祀戶祭先脾夏曰其祀竈祭先肺中央曰其祀中霤祭先心秋曰其祀門祭先肝冬曰其祀行祭先腎聘禮曰使者出釋幣於行歸釋幣於門士喪禮曰疾病禱於五祀司命與厲其時不著今時民家或春秋祠司命行神山神門戶竈在旁是必春祠司命秋祠厲也或者合而祠之山卽厲也民惡言厲巫祝以厲山爲之謬乎春秋傳曰鬼有所歸乃不爲厲

王下祭殤五適子適孫適曾孫適玄孫適來孫諸侯下祭三大夫下祭二適士及庶人祭子而止祭適殤者重適也祭適殤於廟之奧謂之陰厭王子公子祭其適殤於其黨之朝大夫以下庶子祭其適殤於宗子之家皆當室之白謂之陽厭凡庶殤不祭

夫聖王之制祭祀也法施於民則祀之以死勤事則祀之以勞定國則祀之能禦大

菑則祀之能捍大患則祀之是故厲山氏之有天下也其子曰農能殖百穀夏之衰也周棄繼之故祀以爲稷共工氏之霸九州也其子曰后土能平九州故祀以爲社帝嚳能序星辰以著衆堯能賞均刑法以義終舜勤衆事而野死鯀鄣鴻水而殛死禹能脩鯀之功黄帝正名百物以明民共財顓頊能脩之契爲司徒而民成冥勤其官而水死湯以寛治民而除其虐文王以文治武王以武功去民之菑此有功烈於

秀岩李氏曰祭義篇中最粹者以大戴曾子大孝篇全文。
孝　事死

民者也。及夫日月星辰，民所瞻仰也。山林川谷丘陵，民所取財用也。非此族也，不在祀典。此所謂大神也春秋傳曰封爲上公祀爲大神厲山氏炎帝也起於厲山或曰有烈山氏弃后稷名也共工氏無錄而王謂之霸在大昊炎帝之閒著衆謂使民興事知休作之期也賞賞善謂禪舜封禹稷等也能刑謂去四凶義終謂既禪二十八載乃死也野死謂征有苗死於蒼梧也殛死謂不能成其功也明民謂使之衣服有章也民成謂知五教之禮也冥契六世之孫也其官玄冥水官也虐菑謂桀紂也烈業也族猶類也祀典謂祭祀也

祭義第二十四　鄭氏注

祭不欲數，數則煩，煩則不敬。祭不欲疏，疏則怠，怠則忘。是故君子合諸天道，春禘秋嘗。忘與不敬違禮莫大焉合於天道因四時之變化孝子感時念親則以此祭之也春禘者夏殷禮也周以禘爲殷祭

齊

更名春祭曰祠霜露既降君子履之必有悽愴之心非其寒之謂也春雨露既濡君子履之必有怵惕之心如將見之非其寒之謂謂悽愴及怵惕皆爲感時念親也霜露既降禮說在秋此無秋字蓋脫爾樂以迎來哀以送往故禘有樂而嘗無樂迎來而樂樂親之將來也送去而哀哀其享否不可知也小言之則爲一祭之間孝子不知鬼神之期推而廣之放其去來於陰陽致齊於內散齊於外齊之日思其居處思其笑語思其志意思其所樂思其所嗜齊三日乃見其所爲齊者致齊思此五者也散齊七日不御不樂不弔耳見所爲齊者思之孰也所嗜素所欲飲食也春秋傳曰屈到嗜芰祭之日入室僾然必有見乎其位周還出戶肅然

忌

必有聞乎其容聲出戶而聽愾然必有聞乎其歎息之聲周還出戶謂薦設時也無尸者闔戶若食間則有出戶而聽之是故先王之孝也色不忘乎目聲不絕乎耳心志嗜欲不忘乎心致愛則存致愨則著著存不忘乎心夫安得不敬乎存著則謂其思念也君子生則敬養死則敬享思終身弗辱也享猶祭也饗也君子有終身之喪忌日之謂也忌日不用非不祥也言夫日志有所至而不敢盡其私也忌日親亡之日忌日者不用舉他事如有時日之禁也祥善也志有所至至於親以此日亡其哀心如喪時唯聖人爲能饗帝孝子爲能饗親謂祭之能

諸侯之祭

文王之祭

使之饗也帝天也饗者鄉也鄉之然後能饗焉言中心鄉之乃能使其祭見饗也上饗或爲相是故孝子臨尸而不怍君牽牲夫人奠盎君獻尸夫人薦豆卿大夫相君命婦相夫人齊齊乎其敬也愉愉乎其忠也勿勿諸其欲其饗之也色不和曰怍奠盎設盎齊之奠也此時君牽牲將薦毛血君獻尸而夫人薦豆謂繹日也儐尸主人獻尸主婦自東房薦韭菹醢勿勿猶勉勉也慤愛之貌文王之祭也事死者如事生思死者如不欲生忌日必哀稱諱如見親祀之忠也如見親之所愛如欲色然其文王與思死者如不欲生言思親之深也如欲色者以時人於色厚假以喻之詩云明發不寐有懷二人文

仲尼之祭

容也遠也容以遠若

古注以遠句

王之詩也。祭之明日，明發不寐，饗而致之，又從而思之。祭之日，樂與哀半，饗之必樂，已至必哀。明發不寐，謂夜而至旦也。祭之明日，謂繹日也。言繹之夜不寐也。二人，謂父母。容，尸侑也。仲尼嘗，奉薦而進，其親也慤，其行也趨趨以數。嘗，秋祭也。親，謂身親執事時也。慤與趨趨，言少威儀也。趨讀如促。數之言速也。已祭，子贛問曰：子之言祭，濟濟漆漆然。今子之祭，無濟濟漆漆，何也？子曰：濟濟者，容也，遠也。漆漆者，容也，自反也。容以遠，若容以自反也，夫何神明之及交？夫何濟濟漆漆之有乎？漆漆讀如朋友切切。自反，猶言自脩整也。容以遠，言非所以接親親也。容以自反，言非孝子所以事親也。及，與也。此皆非與神明交之道反饋樂成薦其薦俎序其禮樂備其百官君子致其濟濟漆漆夫何慌惚之有乎天子諸侯之祭或從血腥始至反饋是進孰也薦俎豆與俎也慌惚思念益深之時也言祭事既備使百官助己祭然而見其容而自反是無慌惚之思念夫言豈一端而已夫各有所當也豈一端言不可以一槩也禮各有所當行祭宗廟者賓客濟濟漆漆主人慤而趨趨孝子將祭慮事不可以不豫比時具物不可以不備虛中以治之比時猶先時也虛中言不兼念餘事宮室既脩牆屋既設百物既備夫婦齊戒沐浴盛服奉承而進之洞洞乎屬屬乎如弗勝如將失之其孝敬之心至也與脩設謂埽除及黝堊薦其薦俎序其

禮樂備其百官奉承而進之百官助主人進之於是諭其志意以其慌惚以與神明交庶或饗之庶或饗之孝子之志也諭其志意謂使祝祝饗及侑尸也或猶有也言想見其仿佛來孝子之祭也盡其慤而慤焉盡其信而信焉盡其敬而敬焉盡其禮而不過失焉進退必敬如親聽命則或使之也言當盡己而已如居父母前將受命而使之孝子之祭可知也其立之也敬以詘其進之也敬以愉其薦之也敬以欲退而立如將受命已徹而退敬齊之色不如字絕於面詘充詘形容喜貌也進之謂進血腥也愉顏色和貌也薦之謂進孰也欲婉順貌齊謂齊莊孝

事死如事生因及事生之孝

因孝以及忠順弟慈

子之祭也立而不詘固也進而不愉疏也薦而不欲不愛也退立而不如受命敖也已徹而退無敬齊之色而忘本也如是而祭失之矣固猶質陋也而忘本而衍字孝子之有深愛者必有和氣有和氣者必有愉色有愉色者必有婉容和氣謂立而詘孝子如執玉如奉盈洞洞屬屬然如弗勝如將失之嚴威儼恪非所以事親也成人之道也成人既冠者然則孝子不失其孺子之心也先王之所以治天下者五貴有德貴貴貴老敬長慈幼此五者先王之所以定天下也貴

聖人饗帝

有德何爲也爲其近於道也貴貴爲其近於君也貴老爲其近於親也敬長爲其近於兄也慈幼爲其近於子也言治國有家道是故至孝近乎王至弟近乎霸至孝近乎王雖天子必有父至弟近乎霸雖諸侯必有兄先王之教因而弗改所以領天下國家也天子有所父事諸侯有所兄事謂若三老五更也天子衰諸侯興故曰霸子曰立愛自親始教民睦也立敬自長始教民順也親長父兄也睦和厚也教以慈睦而民貴有親教以敬長而民貴用命尊長出教令者孝以事親順以聽命錯諸天下無所不行郊之祭也喪者不

孝子饗親 承上文

聖人饗帝

敢哭凶服者不敢入國門敬之至也祭者吉禮不欲聞見凶人祭之日君牽牲穆荅君卿大夫序從祭謂祭宗廟也穆子姓也荅對也序以次第從也序或爲豫旣入廟門麗于碑卿大夫袒而毛牛尚耳鸞刀以刲取膟膋乃退爓祭祭腥而退敬之至也麗猶繫也毛牛尚耳以耳毛爲上也膟膋血與腸間脂也爓祭祭腥祭爓肉腥肉也湯肉曰爓爓祭祭腥或爲合祭腥泄膶孰也

郊之祭大報天而主日配以月夏后氏祭其闇殷人祭其陽周人祭日以朝及闇主日者以其光明天之神可見者莫著焉闇昏時也陽讀爲曰雨曰暘之暘謂日中時也朝日出特也夏后氏大事以昏殷人大事以日中周人大事以日出亦謂此郊祭也以朝及闇謂終日有事祭日於壇祭月於坎以別幽明以制上下幽明者謂日照晝月照夜

摠論

鬼神 推所以廟祭之原

祭日於東、祭月於西、以別外內、以端其位。日出於東、月生於西、陰陽長短、終始相巡、以致天下之和。巡讀如沿漢之沿謂更相從道天下之禮、致反始也、致鬼神也、致和用也、致義也、致讓也。因祭之義汎說禮也致之言至也使人勤行至於此也至於反始謂報天之屬也至於鬼神謂祭宗廟之屬也至於和用謂治民之事以足用也致反始、以厚其本也、致鬼神、以尊上也、致物用、以立民紀也、致義、則上下不悖逆矣、致讓、以去爭也、合此五者、以治天下之禮也、雖有奇邪而不治者、則微矣。物猶事也變和言物互之也微猶少也宰我曰、吾聞鬼神之名、不知文公曰夫子答宰我問鬼神一段好陰陽作離之際彷彿如有所睹昭明所謂光景者焄蒿是升騰氣象悽愴是令人感動模樣墟墓之間未施哀於民而民哀是也洋洋乎如在其上如在其左右正謂此履祥按洋洋乎三句是說昭明焄蒿墟墓之間是說悽愴

廟

其所謂子曰氣也者神之盛也魄也者鬼之盛也合鬼與神教之至也氣謂噓吸出入者也耳目之聰明爲魄合鬼神而祭之聖人之教致之也衆生必死死必歸土此之謂鬼骨肉斃于下陰爲野土陰讀爲依蔭之蔭言人之骨肉蔭於地中爲土壤其氣發揚于上爲昭明焄蒿悽愴此百物之精也神之著也焄謂香臭也蒿謂氣烝出貌也上言衆生此言百物明其與人同也不如人貴爾焄蒿或爲藨蔖因物之精制爲之極明命鬼神以爲黔首則百衆以畏萬民以服明命猶名也尊極於鬼神不可復加也黔首謂民也則法也爲民作法使民亦事其祖禰鬼神民所畏服聖人以是爲未足也築爲宮室設爲宗祧以別親疏遠邇教

祭

民反古復始，不忘其所由生也。衆之服自此，故聽且速也。自由也。言人由此服於聖人之敎也。聽謂順敎令也。速，疾也。二端旣立，報以二禮，建設朝事，燔燎羶薌，見以蕭光，以報氣也，此敎衆反始也。薦黍稷，羞肝肺首心，見閒以俠甒，加以鬱鬯，以報魄也。敎民相愛，上下用情，禮之至也。二端旣立，謂氣也、魄也。更有尊名，云鬼神也。二禮謂朝事與薦黍稷也。朝事謂薦血腥時也。薦黍稷，所謂饋食也。見及見閒皆當爲覸，字之誤也。羶當爲馨，聲之誤也。燔燎馨香，覸以蕭光，取牲祭脂也。光猶氣也。有虞氏祭首，夏后氏祭心，殷祭肝，周祭肺。覸以俠甒，謂雜之兩甒醴酒也。相愛用情，謂此以人道祭之也。報氣以氣，報魄以實，各首其類。君子反古復始，不忘其所由生也，是以致其敬，發其情，竭力

粢盛

犧牲

從事以報其親不敢弗盡也從事謂脩薦可以祭者也是故昔者天子爲藉千畝冕而朱紘躬秉耒諸侯爲藉百畝冕而青紘躬秉耒以事天地山川社稷先古以爲醴酪齊盛於是乎取之敬之至也藉藉田也先古先祖古者天子諸侯必有養獸之官及歲時齊戒沐浴而躬朝之犧牷祭牲必於是取之敬之至也君召牛納而視之擇其毛而卜之吉然後養之君皮弁素積朔月月半君巡牲所以致力孝之至也歲時齊戒沐浴而躬朝之謂將祭祀卜牲君朔月月半巡視之君召牛納而視之更本擇牲意古

者天子諸侯必有公桑蠶室近川而爲之築宮仞有三尺棘牆而外閉之及大昕之朝君皮弁素積卜三宮之夫人世婦之吉者使入蠶于蠶室奉種浴于川桑于公桑風戾以食之大昕季春朔日之朝也諸侯夫人三宮半王后也風戾之者及早涼脆採之風戾之使露氣燥乃以食蠶蠶性惡濕歲既單矣世婦卒蠶奉繭以示于君遂獻繭于夫人夫人曰此所以爲君服與遂副褘而受之因少牢以禮之歲單謂三月月盡之後也言歲者蠶歲之大功事畢於此也副褘王后之服而云夫人記者容二王之後與禮之禮奉繭之世婦古之獻繭者其率用此與問者之辭及良日夫人繅三盆

禮樂見前樂記

子諒 慈良

手。遂布于三宫夫人世婦之吉者使繅遂朱緑之玄黄之以爲黼黻文章服既成君服以祀先王先公敬之至也三盆手者三淹也凡繅每淹大揔而手振之以出緒也

君子曰禮樂不可斯須去身斯須猶須臾也致樂以治心則易直子諒之心油然生矣易直子諒之心生則樂樂則安安則久久則天天則神天則不言而信神則不怒而威致樂以治心者也子讀如不子之子諒信也油然物始生好美貌致禮以治躬則莊敬莊敬則嚴威躬身也心中斯須不和不樂而鄙詐之心入之矣外貌斯須

不莊不敬，而慢易之心入之矣。故樂也者，動於内者也；禮也者，動於外者也。樂極和，禮極順，内和而外順，則民瞻其顔色而不與爭也，望其容貌而衆不生慢易焉。（極，至也。）故德煇動乎内，而民莫不承聽；理發乎外，而衆莫不承順。（理謂言行也。）故曰：致禮樂之道，而天下塞焉，舉而錯之無難矣。（塞，充滿也。）樂也者，動於内者也；禮也者，動於外者也。故禮主其減，樂主其盈。禮減而進，以進爲文；樂盈而反，以反爲文。（減猶倦也，盈猶溢也。樂以統情，禮以理行。人之情有溢，而行有倦，倦則進之以

孝事生以事死

能進者爲文益則使反以能反者爲文文謂才美禮減而不進則銷樂盈而不反則放故禮有報而樂有反報皆當爲褒聲之誤禮得其報則樂樂得其反則安禮之報樂之反其義一也曾子曰孝有三大孝尊親其次弗辱其下能養公明儀問於曾子曰夫子可以爲孝乎曾子曰是何言與是何言與君子之所謂孝者先意承志諭父母於道參直養者也安能爲孝乎公明儀曾子弟子曾子曰身也者父母之遺體也行父母之遺體敢不敬乎居處不莊非孝也事君不忠非

孝也。涖官不敬非孝也。朋友不信非孝也。戰陳無勇非孝也。五者不遂，烖及於親，敢不敬乎（遂猶成也）亨孰羶薌嘗而薦之非孝也，養也。君子之所謂孝也者，國人稱願然曰：幸哉有子如此。所謂孝也已（然猶而也）衆之本教曰孝，其行曰養。養可能也，敬爲難；敬可能也，安爲難；安可能也，卒爲難。父母既沒，愼行其身，不遺父母惡名，可謂能終矣。仁者，仁此者也；禮者，履此者也；義者，宜此者也；信者，信此者也；強者，強此者也；樂自順此生刑自反此作。曾子曰：夫孝置之而塞乎天地，溥之而橫乎四海，施諸後世而無朝夕。推而放諸東海而準，推而放諸西海而準，推而放諸南海而準，推而放諸北海而準。（無朝夕言常行無輟時也放猶至也準猶平也）詩云：自西自東，自南自北，無思不服。此之謂也。曾子曰：樹木以時伐焉，禽獸以時殺焉。夫子曰：斷一樹，殺一獸，不以其時，非孝也。（夫子孔子也曾子述其言以云）孝有三：小孝用力，中孝用勞，大孝不匱。（勞猶功也）思慈愛忘勞，可謂用力矣；尊仁安義，可謂用勞矣。

博施備物，可謂不匱矣。（思慈愛忘勞，思父母之[illegible]；愛己而自忘己之勞苦。）父母愛之，嘉而弗忘；父母惡之，懼而無怨。（無怨無怨於父母之心。）父母有過，諫而不逆。（順而諫之。）父母既沒，必求仁者之粟以祀之。此之謂禮終。（喻貧困猶不取惡人物以事己親。）

樂正子春下堂而傷其足，數月不出，猶有憂色。門弟子曰：夫子之足瘳矣，數月不出，猶有憂色，何也？樂正子春曰：善如爾之問也，善如爾之問也。吾聞諸曾子，曾子聞諸夫子曰：天之所生，地之所養，無人爲大。父母全而生之，子全而歸之，可謂孝

弟

矣不虧其體不辱其身可謂全矣曾子聞諸夫子述曾子所聞於孔子之言故君子頃步而弗敢忘孝也今予忘孝之道予是以有憂色也頃當爲跬聲之誤也予我也壹舉足而不敢忘父母壹出言而不敢忘父母壹舉足而不敢忘父母是故道而不徑舟而不游不敢以先父母之遺體行殆壹出言而不敢忘父母是故惡言不出於口忿言不反於身不辱其身不羞其親可謂孝矣徑步邪趨疾也忿言不反於身人不能無忿怒忿怒之言當由其直直則人服不敢以忿言來也昔者有虞氏貴德而尚齒夏后氏貴爵而尚齒

殷人貴富而尚齒，周人貴親而尚齒。貴謂燕賜有加於諸臣也。尚謂有事尊之於其黨也。臣能世禄曰富。舜時多仁聖有德，後德則在小官。虞夏殷周，天下之盛王也，未有遺年者。年之貴乎天下久矣，次乎事親也。言其先老也。是故朝廷同爵則尚齒。七十杖於朝，君問則席。八十不俟朝，君問則就之。而弟達乎朝廷矣。同爵尚齒，老者在上也。君問則廣爲之布席於堂上而與之言。凡朝位立於庭。魯哀公問於孔子，命席。不俟朝，君揖之即退，不待朝事畢也。就之，就其家也。老者而致仕，君或不許，異其禮而已。行肩而不併，不錯則隨。見老者則車徒辟。斑白者不以其任行乎道路。而弟達乎道路矣。錯，鴈行也。父黨隨行，兄黨鴈行。車徒辟，乘車步行皆辟老人也。斑白者，髮雜

揔孝弟

更 從蔡邕作叟

色也任所檐持也不以任少者代之居鄉以齒而老窮不遺強不犯弱衆不暴寡而弟達乎州巷矣老窮不遺以鄉人尊乘而長之雖貧且無子孫無弃忘也一鄉者五州巷猶閭也古之道五十不爲甸徒頒禽隆諸長者而弟達乎獀狩矣四井爲邑四邑爲丘四丘爲甸甸六十四井也以爲軍田出役之法五十始衰不從力役之事也頒之言分也隆猶多也及田者分禽多其老者謂竭作未五十者春獵爲獀冬獵爲狩軍旅什伍同爵則尚齒而弟達乎軍旅矣什伍士卒部曲也少儀曰軍尚左卒尚右孝弟發諸朝廷行乎道路至乎州巷放乎獀狩脩乎軍旅衆以義死之而弗敢犯也死之死此孝弟之禮祀乎明堂所以教諸侯之孝也食三老五更於大學所

以教諸侯之弟也祀先賢於西學所以教諸侯之德也耕藉所以教諸侯之養也朝覲所以教諸侯之臣也五者天下之大教也祀乎明堂宗祀文王西學周小學也先賢有道德王所使教國子者食三老五更於大學天子袒而割牲執醬而饋執爵而酳冕而摠干所以教諸侯之弟也是故鄉里有齒而老窮不遺強不犯弱衆不暴寡此由大學來者也割牲制俎實也冕而摠干親在舞位以樂侑食也教諸侯之弟次事親天子設四學當入學而大子齒四學謂周四郊之虞庠也文王世子曰行一物而三善皆得唯世子而巳其齒於學之謂也天子巡守諸侯待于竟天

子先見百年者問其國君以百年者所在而往見之八十九十者東行西行者弗敢過西行東行者弗敢過欲言政者君就之可也弗敢過者謂道經之則見之壹命齒于鄉里再命齒于族三命不齒族有七十者弗敢先此謂鄉射飲酒時也齒者謂以年次立若坐也三命列國之卿也不復齒席之於賓東不敢先族之七十者謂既一人舉觶乃入也雖非族亦然承齒乎族故言族爾七十者不有大故不入朝若有大故而入君必與之揖讓而后及爵者謂致仕在家者其入朝君先與之爲禮而后揖卿大夫士天子有善讓德於天諸侯有善歸諸天子卿大夫有善薦於諸侯士庶人有善本諸父母存諸長

老祿爵慶賞成諸宗廟所以示順也薦進也成諸宗廟於宗廟命之祭統有十倫六曰見爵賞之施焉昔者聖人建陰陽天地之情立以爲易易抱龜南面天子卷冕北面雖有明知之心必進斷其志焉示不敢專以尊天也善則稱人過則稱己教不伐以尊賢也立以爲易易謂作易易抱龜易官名周禮曰大卜大卜主三兆三易三夢之占孝子將祭祀必有齊莊之心以慮事以具服物以脩宮室以治百事謂齊之前後也及祭之日顏色必溫行必恐如懼不及愛然如懼不及見其所愛者其奠之也容貌必溫身必詘如語焉而未之

然（奠之謂酳尊酒奠之及酳之屬也如語焉而未之然如有所以語親而未見答）宿者皆出其立卑靜以正如將弗見然（宿者皆出謂賓助祭者事畢出去也如將不見然祭事畢而不知親所在思念之深如不見出也）及祭之後陶陶遂遂如將復入然（思念既深如覩親將復入也陶陶遂遂相隨行之貌）是故慤善不違身耳目不違心思慮不違親結諸心形諸色而術省之孝子之志也（術當爲述聲之誤也）建國之神位右社稷而左宗廟（周尚左也）

祭統第二十五　鄭氏注

凡治人之道莫急於禮禮有五經莫重於祭（禮有五經謂吉禮凶禮賓禮軍禮嘉禮也莫重於祭謂以吉禮爲首也大宗伯職曰以吉禮事邦國之鬼神祇

備

祭者非物自外至者也自中出生於心也心怵而奉之以禮是故唯賢者能盡祭之義怵感念親之貌也怵或爲述賢者之祭也必受其福非世所謂福也福者備也備者百順之名也無所不順者之謂備言內盡於己而外順於道也忠臣以事其君孝子以事其親其本一也世所謂福者謂受鬼神之祐助也賢者之所謂福者謂受大順之顯名也其本一者言忠孝俱由順出也上則順於鬼神外則順於君長內則以孝於親如此之謂備唯賢者能備能備然後能祭是故賢者之祭也致其誠信與其忠敬

奉之以物、道之以禮、安之以樂、參之以時、明
薦之而已矣、不求其爲、此孝子之心也、明猶絜也
爲謂福祐爲己之報祭者、所以追養繼孝也、孝者畜也、
順於道、不逆於倫、是之謂畜、畜謂順於德教是故孝
子之事親也、有三道焉、生則養、沒則喪、喪
畢、則祭、養則觀其順也、喪則觀其哀也、祭
則觀其敬而時也、盡此三道者、孝子之行
也、沒終也既內自盡、又外求助、昏禮是也、故國
君取夫人之辭曰、請君之玉女、與寡人共
有敝邑、事宗廟社稷、此求助之本也、言玉女者美言

之也君子於王比德焉夫祭也者必夫婦親之所以備外內之官也官備則具備具謂所供衆物水草之菹陸產之醢小物備矣三牲之俎八簋之實美物備矣昆蟲之異草木之實陰陽之物備矣水草之菹芹茆之屬陸產之醢蚳蝝之屬天子之祭八簋昆蟲謂溫生寒死之蟲也內則可食之物有蜩范草木之實菱芡榛栗之屬凡天之所生地之所長苟可薦者莫不咸在示盡物也外則盡物內則盡志此祭之心也咸皆也是故天子親耕於南郊以共齊盛王后蠶於北郊以共純緇服諸侯耕於東郊亦以共齊盛夫人蠶於北郊以共

冕服天子諸侯非莫耕也王后夫人非莫蠶也身致其誠信誠信之謂盡盡之謂敬敬盡然後可以事神明此祭之道也（純服亦冕服也互言之爾純以見繒色冕以著祭服東郊少陽諸侯象也夫人不蠶於西郊婦人禮少變也齊或作粢）及時將祭君子乃齊齊之爲言齊也齊不齊以致齊者也是故君子非有大事也非有恭敬也則不齊不齊則於物無防也嗜欲無止也及其將齊也防其邪物訖其嗜欲耳不聽樂故記曰齊者不樂言不敢散其志也心不苟慮必依於道手足不苟動必依於

禮（訖猶止也）是故君子之齊也、專致其精明之德也、故散齊七日以定之、致齊三日以齊之、定之之謂齊、齊者精明之至也、然後可以交於神明也（定者定其志意）是故先期旬有一日、宮宰宿夫人、夫人亦散齊七日、致齊三日（宮宰守宮官也宿讀爲肅肅猶戒也戒輕肅重也）君致齊於外、夫人致齊於內、然後會於大廟、君純冕立於阼、夫人副褘立於東房、君執圭瓚祼尸、大宗執璋瓚亞祼、及迎牲、君執紖、卿大夫從、士執芻、宗婦執盎從、夫人薦涗水、君執鸞刀羞嚌、夫人薦豆，此之謂夫婦親之。大廟始祖廟也圭瓚璋瓚裸器也以圭璋爲柄酌鬱鬯曰裸大宗亞裸容夫人有故攝焉紖所以牽牲也周禮作絼芻謂槀也殺牲時用薦之周禮封人祭祀飾牲共其水槀涗盎齊也盎齊涗酌也凡尊有明水因兼云水爾嚌嚌肺祭肺之屬也君以鸞刀割制之天子諸侯之祭禮先有裸尸之事乃後迎牲芻或爲穊

及入舞，君執干戚就舞位，君爲東上，冕而總干，率其羣臣以樂皇尸。是故，天子之祭也，與天下樂之；諸侯之祭也，與竟內樂之。冕而總干，率其羣臣以樂皇尸，此與竟內樂之之義也。君爲東上近主位也皇君也言君尸者尊之

夫祭有三重焉：獻之屬莫重於裸，聲莫重於升歌，舞莫重於武宿夜，此周道也。武宿夜武曲名也周道猶周之禮

凡

三道者所以假於外而以增君子之志也故與志進退志輕則亦輕志重則亦重輕其志而求外之重也雖聖人弗能得也是故君子之祭也必身自盡也所以明重也道之以禮以奉三重而薦諸皇尸此聖人之道也夫祭有餕餕者祭之末也不可不知也是故古之人有言曰善終者如始餕其是已是故古之君子曰尸亦餕鬼神之餘也惠術也可以觀政矣術猶法也爲政尚施惠盡美能知能惠詩云維此惠君民人所瞻是故尸謖縮起也君與卿四人餕君起大

夫六人餕臣餕君之餘也大夫起士八人餕賤餕貴之餘也士起各執其具以出陳于堂下百官進徹之下餕上之餘也進當爲餕聲之誤也百官謂有事於君之祭者也既餕乃徹之而去所謂自卑至賤進徹或俱爲餕凡餕之道每變以衆所以别貴賤之等而興施惠之象也是故以四簋黍見其脩於廟中也廟中者竟内之象也鬼神之惠徧廟中如國君之惠徧竟内也祭者澤之大者也是故上有大澤則惠必及下顧上先下後耳非上積重而下有凍餒之民也是故上有大澤則民夫人待于下流知惠之必將

至也。由餕見之矣。故曰可以觀政矣。鬼神有祭不獨饗之使人餕之恩澤之大者也國君有蓄積不獨食之亦以施惠於竟內也夫祭之爲物大矣。其興物備矣。順以備者也。其教之本與。爲物猶爲禮也興物謂薦百品是故君子之教也。外則教之以尊其君長。內則教之以孝於其親。是故明君在上。則諸臣服從。崇事宗廟社稷。則子孫順孝。盡其道。端其義。而教生焉。崇猶尊也是故君子之事君也。必身行之。所不安於上。則不以使下。所惡於下。則不以事上。非諸人。行諸己。非教之道也。必身行之言恕己乃行之是故君子之敎也必由其本順之至也祭其是與故曰祭者敎之本也已 敎由孝順生也 夫祭有十倫焉見事鬼神之道焉見君臣之義焉見父子之倫焉見貴賤之等焉見親踈之殺焉見爵賞之施焉見夫婦之別焉見政事之均焉見長幼之序焉見上下之際焉此之謂十倫 倫猶義也 鋪筵設同几爲依神也詔祝於室而出于祊此交神明之道也 同之言詷也祭者以其妃配亦不特几也 詔祝告事於尸也出於祊謂索祭也 君迎牲而不迎尸別嫌也尸在廟門外則疑於臣在廟中則全於君君

父子之倫

貴賤之等

親疏之殺

在廟門外則疑於君入廟門則全於臣全於子是故不出者明君臣之義也（不迎尸者欲全其尊也尸神象也鬼神之尊在廟中人君之尊出廟門則伸）夫祭之道孫爲王父尸所使爲尸者於祭者子行也父北面而事之所以明子事父之道也此父子之倫也（子行猶子列也祭祖則用孫列皆取於同姓之適子也天子諸侯之祭朝事延尸於戶外是以有北面事尸之禮）尸飲五君洗玉爵獻卿尸飲七以瑤爵獻大夫尸飲九以散爵獻士及羣有司皆以齒明尊卑之等也（尸飲五謂酳尸五獻也大夫士祭三獻而獻賓）夫祭有昭穆昭穆者所以別父子遠近長幼親疏之序而

爵賞之施

夫婦之別

無亂也是故有事於大廟則羣昭羣穆咸在而不失其倫此之謂親疏之殺也（昭穆咸在同宗父子皆來）古者明君爵有德而祿有功必賜爵祿於大廟示不敢專也故祭之日一獻君降立于阼階之南南鄉所命北面史由君右執策命之再拜稽首受書以歸而舍奠于其廟此爵賞之施也（一獻酳尸也舍當為釋聲之誤也非時而祭曰奠）君卷冕立于阼夫人副褘立于東房夫人薦豆執校（效）執醴授之執鐙（聲）尸酢夫人執柄夫人受尸執足夫婦相授受不相襲處酢必易

爵明夫婦之別也。校豆中央直者也執醴授醴之人授夫人以豆則執鐙鐙豆下跗也甲

凡爲俎者以骨爲主骨有貴賤殷人貴髀周人貴肩凡前貴於後俎者所以明祭之必有惠也是故貴者取貴骨賤者取賤骨貴者不重賤者不虛示均也惠均則政行政行則事成事成則功立功之所以立者不可不知也俎者所以明惠之必均也善爲政者如此故曰見政事之均焉殷人貴髀爲其厚也周人貴肩爲其顯也凡前貴於後謂脊脅臂臑之屬

凡賜爵昭爲一穆爲一昭與昭齒穆與穆齒凡羣有司皆以齒此

上下之祭

之謂長幼有序昭穆猶特牲少牢饋食之禮衆兄弟也羣有司猶衆賓下及執事者君賜之爵謂若酬之夫祭有畀煇胞翟闇者惠下之道也唯有德之君爲能行此明足以見之仁足以與之畀之爲言與也能以其餘畀其下者也煇者甲吏之賤者也胞者肉吏之賤者也翟者樂吏之賤者也闇者守門之賤者也古者不使刑人守門此四守者吏之至賤者也尸又至尊以至尊既祭之末而不忘至賤而以其餘畀之是故明君在上則竟内之民無凍餒者矣此之謂上下之際

嘗禘義

明足以見之見此畀者也仁足以與之與此畀者也煇周禮作韗謂韗磔皮革之官也翟謂教羽舞者也古者不使刑人守門

凡祭有四時謂夏殷時春祭曰礿夏祭曰禘秋祭曰嘗冬祭曰烝謂夏殷時禮也礿禘陽義也嘗烝陰義也禘者陽之盛也嘗者陰之盛也故曰莫重於禘嘗夏者尊卑著而秋萬物成古者於禘也發爵賜服順陽義也於嘗也出田邑發秋政順陰義也言爵命屬陽國邑屬陰故記曰嘗之日發公室示賞也草艾則墨未發秋政則民弗敢草也發公室出賞物也草艾謂艾取草也秋草木成可芟艾給爨亨時則始行小刑也故曰禘嘗之義大矣治國之本也不可不知也明其

義者君也能其事者臣也不明其義君人不全不能其事爲臣不全（全猶具也）夫義者所以濟志也諸德之發也是故其德盛者其志厚其志厚者其義章其義章者其祭也敬祭敬則竟內之子孫莫敢不敬矣（濟成也發謂機發也竟內之子孫萬人爲子孫）是故君子之祭也必身親涖之有故則使人可也雖使人也君不失其義者君明其義故也（涖臨也君不失其義者言君雖不自親祭祭禮無闕於君德不損也）其德薄者其志輕疑於其義而求祭使之必敬也弗可得已祭而不敬何以爲民父母

矣夫鼎有銘銘者自名也自名以稱揚其先祖之美而明著之後世者也爲先祖者莫不有美焉莫不有惡焉銘之義稱美而不稱惡此孝子孝孫之心也唯賢者能之銘謂書之刻之以識事者也自名謂稱揚其先祖之德著己名於下銘者論譔其先祖之有德善功烈勳勞慶賞聲名列於天下而酌之祭器自成其名焉以祀其先祖者也顯揚先祖所以崇孝也身比焉順也明示後世教也烈業也王功曰勳事功曰勞酌之祭器言斟酌其美傳著於鐘鼎也身比焉謂自著名於下也順也自著名以稱揚先祖之德孝順之行也教也所以敎後世夫銘者壹稱而上

下皆得焉耳矣是故君子之觀於銘也既美其所稱又美其所爲美其所爲美此人爲此銘爲之者明足以見之仁足以與之知足以利之可謂賢矣賢而勿伐可謂恭矣明足以見之見其先祖之美也仁足以與之與其先祖之銘也非有仁恩君不使與之也知足以利之利己名得比於先祖故衛孔悝之鼎銘曰六月丁亥公假于大廟孔悝衛大夫也公衛莊公蒯聵也得孔悝之立已依禮褒之以靜國人自固也假至也至於大廟謂以夏之孟夏禘祭公曰叔舅乃祖莊叔左右成公成公乃命莊叔隨難于漢陽即宮于宗周奔走無射公曰叔舅者公爲策書尊呼孔悝而命之也乃猶女也莊叔悝七世之祖衛大夫孔達也隨難者謂成公爲晉文公所伐出奔楚命莊叔從焉漢楚之川也即宮於宗周後反得國

朱子作君辟 詩謂以其君之勤大命而施之彝鼎也

生殺弟叔武晉人執而歸之於京師寘之深室也射厭也言射叔常奔走至勞苦而不厭倦也周既去鎬京猶名王城爲宗周也

啓右獻公獻公乃命成叔纂乃祖服獻公衛侯衎成公曾孫也亦失國得反言莊叔之功流於後世啓右獻公使得反國也成叔莊叔之孫成子烝鉏也右助也纂繼也服事也獻公反國命成子繼女祖莊叔之事欲其忠如孔達也

乃考文叔興舊耆欲作率慶士躬恤衛國其勤公家夙夜不解民咸曰休哉文叔者成叔之曾孫文子圉則悝之父也作起也率循也慶善也士之言事也言文叔能興行先祖之舊德起而循其善事

公曰叔舅予女銘若纂乃考服若乃猶女也公命悝予女先祖以銘以尊顯之女繼女父之事欲其忠如文子也成公獻公莊公皆失國得反言孔氏世有功焉寵之也

悝拜稽首曰對揚以辟之對遂也辟明也言遂揚君命以明我先祖之德也

勤大命施于烝彝鼎施猶著也言我將行君之命又刻著於烝祭之彝尊也

魯礼

二百十大

也周禮大約劑書於宗彝此衛孔悝之鼎銘也言銘之類衆多也略取此一以言之古之君子論譔其先祖之美而明著之後世者也以比其身以重其國家如此如莊公命孔悝之爲也莊公孔悝雖無令德以終其事於禮是行之非子孫之守宗廟社稷者其先祖無美而稱之是誣也有善而弗知不明也知而弗傳不仁也此三者君子之所恥也昔者周公旦有勳勞於天下周公既沒成王康王追念周公之所以勳勞者而欲尊魯故賜之以重祭外祭則郊社是也內祭則大嘗禘是也言此者王室所銘若周公之功夫大

嘗禘升歌清廟下而管象朱干玉戚以舞大武八佾以舞大夏此天子之樂也康周公故以賜魯也清廟頌文王之詩也管象吹管而舞武象之樂也朱干赤盾戚斧也此武象之舞所執也佾猶列也大夏禹樂文舞也執羽籥文武之舞皆八列互言之耳康猶襃大也易晉卦曰康侯用錫馬子孫纂之至于今不廢所以明周公之德而又以重其國也不廢不廢其此禮樂也重猶尊也

禮記卷第十四

經七千四百六十字
注五千五百二十三字

秀岩李氏曰此篇多荀子礼論及大戴礼察篇之文別錄屬通論起二句夫子語其下學者之所發明

習俗之原

習俗之失

習俗之正

禮記卷第十五

經解第二十六　　鄭氏注

孔子曰入其國其教可知也觀其風俗則知其所以教其爲人也溫柔敦厚詩教也疏通知遠書教也廣博易良樂教也絜靜精微易教也恭儉莊敬禮教也屬辭比事春秋教也屬猶合也春秋多記諸侯朝聘會同有相接之辭罪辯之事故詩之失愚書之失誣樂之失奢易之失賊禮之失煩春秋之失亂失謂不能節其教者也詩敦厚近愚書知遠近誣易精微愛惡相攻遠近相取則不能容人近於傷害春秋習戰爭之事近亂其爲人也溫柔敦厚而不愚則深於詩者也

治化之本

疏通知遠而不誣則深於書者也廣博易
良而不奢則深於樂者也絜靜精微而不
賊則深於易者也恭儉莊敬而不煩則深於
禮者也屬辭比事而不亂則深於春秋者
也言深者既能以教又防其失天子者與天地參故德配
天地兼利萬物與日月並明明照四海而
不遺微小其在朝廷則道仁聖禮義之序
燕處則聽雅頌之音行步則有環佩之聲
升車則有鸞和之音居處有禮進退有度
百官得其宜萬事得其序詩云淑人君子

治化之用

禮

其儀不忒其儀不忒正是四國此之謂也道猶言也環佩佩環佩玉也所以爲行節也玉藻曰進則揖之退則揚之然後玉鏘鳴也環取其無窮止玉則比德焉孔子佩象環五寸人君之環其制未聞也鸞和皆鈴也所以爲車行節也韓詩內傳曰鸞在衡和在軾前升車則馬動馬動則鸞鳴鸞鳴則和應居處朝廷與燕也進退行步與升車也發号出令而民說謂之和上下相親謂之仁民不求其所欲而得之謂之信除去天地之害謂之義義與信和與仁霸王之器也有治民之意而無其器則不成器謂所操以作事者也義信和仁皆存乎禮禮之於正國也猶衡之於輕重也繩墨之於曲直也規矩之於方圜也故衡誠縣不可欺以輕重繩

禮意

又引夫子語結上生下禮之教

墨誠陳不可欺以曲直規矩誠設不可欺以方圜君子審禮不可誣以姦詐衡稱也縣謂錘也陳設謂彈畫也誠猶審也或作成是故隆禮由禮謂之有方之士不隆禮不由禮謂之無方之民敬讓之道也故以奉宗廟則敬以入朝廷則貴賤有位以處室家則父子親兄弟和以處鄉里則長幼有序孔子曰安上治民莫善於禮此之謂也隆禮謂盛行禮也方猶道也春秋傳曰教之以義方故朝覲之禮所以明君臣之義也聘問之禮所以使諸侯相尊敬也喪祭之禮所以明臣子之恩也

禮之廢

鄉飲酒之禮所以明長幼之序也昏姻之禮所以明男女之別也夫禮禁亂之所由生猶坊止水之所自來也故以舊坊為無所用而壞之者必有水敗以舊禮為無所用而去之者必有亂患（春見曰朝小聘曰問其篇今亡昏姻謂嫁取也壻曰昏妻曰姻自亦由也）故昏姻之禮廢則夫婦之道苦而淫辟之罪多矣鄉飲酒之禮廢則長幼之序失而爭鬭之獄繁矣喪祭之禮廢則臣子之恩薄而倍死忘生者衆矣聘覲之禮廢則君臣之位失諸侯之行惡而倍畔侵

禮之爲防甚微而治大失之雖微而亂則大故引易語以結之易今無此語崔駰史記註謂易緯有之按此二句出易緯河洛篇

劉氏別錄屬通論

此篇亦後人得夫子之言而附會成書夫子對君之言不若是繁而緩此非盡夫子之言也

李氏曰此篇即大戴礼記哀公問孔子篇

陵之敗起矣苦謂不至不荅之屬故禮之教化也微其止邪也於未形使人日徙善遠罪而不自知也是以先王隆之也易曰君子慎始差若豪氂繆以千里此之謂也隆謂尊盛之也始謂其微時也

哀公問第二十七　鄭氏注

哀公問於孔子曰大禮何如君子之言禮何其尊也孔子曰丘也小人不足以知禮謙不荅也君曰否吾子言之也孔子曰丘聞之民之所由生禮爲大非禮無以節事天地之神也非禮無以辨君臣上下長幼之位也

非禮無以別男女父子兄弟之親、昏姻疏數之交也。君子以此之爲尊敬然。言君子以此故尊禮

然後以其所能教百姓，不廢其會節。君子以其所能於禮教百姓，使其不廢此上事之期節。有成事，然後治其雕鏤文章黼黻以嗣。司上事行於民，有成功，乃後續嗣以治文飾，以爲尊卑之差。其順之，然後言其喪筭，備其鼎俎，設其豕腊，脩其宗廟，歲時以敬祭祀，以序宗族，即安其居，節醜其衣服，卑其宮室，車不雕幾，器不刻鏤，食不貳味，以與民同利。昔之君子之行禮者如此。言語也。筭，數也。即，就也。醜，類也。幾，附纏之也。言君子既尊禮，民以爲順，乃後語以喪祭之禮，就安其居處，正其

衣服敎之節儉與之同利者上下俱足也公曰今之君子胡莫之行也孔子曰今之君子好實無厭淫德不倦荒怠敖慢固民是盡午其衆以伐有道求得當欲不以其所昔之用民者由前今之用民者由後今之君子莫爲禮也實猶富也淫放也固猶故也午其衆逆其族類也當猶稱也所猶道也由前用上所言由後用下所言孔子侍坐於哀公哀公曰敢問人道誰爲大孔子愀然作色而對曰君之及此言也百姓之德也固臣敢無辭而對人道政爲大愀然變動貌也作猶變也德猶福也辭讓也公曰敢問何謂爲政孔子對曰政者正也

君臣嚴一節答當時事体尤切哀公不能詳問夫婦別父子親亦是其本原

自大昏爲大問答附會緊緩殊不簡切然哀公之病亦或有

君爲正則百姓從政矣君之所爲百姓之所從也君所不爲百姓何從（言君當務於政）公曰敢問爲政如之何孔子對曰夫婦別父子親君臣嚴三者正則庶物從之矣（庶物猶衆事也）公曰寡人雖無似也願聞所以行三言之道可得聞乎（無似猶言不肖）孔子對曰古之爲政愛人爲大所以治愛人禮爲大所以治禮敬爲大敬之至矣大昏爲大大昏至矣大昏既至冕而親迎親之也親之也者親之也是故君子興敬爲親舍敬是遺親也弗愛不親

弗敬不正。愛與敬，其政之本與（大昏國君取禮也至矣言至大也與敬爲親言相敬則親）公曰：寡人願有言，然冕而親迎，不已重乎（已猶大也恠親迎乃服祭服）孔子愀然作色而對曰：合二姓之好，以繼先聖之後，以爲天地宗廟社稷之主，君何謂已重乎（先聖周公也）公曰：寡人固。不固，焉得聞此言也。寡人欲問，不得其辭，請少進（固不固言吾由鄙固故也請少進欲其爲言以曉己）孔子曰：天地不合，萬物不生。大昏，萬世之嗣也，君何謂已重焉。孔子遂言曰：內以治宗廟之禮，足以配天地之神明，出以治直言之禮，足以立上下之敬物恥足以振之國恥足以興之爲政先禮禮其政之本與宗廟之禮祭宗廟也夫婦配天地有日月之象焉禮器曰君在阼夫人在房大明生於東月生於西此陰陽之分夫婦之位也直猶正也正言謂出政教也政教有夫婦之禮焉昏義曰天子聽外治后聽內職教順成俗外內和順國家理治此之謂盛德物猶事也事恥臣恥也振猶救也國恥君恥也君臣之行有可恥者禮足以救之足以興復之孔子遂言曰昔三代明王之政必敬其妻子也有道妻也者親之主也敢不敬與子也者親之後也敢不敬與君子無不敬也敬身爲大身也者親之枝也敢不敬與不能敬其身是傷其親傷其親是傷其本傷其本枝從而亡三者

百姓之象也身以及身子以及子妃以及妃君行此三者則愾乎天下矣大王之道也如此國家順矣愾猶至也大王居豳爲狄所伐乃曰土地所以養人也君子不以其所養害所養乃去之岐是言百姓之身猶吾身也百姓之妻子猶吾妻子也不忍以土地之故而害之去之岐而王迹興焉

公曰敢問何謂敬身孔子對曰君子過言則民作辭過動則民作則君子言不過辭動不過則百姓不命而敬恭如是則能敬其身能敬其身則能成其親矣則法也民者化君者也君之言雖過民猶稱其辭君之行雖過民猶以爲法

公曰敢問何謂成親孔子對曰君子也者人之成名也百姓歸之名謂之

君子之子，是使其親爲君子也，是爲成其親之名也已。孔子遂言曰：古之爲政，愛人爲大，不能愛人，不能有其身，不能有其身，不能安土，不能安土，不能樂天，不能樂天，不能成其身。有猶保也，不能保身者，言人將害之也。不能安土，動移失業也。不能樂天，不知已過而怨天也。公曰：敢問何謂成身？孔子對曰：不過乎物。物猶事也。公曰：敢問君子何貴乎天道也？孔子對曰：貴其不已，如日月東西相從而不已也，是天道也；不閉其久，是天道也；無爲而物成，是天道也；已成而明，是天道也。已猶止也，是天

不過乎物此義甚大惜乎哀公不能詳問

孔子再引起哀公訖不能問

道也者言人君法之當如是也日月相從君臣相朝會也不閉其久通其政教不可以倦無為而成使民不可以煩也已成而明照察有功

公曰寡人惷愚冥煩子志之心也志讀為識識知也冥煩者言不能明理此事子之心所知也欲其要言使易行

孔子蹴然辟席而對曰仁人不過乎物孝子不過乎物是故仁人之事親也如事天事天如事親是故孝子成身蹴然敬貌物猶事也事親事天孝敬同也孝經曰事父孝故事天明舉無過事以孝事親是所以成身

公曰寡人既聞此言也無如後罪何既聞此言也者欲勤行之也無奈後日過於事之罪何為謙辭

孔子對曰君之及此言也是臣之福也善哀公及此言此言善言也

仲尼燕居第二十八　鄭氏注

仲尼燕居子張子貢言游侍縱言至於禮 言游言偃子游也縱言汎說事 子曰居女三人者吾語女禮使女以禮周流無不徧也 居女三人者女三人且坐也使之坐凡與尊者言更端則起 子貢越席而對曰敢問何如 對應也 子曰敬而不中禮謂之野恭而不中禮謂之給勇而不中禮謂之逆子曰給奪慈仁 奪猶亂也巧言足恭之人似慈仁實鮮仁特言是者感子貢也子貢辯近於給 子曰師爾過而商也不及子產猶衆人之母也能食之不能教也 過與不及言敏鈍不同俱違禮也衆人之母言子產慈仁多不矜莊又與子張相反子產嘗以其乘車濟冬涉者而車梁不成是慈仁亦違禮 子貢越席而對曰敢問將何以爲此中

大ら六十小ロ七六

鄭氏曰仁猶存也凡存此者所以全善之道也○孔氏曰仁謂仁恩相存念也○馬氏曰郊社嘗禘饋奠之禮所以全好於其死者也射鄉食饗之禮所以全好於其生者也仁者有推恩而及之之義郊社外之之祭也所以仁鬼神嘗禘外之祭也所以仁昭穆嘗禘可以言鬼神而郊社不可以言昭穆事天地主於敬故於郊社言鬼神事宗

者也子曰禮乎禮夫禮所以制中也禮乎禮唯有禮也子貢退言游進曰敢問禮也者領惡而全好者與子曰然領猶治也好善也然則何如子曰郊社之義所以仁鬼神也嘗禘之禮所以仁昭穆也饋奠之禮所以仁死喪也射鄉之禮所以仁鄉黨也食饗之禮所以仁賓客也仁猶存也凡存此者所以全善之道也郊社嘗禘饋奠存死之善者也射鄉食饗存生之善者也郊有后稷社有句龍子曰明乎郊社之義嘗禘之禮治國其如指諸掌而已乎是故以之居處有禮故長幼辨也以之閨門之內有禮故三族和也以

鄭氏又曰郊社嘗禘奠饋存死之善射鄉食饗存生之善孔氏又曰註稱后稷句龍解經郊社仁鬼神之義

廟主於愛故於禘嘗言昭穆、饋奠之礼始死之奠也始死而致祭之則不仁此饋奠所以仁死喪也習射尚功所以使之争習鄉尚齒所以使之讓有所争則壯者有以勵有所讓則頒白者不負戴而車徒避老者此鄉射之礼所以待鄉黨者盡矣故曰射鄉所以仁鄉黨食以示其愛饗以示其敬食饗所以待賓客者盡矣然

之朝廷有禮故官爵序也以之田獵有禮故戎事閑也以之軍旅有禮故武功成也是故宮室得其度量鼎得其象味得其時樂得其節車得其式鬼神得其饗喪紀得其哀辨說得其黨官得其體政事得其施加於身而錯於前凡衆之動得其宜治國指諸掌言易知也郊社嘗禘尊卑之事有治國之象焉辨別也三族父子孫也凡言得者得法於禮也量豆區斗斛也味酸苦之屬也四時有所多及獻所宜也式謂載也所載有尊卑辨禮之說謂禮樂之官教學者黨類也體尊卑異而合同子曰禮者何也即事之治也君子有其事必有其治治國而無禮譬猶瞽之無相與倀倀乎其

礼始於冠本於昏重於喪祭尊於朝聘和於射鄉此不及冠昏者蓋冠昏在我之事在我則不可推恩及之是以不言

嚴陵方氏曰居其常居處言其暫處田以所處之利言獵以所獲之物言之室有奧阼席有上下所謂居處有礼也故長幼辨父父子子兄兄弟弟夫夫婦婦所謂閨門有礼也故族和設官分職列爵分土所謂朝廷有礼也故官爵序春蒐夏苗秋

何之辟如終夜有求於幽室之中非燭何見若無禮則手足無所錯耳目無所加進退揖讓無所制是故以之居處長幼失其別閨門三族失其和朝廷官爵失其序田獵戎事失其策軍旅武功失其制宮室失其度量鼎失其象味失其時樂失其節車失其式鬼神失其饗喪紀失其哀辯說失其黨官失其體政事失其施加於身而錯於前凡衆之動失其宜如此則無以祖洽於衆也凡言失者無禮故也策謀也祖始也洽合也言失禮無以爲衆倡始無以合和衆子曰愼聽之女三人

鄭氏曰三族父子孫也○孔氏曰三族三屬也

獮冬狩所謂田獵有礼也誠戎事閑進退有度左右有局所謂軍旅有礼也故武功成戎以器言武以道言三族父子兄弟夫婦

者吾語女禮猶有九焉大饗有四焉苟知此矣雖在畎畝之中事之聖人已兩君相見揖讓而入門入門而縣興揖讓而升堂升堂而樂闋下管象武夏籥序興陳其薦俎序其禮樂備其百官如此而后君子知仁焉行中規還中矩和鸞中采齊客出以雍徹以振羽是故君子無物而不在禮矣入門而金作示情也升歌清廟示德也下而管象示事也是故古之君子不必親相與言也以禮樂相示而已猶有九焉吾所欲語女餘有九也但大饗有四大饗謂饗諸侯來朝者也四者謂金再作升歌清廟下管象也事之謂立

舜典命伯夷典礼，而伯拜稽首讓於夔龍，則夔非不達於礼者，此亦後世流傳之誤。夫子亦因其言戒學者耳。

置於位也聖人已者是聖人也縣興金作也金再作者獻主君又作也下謂堂下也象武武舞也夏籥文舞也序更也堂下吹管舞文武之樂更起也知仁焉知禮樂所存也采齊雍振羽皆樂章也振羽振鷺及雍金作示情也賓主人各以情相示也金性內明象人情也示德也相示以德也清廟頌文王之德示事也相示以事也武象武王之大事也子曰禮也者理也樂也者節也君子無理不動無節不作不能詩於禮繆不能樂於禮素薄於德於禮虛繆誤也素猶質也歌詩所以通禮意也作樂所以同成禮文也崇德所以實禮行也王制曰樂正崇四術立四教順先王詩書禮樂以造士春秋教以禮樂冬夏教以詩書王大子王子羣后之大子卿大夫元士之適子國之俊選皆造焉則古之人皆知諸侯之禮樂子曰制度在禮文為在禮行之其在人乎文為文章所為子貢越席而對曰敢問夔其窮與見其不達於禮子曰古之人與古之人也達

於禮而不達於樂謂之素達於樂而不達於禮謂之偏夫夔達於樂而不達於禮是以傳於此名也古之人也（素與偏具不備耳夔達於樂傳世名此賢人也非不能非所謂窮）子張問政子曰師乎前吾語女乎君子明於禮樂舉而錯之而已（言禮樂足以爲政也錯猶施行也）子張復問子曰師爾以爲必鋪几筵升降酌獻酬酢然後謂之禮乎爾以爲必行綴兆興羽籥作鐘鼓然後謂之樂乎言而履之禮也行而樂之樂也君子力此二者以南面而立夫是以天下大平也諸侯朝萬物

服體而百官莫敢不承事矣禮之所興衆之所治也禮之所廢衆之所亂也目巧之室則有奧阼席則有上下車則有左右行則有隨立則有序古之義也室而無奧阼則亂於堂室也席而無上下則亂於席上也車而無左右則亂於車也行而無隨則亂於塗也立而無序則亂於位也昔聖帝明王諸侯辨貴賤長幼遠近男女外内莫敢相踰越皆由此塗出也服體體服也謂萬物之符長皆來爲瑞應也衆之所治衆之所以治也衆之所亂衆之所以亂也目巧謂但用巧目善意作室不由法度猶有奧阼賓主之處也自目巧以下古今

此篇亦後人附會成書

常事不可廢改也三子者既得聞此言也於夫子昭然若發矇矣乃曉禮樂不可廢改之意也

孔子閒居第二十九　鄭氏注

孔子閒居子夏侍子夏曰敢問詩云凱弟君子民之父母何如斯可謂民之父母矣凱弟樂易也孔子曰夫民之父母乎必達於禮樂之原以致五至而行三無以橫於天下四方有敗必先知之此之謂民之父母矣原猶本也橫充也敗謂禍災也子夏曰民之父母既得而聞之矣敢問何謂五至孔子曰志之所至詩亦至

焉詩之所至禮亦至焉禮之所至樂亦至焉樂之所至哀亦至焉哀樂相生是故正明目而視之不可得而見也傾耳而聽之不可得而聞也志氣塞乎天地此之謂五至（凡言至者至於民也志謂恩意也言君恩意至於民則其詩亦至也詩謂好惡之情也自此以下皆謂民之父母者善推其所有以與民共之人耳不能聞目不能見行之在胷心也塞滿也）子夏曰五至既得而聞之矣敢問何謂三無孔子曰無聲之樂無體之禮無服之喪此之謂三無子夏曰三無既得略而聞之矣敢問何詩近之（於意未察求其類於詩詩長人情）孔子曰夙夜其命宥密無聲

之樂也威儀逮逮不可選也無體之禮

凡民有喪匍匐救之無服之喪也詩讀其爲基聲之誤也基謀也密靜也言君夙夜謀爲政教以安民則民樂之此非有鐘鼓之聲也逮逮安和之貌也言君之威儀安和逮逮然則民傚之此非有升降揖讓之禮也救之賙恤之言君於民有喪有以賙恤之則民傚之此非有衰絰之服子夏曰言

則大矣美矣盛矣言盡於此而已乎孔

子曰何爲其然也君子之服之也猶有五

起焉言盡於此乎意以爲說未盡也服猶習也君子習讀此詩起此之義其說有五也子夏曰

何如孔子曰無聲之樂氣志不違無體之

禮威儀遲遲無服之喪內恕孔悲無聲之

樂氣志既得無體之禮威儀翼翼無服之

喪施及四國無聲之樂氣志既從無體之禮上下和同無服之喪以畜萬邦無聲之樂日聞四方無體之禮日就月將無服之喪純德孔明無聲之樂氣志既起無體之禮施及四海無服之喪施于孫子（不違者民不違君之）（氣志也孔甚也施易也從順也畜孝也使萬邦之民競爲孝也就成也將大也使民之傚禮日有所成至月則大矣起猶行也）

子夏曰三王之德參於天地敢問何如斯可謂參天地矣孔子曰奉三無私以勞天下（三王謂禹湯文王也參天地者其德與天地爲三也勞勞來）子夏曰敢問何謂三無私孔子曰天無私覆地無私載日月

此章語意都有自來

文公曰嗜欲將至有開必先家語作有物將至其兆

無私照奉斯三者以勞天下此之謂三無私其在詩曰帝命不違至于湯齊湯降不遲聖敬日齊昭假遲遲上帝是祗帝命式于九圍是湯之德也帝天帝也詩讀湯齊爲湯躋躋升也降下也齊莊也昭明也假至也祗敬也式用也九圍九州之界也此詩云郡之先君其爲政不違天之命至於湯升爲君又下天之政教甚疾其聖敬日莊嚴其明道至於民遲遲然安和天是用敬之命之用事於九州謂使王也是湯之德者是湯奉天無私之德也

天有四時春秋冬夏風雨霜露無非教也地載神氣神氣風霆風霆流形庶物露生無非教也言天之施化收殺地之載生萬物此非有所私也無非教者皆人君所當奉行以爲政教清明在躬氣志如神嗜欲將至有開必先天

必先却是若説嗜欲則又成不好底意

降時雨山川出雲其在詩曰嵩高惟嶽峻極于天惟嶽降神生甫及申惟申及甫惟周之翰四國于蕃四方于宣此文武之德也清明在躬氣志如神謂聖人也嗜欲將至謂其王天下之期將至也神有以開之必先爲之生賢知之輔佐若天將降時雨山川爲之先出雲矣峻高大也翰幹也言周道將興五嶽爲之生賢輔佐仲山甫及申伯爲周之幹臣天下之蕃衛宣德於四方以成其王功此文武之德也是文王武王奉天地無私之德也此宣王詩也文武之特其德如此而詩無以言之取類以明之三代之王也必先其令聞詩云明明天子令聞不已三代之德也令善也言以名德善聞天乃命之王也不已不倦止也弛其文德協此四國大王之德也弛施也協和也大王文王之祖周道將興始有令聞子夏蹶然而起負牆而立曰

秀岩李氏曰坊記表記文字體製绝与緇衣篇同疑亦公孫尼子所作

富貴之坊

弟子敢不承乎承奉承不失墜也起負牆者所問竟辟後來者

坊記第三十　鄭氏注

子言之君子之道辟則坊與坊民之所不足者也民所不足謂仁義之道也失道則放辟邪侈也大爲之坊民猶踰之言嚴其禁尚不能止況不禁乎故君子禮以坊德刑以坊淫命以坊欲命謂教令子云小人貧斯約富斯驕約斯盜驕斯亂約猶窮也禮者因人之情而爲之節文以爲民坊者也故聖人之制富貴也使民富不足以驕貧不至於約貴不慊於上故亂益亡此節文者謂農有田里之差士有爵命之級也慊恨不滿之貌也慊或爲嫌子云

君臣之坊

貧而好樂富而好禮衆而以寧者天下其幾矣言如此者寡也寧安也大族衆家恒多爲亂詩云民之貪亂寧爲荼毒言民之貪爲亂者安其荼毒之行惡之也故制國不過千乘都城不過百雉家富不過百乘以此坊民諸侯猶有畔者古者方十里其中六十四井出兵車一乘此兵賦之法也成國之賦千乘雉度名也高一丈長三丈爲雉百雉爲長三百丈方五百步子男之城方五里百雉者此謂大都三國之一子云夫禮者所以章疑別微以爲民坊者也故貴賤有等衣服有別朝廷有位則民有所讓位朝位也子云天無二日土無二王家無二主尊無二上示民有君臣之別也春秋不稱楚越之

貪冒之坊

王喪禮君不稱天大夫不稱君恐民之惑也楚越之君僭號稱王不稱其喪謂不書葬也春秋傳曰吳楚之君不書葬辟其僭號也臣者天君稱天子爲天王稱諸侯不言天公辟王也大夫有臣者稱之曰主不言君辟諸侯也此者皆爲使民疑惑不知孰者尊也周禮曰主友之讎視從父昆弟詩云相彼盍喝旦尚猶患之盍旦夜鳴求旦之鳥也求不可得也人猶惡其欲反晝夜而亂晦明況於臣之僭君求不可得之類亂上下惑衆也子云君不與同姓同車與異姓同車不同服示民不嫌也以此坊民民猶得同姓以弒其君同姓者謂先王先公子孫有繼及之道者也其非此則無嫌也僕右恒朝服君則各以時事唯在軍同服爾子云君子辭貴不辭賤辭富不辭貧則亂益亡亡無也故君子與其使食浮於人也寧使人浮於食食謂祿也在上

曰浮祿勝己則近貪己勝祿則近廉子云觴酒豆肉讓而受惡民猶犯齒衽席之上讓而坐下民猶犯貴朝廷之位讓而就賤民猶犯君犯猶僭也齒年也禮六十以上籩豆有加貴秩異者詩云民之無良相怨一方受爵不讓至于已斯亡良善也言無善之人善遙相怨貪爵祿好得無讓以至亡己子云君子貴人而賤己先人而後己則民作讓故稱人之君曰君自稱其君曰寡君寡君猶言少德之君言之謙子云利祿先死者而後生者則民不偝先亡者而後存者則民可以託言不偷於死亡則於生存信詩云先君之思以畜寡人此衛夫人定姜之詩也定姜無子立庶子衎是為獻公畜孝也

獻公無禮於定姜定姜作詩言獻公當思先君定公以孝於寡人以此坊民民猶偝死而號無告（死者見偝其家之老弱號呼稱寃無所告無理也）子云有國家者貴人而賤祿則民興讓尚技而賤車則民興藝（言人君貴尚賢者能者而不吝於班祿賜車服則讓道興賢者能者人所服也技猶藝也）故君子約言小人先言（言人尚德不尚言也約與先互言爾君子約則小人多矣小人先則君子後矣易曰君子以多識前言往行以畜其德）子云上酌民言則下天上施上不酌民言則犯也下不天上施則亂也（酌猶取也取衆民之言以爲政教則得民心得民心則恩澤所加民受之如天矣言其尊）故君子信讓以涖百姓則民之報禮重（涖臨也報禮重者猶言能死其難）詩云先民有言詢于芻蕘（先民謂上古之君也詢謀也芻蕘下民之事也）

專禮之坊

忠

言古之人君將有政教必謀之於庶民乃施之子云善則稱人過則稱己則民不爭善則稱人過則稱己則怨益亡詩云爾卜爾筮履無咎言爾女也履禮也言女卿卜筮然後與我爲禮則無咎惡之言矣言惡在己彼過淺子云善則稱人過則稱己則民讓善詩云考卜惟王度是鎬京惟龜正之武王成之度謀也鎬京鎬宮也言武王卜而謀居此鎬邑龜則出吉兆正之武王築成之此目歸美於君子云善則稱君過則稱己則民作忠君陳曰爾有嘉謀嘉猷入告爾君于內女乃順之于外曰此謀此猷惟我君之德於乎是惟良顯哉君陳蓋周公之子伯禽弟也名篇在尚書今士嘉善也猷道也於乎是惟良顯哉美

君之德子云善則稱親過則稱己則民作孝大誓曰予克紂非予武惟朕文考無罪紂克予非朕文考有罪惟予小子無良大誓尚書篇名也克勝也非予武非我武功也文考文王也無罪則言有德也無良無功善也此武王誓衆以伐紂之辭也今大誓無此章則其篇散亡子云君子弛其親之過而敬其美弛猶弃忘也孝子不藏識父母之過論語曰三年無改於父之道可謂孝矣不以己善駮親之過高宗云三年其惟不言言乃讙高宗殷王武丁也名篇在尚書三年不言有父小乙喪之時也讙當為歡聲之誤也其既言天下皆歡喜樂其政教也子云從命不忿微諫不倦勞而不怨可謂孝矣微諫不倦者子於父母尚和順不用鄂鄂論語曰事父母幾諫見志不從又敬不違內則曰父母有過下氣怡色柔

聲以諫諫若不入起敬起孝說則復諫此所謂不倦詩云孝子不匱匱乏也孝子無乏止之時子云睦於父母之黨可謂孝矣睦厚也黨猶親也故君子因睦以合族合族謂與族人燕與族人食詩云此令兄弟綽綽有裕不令兄弟交相為瘉令善也綽綽寬容貌也交猶更也瘉病也子云於父之執可以乘其車不可以衣其衣君子以廣孝也父之執與父執志同者也可以乘其車車於身差遠也謂今與己位等子云小人皆能養其親君子不敬何以辨辨別也子云父子不同位以厚敬也同位尊卑等為其相褻書云厥辟不辟忝厥祖厥其也辟君也忝辱也為君不君與父子相褻則辱先祖矣君父之道宜尊嚴子云父母在不稱老言孝不言

飲食之坊

慈閨門之内戲而不歎孝上施言慈則嫌下流也戲謂孺子言笑者也孟子曰[illegible]年五十而不失其孺子之心歎謂有憂戚之聲也君子以此坊民，民猶有薄於孝而厚於慈。子云長民者朝廷敬老則民作孝長民謂天子諸侯也子云祭祀之有尸也宗廟之有主也，示民有事也，脩宗廟敬祀事，教民追孝也有事有所尊事以此坊民，民猶忘其親。子云敬則用祭器祭器籩豆簠簋鉶之屬也有敬事於賓客則用之謂饗食也盤盂之屬爲燕器故君子不以菲廢禮，不以美沒禮言不可以其薄不及禮而不行禮亦不可以其美過禮而去禮禮主敬廢滅之是不敬・故食禮主人親饋則客祭，主人不親饋則客不祭，故君子苟無

祭祀之坊

小二百六十

禮雖美不食焉易曰東鄰殺牛不如西鄰之禴祭寔受其福東鄰謂紂國中也西鄰謂文王國中也此辭在既濟既濟離下坎上離爲牛坎爲豕西鄰禴祭則用豕與言殺牛而凶不如殺豕受福喻奢而慢不如儉而敬也春秋傳曰黍稷非馨明德惟馨信矣詩云既醉以酒既飽以德言君子饗燕非專爲酒肴亦以觀威儀講德美以此示民民猶爭利而忘義子云七日戒三日齊承一人焉以爲尸過之者趨走以教敬也戒謂散齊也承猶事也醴酒在室醍酒在堂澄酒在下示民不淫也淫猶貪也澄酒清酒也三酒尚質不尚味尸飲三衆賓飲一示民有上下也上下猶尊卑也主人主婦上賓獻尸乃後主人降洗爵獻賓因其酒肉聚其宗族以教民睦也言祭有酒

喪礼之坊

而羣昭羣穆皆至而獻酬之或有薦俎故堂上觀乎室堂下觀乎上謂祭時肅敬之威儀也詩云禮儀卒度笑語卒獲卒盡也獲得也言在廟中者不失其禮儀皆歡喜得其節也子云賓禮每進以讓喪禮每加以遠浴於中霤飯於牖下小斂於户内大斂於阼殯於客位祖於庭葬於墓所以示遠也遠之所以崇敬也阼或爲堂殷人弔於壙周人弔於家示民不偝也既葬哀而哭踊於是弔之子云死民之卒事也吾從周周於送死尤備以此坊民諸侯猶有薨

争奪之坊

而不葬者子云升自客階受弔於賓位教民追孝也謂反哭時也既葬矣猶不由阼階不忍即父位也未没喪不稱君

正三百卅八

示民不爭也故魯春秋記晉喪曰殺其君之子奚齊及其君卓（沒終也春秋傳曰諸侯於其封内三年稱子至其臣子踰年則謂之君矣奚齊卓子皆獻公之子也獻公卒其年奚齊殺明年而卓子殺矣）以此坊民子猶有弑其父者（弑父不子之甚）子云孝以事君弟以事長示民不貳也故君子有君不謀仕唯卜之日稱二君（不貳不自貳於尊者也自貳謂若鄭叔段者也君子有君謂君之子父在者也不謀仕嫌遅爲政也卜之日謂君有故而爲之卜也二當爲貳唯卜之時辭得曰君之貳某爾晉惠公獲於秦命其大夫歸擇立君曰其卜貳圉也）喪父三年喪君三年示民不疑也（不疑於君之尊也君無骨肉之親不重其服至尊不明）父母在不敢有其身不敢私其財示民有上下也（身及財皆當統於父母也有猶專也）故天子四

海之內無客禮，莫敢爲主焉。故君適其臣，升自阼階，即位於堂，示民不敢有其室也。父母在，饋獻不及車馬，示民不敢專也。臣亦統於君。車馬家物之重者。以此坊民，民猶忘其親而貳其君。

子云：禮之先幣帛也，欲民之先事而後祿也。此禮謂所執之摯以見者也，既相見乃奉幣帛以脩好也。或云禮之先辭而後幣帛。先財而後禮，則民利。財，幣帛也。利猶貪也。無辭而行情，則民爭。辭，辭讓也。情，主利欲也。故君子於有饋者，弗能見，則不視其饋。饋，遺也。不能見，謂有疾也。不視猶不內也。易曰：不耕穫，不菑緇畬余，凶。言必先種之乃得穫，若先菑乃得畬也，安有無事而取利者乎。田一歲曰菑，二歲曰畬，三歲曰新田。以此坊民。民猶貴祿而賤行（行猶事也言務得其祿不務其事）子云君子不盡利以遺民（不與民爭利也）詩云彼有遺秉此有不斂穧（才乂）伊寡婦之利（言穫者之遺餘捃拾所以爲利）故君子仕則不稼田則不漁食時不力珍大夫不坐羊士不坐犬（食時謂食四時之膳也力猶務也天子諸侯有秩膳古者殺牲食其肉坐其皮不坐犬羊是不無故殺之）詩云采葑采菲無以下體德音莫違及爾同死（葑蔓菁也陳宋之閒謂之葑菲葍類也下體謂其根也采葑菲之菜者采其葉而可食無以其根美則并取之苦則弃之并取之是盡利也此詩故親今疏者言人之交當如采葑采菲取一善而已君子不求備於一人能如此則德美之音不離令名我願與女同死矣論語曰故舊無大故則不弃也）以此坊民民猶忘義而爭利以亡其身子云夫禮坊民所淫章民之別使民無嫌以爲民紀者也淫猶貪也章明也嫌嫌疑也故男女無媒不交無幣不相見恐男女之無別也重男女之會所以遠別之於禽獸也有幣者必有媒有媒者不必有幣仲春之月會男女之時不必待幣以此坊民民猶有自獻其身獻猶進也詩云伐柯如之何匪斧不克取妻如之何匪媒不得蓺麻如之何橫從其畝取妻如之何必告父母伐柯伐木以爲柯也克能也蓺猶樹也橫從橫行治其田也言取妻之法必有媒如伐柯之必須斧也取妻之道必告父母如樹麻當先易治其田子云取妻不取同姓以厚別也厚猶遠也故買妾不知其姓則卜之妾言買者以其賤同之於衆物也士庶之妾恒多凡庸有不知其姓者以此坊民魯春秋猶去

夫人之姓曰吴，其死曰孟子卒。吴大伯之後，魯同姓也。昭公取焉，去姬曰吴而已，至其死亦略云孟子卒，不書夫人某氏薨。孟子蓋其且字。子云：禮非祭，男女不交爵。交爵謂相獻酢。以此坊民，陽侯猶殺繆侯而竊其夫人。同姓也，以貪夫人之色至殺君而立，其國未聞。故大饗廢夫人之禮。大饗，饗諸侯來朝者也。夫人之禮，使人攝。子云：寡婦之子，不有見焉，則弗友也，君子以辟遠也。有見謂睹其才藝也。同志爲友。故朋友之交，主人不在，不有大故，則不入其門。大故，喪疾。以此坊民，民猶以色厚於德。子云：好德如好色。此句似不足。論語曰：未見好德如好色。疾時人厚於色之甚而薄於德也。諸侯不下漁色。謂不內取於國中也。內取國中爲下漁色。昏禮始納采，謂采擇其可者也。國君而內取，象捕魚然，中網取之，是無所擇。

故君子遠色以爲民紀故男女授受不親不親者不以手相與也內則曰非祭非喪不相授器其相授則女受以篚其無篚則皆坐奠之而後取之御婦人則進左手御者在右前左手則身微偕之姑姊妹女子子已嫁而反男子不與同席而坐女子十年而不出也嫁及成人可以出矣猶不與男子共席而坐遠別寡婦不夜哭嫌思人道婦人疾問之不問其疾嫌媚略之也問增損而已以此坊民民猶淫泆而亂於族亂族犯非妃匹也子云昏禮壻親迎見於舅姑舅姑承子以授壻恐事之違也舅姑妻之父母也妻之父爲外舅妻之母爲外姑父戒女曰夙夜毋違命母戒女曰毋違宮事以此坊民婦猶有不至者不至不親夫以孝舅姑也春秋成公九年春二月伯姬歸於宋夏五月季孫行父如宋致女是時宋共公不親迎恐

其有違而致之也

禮記卷第十五

經五千五百八十三字
注四千七百五十四字

禮記卷第十六

中庸第三十一　　鄭氏注

天命之謂性率性之謂道脩道之謂教天命謂天所命生人者也是謂性命木神則仁金神則義火神則禮水神則信土神則知孝經說曰性者生之質命人所稟受度也率循也循性行之是謂道脩治也治而廣之人放傚之是曰教道也者不可須臾離也可離非道也道猶道路也出入動作由之離之惡乎從也是故君子戒愼乎其所不睹恐懼乎其所不聞小人閒居爲不善無所不至也君子則不然雖視之無人聽之無聲猶戒愼恐懼自脩正是其不須臾離道莫見乎隱莫顯乎微故君子愼其獨也愼獨者愼其閒居之所爲小人於隱者動作言語自以爲不見睹不見聞則必肆盡其情也若有佔聽之者是爲顯見甚於衆人之中爲之喜怒哀樂

之未發謂之中發而皆中節謂之和中也者天下之大本也和也者天下之達道也中爲大本者以其含喜怒哀樂禮之所由生政教自此出也致中和天地位焉萬物育焉致行之至也位猶正也育生也長也仲尼曰君子中庸小人反中庸君子之中庸也君子而時中小人之中庸也小人而無忌憚也庸常也用中爲常道也反中庸者所行非中庸然亦自以爲中庸也君子而時中者其容貌君子而又時節其中也小人而無忌憚其容貌小人又以無畏難爲常行是其反中庸也子曰中庸其至矣乎民鮮能久矣鮮罕也言中庸爲道至美顧人罕能久行子曰道之不行也我知之矣知者過之愚者不及也道之不明也我知

之矣賢者過之不肖者不及也人莫不飲食也鮮能知味也罕知其味謂愚者所以不及也過與不及使道不行唯禮能爲之中

子曰道其不行矣夫閔無明君教之

子曰舜其大知也與舜好問而好察邇言隱惡而揚善執其兩端用其中於民其斯以爲舜乎邇近也近言而善易以進人察而行之也兩端過與不及也用其中於民賢與不肖皆能行之也斯此也其德如此乃號爲舜舜之言充也

子曰人皆曰予知驅而納諸罟擭陷阱之中而莫之知辟也人皆曰予知擇乎中庸而不能期月守也予我也言凡人自謂有知人使之入罟不知辟也自謂擇中庸而爲之亦不能久行言其實愚又無恒

子曰回之爲人也擇乎中庸

得一善則拳拳服膺而弗失之矣拳拳奉持之貌子曰天下國家可均也爵祿可辭也白刃可蹈也中庸不可能也言中庸爲之難子路問強強勇者所好也子曰南方之強與北方之強與抑而強與言三者所以爲強者異也抑辭也而之言女也謂中國也寬柔以敎不報無道南方之強也君子居之南方以舒緩爲強不報無道謂犯而不校也衽金革死而不厭北方之強也而強者居之衽猶席也北方以剛猛爲強故君子和而不流強哉矯中立而不倚強哉矯國有道不變塞焉強哉矯國無道至死不變強哉矯此抑女之強也流猶移也塞猶實也國有道不

變以趨時國無道不變以辟害有道無道一也矯強貌塞或爲色子曰素隱行怪後世有述焉吾弗爲之矣素讀如攻城攻其所傃之傃傃猶鄉也言方鄉辟害隱身而行佹譎以作後世名也弗爲之矣恥之也君子遵道而行半塗而廢吾弗能已矣廢猶罷止也弗能已矣汲汲行道不爲時人之隱行君子依乎中庸遯世不見知而不悔唯聖者能之言隱者當如此也唯舜爲能如此君子之道費而隱言可隱之節也費猶佹也道不費則仕夫婦之愚可以與知焉及其至也雖聖人亦有所不知焉夫婦之不肖可以能行焉及其至也雖聖人亦有所不能焉與讀爲贊者皆與之與言匹夫匹婦愚耳亦可以其與有所知可以其能有所行者以其知行之極也聖人有不能如此舜好察邇言由此故

歟天地之大也人猶有所憾憾恨也天地至大無不覆載人尚有所恨焉況於聖人能盡備之乎故君子語大天下莫能載焉語小天下莫能破焉語猶說也所說大事謂先王之道也所說小事謂若愚不肖夫婦之知行也聖人盡兼行詩云鳶飛戾天魚躍于淵言其上下察也察猶著也言聖人之德至於天則鳶飛戾天至於地則魚躍於淵是其著明於天地也君子之道造端乎夫婦及其至也察乎天地夫婦謂匹夫匹婦之所知所行子曰道不遠人人之爲道而遠人不可以爲道言道即不遠於人人不能行也詩云伐柯伐柯其則不遠執柯以伐柯睨而視之猶以爲遠則法也言持柯以伐木將以爲柯近以柯爲尺寸之法此法不遠人尚遠之明爲道不可以遠故君子以

人治人改而止言人有罪過君子以人道治之其人改則止赦之不責以人所不能忠恕違道不遠施諸己而不願亦勿施於人違猶去也君子之道四丘未能一焉所求乎子以事父未能也所求乎臣以事君未能也所求乎弟以事兄未能也所求乎朋友先施之未能也聖人而曰我未能明人當勉之無已庸德之行庸言之謹有所不足不敢不勉有餘不敢盡言顧行行顧言庸猶常也言德常行也言常謹也聖人之行實過於人有餘不敢盡常爲人法從禮也君子胡不慥慥爾君子謂衆賢也慥慥守實言行相應之貌君子素其位而行不願乎其外素富貴行乎富貴素貧

賤行乎貧賤素夷狄行乎夷狄素患難行乎患難君子無入而不自得焉（素讀皆爲傃不願乎其外謂思不出其位也自得謂所鄉不失其道）在上位不陵下在下位不援上（援謂牽持之也）正己而不求於人則無怨上不怨天下不尤人（無怨人無怨之者也論語曰君子求諸己小人求諸人）故君子居易以俟命小人行險以徼幸（易猶平安也俟命聽天任命也險謂傾危之道）子曰射有似乎君子失諸正鵠反求諸其身（反求於其身不以怨人畫曰正棲皮曰鵠）君子之道辟如行遠必自邇辟如登高必自卑（自從也邇近也行之以近者卑者始以漸致之高遠）詩曰妻子好合如鼓瑟琴兄弟既翕和

樂且耽宜爾室家樂爾妻帑瑟琴聲相應和也翕合也耽亦樂也古者謂子孫曰帑此詩言和室家之道自近者始子曰父母其順矣乎謂其教令行使室家順子曰鬼神之爲德其盛矣乎視之而弗見聽之而弗聞體物而不可遺體猶生也可猶所也不有所遺言萬物無不以鬼神之氣生也使天下之人齊明盛服以承祭祀洋洋乎如在其上如在其左右明猶絜也洋洋人想思其傍僾之貌詩曰神之格思不可度思矧可射思格來也矧況也射厭也思皆聲之助言神之來其形象不可億度而知事之盡敬而已況可厭倦乎夫微之顯誠之不可揜如此夫言神無形而著不言而誠子曰舜其大孝也與德爲聖人尊爲天子富有四海之

內宗廟饗之子孫保之保安也故大德必得其位必得其祿必得其名必得其壽名令聞也故天之生物必因其材而篤焉材謂其質性也篤厚也言善者天厚其福惡者天厚其毒皆由其本而爲之故栽者培之傾者覆之栽讀如文王初載之載栽猶殖也培益也今時人名草木之殖曰栽築牆立板亦曰栽栽或爲滋覆敗也詩曰嘉樂君子憲憲令德宜民宜人受祿于天保佑命之自天申之故大德者必受命憲憲興盛之貌保安也佑助也子曰無憂者其唯文王乎以王季爲父以武王爲子父作之子述之聖人以立法度爲大事子能述成之則何憂乎堯舜之父子則有凶頑禹湯之父子則寡令聞父子相成唯有文王武王纘大王王季文王之緒

壹戎衣而有天下身不失天下之顯名尊爲天子富有四海之内宗廟饗之子孫保之纘繼也緒業也戎兵也衣讀如殷聲之誤也齊人言殷聲如衣虞夏商周氏者多矣今姓有衣者殷之賢與壹戎殷者壹用兵伐殷也武王末受命周公成文武之德追王大王王季上祀先公以天子之禮斯禮也達乎諸侯大夫及士庶人父爲大夫子爲士葬以大夫祭以士父爲士子爲大夫葬以士祭以大夫期之喪達乎大夫三年之喪達乎天子父母之喪無貴賤一也末猶老也追王大王王季者以王迹起焉先公組紺以上至后稷也斯禮達於諸侯大夫士庶人者謂葬之從死者之爵祭之用生者之

大三百十

祿也言大夫葬以大夫士葬以士則追王者改葬之矣期之喪達於大夫者謂旁親所降在大功者其正統之期天子諸侯猶不降也大夫所降天子諸侯絶之不爲服所不臣乃服之也承葬祭說期三年之喪者明子事父以孝不用其尊卑變

子曰武王周公其達孝矣乎夫孝者善繼人之志善述人之事者也春秋脩其祖廟陳其宗器設其裳衣薦其時食脩謂埽糞也宗器祭器也裳衣先祖之遺衣服也設之當以授尸也時食四時祭也宗廟之禮所以序昭穆也序爵所以辨貴賤也序事所以辨賢也旅酬下爲上所以逮賤也燕毛所以序齒也序猶次也爵謂公卿大夫士也事謂薦羞也以辨賢者以其事別所能也若司徒羞牛宗伯共雞牲矣文王世子曰宗廟之中以爵爲位崇德也宗人授事以官尊賢也旅酬下爲上者謂若特牲饋食之禮賔弟子兄弟之子各舉觶於其長也逮賤者宗

廟之中以有事爲榮也燕謂旣祭而燕也燕以髮色爲坐祭時尊尊也至燕親親也齒亦年也踐其位行其禮奏其樂敬其所尊愛其所親事死如事生事亡如事存孝之至也踐猶升也其者其先祖也踐或爲纘郊社之禮所以事上帝也宗廟之禮所以祀乎其先也社祭地神不言后土者省文明乎郊社之禮禘嘗之義治國其如示諸掌乎示讀如寘諸河干之寘寘置也物而在掌中易爲知力者也序爵辨賢尊尊親親治國之要

哀公問政子曰文武之政布在方策其人存則其政舉其人亡則其政息方版也策簡也息猶滅也人道敏政地道敏樹敏猶勉也樹謂殖草木也人之無政若地無草木矣敏或爲謀夫政也者蒲盧也蒲盧蜾蠃謂土蜂也

詩曰螟蛉有子蜾蠃負之螟蛉桑蟲也蒲盧取桑蟲之子去而變化之以成爲己子政之於百姓若蒲盧之於桑蟲然故爲政在人在於得賢人也取人以身脩身以道脩道以仁取人以身言明君乃能得人仁者人也親親爲大義者宜也尊賢爲大親親之殺尊賢之等禮所生也人也讀如相人偶之人以人意相存問之言在下位不獲乎上民不可得而治矣此句其屬在下著脫誤重在此故君子不可以不脩身思脩身不可以不事親思事親不可以不知人思知人不可以不知天言脩身乃知孝知孝乃知人知人乃知賢不肖知賢不肖乃知天命所保佑天下之達道五所以行之者三曰君臣也父子也夫婦也昆弟也

朋友之交也五者天下之達道也知仁勇三者天下之達德也所以行之者一也達者常行百王所不變也或生而知之或學而知之或困而知之及其知之一也困而知之謂長而見禮義之事已臨之而有不足乃始學而知之此達道也或安而行之或利而行之或勉強而行之及其成功一也利謂貪榮名也勉強恥不若人子曰好學近乎知力行近乎仁知恥近乎勇知斯三者則知所以脩身知所以脩身則知所以治人知所以治人則知所以治天下國家矣言有知有仁有勇乃知脩身則脩身以此三者爲基凡爲天下國家有九經曰

脩身也尊賢也親親也敬大臣也體羣臣也子庶民也來百工也柔遠人也懷諸侯也體猶接納也子猶愛也遠人蕃國之諸侯也脩身則道立尊賢則不惑親親則諸父昆弟不怨敬大臣則不眩體羣臣則士之報禮重子庶民則百姓勸來百工則財用足柔遠人則四方歸之懷諸侯則天下畏之不惑謀者良也不眩所任明也齊明盛服非禮不動所以脩身也去讒遠色賤貨而貴德所以勸賢也尊其位重其祿同其好惡所以勸親親也官盛任使所以勸大臣也

忠信重祿所以勸士也時使薄斂所以勸百姓也日省月試既稟稱事所以勸百工也送往迎來嘉善而矜不能所以柔遠人也繼絶世舉廢國治亂持危朝聘以時厚往而薄來所以懷諸侯也同其好惡不特有所好惡於同姓雖恩不同義必同也尊重其祿位所以貴之不必授以官守天官不可私也官盛任使大臣皆有屬官所任使不親小事也忠信重祿有忠信者重其祿也時使使之以時日省月試考校其成功也既讀爲餼餼稟稍食也稟人職曰乘其事考其弓弩以下上其食

凡爲天下國家有九經所以行之者一也

凡事豫則立不豫則廢言前定則不跲事前定則不困行前定則不疚道前定則不

窮一謂當豫也跲躓也疚病也人不能病之在下位不獲乎上民不可得而治矣獲得也言臣不得於君則不得居位治民獲乎上有道不信乎朋友不獲乎上矣信乎朋友有道不順乎親不信乎朋友矣順乎親有道反諸身不誠不順乎親矣誠身有道不明乎善不誠乎身矣言知善之爲善乃能行誠誠者天之道也誠之者人之道也誠者不勉而中不思而得從容中道聖人也誠之者擇善而固執之者也言誠者天性也誠之者學而誠之者也因誠身說有大至誠博學之審問之愼思之明辨之篤行之有弗學學之弗能

弗措也有弗問問之弗知弗措也有弗思思之弗得弗措也有弗辨辨之弗明弗措也有弗行行之弗篤弗措也人一能之已百之人十能之已千之果能此道矣雖愚必明雖柔必強此勸人學誠其身也果猶决也

自誠明謂之性自明誠謂之教誠則明矣明則誠矣自由也由至誠而有明德是聖人之性者也由明德而有至誠是賢人學以成之也有至誠則必有明德有明德則必有至誠

唯天下至誠爲能盡其性能盡其性則能盡人之性能盡人之性則能盡物之性能盡物之性則可以贊天地之化育可以贊天地

之化育則可以與天地參矣盡性者謂順理之使不失其所也贊助也育生也助天地之化生謂聖人受命在王位致太平其次致曲曲能有誠誠則形形則著著則明明則動動則變變則化唯天下至誠爲能化其次謂自明誠者也致至也曲猶小小之事也不能盡性而有至誠於有義焉而已形謂人見其功也盡性之誠人不能見也著形之大者也明著之顯者也動動人心也變改惡爲善也變之久則化而性善也至誠之道可以前知國家將興必有禎祥國家將亡必有妖孽見乎蓍龜動乎四體禍福將至善必先知之不善必先知之故至誠如神可以前知者言天不欺至誠者也前亦先也禎祥妖孽蓍龜之占雖其時有小人愚主皆爲至誠能知者出也四體謂龜之四足春占後左夏占前左秋占前右冬占後右誠者

自成也而道自道也言人能至誠所以自成也有道藝所以自道達誠者物之終始不誠無物物萬物也亦事也大人無誠萬物不生小人無誠則事不成是故君子誠之爲貴言貴至誠誠者非自成己而已也所以成物也成己仁也成物知也性之德也合外内之道也以至誠成己則仁道立以至誠成物則知彌博此五性之所以爲德也外内所須而合也外内猶上下故時措之宜也時措言得其時而用也故至誠無息不息則久久則徵徵則悠遠悠遠則博厚博厚則高明徵猶效驗也此言至誠之德既著於四方其高厚日以廣大也徵或爲徹博厚所以載物也高明所以覆物也悠久所以成物也博厚配地高明配天

悠久無疆（後言悠久者言至誠之德既至博厚高明配乎天地又欲其長久行之）如此者不見而章不動而變無爲而成天地之道可壹言而盡也（言其德化與天地相似可一言而盡要在至誠）其爲物不貳則其生物不測（言至誠無貳乃能生萬物多無數也）天地之道博也厚也高也明也悠也久也（此言其著見成功也）今夫天斯昭昭之多及其無窮也日月星辰繫焉萬物覆焉今夫地一撮土之多及其廣厚載華嶽而不重振河海而不洩萬物載焉今夫山一卷石之多及其廣大草木生之禽獸居之寶藏興焉今夫水一勺之多

及其不測黿鼉鮫龍魚鼈生焉貨財殖焉此言天之高明本生昭昭地之博厚本由撮土山之廣大本起卷石水之不測本從一勺皆合少成多自小致大爲至誠者亦如此乎昭昭猶耿耿小明也振猶收也卷猶區也詩曰惟天之命於穆不已蓋曰天之所以爲天也於乎不顯文王之德之純蓋曰文王之所以爲文也純亦不已天所以爲天文王所以爲文皆由行之無已爲之不止如天地山川之云也易曰君子以順德積小以高大是與大哉聖人之道洋洋乎發育萬物峻極于天育生也峻高大也優優大哉禮儀三百威儀三千待其人然後行故曰苟不至德至道不凝焉言爲政在人政由禮也凝猶成也故君子尊德性而道問學

致廣大而盡精微極高明而道中庸温故而知新敦厚以崇禮德性謂性至誠者道猶由也問學學誠者也廣大猶博厚也温讀如燖温之温謂故學之孰矣後時習之謂之温是故居上不驕爲下不倍國有道其言足以興國無道其默足以容興謂起在位也詩曰既明且哲以保其身其此之謂與保安也子曰愚而好自用賤而好自專生乎今之世反古之道如此者裁及其身者也反古之道謂曉一孔之人不知今王之新政可從非天子不議禮不制度不考文此天下所共行天子乃能一之也禮謂人所服行也度國家宫室及車輿也文書名也今天下車同軌書同文行同倫今孔子謂其時雖有其

位苟無其德不敢作禮樂焉雖有其德苟無其位亦不敢作禮樂焉言作禮樂者必聖人在天子之位子曰吾說夏禮杞不足徵也吾學殷禮有宋存焉吾學周禮今用之吾從周徵猶明也吾能說夏禮顧杞之君不足與明之也吾從周行今之道王天下有三重焉其寡過矣乎三重三王之禮上焉者雖善無徵無徵不信不信民弗從下焉者雖善不尊不尊不信不信民弗從上謂君也君雖善善無明徵則其善不信也下謂臣也臣雖善善而不尊君則其善亦不信也徵或爲登故君子之道本諸身徵諸庶民考諸三王而不繆建諸天地而不悖質諸鬼神而

無疑百世以俟聖人而不惑質諸鬼神而無疑知天也百世以俟聖人而不惑知人也知天知人謂知其道也鬼神從天地者也易曰故知鬼神之情狀與天地相似聖人則之百世同道徵或爲登是故君子動而世爲天下道行而世爲天下法言而世爲天下則遠之則有望近之則不厭用其法度想思若其將來也詩曰在彼無惡在此無射庶幾夙夜以永終譽君子未有不如此而蚤有譽於天下者也射厭也永長也仲尼祖述堯舜憲章文武上律天時下襲水土此以春秋之義說孔子之德孔子曰吾志在春秋行在孝經二經固足以明之孔子祖述堯舜之道而制春秋而斷以文王武王之法度春秋傳曰君子曷爲爲春

秋撥亂世反諸正則莫近諸春秋其諸君子樂道堯舜之道與末不亦樂乎堯舜之知君子也又曰是子也繼文王之體守文王之法度文王之法無求而求故譏之也又曰王者孰謂謂文王也此孔子兼包堯舜文武之盛德而著之春秋以俟後聖者也律述也述天時謂編年四時具也襲因也因水土謂記諸夏之事山川之異辟如天地之無不持載無不覆幬辟如四時之錯行如日月之代明萬物並育而不相害道並行而不相悖小德川流大德敦化此天地之所以爲大也聖人制作其德配天地如此唯五始可以當焉幬亦覆也小德川流浸潤萌牙喻諸侯也大德敦化厚生萬物喻天子也幬或作燾唯天下至聖爲能聰明叡知足以有臨也寬裕溫柔足以有容也發強剛毅足以有執也齊莊中正足以有敬也

文理密察足以有別也言德不如此不可以君天下也蓋傷孔子有其德而無其命

溥博淵泉而時出之言其臨下普徧思慮深重非得其時不出政教

溥博如天淵泉如淵見而民莫不敬言而民莫不信行而民莫不說是以聲名洋溢乎中國施及蠻貊舟車所至人力所通天之所覆地之所載日月所照霜露所隊凡有血氣者莫不尊親故曰配天如天取其運照不已也如淵取其清深不測也尊親尊而親之

唯天下至誠爲能經綸天下之大經立天下之大本知天地之化育至誠性至誠謂孔子也大經謂六藝而指春秋也大本孝經也

夫焉有所倚肫肫其仁淵淵

其淵浩浩其天安有所倚言無所偏倚也人人自以被德尤厚似偏頗者肫肫讀如誨爾忳忳之忳忳懇誠貌也肫肫或爲純純苟不固聰明聖知達天德者其孰能知之言唯聖人乃能知聖人也春秋傳曰末不亦樂乎堯舜之知君子明凡人不知詩曰衣錦尚絅惡其文之著也故君子之道闇然而日章小人之道的然而日亡言君子深遠難知小人淺近易知人所以不知孔子以其深遠禪爲絅錦衣之美而君子以絅表之爲其文章露見似小人也君子之道淡而不厭簡而文溫而理知遠之近知風之自知微之顯可與入德矣淡其味似薄也簡而文溫而理猶簡而辨直而溫也自謂所從來也三知者皆言其睹末察本探端知緒也入德入聖人之德詩云潛雖伏矣亦孔之昭故君子內省不疚無惡於

志孔甚也昭明也言聖人雖隱遯其德亦甚明矣疚病也君子自省身無愆病雖不遇世亦無損害於己志君子所不可及者其唯人之所不見乎詩云相在爾室尚不愧于屋漏言君子雖隱居不失其君子之容德也相視也室西北隅謂之屋漏視女在室獨居耳猶不愧於屋漏屋漏非有人也況有人乎故君子不動而敬不言而信詩曰奏假無言時靡有爭假大也此頌也言奏大樂於宗廟之中人皆肅敬金聲玉色無有言者以時大平和合無所爭也是故君子不賞而民勸不怒而民威於鈇鉞詩曰不顯惟德百辟其刑之不顯言顯也辟君也此顯也言不顯乎文王之德百君盡刑之謂諸侯法之也是故君子篤恭而天下平詩云予懷明德不大聲以色予我也懷歸也言我歸有明德者以其不大聲爲嚴厲之色以威我也子曰聲色之於以

化民末也詩曰德輶如毛輶輕也言化民當以德德之易舉而用其輕如毛耳毛猶有倫上天之載無聲無臭至矣倫猶比也載讀曰栽謂生物也言毛雖輕尚有所比有所比則有重上天之造生萬物人無聞其聲音者無知其臭氣者化民之德清明如神淵淵浩浩然後善

禮記卷第十六

經三千五百九十三字

注三千七百三十一字

莊威信

禮記卷第十七

表記第三十二　　鄭氏注

子言之：歸乎！君子隱而顯，不矜而莊，不厲而威，不言而信。此孔子行應聘諸侯莫能用己心厭倦之辭也矜謂自尊大也厲謂嚴顏色

子曰：君子不失足於人，不失色於人，不失口於人。是故君子貌足畏也，色足憚也，言足信也。失謂失其容止之節也玉藻曰足容重色容莊口容止甫刑曰：敬忌而罔有擇言在躬。甫刑尚書篇名忌之言戒也言己外敬而心戒愼則無有可擇之言加於身也

子曰：裼襲之不相因也，欲民之毋相瀆也。不相因者以其或以裼爲敬或以襲爲敬禮盛者以襲爲敬執玉龜之屬也禮不盛者以裼爲敬受享是也

子曰

伊川先生甚愛此論

君子不可一日使其心蹔然雜使如不可度日蓋不肯一日墮於非正也

祭極敬不繼之以樂朝極辨不繼之以倦極猶盡也辨分別政事也祭義曰祭之日樂與哀半饗之必樂已至必哀子曰君子愼以辟禍篤以不揜恭以遠恥篤厚也揜猶困迫也子曰君子莊敬日強安肆日偷肆猶放恣也偷苟且也肆或爲褻君子不以一日使其躬儳仕鑑焉如不終日儳焉可輕賤之貌也如不終日言人而無禮死無時子曰齊戒以事鬼神擇日月以見君恐民之不敬也擇日月以見君謂臣在邑竟者子曰狎侮死焉而不畏也忕於無敬心也子曰無辭不相接也無禮不相見也欲民之毋相褻也辭所以通情也禮謂摯也春秋傳曰古者諸侯有朝聘之事號辭必稱先君以相接也易曰初筮告再三瀆瀆則不

仁義報

報

仁

告（瀆之言褻之）子言之仁者天下之表也義者天下之制也報者天下之利也（報謂禮也禮尚往來）子曰以德報德則民有所勸以怨報怨則民有所懲（懲謂創艾）詩曰無言不讎無德不報（讎猶荅也）大甲曰民非后無能胥以寧后非民無以辟四方（大甲湯孫也書以名篇胥相也民非君不能以相安）子曰以德報怨則寬身之仁也以怨報德則刑戮之民也（寬猶愛也愛身以息怨非禮之正也仁亦當言民聲之誤）子曰無欲而好仁者無畏而惡不仁者天下一人而已矣是故君子議道自己而置法以民（一人而已喻少也自己自盡己所能行）子曰仁有三與仁

仁義

仁

同功而異情三謂安仁也利仁也強仁也利仁強仁功雖與安仁者同本情則異與仁同功其仁未可知也。與仁同過然後其仁可知也。仁者安仁。知者利仁。畏罪者強仁功者人所貪也過者人所辟也在過之中非其本情者或有悔者焉仁者右也。道者左也。仁者人也。道者義也右也左也言相須而成也人也謂施以人恩也義也謂斷以事宜也春秋傳曰執未有言舍之者此其言舍之何人也厚於仁者薄於義親而不尊。厚於義者薄於仁。尊而不親言仁義並行者也仁多則人親之義多則人尊之道有至有義有考。道以王。義道以霸。考道以爲無失此讀當言道有至有義有考字脫一有耳有至謂兼仁義者有義則無仁矣有考考成也能取仁義之一成之以不失於人非性也子言之。仁有數義有長短小大中心憯怛愛人之仁也率法而強之資仁者也資取也數與長短小大互言之耳性仁義者其數長大取仁義者其數短小詩云豐水有芑武王豈不仕詒厥孫謀以燕翼子武王烝哉數世之仁也芑枸檵也仕之言事也詒遺也燕安也烝君也言武王豈不念天下之事乎如豐水之有芑矣乃遺其後世之子孫以善謀以安翼其子也君哉武王美之也國風曰我今不閱皇恤我後終身之仁也閱猶容也皇暇也恤憂也言我今尚恐不能自容何暇憂我後之人乎子曰仁之為器重其為道遠舉者莫能勝也行者莫能致也取數多者仁也夫勉於仁者不亦難乎取數多者言討天下之道仁居其多是故君子以義度人則難

爲人，以人望人，則賢者可知已矣。言以先王成法擬度人，則難中也，當以時人相比方耳。子曰：中心安仁者，天下一人而已矣。大雅曰：德輶如毛，民鮮克舉之，我儀圖之，惟仲山甫舉之，愛莫助之。輶，輕也。鮮，罕也。儀，匹也。圖，謀也。愛猶惜也。言德之輕如毛耳，人皆以爲重，罕能舉行之者。作此詩者，周宣王之大臣也。言我之匹謀之，仲山甫則能舉行之，美之也。惜乎時人無能助之者，言賢者少。小雅曰：高山仰止，景行行止。仰高勤行者，仁之次也。景，明也。有明行者，謂古賢聖也。子曰：詩之好仁如此。鄉道而行，中道而廢，忘身之老也，不知年數之不足也，俛焉日有孳孳，斃而后已。廢喻力極罷頓，不能復行則止也。俛焉，勤勞之貌。斃，仆也。子曰：仁之難成久矣，人人失其所好（言仁道不成人所由不得其志）故仁者之過易辭也（辭猶解說也仁者恭儉雖有過不甚矣唯聖人無過）子曰恭近禮儉近仁信近情敬讓以行此雖有過其不甚矣夫恭寡過情可信儉易容也以此失之者不亦鮮乎（言罕以此失之）詩云溫溫恭人惟德之基子曰仁之難成久矣唯君子能之（言能成仁道者少也）是故君子不以其所能者病人不以人之所不能者愧人（病愧謂罪咎之）是故聖人之制行也不制以己使民有所勸勉愧恥以行其言（以中人為制則賢者勸勉不及者愧恥聖人之言乃行也）禮以節之信以結之容貌以文之

服 綦信之事

衣服以移之朋友以極之欲民之有壹也
移讀如禾氾移之移移猶廣大也極致也壹謂專心於善小雅曰不愧于人不畏
于天言人有所行當慙怖於天人也是故君子服其服則文
以君子之容有其容則文以君子之辭遂
其辭則實以君子之德遂猶成也是故君子恥服
其服而無其容恥有其容而無其辭恥有
其辭而無其德恥有其德而無其行無其行謂
不行其德是故君子衰絰則有哀色端冕則
有敬色甲冑則有不可辱之色言色稱其服也詩
云惟鵜在梁不濡其翼彼記之子不稱

其服鵜鶘胡汚澤也汚澤善居泥水之中在魚梁以不濡汚其翼爲才如君子以稱其服爲有德子言之君子之所謂義者貴賤皆有事於天下天子親耕粢盛秬鬯以事上帝故諸侯勤以輔事於天子言無事而居位食祿是不義而富且貴子曰下之事上也雖有庇民之大德不敢有君民之心仁之厚也庇覆也無君民之心是思不出其位是故君子恭儉以求役仁信讓以求役禮不自尚其事不自尊其身儉於位而寡於欲讓於賢卑己而尊人小心而畏義求以事君役之言爲也求以事君者欲成其忠臣之名也得之自是不得自是以聽天命言不易道徼祿利也詩云莫莫

行名

葛藟施于條枚凱弟君子求福不回 凱樂也弟易也言樂易之君子其求福脩德以俟之不爲回邪之行以要之如葛藟之延蔓於條枚是其性也 其舜禹文王周公之謂與有君民之大德有事君之小心 言此德當不回也 詩云惟此文王小心翼翼昭事上帝聿懷多福厥德不回以受方國 昭明也上帝天也聿述也懷至也言述行上帝之德以至於多福也方四方也受四方之國謂王天下 子曰先王謚以尊名節以壹惠恥名之浮於行也 謚者行之迹也名者謂聲譽也言先王論行以爲謚以尊名者使聲譽可得而尊言也壹讀爲一惠猶善也言聲譽雖有衆多者節以其行一大善者爲謚耳在上曰浮君子勤行成功聲譽踰行是所恥 是故君子不自大其事不自尚其功以求處情過行弗率以求處厚彰人

之善而美人之功以求下賢率循也過行不復循行猶不貳過是故君子雖自卑而民敬尊之言謙者所以成行立德子曰后稷天下之爲烈也豈一手一足哉烈業也言后稷造稼穡天下丗以爲業豈一手一足胼用之者多無數也唯欲行之浮於名也故自謂便人亦言其謙也辟仁聖之名云吾便習於此事之人耳子言之君子之所謂仁者其難乎詩云凱弟君子民之父母凱以強教之弟以說安之樂而毋荒有禮而親威莊而安孝慈而敬使民有父之尊有母之親如此而后可以爲民父母矣非至德其孰能如此乎有父之尊有母之親謂其尊親巳如父母

今父之親子也，親賢而下無能；母之親子也，賢則親之，無能則憐之。母親而不尊，父尊而不親。水之於民也，親而不尊；火尊而不親。土之於民也，親而不尊；天尊而不親。命之於民也，親而不尊；鬼尊而不親。或見尊或見親，以其嚴與恩所尚異也。命謂四時政令，所以教民勤事也。鬼謂四時祭祀，所以訓民事君也。子曰：夏道尊命，事鬼敬神而遠之，近人而忠焉，先祿而後威，先賞而後罰，親而不尊。遠鬼神近人，謂外宗廟內朝廷。其民之敝，惷而愚，喬驕而野，朴而不文。以本不困於刑罰，少詐僞也。敝謂政教衰失之時也。殷人尊神，率民以事神，先鬼而後

此二句亦非孔子之言

殷人先罰而後賞尊而不親先鬼後禮謂內宗廟外朝廷也禮者君臣朝會凡以摯交接相施予其民之敝蕩而不靜勝而無恥以本忕於鬼神虛無之事令其心放蕩無所定困於刑罰苟勝免而無恥也月令曰無作淫巧以蕩上心周人尊禮尚施事鬼敬神而遠之近人而忠焉其賞罰用爵列親而不尊賞罰用爵列以尊卑爲差其民之敝利而巧文而不慙賊而蔽以本數交接以言辭尊卑多獄訟子曰夏道未瀆辭不求備不大望於民民未厭其親殷人未瀆禮而求備於民周人強民未瀆神而賞爵刑罰窮矣未瀆辭者謂時王不尚辭民不褻爲也不求備不大望言其政寬貢稅輕也強民言承殷難變之敝也賞爵刑罰窮矣言其繁文備設子曰虞夏

大言四十

虞

孔氏曰生無私言序爵必以德子民如父母愛子也愛民之志悽愴惻怛有忠懇利益之教君子謂虞朝之臣君聖臣由舜而得然也○呂氏又曰節於物義也周於物仁也尊而有教義也親而有愛仁也此君子所以尊仁畏義也所謂君子貴者也賢者也有道之世推賢者得在高位富而有禮故恥費恐困之不以道也惠而能散故輕實

之道寡怨於民殷周之道不勝其敝勝猶任也言殷周極文民無恥而巧利後世之政難復子曰虞夏之質殷周之文至矣言後有王者其作質文不能易之虞夏之文不勝其質殷周之質不勝其文言王者相變質文各有所多子言之曰後世雖有作者虞帝弗可及也已矣君天下生無私死不厚其子子民如父母有憯怛之愛有忠利之教親而尊安而敬威而愛富而有禮惠而能散其君子尊仁畏義恥費輕實忠而不犯義而順文而靜寬而有辨死不厚其子言既不傳位又無以豐饒於諸臣也恥費不爲辭費出空言也實謂財貨也辨別也猶寬而栗也靜或爲情

蓋不必藏於己也實之爲言財化貝之謂也費則費用其財而已受之至則必忠〻至于犯則不敬〻至則有義一以義斷或入于不順則不愛敬主於別〻則文〻愼則不靜愛主於恩〻則寬〻而踰則無辨故忠而不犯義而順文而靜寬而有辨皆尊仁畏義親而尊之〻道也

甫刑曰德威惟威德明惟明非虞帝其孰能

如此乎德所威則人皆畏之言服罪也德所明則人皆尊寵之言得人也子言之事

君先資其言拜自獻其身以成其信資謀也獻猶進

也言臣事君必先謀定其言乃後親進爲君言也是故君有責於其臣臣

有死於其言故其受祿不誣其受罪益寡

死其言者竭力於其所言之事死而不負於事不信曰誣子曰事君大言入則望

大利小言入則望小利大言可以立大事也小言可以立小事也入謂君受之利

祿賞也入或爲人故君子不以小言受大祿不以大言

受小祿言臣受祿各用其德能也易曰不家食吉此大畜彖辭也彖曰不家

食吉養賢也言君有大畜積不與家食之而已必以祿賢者賢有大小祿有多少子曰事君不下

達不尚辭非其人弗自不下達不以私事自通於君也不尚辭不多出浮華之言也弗自不身與相親小雅曰靖共爾位正直是與神之聽之式穀以女靖治也爾女也式用也穀祿也言敬治女位之職事正直之人乃與爲倫友神聽女之所爲用祿與女子曰事君遠而諫則讇也近而不諫則尸利也尸謂不知人事無辭讓也子曰邇臣守和宰正百官大臣慮四方邇近也和謂調和君事者也齊景公曰唯據與我和宰冢宰也冢宰主治百官子曰事君欲諫不欲陳陳謂言其過於外也詩云心乎愛矣瑕不謂矣中心藏之何日忘之瑕之言胡也謂猶告也子曰事君難進而易退則位有序易進而難退則亂也亂謂賢否不別故君子三揖而進一辭

而退以遠亂也（進難者爲主人之擇己也退速者爲君子之倦也）子曰事君三違而不出竟則利禄也人雖曰不要吾弗信也（違猶去也利禄言爲貪禄留也臣以道去君至於三而不遂去是貪禄必以其强與君要也）子曰事君慎始而敬終（輕交易絶君子所恥）子曰事君可貴可賤可富可貧可生可殺而不可使爲亂（亂謂違廢事君之禮）子曰事君軍旅不辟難朝廷不辭賤（言尚忠且謙也）處其位而不履其事則亂也（履猶行也）故君使其臣得志則慎慮而從之否則孰慮而從之終事而退臣之厚也（使謂使之聘問師役之屬也慎慮而從之者此己志也欲其必有成也否謂非己志也孰慮而從之又計於己利害也終事而退非己志者事

辭

成則去也事或爲身易曰不事王侯高尚其事言臣致仕而去不復事君也君猶高尚其所爲之事言尊大其成功也子曰唯天子受命于天士受命于君言皆有所受不敢專也唯當爲雖字之誤也故君命順則臣有順命君命逆則臣有逆命言臣受順則行順受逆則行逆如其所受於君則爲君不易矣詩曰鵲之姜姜鶉之賁賁人之無良我以爲君姜姜賁賁爭鬭惡貌也良善也言我以惡人爲君亦使我惡如大鳥姜姜於上小鳥賁賁於下子曰君子不以辭盡人不見人之言語則以爲善言其餘行或時惡也故天下有道則行有枝葉天下無道則辭有枝葉行有枝葉所以益德也言有枝葉是衆虛華也枝葉依幹而生言行亦由禮出是故君子於有喪者之側不能賻焉則不問其

所費於有病者之側不能饋焉則不問其所欲有客不能館則不問其所舍皆辟有言而無其實故君子之接如水小人之接如醴君子淡以成小人甘以壞水相得合而已酒醴相得則敗淡無酸酢少味也接或爲交小雅曰盜言孔甘亂是用餤盜賊也孔甚也餤進也子曰君子不以口譽人則民作忠譽繩也故君子問人之寒則衣之問人之飢則食之稱人之美則爵之皆爲有言不可以無實國風曰心之憂矣於我歸說欲歸其所說忠信之人也子曰口惠而實不至怨菑及其身善言而無信人所惡也是故君子與其有諾責也寧有已

色

卜筮祭祀

怨已謂不許也言諾而不與其怨大於不許國風曰言笑晏晏信誓旦旦不思其反反是不思亦已焉哉此皆相爲冒禮而不終也言始合會言笑和説要誓甚信今不思其本思之反覆反覆之不思亦已焉哉無如此人何怨之深也子曰君子不以色親人情疏而貌親在小人則穿窬之盜也與子曰情欲信辭欲巧巧謂順而説也子言之昔三代明王皆事天地之神明無非卜筮之用不敢以其私褻事上帝言動任卜筮也神明謂羣神也是故不犯日月不違卜筮日月謂冬夏至正月及四時也所不違者日與牲尸也卜筮不相襲也襲因也大事則卜小事則筮大事有時日大事有事於大神有常時常日也小事無時日有筮有事於小神無

常時常日有筮臨有事筮之外事用剛日內事用柔日順陰陽也陽爲外陰爲內事之外內別乎四郊不違龜筮子曰牲牷禮樂齊盛是以無害乎鬼神無怨乎百姓牷猶純也子曰后稷之祀易富也其辭恭其欲儉其祿及子孫富之言備也以傳世之祿共儉者之祭易備也詩曰后稷兆祀庶無罪悔以迄于今兆四郊之祭處也迄至也言祀后稷於郊以配天庶幾其無罪悔乎福祿傳世乃至於今子曰大人之器威敬言其用之尊嚴天子無筮謂征伐出師若巡守也天子至尊大事皆用卜也春秋傳曰先王卜征五年歲襲其祥諸侯有守筮守筮守國之筮國有事則用之天子道以筮始將出卜之道有小事則用筮諸侯非其國不以筮卜宅寢室入他國則不筮不敢問吉凶於人之國也諸侯受封乎天子因

秀岩李氏曰劉瓛曰此篇公尼仲子所作

好惡

國而國唯宮室欲改易者得卜之耳天子不卜處大廟卜可建國之處吉則宮廟吉可知子曰君子敬則用祭器謂朝聘待賓客崇敬不敢用燕器也是以不廢日月不違龜筮以敬事其君長用龜筮問所貢獻也是以上不瀆於民下不褻於上言上之於下以直則下應之以正不褻慢也

緇衣第三十三　鄭氏注

子言之曰為上易事也為下易知也則刑不煩矣言君不苛虐臣無姦心則刑可以措子曰好賢如緇衣惡惡如巷伯則爵不瀆而民作愿刑不試而民咸服緇衣巷伯皆詩篇名也緇衣首章曰緇衣之宜兮敝予又改為兮適子之館兮還予

授子之粲兮言此緇衣者賢者也宜長爲國君其衣敝我願改制授之以新衣是其好賢欲其貴之甚也巷伯六章曰取彼譖人投畀豺虎豺虎不食投畀有北有北不受投畀有昊此其惡惡欲其死亡之甚也爵不瀆者不輕爵人也試用也咸皆也大雅曰儀刑文王萬國作孚刑法也孚信也儀法文王之德而行之則天下無不爲信者也文王爲政克明德慎罰子曰夫民教之以德齊之以禮則民有格心教之以政齊之以刑則民有遯心格來也遯逃也故君民者子以愛之則民親之信以結之則民不倍恭以涖之則民有孫心涖臨也孫順也甫刑曰苗民匪用命制以刑惟作五虐之刑曰法是以民有惡德而遂絕其世也甫刑尚書篇名匪非也命謂政令也高辛氏之末諸侯有三苗者作亂其治民不用政令專制御之以嚴刑乃

作五虐蚩尤之刑以是爲法於是民皆爲惡起倍畔也三苗由此見滅無後世由不任德子曰下之事上也不從其所令從其所行言民化行不拘於言上好是物下必有甚者矣甚者甚於君也故上之所好惡不可不慎也是民之表也言民之從君如影逐表子曰禹立三年百姓以仁遂焉豈必盡仁言百姓效禹爲仁非本性能仁也遂猶達詩云赫赫師尹民具爾瞻甫刑曰一人有慶兆民賴之大雅曰成王之孚下土之式皆言化君也孚信也式法也子曰上好仁則下之爲仁爭先人故長民者章志貞教尊仁以子愛百姓民致行己以說其上矣章明也貞正也民致行己者民之行皆盡己心詩云

有梏(覺)德行四國順之(梏大也直也)子曰王言如絲其出如綸王言如綸其出如綍(紼)(言言出彌大也綸今有秩嗇夫所佩也綍引棺索也)故大人不倡游言(游猶浮也不可用之言也)可言也不可行君子弗言也可行也不可言君子弗行也則民言不危行而行不危言矣(危猶高也言不高於行行不高於言言行相應也)詩云淑慎爾止不諐(愆)于儀(淑善也諐過也言善慎女之容止不可過於禮之威儀也)子曰君子道人以言而禁人以行(禁猶謹也)故言必慮其所終而行必稽其所敝(胡快)則民謹於言而慎於行(稽猶考也議也)詩云慎爾出話敬爾威儀(話善言也)大雅曰穆穆文王於

緝熙敬止緝熙皆明也言於明明乎敬其容止子曰長民者衣服不貳從容有常以齊其民則民德壹二不一也詩云彼都人士狐裘黃黃其容不改出言有章行歸于周萬民所望黃衣則狐裘大蜡之服也詩人見而説焉章文章也忠信爲周此詩毛氏有之三家則亡子曰爲上可望而知也爲下可述而志也則君不疑於其臣而臣不惑於其君矣志猶知也尹吉曰惟尹躬及湯咸有壹德吉當爲告告古文誥字之誤也尹告伊尹之誥也書序以爲咸有壹德今亡咸皆也君臣皆有壹德不貳則無疑惑也詩云淑人君子其儀不忒子曰有國者章義癉丁但惡以示民厚則民情不貳章明也癉病也詩云

義當作善

靖共爾位，好是正直。子曰：上人疑，則百姓惑；下難知，則君長勞。難知有姦心也。故君民者，章好以示民俗，愼惡以御民之淫，則民不惑矣。淫，貪侈也。孝經曰：示之以好惡而民知禁。臣儀行，不重辭，不援其所不及，不煩其所不知，則君不勞矣。儀當爲義，聲之誤也。言臣義事則行也。重猶尚也。援猶引也。引君所不及，謂必使其君所行如堯舜也。不煩以其所不知，謂必使其知慮如聖人也。凡告喻人，當隨其才以誘之。詩云：上帝板板，下民卒癉。上帝喻君也。板板，辟也。卒，盡也。癉，病也。此君使民惑之詩。小雅曰：匪其止共，惟王之邛。匪，非也。邛，勞也。言臣不止於恭敬其職，惟使王之勞。此臣使君勞之詩也。子曰：政之不行也，教之不成也，爵祿不足勸也，刑罰不足恥也，故上不可以褻刑而輕爵言政教所以明賞罰康誥曰敬明乃罰甫刑曰播刑之不迪康康叔也作誥尚書篇名也播猶施也不衍字耳迪道也言施刑之道子曰大臣不親百姓不寧則忠敬不足而富貴已過也大臣不治而邇臣比矣忠敬不足謂臣不忠於君君不敬其臣邇近也言近以見遠言大以見小互言之比私相親也故大臣不可不敬也是民之表也邇臣不可不慎也是民之道也民之道言民循從也君毋以小謀大毋以遠言近毋以內圖外圖亦謀也言凡謀之當各於其黨於其黨知其過審也大臣柄權於外小臣執命於內或時交爭轉相陷害則大臣不怨邇臣不疾而遠臣不蔽矣疾猶非也葉公之顧命曰毋以小謀

敗大作毋以嬖御人疾莊后毋以嬖御士疾莊士大夫卿士葉公楚縣公葉公子高也臨死遺書曰顧命小謀小臣之謀也大作大臣之所爲也嬖御人愛妾也疾亦非也莊后適夫人齊莊得禮者嬖御士愛臣也莊士亦謂士之齊莊得禮者今爲大夫卿士子曰大人不親其所賢而信其所賤民是以親失而教是以煩親失失其所當親也教煩由信賤也賤者無壹德也詩云彼求我則如不我得執我仇仇亦不我力言君始求我如恐不得我既得我持我仇仇然不堅固亦不力用我是不親信我也君陳曰未見聖若已弗克見既見聖亦不克由聖克能也由用也子曰小人溺於水君子溺於口大人溺於民皆在其所褻也言人不溺於所敬者溺謂覆沒不能自理出也夫水近

於人而溺人德易狎而難親也易以溺人言水人所沐浴自絜清者至於深淵洪波所當畏慎也由近人之故或泳之游之褻慢而無戒心以取溺焉有德者亦如水矣初時學其近者小者以從人事自以爲可則侮狎之至於先王大道性與天命則遂扞格不入迷惑無聞如溺於大水矣難親親之當肅敬如臨深淵口費而煩易出難悔易以溺人費猶惠也言口多空言且煩數也過言一出駟馬不能及不可得悔也口舌所覆亦如溺矣費或爲哼或爲悖夫民閉於人而有鄙心可敬不可慢易以溺人言民不通於人道而心鄙詐難卒告喻人君敬慎以臨之則可若陵虐而慢之分崩怨畔君無所尊亦如溺矣故君子不可以不慎也慎所可褻乃不溺矣太甲曰毋越厥命以自覆也若虞機張往省括于厥度則釋越之言蹷也厥其也覆敗也言無自顛蹷女之政教以自毀敗虞主田獵之地者也機弩牙也度謂所擬射也虞人之射禽弩已張從機間視

括與所射參相得乃後釋弦發矢爲政亦當以己心參於羣臣及萬民可乃後施也兌命曰惟口起羞惟甲冑起兵惟衣裳在笥惟干戈省厥躬兌當爲說謂殷高宗之臣傅說也作書以命高宗尚書篇名也羞猶辱也衣裳朝祭之服也惟口起辱當愼言語也惟甲冑起兵當愼軍旅之事也惟衣裳在笥當服以爲禮也惟干戈省厥躬當恕己不尚害人也太甲曰天作孽可違也自作孽不可以逭違猶辟也逭逃也尹吉曰惟尹躬天見于西邑夏自周有終相亦惟終尹吉亦尹誥也天當爲先字之誤忠信爲周相助也謂臣也伊尹言尹之先祖見夏之先君臣皆忠信以自終今天絶桀者以其自作孽伊尹始仕於夏此時就湯矣夏之邑在亳西見或爲敗邑或爲予子曰民以君爲心君以民爲體心莊則體舒心肅則容敬心好之身必安之君好之民必

欲之心以體全亦以體傷君以民存亦以民亡莊齊莊也詩云昔吾有先正其言明且清國家以寧都邑以成庶民以生誰能秉國成不自爲正卒勞百姓先正先君長也誰能秉國成傷今無此人也成邦之八成也誰能秉行之不自以所爲者正盡勞來百姓憂念之者與疾時大臣專功爭美君雅曰夏日暑雨小民惟曰怨資冬祁寒小民亦惟曰怨雅書序作牙假借字也君雅周穆王司徒作尚書篇名也資當爲至齊魯之語聲之誤也祁之言是也齊西偏之語也夏日暑雨小民怨天至冬是寒小民又怨天言民恒多怨爲其君難子曰下之事上也身不正言不信則義不壹行無類也類謂比式子曰言有物而行有格也是以生

則不可奪志死則不可奪名物謂事驗也格舊法也故君子多聞質而守之多志質而親之精知略而行之質猶少也多志謂博交汎愛人也精知孰慮於衆也精或爲清君陳曰出入自爾師虞庶言同自由也師庶皆衆也虞度也言出内政教當由女衆之所謀度衆言同乃行之政教當由壹也詩云淑人君子其儀一也子曰唯君子能好其正小人毒其正正當爲匹字之誤也匹謂知識朋友故君子之朋友有鄉其惡有方鄉方喻輩類也小人徼利其友無常也是故邇者不惑而遠者不疑也言其可望而知邇近也詩云君子好仇仇匹也子曰輕絕貧賤而重絕富貴則好賢不堅而惡惡不著也人雖曰不

利吾不信也（言此近徼利也）詩云朋友攸攝攝以威儀（攸所也言朋友以禮義相攝正不以貧富貴賤之利也）子曰私惠不歸德君子不自留焉（私惠謂不以公禮相慶賀時以小物相問遺也言其物不可以爲德則君子不以身留此人也相惠以褻瀆邪辟之物是爲不歸於德歸或爲懷）詩云人之好我示我周行（行道也言示我以忠信之道）子曰苟有車必見其軾苟有衣必見其敝人苟或言之必聞其聲苟或行之必見其成（言凡人舉事必有後驗也見其軾謂載也敝敗衣也衣或在内新時不見）葛覃曰服之無射（射厭也言己願采葛以爲君子之衣令君子服之無厭言不虛也）子曰言從而行之則言不可飾也行從而言之則行不可飾也（從猶隨也）故君子寡言而行以成其信

則民不得大其美而小其惡以行爲驗虛言無益於善也寡當爲顧聲之誤也詩云白圭之玷尚可磨也斯言之玷不可爲也玷缺也言圭之缺尚可磨而平之言之缺無如之何小雅曰允也君子展也大成允信也展誠也君奭曰昔在上帝周田觀文王之德其集大命于厥躬奭召公名也作尚書篇名也古文周田觀文王之德爲割申勸寧王之德今博士讀爲厥亂勸寧王德三者皆異古文似近之割之言蓋也言文王有誠信之德天蓋申勸之集大命於其身謂命之使王天下也子曰南人有言曰人而無恒不可以爲卜筮古之遺言與龜筮猶不能知也而況於人乎恒常也不可爲卜筮言卦兆不能見其情定其吉凶也詩云我龜既厭不我告猶猶道也言褻而用之龜厭之不告以吉凶之道也兊命

曰爵無及惡德民立而正事純而祭祀是爲不敬事煩則亂事神則難惡德無恒之德純猶皆也言君祭祀賜諸臣爵無與惡德之人也民將立以爲正言放傚之疾事皆如是而以祭祀是不敬鬼神也惡德之人使事煩事煩則亂使事鬼神又難以得福也純或爲煩易曰不恒其德或承之羞恒其德偵婦人吉夫子凶羞猶辱也偵問也問正爲偵婦人從人者也以問正爲常德則吉男子當專行幹事而以問正爲常德是亦無恒之人也

禮記卷第十七

經四千一百一十六字
注四千六百一十一字

秀岩李氏曰獨氏謂此逸曲礼之正篇漢儒求為記

聞喪

奔喪

至家

禮記卷第十八

奔喪第三十四　鄭氏注

奔喪之禮始聞親喪以哭荅使者盡哀問故又哭盡哀親父母也以哭荅使者驚怛之哀無辭也問故問親喪所由也雖非父母聞喪而哭其禮亦然也遂行日行百里不以夜行雖有哀戚猶辟害也晝夜之分別於昏明哭則遂行者不爲位唯父母之喪見星而行見星而舍侵晨冒昏彌益促也言唯著異也若未得行則成服而后行謂以君命有爲者也成喪服得行則行過國至竟哭盡哀而止感此念親哭辟市朝爲驚衆也望其國竟哭斬衰者也自是哭且遂行至於家入門左升自西階殯東西面坐哭盡哀括

非主人
齊衰以下

髮袒括髮袒者去飾也未成服者素委貌深衣已成服者固自喪服矣降堂東即位西鄉哭成踊已殯者位在下襲絰于序東絞帶反位拜賓成踊襲服衣也不於又哭乃絰者發喪已踰日節於是可也其未小斂而至與在家同耳不散帶者不見尸柩几拜賓者就其位既拜反位哭踊送賓反位有先後至者則拜之成踊送賓皆如初衆主人兄弟皆出門出門哭止闔門相者告就次次倚廬也於又哭括髮袒成踊於三哭猶括髮袒成踊又哭至明日朝也三哭又其明日朝也皆升堂括髮袒如始至必又哭三哭者象小斂大斂時也雜記曰士三踊其夕哭從朝夕哭不括髮不袒不踊不以爲數三日成服拜賓送賓皆如初三日三哭之明日也既哭成其喪服杖於序東奔喪者非主人則主人爲之拜賓

奔母之喪

送賓奔喪者自齊衰以下入門左中庭北面哭盡哀免麻于序東即位袒與主人哭成踊（不升堂哭者非父母之喪統於主人也麻亦絰帶也於此言麻者明所奔喪雖有輕者不至喪所無改服也凡袒者於位襲於序東袒襲不相因位此麻乃袒變於爲父母也）於又哭三哭皆免袒有賓則主人拜賓送賓（又哭三哭亦入門左中庭北面如始至時也）丈夫婦人之待之也皆如朝夕哭位無變也（待奔喪者無變嫌賓客之也於賓客以哀變爲敬此骨肉哀則自哀矣於此乃言待之明奔喪者至三哭猶不以序入也）

奔母之喪西面哭盡哀括髮袒降堂東即位西鄉哭成踊襲免絰于序東拜賓送賓皆如奔父之禮於又哭不括髮（爲母於又哭而免輕於父）

婦人奔喪

奔喪不及殯

也其他則同婦人奔喪升自東階殯東西面坐哭盡哀東髽即位與主人拾踴婦人謂姑姊妹女子子也東階東面階也婦人入者由闈門東髽髽於東序不髽於房變於在室者也去纚大紒曰髽拾更也主人與之更踴賓客之奔喪者不及殯先之墓北面坐哭盡哀主人之待之也即位於墓左婦人墓右成踊盡哀括髮東即主人位絰絞帶哭成踊拜賓反位成踊相者告事畢主人之待之謂在家者也哭於墓爲父母則袒告事畢者於此後無事也遂冠歸入門左北面哭盡哀括髮袒成踊東即位拜賓成踊賓出主人拜送有賓後至者則拜之成踊送賓如初衆主人兄

齊衰以下不及殯

弟皆出門，出門哭止，相者告就次。於又哭，括髮成踊，於三哭，猶括髮成踊，三日成服，於五哭，相者告事畢。又哭三哭不袒者，哀戚已久殺之也。逸奔喪禮說不及殯日，於又哭猶括髮即位，不袒，告事畢者，五哭而不復哭也。成服之朝爲四哭，此謂旣期乃後歸至者也。其未期，猶朝夕哭，不止於五哭。爲母所以異於父者，壹括髮，其餘免以終事，他如奔父之禮。壹括髮，謂歸入門哭時也。於此乃言爲母異於父者，明及殯不及殯其異者同。齊衰以下不及殯，先之墓，西面哭盡哀，免麻于東方，即位，與主人哭成踊。不北面者，亦統於主人。襲，有賓則主人拜賓送賓，賓有後至者，拜之如初。相者告事畢。不言袒言襲者，容齊衰親者或袒可。遂冠歸，

不得奔喪

入門左北面哭盡哀免袒成踊東即位拜賓成踊賓出主人拜送於又哭免袒成踊於三哭猶免袒成踊三日成服於五哭相者告事畢為父於又哭括髮而不袒此又哭三哭皆言袒袒衍字也聞喪不得奔喪哭盡哀問故又哭盡哀乃爲位括髮袒成踊襲絰絞帶即位聞父母喪而不得奔謂以君命有事不然者不得爲位位有踊列之處如於家朝夕哭位矣不於又哭乃絰者喪至此踰日節於是可也拜賓反位成踊賓出主人拜送于門外反位若有賓後至者拜之成踊送賓如初於又哭括髮袒成踊於三哭猶括髮袒成踊三日成服於五哭

除喪後歸

爲位

拜賓送賓如初不言就次者當從其事不可以喪服廢公職也其在官亦告就次言五哭者以迫公事五日哀殺亦可以止若除喪而后歸則之墓哭成踊東括髮袒絰拜賓成踊送賓反位又哭盡哀遂除於家不哭東東即主人位如不及殯者也遂除除於墓而歸主人之待之也無變於服與之哭不踊無變於服自若時服也亦即位于墓左婦人墓右自齊衰以下所以異者免麻爲位非親喪齊衰以下皆即位哭盡哀而東免絰即位袒成踊謂無君事又無故可得奔喪而以己私未奔者也唯父母之喪則不爲位其哭之不離聞喪之處齊衰以下更爲位而哭皆可行乃行襲拜賓反位哭成踊送賓反位相者告就次三日五哭卒主人出送賓

大二百十四字

奔喪親疏哭節

爲位之節

臣聞君喪未奔爲位日數

衆主人兄弟皆出門哭止相者告事畢成服拜賓卒猶止也三日五哭者始聞喪訖夕爲位乃出就次一哭也與明日又明日之朝夕而五哭不五朝哭而數朝夕備五哭而止亦爲急奔喪己私事當畢亦明日乃成服凡云五哭者其後有賓亦與之哭而拜之若所爲位家遠則成服而往謂所當奔者外喪也外喪緩而道遠成服乃行容待齊也齊衰望鄉而哭大功望門而哭小功至門而哭緦麻即位而哭奔喪哭親疏遠近之差也哭父之黨於廟母妻之黨於寢師於廟門外朋友於寢門外所識於野張帷此因五服聞喪而哭列人恩諸所當哭者也黨謂族類無服者也逸奔喪禮曰哭父族與母黨於廟妻之黨於寢朋友於寢門外壹哭而已不踊言壹哭而已則不爲位矣凡爲位不奠以其精神不存乎是哭天子九諸侯七卿

在異國

所識

喪主

既除聞喪

大夫五士三（此臣聞君喪而未奔爲位而哭尊卑日數之差也士亦有屬吏賤不得君臣之名）大夫哭諸侯不敢拜賓（謂哭其舊君不敢拜賓辟爲主）諸臣在他國爲位而哭不敢拜賓（謂大夫士使於列國）與諸侯爲兄弟亦爲位而哭（族親昏姻在異國者）凡爲位者壹袒（謂於禮正可爲位而哭也始聞喪哭而袒其明日則否父母之喪自若三袒也）所識者弔先哭于家而後之墓皆爲之成踊從主人北面而踊（從主人而踊拾踊也北面外來便也主人墓左西面）自凡喪父在父爲主（與賓客爲禮宜使尊者）父沒兄弟同居各主其喪（各爲其妻子之喪爲主也祔則宗子主之）親同長者主之（父母沒如昆弟之喪宗子主之）不同親者主之（從父昆弟之喪）聞遠兄弟之喪既除喪而后

無服爲位

士大夫至

始死

聞喪免袒成踊拜賓則尚左手小功緦麻不稅者也雖不服猶免袒尚左手吉拜也逸奔喪禮曰凡拜吉喪皆尚左手無服而爲位者唯嫂叔及婦人降而無服者麻雖無服猶弔服加麻袒免爲位哭也正言嫂叔尊嫂也兄公於弟之妻則不能也婦人降而無服族姑姊妹嫁者也逸奔喪禮曰無服袒免爲位者唯嫂與叔凡爲其男子服其婦人降而無服者麻凡奔喪有大夫至袒拜之成踊而后襲於士襲而后拜之主人袒降哭而大夫至因拜之不敢成己禮乃禮尊者或曰大夫後至者袒拜之爲之成踊

問喪第三十五　鄭氏注

親始死雞斯徒跣扱上衽交手哭惻怛之心痛疾之意傷腎乾肝焦肺水漿不入口

斂　　袒

三日不舉火故鄰里爲之糜粥以飲食之親父母也雞斯當爲笄纚聲之誤也親始死去冠二日乃去笄纚括髮也今時始喪者邪巾貊頭笄纚之存象也徒猶空也上衽深衣之裳前五藏者腎在下肝在中肺在上舉三者之焦傷而心脾在其中矣五家爲鄰五鄰爲里夫悲哀在中故形變於外也痛疾在心故口不甘味身不安美也言人情之中外相應三日而斂在牀曰尸在棺曰柩動尸舉柩哭踊無數惻怛之心痛疾之意悲哀志懣氣盛故袒而踊之所以動體安心下氣也婦人不宜袒故發胷擊心爵踊殷殷田田如壞牆然悲哀痛疾之至也故曰辟踊哭泣哀以送之送形而

反哭

祔

小百七十六

往．迎精而反也故祖而踊之吉聖人制法故使之然也爵踊足不絕地辟拊心也哀以送之謂葬時也迎其精神而反謂反哭及日中而虞也其往送也望望然汲汲然如有追而弗及也其反哭也皇皇然若有求而弗得也故其往送也如慕其反也如疑望望瞻望之貌也慕者以其親之在前疑者不知神之來否求而無所得之也入門而弗見也上堂又弗見也入室又弗見也亡矣喪矣不可復見已矣故哭泣辟踊盡哀而止矣說反哭之義也心悵焉愴焉惚焉愾焉心絕志悲而已矣祭之宗廟以鬼饗之徼幸復反也說虞之義成壙而歸不敢入處室居於

三年
斂義

倚廬哀親之在外也寢苫枕塊哀親之在土也（言親在外在土孝子不忍反室自安也入處室或爲入宮）故哭泣無時服勤三年思慕之心孝子之志也人情之實也（勤謂憂勞）或問曰死三日而后斂者何也（怪其遲也）曰孝子親死悲哀志懣故匍匐而哭之若將復生然安可得奪而斂之也故曰三日而后斂者以俟其生也三日而不生亦不生矣孝子之心亦益衰矣家室之計衣服之具亦可以成矣親戚之遠者亦可以至矣是故聖人爲之斷決以三日爲之禮制也（匍匐匍顛）

免

躄足或作扶服　或問曰冠者不肉袒何也怪冠衣之相爲也曰冠至尊也不居肉袒之體也故爲之免以代之也言身無飾者不敢冠冠爲褻尊服內袒則著免免狀如冠而廣一寸然則禿者不免傴者不袒跛者不踊非不悲也身有錮疾不可以備禮也故曰喪禮唯哀爲主矣女子哭泣悲哀擊胷傷心男子哭泣悲哀稽顙觸地無容哀之至也將踊先袒將袒先免此三疾俱不踊不袒不免顧其所以否者各爲一耳擊胷傷心稽顙觸地不踊者若此而可或曰男女哭踊　或問曰免者以何爲也怪本所爲施也曰不冠者之所服也禮曰童子不緦唯當室緦緦者其免也當室則

免而杖矣不冠者猶未冠也當室謂無父兄而主家者也童子不杖不杖者不免當室則杖而免免冠之細以次成人也緦者其免也言免乃有緦服也或問曰杖者何也怪其義各異曰竹桐一也故爲父苴杖苴杖竹也爲母削杖削杖桐也言所以杖者義一也顧所用異耳或問曰杖者以何爲也怪所爲施曰孝子喪親哭泣無數服勤三年身病體羸以杖扶病也言得杖乃能起也數或爲時則父在不敢杖矣尊者在故也堂上不杖辟尊者之處也堂上不趨示不遽也此孝子之志也人情之實也禮義之經也非從天降也非從地出也人情而已矣父在不杖謂爲母喪也尊者在不杖尊者之處

從服

重有喪

（不杖有事不趨皆爲其感動使之憂戚也）

服問第三十六　鄭氏注

傳曰有從輕而重公子之妻爲其皇姑（皇君也諸侯妾子之妻爲其君姑齊衰與爲小君同舅不厭婦也）有從重而輕爲妻之父母（妻齊衰而夫從緦麻不降一等言非服差）有從無服而有服公子之妻爲公子之外兄弟（謂爲公子之外祖父母從母緦麻）有從有服而無服公子爲其妻之父母（凡公子厭於君降其私親女君之子不降也）傳曰母出則爲繼母之黨服母死則爲其母之黨服爲其母之黨服則不爲繼母之黨服（雖外親亦無二統）三年之喪既練矣有期之喪

既葬矣則帶其故葛帶絰期之絰服其功衰

帶其故葛帶者三年既練期既葬差相似也絰期之葛絰三年既練首絰除矣爲父既練衰七升母既葬衰八升凡齊衰既葬衰或八升或九升服其功衰服麤衰

有大功之喪亦如之

大功之麻變三年之練葛期既葬之葛帶小於練之葛帶又當有絰亦反服其故葛帶絰期之絰差之宜也此雖變麻服葛大小同耳亦服其功衰凡三年之喪既練始遭齊衰大功之喪絰帶皆麻

小功無變也

無所變於大功齊斬之服不用輕累重也

麻之有本者變三年之葛

有本謂大功以上也小功以下澡麻斷本

既練遇麻斷本者於免絰之既免去絰每可以絰必絰既絰則去之

雖無變緣練無首絰於有事則免絰如其倫免無不絰絰有不免其無事則自若練服也

小功不易喪之練冠如免則絰其緦小功之絰因其初葛帶緦

君臣之服

之麻不變小功之葛小功之麻不變大功之葛以有本爲稅稅亦變易也小功以下之麻雖與上葛同猶不變也此要其麻有本者乃變上耳雜記曰有三年之練冠則以大功之麻易之唯杖屨不易也殤長中變三年之葛終殤之月筭而反三年之葛是非重麻爲其無卒哭之稅下殤則否謂大功之親爲殤在緦小功者也可以變三年之葛正親親也三年之葛大功變既練齊衰變既虞卒哭凡喪卒哭受麻以葛殤以麻終喪之月數非重之而不變爲殤未成人文不縟耳下殤則否言賤也男子爲大功之殤中從上服小功婦人爲之中從下服緦麻君爲天子三年夫人如外宗之爲君也外宗君外親之婦也其夫與諸侯爲兄弟服斬妻從服期諸侯爲天子服斬夫人亦從服期喪大記曰外宗房中南面世子不爲天子服遠嫌也不服與畿外之民同也君所主夫人妻大子適婦

同僚相為報

言妻見大夫以下亦爲此三人爲喪主也大夫之適子爲君夫人大子如士服大夫不世子不嫌也士爲國君斬小君期大子君服斬臣從服期君之母非夫人則羣臣無服唯近臣及僕驂乘從服唯君所服服也妾先君所不服也禮庶子爲後爲其母緦言唯君所服伸君也春秋之義有以小君服之者時若小君在則益不可公爲卿大夫錫衰以居出亦如之當事則弁絰大夫相爲亦然爲其妻往則服之出則否弁絰如爵弁而素加絰也不當事則皮弁出謂以他事不至喪所凡見人無免絰雖朝於君無免絰唯公門有稅齊衰傳曰君子不奪人之喪亦不可奪喪也見人謂行求見人也無免絰絰重也稅猶免也古者說或作稅有免齊衰謂不杖齊衰也於公門有免齊衰則大功有免絰也傳

通論

喪礼容貌

聲音

言語

曰罪多而刑五喪多而服五上附下附列

也列等比也

閒傳第三十七　鄭氏注

斬衰何以服苴苴惡貌也所以首其内而見諸外也斬衰貌若苴齊衰貌若枲大功貌若止小功緦麻容貌可也此哀之發於容體者也有大憂者面必深黑止謂不動於喜樂之事枲或爲似　斬衰之哭若往而不反齊衰之哭若往而反大功之哭三曲而偯於豈小功緦麻哀容可也此哀之發於聲音者也三曲一舉聲而三折也偯聲餘從容也　斬衰唯而不對

飲食

再出父母之喪礼
飲食之漸

齊衰對而不言，大功言而不議，小功緦麻議而不及樂，此哀之發於言語者也。議謂陳說非時事也

斬衰三日不食，齊衰二日不食，大功三不食，小功、緦麻再不食，士與斂焉則壹不食。故父母之喪，既殯，食粥，朝一溢米，莫一溢米；齊衰之喪，疏食水飲，不食菜果；大功之喪，不食醯醬；小功、緦麻，不飲醴酒。此哀之發於飲食者也。父母之喪，既虞卒哭，疏食水飲，不食菜果；期而小祥，食菜果；又期而大祥，有醯醬；中月而禫，禫而飲醴酒。始

居處

再出父母喪礼
居處之次

衣服

飲酒者先飲醴酒始食肉者先食乾肉先飲醴酒食乾肉者不忍發御厚味父母之喪居倚廬寢苫枕塊不說絰帶齊衰之喪居堊室苄翦不納大功之喪寢有席小功緦麻牀可也此哀之發於居處者也父母之喪既虞卒哭柱楣翦屛苄翦不納期而小祥居堊室寢有席又期而大祥居復寢中月而禫禫而牀苄今之蒲苹也

斬衰三升齊衰四升五升六升大功七升八升九升小功十升十一升十二升緦麻十五升去其半有事其縷無事其布曰緦

受服
漸除

此哀之發於衣服者也此齊衰多二等大功小功多一等服主於受是極列衣服之差也斬衰三升，既虞卒哭，受以成布六升，冠七升，爲母疏衰四升，受以成布七升，冠八升，去麻服葛，葛帶三重，期而小祥練冠縓緣，要絰不除，男子除乎首，婦人除乎帶，男子何爲除乎首也，婦人何爲除乎帶也，男子重首，婦人重帶，除服者先重者，易服者易輕者，又期而大祥素縞麻衣，中月而禫，禫而纖無所不佩葛帶三重謂男子也五分去一而四糾之帶輕既變因爲飾也婦人葛絰不葛帶舊說云三糾之練而帶去一股去一股則小於小功之絰似非也易服謂爲後喪所變也婦人重帶帶在下體之上婦人重

重有喪

之辟男子也其爲帶猶五分經去一耳喪服小記曰除成喪者其祭也朝服縞冠此素縞者玉藻所云縞冠素紕既祥之冠麻衣十五升布深衣也謂之麻者純用布無采飾也大祥除衰杖黒經白緯曰纖舊說纖冠者采纓也無所不佩紛帨之屬如平常也纖或作綅

易服者何爲易輕者也因上說而問之

斬衰之喪既虞卒哭遭齊衰之喪輕者包重者特說所以易輕者之義也既虞卒哭謂齊衰可易斬服之節也輕者可施於卑服齊衰之麻以包斬衰之葛謂男子帶婦人經也重者宜主於尊謂男子之經婦人之帶特其葛不變之也此言包特者明於卑可以兩施而尊者不可貳

既練遭大功之喪麻葛重此言大功可易斬服之節也斬衰已練男子除經而帶獨存婦人除帶而經獨存謂之單單獨也遭大功之喪男子有麻經婦人有麻帶又皆易其輕者以麻謂之重麻既虞卒哭男子帶其故葛帶經期之葛經婦人經其故葛經帶期之葛帶謂之重葛

齊衰之喪既虞卒哭遭大功之喪麻葛兼服之此言大功可易齊衰期服之節

也兼猶兩也不言包特而兩言者包特著其義兼者明有經有
帶耳不言重者三年之喪既練或無經或無帶言重者以明今
皆有期以下固皆有矣兩者有麻有
葛耳葛者亦特其重麻者亦包其輕

斬衰之葛與齊衰之麻同齊衰之葛與大功之麻同大功之葛與小功之麻同小功之葛與緦之麻同麻同則兼服之

此竟言有上服既虞卒哭遭下服之差
也唯大功有變三年既練之服小功以
下則於上皆無易焉此言大功之葛與小功之麻同
小功之葛與緦之麻同主為大功之殤長中言之

兼服之服重者則易輕者也

服重者謂特之也則者則男子
與婦人也凡下服虞卒哭男子
反其故葛帶婦人反其故葛經其
上服除則固自受以下服之受矣

三年問第三十八　　鄭氏注

三年之喪何也曰稱情而立文因以飾羣

荀子作無適
不易道
荀作齊衰居
廬席薪
中制
服荀作礼
物理
必有荀作
莫不有
荀作是大
鳥喪作亡

別親疏貴賤之節而弗可損益也故曰無易之道也（稱情而立文稱人之情輕重而制其禮也羣謂親之黨也無易猶不易也）創鉅者其日久痛甚者其愈遲三年者稱情而立文所以爲至痛極也斬衰苴杖居倚廬食粥寢苫枕塊所以爲至痛飾也（飾情之章表也）三年之喪二十五月而畢哀痛未盡思慕未忘然而服以是斷之者豈不送死有已復生有節也哉（復生除喪反生者之事也）凡生天地之閒者有血氣之屬必有知有知之屬莫不知愛其類今是大鳥獸則失喪其羣匹越月踰時焉

巡作鉛翔
回作徘徊去
之下並有
也字

不肖之不及
患作愚陋
從作縱
夫焉能作彼
焉能
不亂作無亂
賢者之過

則必反巡過其故鄉翔回焉鳴號焉蹢躅焉踟躕焉然後乃能去之小者至於燕雀猶有啁噍之頃焉然後乃能去之故有血氣之屬者莫知於人故人於其親也至死不窮匹偶也言燕雀之恩不如大鳥獸大鳥獸不如人含血氣之類最有知而恩深也於其五服之親念之至死無止已將由夫患邪淫之人與則彼朝死而夕忘之然而從之則是曾鳥獸之不若也夫焉能相與羣居而不亂乎言惡人薄於恩死則忘之其相與聚處必失禮也將由夫脩飾之君子與則三年之喪二十五月而畢若駟之過隙然而遂之則是無

釋則舍

自期而降殺作並則何以分之

変作編

天地之中作字中者莫不更始也故先王按以此象之也無是也字

按使倍之

按使弗及也

窮也。駟之過隙喻疾也遂之謂不時除也故先王焉爲之立中制節，壹使足以成文理，則釋之矣。立中制節謂服之年月也釋猶除也去也然則何以至期也。言三年之義如此則何以有降至於期也期者謂爲人後者父在爲母也曰：至親以期斷。言服之正雖至親皆期而除也是何也。問服斷於期之義也曰：天地則已易矣，四時則已變矣，其在天地之中者莫不更始焉，以是象之也。法此變易可以期也然則何以三年也。言法此變易可以期何以乃三年爲曰：加隆焉爾也。焉使倍之，故再期也。言於父母加隆其恩使倍期也下焉猶然由九月以下何也。曰：焉使弗及也。言使其恩不若父母故三年以爲隆，緦小功以爲殺，期九月以爲

無之理字

爲此一所壹也

別録屬制度
蓋深黄氏曰深
衣者苴上衣下裳
此衣裳相連而爲

閒上取象於天下取法於地中取則於人

人之所以羣居和壹之理盡矣取象於天地謂法其變易也自

三年以至緦皆歳時之數也言既象天地又足以盡人聚居純厚之恩也故三年之喪人道

之至文者也夫是之謂至隆言三年之喪喪禮之最盛也是

百王之所同古今之所壹也未有知其所

由來者也不知其所從來喻此三年之喪前世行之久矣孔子曰子生三

年然後免於父母之懷夫三年之喪天下

之達喪也達謂自天子至於庶人

深衣第三十九　鄭氏注

古者深衣蓋有制度以應規矩繩權衡言聖

体深邃故謂之深衣規圓矩方繩直權衡平袂在前應規袷在中應矩縫在後應繩齊在下應權衡也短毋見膚長毋被土与身長短適相稱也非備本入

人制事必有法度短毋見膚衣取蔽形長毋被土爲汙辱也續衽鉤邊續猶屬也衽在裳旁者也屬連之不殊裳前後也鉤讀如鳥喙必鉤之鉤鉤邊若今曲裾也續或爲裕要縫半下三分要中減一以益下下宜寬也要或爲優袼之高下可以運肘肘不能不出入袼衣袂當腋之縫也袂之長短反詘之及肘袂屬幅於衣詘而至肘當臂中爲節臂骨上下各尺二寸則袂肘以前尺二寸肘或爲腕帶下毋厭髀上毋厭脅當無骨者當骨緩急難爲中也制十有二幅以應十有二月裳六幅幅分之以爲上下之殺袂圜以應規謂胡下也曲袷如矩以應方袷交領也古者方領如今小兒衣領負繩及踝以應直繩謂裻與後幅相當之縫也踝跟也下齊如權衡以應平齊緝故規者行舉手以爲容行舉手謂揖讓負繩抱方者以

直其政，方其義也。故易曰：坤六二之動直以方也。言深衣之直方應易之文也。政或爲正。下齊如權衡者，以安志而平心也。心平志安行乃正。或低若仰，則心有異志者與。五法已施，故聖人服之。言非法不服也。故規矩取其無私，繩取其直，權衡取其平，故先王貴之。貴此衣也。故可以爲文，可以爲武，可以擯相，可以治軍旅。完且弗費，善衣之次也。完且弗費，言可苦衣而易有也。深衣者用十五升布，鍜濯灰治，純之以采。善衣，朝祭之服也。自士以上，深衣爲之次；庶人吉服，深衣而已。具父母大父母，衣純以繢；具父母，衣純以青。如孤子，衣純以素。尊者存，以多飾爲孝。繢，畫文也。三十已下無父稱孤。純袂、緣、純邊，廣各寸半。純謂緣之也。緣

袂謂其口也緣緆也緣邊衣裳之側廣各寸半則表裏共三寸矣唯袷廣二寸

禮記卷第十八

經三千六百三十八字

注三千四百八十八字

投具
主人請
賓辭

禮記卷第十九

投壺第四十　　鄭氏注

投壺之禮、主人奉矢、司射奉中、使人執壺、矢所以投者也中士則鹿中也射人奉之者投壺射之類也其奉之西階上北面主人請曰、某有枉矢哨壺、請以樂賓、賓曰、子有旨酒嘉肴、某既賜矣、又重以樂、敢辭燕飲酒既脫屨升坐主人乃請投壺也否則或射所謂燕射也枉哨不正貌爲謙辭主人曰、枉矢哨壺、不足辭也、敢固以請、賓曰、某既賜矣、又重以樂、敢固辭固之言如故也言如故辭者重辭也主人曰、枉矢哨壺、不足辭也、敢固以請、賓曰、某固辭不得命、敢不敬從不得命不

以命見許賓再拜受主人般還曰辟賓再拜受拜受矢也主人既辟
進授矢兩楹之閒也主人阼階上拜送賓般還曰辟拜送送矢
也辟亦於其階上已拜受矢進即兩楹閒退反位揖賓
就筵主人既拜送矢又自受矢進即兩楹閒者言將有事於此也退乃揖賓即席欲與偕進明爲偶也賓席主
人席皆南鄉閒相去如射物司射進度壺閒以二矢半反位
設中東面執八筭興度壺度其所設之處也壺去坐二矢半則堂上去賓席主人席
邪行各七尺也反位西階上位也設中東面既設中亦實八筭於中橫委其餘於中西執筭而立以請賓俟投請賓
曰順投爲入比投不釋勝飲不勝者正爵
既行請爲勝者立馬一馬從二馬三馬既
立請慶多馬請主人亦如之請猶告也順投矢本入也比投不拾也勝

樂　中筭　請數　告勝

飲不勝言以能養不能也正爵所以正禮之爵也或以罰或以慶馬勝筭也謂之馬者若云技藝如此任為將帥乘馬也射投壺皆所以習武因為樂

命弦者曰請奏貍首閒若一大師曰諾弦鼓瑟者也貍首詩篇名也今逸射義所云詩曰曾孫侯氏是也閒若一者投壺當以為志取節焉

左右告矢具請拾投有入者則司射坐而釋一筭焉賓黨於右主黨於左拾更也告矢具請更没者司射也司射東面立釋筭則坐以南為右北為左也已投者退各反其位

卒投司射執筭曰左右卒投請數二筭為純一純以取一筭為奇遂以奇筭告曰某賢於某若干純奇則曰奇鈞則曰左右鈞卒已也賓主之黨畢已投司射又請數其所釋左右筭如數射筭一純以取實於左手十純則縮而委之每委異之有餘則橫諸純下一筭為奇奇則縮諸純下兼斂左筭實於左手一純以委十則異之其他如右獲畢則司射執奇筭以告於賓與主人也若告云某賢於某者未斥主黨勝與賓黨勝與以勝為賢尚技藝

行觴不勝者

慶馬勝者

禮半

筭

籌

也鈞猶等也等則左右手各執一筭以告命酌曰請行觴酌者曰諾司射又請於賓與主人以行正爵酌者勝黨之弟子當飲者皆跪奉觴曰賜灌勝者跪曰敬養酌者亦酌奠於豐上不勝者坐取乃退而跪飲之灌猶飲也言賜灌者服而為尊敬辭也周禮曰以灌賓客賜灌敬養各與其偶於西階上如飲射爵正爵既行請立馬馬各直其筭一馬從二馬以慶慶禮曰三馬既備請慶多馬賓主皆曰諾飲不勝者畢司射又請為勝者立馬當其所釋筭之前三立馬者投壺如射亦三而止也三者一黨不必三勝其一勝者并其馬於再勝者以慶之明一勝不得慶也歆慶爵者偶親酌不使弟子無豐正爵既行請徹馬投壺禮畢可以去其勝筭也既徹馬無筭爵乃行筭多少視其坐筭用當視坐投壺者之衆寡為數也投壺者人四矢亦人四筭籌室中五扶堂上七扶庭中九扶籌矢

壺

矢

命辭

也鋪四指曰扶一指案寸春秋傳曰膚寸而合投壺者或於室或於堂或於庭其禮褻隨晏早之宜無常處一籌長尺二寸其節三扶可也或曰筭長尺有握握素也壺頸脩七寸腹脩五寸口徑二寸半容斗五升壺中實小豆焉為其矢之躍而出也壺去席二矢半脩長也腹容斗五升三分益一則為二斗得圜囷之象積三百二十四寸也以腹脩五寸約之所得求其圜周圜周二尺七寸有奇是為腹徑九寸有餘也實以小豆取其滑且堅矢以柘若棘毋去其皮取其堅且重也舊說云矢大七分或言去其皮節魯令弟子辭曰毋憮毋敖毋偝立毋踰言偝立踰言有常爵薛令弟子辭曰毋憮毋敖毋偝立毋踰言若是者浮弟子賓黨主黨年穉者也為其立堂下相褻慢司射戒令之記魯薛者禮衰乖異不知孰是也憮敖慢也偝立不正

鼓

一作四十

鄉前也踰言遠談語也常爵常所以罰人之爵也浮亦謂是也晏子春秋曰酌者奉觴而進曰君令浮晏子時以罰梁丘據浮或作匏或作符踰或爲遥

鼓

○□○○□□○□○○□半○□○○□

○○○□□□□○魯鼓○□○○○□

□○□○○□□○□○○□□○半○□

○○○□□○薛鼓此魯薛擊鼓之節也圜者擊鼙方者擊鼓古者舉事鼓各有節聞其節則知其事矣取半以下爲投壺禮盡用之爲射禮投壺之鼓半射節者投壺射之細也射謂燕射司射庭長及冠士立者皆屬賓黨樂人及使者童子皆屬主黨庭長司正也使者主人所使薦羞者樂人國子能爲樂者此皆與於投壺

此篇非夫子之書戰国儒者所作本程子

魯鼓○□○○□□○○半○□○□○

○○○□○□○薛鼓○□○○○○□

○□○□○○○□○□○□○半○

□○□○○○○□○此二者記兩家之異、故兼列之

儒行第四十一　鄭氏注

魯哀公問於孔子曰、夫子之服其儒服與哀公館孔子、見其服與士大夫異、又與庶人不同、疑爲儒服而問之孔子對曰、丘少居魯、衣逢掖之衣、長居宋、冠章甫之冠。丘聞之也、君子之學也博、其服也鄉、丘不知儒服逢猶大也、大掖之衣、大袂禪衣也、此君子有道藝者所衣也。孔子生魯、長而之宋而冠焉、宋其祖所出也。衣少所居之服

席上之珍孔氏謂儒能鋪陳上古堯舜美善之道以待君上聘召也謂以經論儒者自學脩飾立身之事不應直云席上之珍可重故鄭不從

冠長所居之冠是之謂鄉言不知儒服非哀公意不在於儒乃今問其服庶人禪衣袂二尺二寸袪尺二寸哀公曰敢問儒行孔子對曰遽數之不能終其物悉數之乃留更僕未可終也遽猶卒也物猶事也留久也僕大僕也君燕朝則正位掌擯相更之者爲久將倦使之相代哀公命席爲孔子布席於堂與之坐也君適其臣升自阼階所在如主孔子侍曰儒有席上之珍以待聘夙夜强學以待問懷忠信以待舉力行以待取其自立有如此者席猶鋪陳也鋪陳往古堯舜之善道以待見問也大問曰聘舉見舉用也取進取位也儒有衣冠中動作愼其大讓如慢小讓如僞大則如威小則如愧其難進而易退也粥粥若無能也其容貌有如

此者〔中中間謂不嚴厲也如慢如僞言之不愊怛也如威如愧如有所畏〕儒有居處齊難其坐起恭敬言必先信行必中正道塗不爭險易之利冬夏不爭陰陽之和愛其死以有待也養其身以有爲也其備豫有如此者〔齊難齊莊可畏難也行不爭道止不選處所以遠鬭訟〕儒有不寶金玉而忠信以爲寶不祈土地立義以爲土地不祈多積多文以爲富難得而易祿也易祿而難畜也非時不見不亦難得乎非義不合不亦難畜乎先勞而後祿不亦易祿乎其近人有如此者〔祈猶求也立義以爲土地以義自居也難畜難以非義久留也〕

勞猶事也積或爲貨儒有委之以貨財淹之以樂好見利不虧其義劫之以衆沮之以兵見死不更其守鷙蟲攫搏不程勇者引重鼎不程其力往者不悔來者不豫過言不再流言不極不斷其威不習其謀其特立有如此者淹謂浸漬之劫劫脅也沮謂恐怖之也鷙蟲猛鳥猛獸也字從鳥鷙省聲也程猶量也重鼎大鼎也搏猛引重不量勇力堪之與否當之則往也雖有負者後不悔也其所未見亦不豫備平行自若也不再猶不更也不極不問所從出也不斷其威常可畏也不習其謀口及則言不豫其說而順也斷或爲繼儒有可親而不可劫也可近而不可迫也可殺而不可辱也其居處不淫其飲食不溽其過失可微辨

而不可面數也其剛毅有如此者淫謂傾邪也恣滋味爲溽溽之言欲也儒有忠信以爲甲冑禮義以爲干櫓戴仁而行抱義而處雖有暴政不更其所其自立有如此者甲鎧冑兜鍪也干櫓小楯大楯也儒有一畝之宮環堵之室篳門圭窬蓬戶甕牖易衣而出并日而食上荅之不敢以疑上不荅不敢以諂其仕有如此者言貧窮屈道仕爲小官也宮謂牆垣也環堵面一堵也五版爲堵五堵爲雉篳門荆竹織門也圭窬門旁窬也穿牆爲之如圭矣并日而食二日用一日食也上荅之謂君應用其言儒有今人與居古人與稽今世行之後世以爲楷適弗逢世上弗援下弗推讒諂

之民有比黨而危之者身可危也而志不可奪也雖危起居竟信其志猶將不忘百姓之病也其憂思有如此者稽猶合也古人與合則不合於今人也援猶引也取也推猶進也舉也危欲毀害之也起居猶舉事動作信讀如屈伸之伸假借字也猶圖也信或爲身儒有博學而不窮篤行而不倦幽居而不淫上通而不困禮之以和爲貴忠信之美優游之法慕賢而容衆毀方而瓦合其寬裕有如此者不窮不止也幽居謂獨處時也上通謂仕道達於君也既仕則不困於道德不足也忠信之美美忠信者也優游之法法和柔者也毀方而瓦合去已之大圭角下與衆人小合也必瓦合者亦君子爲道不遠人儒有內稱不辟親外舉不辟怨程功積事推賢而

進達之不望其報君得其志苟利國家不求富貴其舉賢援能有如此者君得其志者君所欲爲賢臣成之儒有聞善以相告也見善以相示也爵位相先也患難相死也久相待也遠相致也其任舉有如此者相先猶相讓也久相待謂其友久在下位不升己則待之乃進也遠相致者謂己得明君而仕友在小國不得志則相致達也儒有澡身而浴德陳言而伏靜而正之上弗知也麤而翹之又不急爲也不臨深而爲高不加少而爲多世治不輕世亂不沮同弗與異弗非也其特立獨行有如此者麤猶疏也微也君不知己有善言正行則觀色緣事而微翹發其意使知之又

〔必舒而脫脫焉己爲之疾則君納之速君納之速怪妬所由生也不臨深而爲高臨衆不以己位尊自振貴也不加少而爲多謀事不以己小勝自矜大也世治不輕不以賢者並衆不自重愛也世亂不沮不以道衰廢壞己志也〕儒有上不臣天子下不事諸侯慎靜而寬強毅以與人博學以知服近文章砥厲廉隅雖分國如錙銖不臣不仕其規爲有如此者〔強毅以與人彼來辨言行而不正不苟屈以順之也博學以知服不用己之知勝於先世賢知之所言也雖分國如錙銖言君分國以祿之視之輕如錙銖矣八兩曰錙〕儒有合志同方營道同術並立則樂相下不厭久不相見聞流言不信其行本方立義同而進不同而退其交友有如此者〔同方同術等志行也聞流言不信不信其友所行如毀謗也〕溫良者仁之本

也敬慎者仁之地也寬裕者仁之作也孫接者仁之能也禮節者仁之貌也言談者仁之文也歌樂者仁之和也分散者仁之施也儒皆兼此而有之猶且不敢言仁也其尊讓有如此者此兼上十五儒蓋聖人之儒行也孔子嫌若斥己假仁以爲說仁聖之次也

儒有不隕穫於貧賤不充詘於富貴不慁君王不累長上不閔有司故曰儒隕穫困迫失志之貌也充詘喜失節之貌慁猶辱也累猶係也閔病也言不爲天子諸侯卿大夫羣吏所困迫而違道孔子自謂也統或爲統閔或爲文

今衆人之命儒也妄常以儒相詬病妄之言無也言今世名儒無有常人遭人名爲儒而以儒靳故相戲此哀公輕儒之所由也詬病猶恥辱也

孔子至

大二佰四十

禮記十九

舍哀公館之聞此言也言加信行加義終没吾世不敢以儒爲戲儒行之作蓋孔子自衛初反魯時也孔子歸至其舍哀公就而以禮館之問儒服而遂問儒行乃始覺焉言没世不敢以儒爲戲當時服

大學第四十二　鄭氏注

大學之道在明明德在親民在止於至善知止而后有定定而后能靜靜而后能安安而后能慮慮而后能得物有本末事有終始知所先後則近道矣明明德謂顯明其至德也止猶自處也得謂得事之宜也古之欲明明德於天下者先治其國欲治其國者先齊其家欲齊其家者先脩其

身欲脩其身者先正其心欲正其心者先誠其意欲誠其意者先致其知（知謂知善惡吉凶之所終始也）致知在格物（格來也物猶事也其知於善深則來善物其知於惡深則來惡物言事緣人所好來也此致或爲至）物格而后知至知至而后意誠意誠而后心正心正而后身脩身脩而后家齊家齊而后國治國治而后天下平自天子以至於庶人壹是皆以脩身爲本其本亂而末治者否矣其所厚者薄而其所薄者厚未之有也此謂知本此謂知之至也（壹是專行是也）所謂誠其意者毋自欺也如惡惡臭如好

好色此之謂自謙故君子必慎其獨也小人閒居爲不善無所不至見君子而后厭然揜其不善而著其善人之視己如見其肺肝然則何益矣此謂誠於中形於外故君子必慎其獨也謙讀爲慊慊之言厭也厭讀爲黶黶閉藏貌也曾子曰十目所視十手所指其嚴乎富潤屋德潤身心廣體胖故君子必誠其意嚴乎言可畏敬也胖猶大也 三者言有實於內顯見於外詩云瞻彼淇澳菉竹猗猗有斐君子如切如磋如琢如磨瑟兮僩兮赫兮喧兮有斐君子終不可諠兮如切如磋者道

學也如琢如磨者自脩也瑟兮僩兮者恂慄也赫兮喧兮者威儀也有斐君子終不可諠兮者道盛德至善民之不能忘也此心廣體胖之詩也澳隈崖也菉竹猗猗喻美盛斐有文章貌也諠忘也道猶言也恂字或作峻讀如嚴峻之峻言其容貌嚴栗也民不能忘以其意誠而德著也詩云於戲前王不忘君子賢其賢而親其親小人樂其樂而利其利此以没世不忘也聖人既有親賢之德其政又有樂利於民君子小人各有以思之康誥曰克明德大甲曰顧諟天之明命帝典曰克明峻德皆自明也皆自明明德也克能也顧念也諟猶止也帝典堯典亦尚書篇名也峻大也諟或爲題湯之盤銘曰苟日新日日新又日新

康誥曰作新民詩曰周雖舊邦其命惟新是故君子無所不用其極盤銘刻戒於盤也極猶盡也君子日新其德常盡心力不有餘也詩云邦畿千里惟民所止詩云緡蠻黃鳥止于丘隅子曰於止知其所止可以人而不如鳥乎於止於鳥之所止也就而觀之知其所止知鳥擇岑蔚安閒而止處之耳言人亦當擇禮義樂土而自止處也論語曰里仁爲美擇不處仁焉得知詩云穆穆文王於緝熙敬止爲人君止於仁爲人臣止於敬爲人子止於孝爲人父止於慈與國人交止於信緝熙光明也此美文王之德光明敬其所以自止處子曰聽訟吾猶人也必也使無訟乎無情者不得盡其辭大

畏民志情猶實也無實者多虛誕之辭聖人之聽訟與人同耳必使民無實者不敢盡其辭大畏其心志使誠其意不敢訟此謂知本本謂誠其意也所謂脩身在正其心者身有所忿懥則不得其正有所恐懼則不得其正有所好樂則不得其正有所憂患則不得其正心不在焉視而不見聽而不聞食而不知其味此謂脩身在正其心懥怒貌也或作懫或爲疐所謂齊其家在脩其身者人之其所親愛而辟焉之其所賤惡而辟焉之其所畏敬而辟焉之其所哀矜而辟焉之其所敖惰而辟焉故好而知其惡惡而知其

美者天下鮮矣故諺有之曰人莫知其子之惡莫知其苗之碩此謂身不脩不可以齊其家之適也辟猶喻也言適彼而以心度之曰吾何以親愛此人非以其有德美與吾何以敖惰此人非以其志行薄與反以喻已則身脩與否可自知也鮮罕也人莫知其子之惡猶愛而不察碩大也所謂治國必先齊其家者其家不可教而能教人者無之故君子不出家而成教於國孝者所以事君也弟者所以事長也慈者所以使衆也康誥曰如保赤子心誠求之雖不中不遠矣未有學養子而后嫁者也養子者推心爲之而中於赤子之嗜欲也一家仁一國興仁一家讓一國興讓

一人貪戾一國作亂其機如此此謂一言僨事一人定國一家一人謂人君也戾之言利也機發動所由也僨猶覆敗也春秋傳曰登戾之又曰鄭伯之車僨於濟戾或爲吝僨或爲犇堯舜率天下以仁而民從之桀紂率天下以暴而民從之其所令反其所好而民不從言民化君行也君若好貨而禁民淫於財利不能止也是故君子有諸己而后求諸人無諸己而后非諸人所藏乎身不恕而能喻諸人者未之有也故治國在齊其家有於己謂有仁讓也無於己謂無貪戾也詩云桃之夭夭其葉蓁蓁之子于歸宜其家人宜其家人而后可以教國人詩云宜兄宜

弟宜兄宜弟而后可以教國人詩云其儀不忒正是四國其爲父子兄弟足法而后民法之也此謂治國在齊其家夭夭蓁蓁美盛貌之子者是子也所謂平天下在治其國者上老老而民興孝上長長而民興弟上恤孤而民不倍是以君子有絜矩之道也老老長長謂尊老敬長也恤憂也民不倍不相倍弃也絜猶結也挈也矩法也君子有挈法之道謂常執而行之動作不失之倍或作偝矩或作巨所惡於上毋以使下所惡於下毋以事上所惡於前毋以先後所惡於後毋以從前所惡於右毋以交於左所惡於左毋以交於右此

之謂絜矩之道絜矩之道善持其所有以恕於人耳治國之要盡於此詩云樂只君子民之父母民之所好好之民之所惡惡之此之謂民之父母言治民之道無他取於己而已詩云節彼南山惟石巖巖赫赫師尹民具爾瞻有國者不可以不慎辟則爲天下僇矣巖巖喻師尹之高嚴也師尹天子之大臣爲政者也言民皆視其所行而則之可不慎其德乎邪辟失道則有大刑詩云殷之未喪師克配上帝儀監于殷峻命不易道得衆則得國失衆則失國是故君子先慎乎德有德此有人有人此有土有土此有財有財此有用德者本也財者末也

外本内末爭民施奪是故財聚則民散財散則民聚是故言悖而出者亦悖而入貨悖而入者亦悖而出（師衆也克能也峻大也言殷王帝乙以上未失其民之時德亦有能配天者謂天享其祭祀也及紂爲惡而民怨神怒以失天下監視殷時之事天之大命持之誠不易也道猶言也用謂國用也施奪施其劫奪之情也悖猶逆也言君有逆命則民有逆辭也上貪於利則下人侵畔老子曰多藏必厚亡）康誥曰惟命不于常道善則得之不善則失之矣（于於也天命不於常言不專祐一家也）楚書曰楚國無以爲寶惟善以爲寶（楚書楚昭王時書也言以善人爲寶時謂觀射父昭奚恤也）舅犯曰亡人無以爲寶仁親以爲寶（舅犯晉文公之舅狐偃也亡人謂文公也時辟驪姬之讒亡在翟而獻公薨秦穆公使子顯弔因勸之復國舅犯爲之對此辭也仁親猶言親愛仁道也明不因喪

規利也

秦誓曰若有一介臣斷斷兮無他技其心休休焉其如有容焉人之有技若己有之人之彥聖其心好之不啻若自其口出寔能容之以能保我子孫黎民尚亦有利哉人之有技媢疾以惡之人之彥聖而違之俾不通寔不能容以不能保我子孫黎民亦曰殆哉秦誓尚書篇名也秦穆公伐鄭爲晉所敗於殽還誓其羣臣而作此篇也斷斷誠一之貌也他技異端之技也有技才藝之技也若己有之不啻若自其口出皆樂人有善之甚也美士爲彥黎衆也尚庶幾也媢妒也違猶戾也俾使也佛戾賢人所爲使功不通於君也殆危也彥或作盤

唯仁人放流之迸諸四夷不與同中國此謂唯仁人爲能

愛人能惡人放去惡人媢嫉之類者獨仁人能之如舜放四罪而天下咸服見賢而不能舉舉而不能先命也見不善而不能退退而不能遠過也命讀爲慢聲之誤也舉賢而不能使君以先己是輕慢於舉人也好人之所惡惡人之所好是謂拂人之性菑必逮夫身拂猶佹也逮及也是故君子有大道必忠信以得之驕泰以失之道行所由生財有大道生之者衆食之者寡爲之者疾用之者舒則財恒足矣是不務祿不肖而勉民以農也仁者以財發身不仁者以身發財發起也言仁人有財則務於施與以起身成其令名不仁之人有身貪於聚斂以起財務成富未有上好仁而下不好義者也未有

好義其事不終者也未有府庫財非其財者也〔言君行仁道則其臣必義以義舉事無不成者其爲誠然如己府庫之財爲己有也〕孟獻子曰畜馬乘不察於雞豚伐冰之家不畜牛羊百乘之家不畜聚斂之臣與其有聚斂之臣寧有盜臣此謂國不以利爲利以義爲利也〔孟獻子魯大夫仲孫蔑也畜馬乘謂以士初試爲大夫也伐冰之家卿大夫以上喪祭用冰百乘之家有采地者也雞豚牛羊民之所畜養以爲財利者也國家利義不利財盜臣損財耳聚斂之臣乃損義論語曰季氏富於周公而求也爲之聚斂非吾徒也小子鳴鼓而攻之可也〕長國家而務財用者必自小人矣〔言務聚財爲己用者必忘義是小人所爲也〕彼爲善之小人之使爲國家菑害並至雖有善者亦無如

之何矣彼君也君將欲以仁義善其政而使小人治其國家之事患難猥至雖云有善不能救之以其惡之已著也此謂國不以利爲利以義爲利也

禮記卷第十九

經三千四百三十二

注三千五百一十三

儀礼有冠礼冠義乃其傳也別録屬吉事

禮記卷第二十

冠義第四十三　　鄭氏注

凡人之所以爲人者，禮義也。禮義之始，在於正容體，齊顏色，順辭令。言人爲禮以此三者爲始。容體正，顏色齊，辭令順，而后禮義備。以正君臣，親父子，和長幼。言三始既備，乃可求以三行也。君臣正，父子親，長幼和，而后禮義立。立猶成也。故冠而后服備，服備而后容體正，顏色齊，辭令順。言服未備者，未可求以三始也。童子之服，采衣紒。故曰：冠者，禮之始也。是故古者聖王重冠。古者冠禮筮日筮賓，所以敬冠事；敬冠事所以重禮重禮所以爲國本也國以禮爲本故冠於阼以著代也醮於客位三加彌尊加有成也阼謂主人之北也適子冠於阼若不醴則醮用酒於客位敬而成之也户西爲客位庶子冠於房户外又因醮焉不代父也冠者初加緇布冠次加皮弁次加爵弁每加益尊所以益成也已冠而字之成人之道也字所以相尊也見於母母拜之見於兄弟兄弟拜之成人而與爲禮也玄冠玄端奠摯於君遂以摯見於鄉大夫鄉先生以成人見也鄉先生同鄉老而致仕者服玄冠玄端異於朝也成人之者將責成人禮焉也責成人禮焉者將責爲人子爲人弟爲人臣爲人少者之禮行焉將責四

儀礼有昏礼昏義乃其傳

者之行於人，其禮可不重與。言責人以大禮者，己接之不可以苟。故孝弟忠順之行立，而后可以爲人；可以爲人，而后可以治人也。故聖王重禮，故曰：冠者禮之始也，嘉事之重者也。是故古者重冠，重冠故行之於廟，行之於廟者，所以尊重事。尊重事而不敢擅重事，不敢擅重事，所以自卑而尊先祖也。嘉事，嘉禮也。宗伯掌五禮，有吉禮，有凶禮，有賓禮，有軍禮，有嘉禮，而冠屬嘉禮。周禮曰：以昏冠之禮親成男女也。

昏義第四十四　　鄭氏注

昏禮者，將合二姓之好，上以事宗廟，而下

六礼

婿親迎

婦至

以繼後世也故君子重之是以昏禮納采問名納吉納徵請期皆主人筵几於廟而拜迎於門外入揖讓而升聽命於廟所以敬愼重正昏禮也聽命謂主人聽使者所傳壻家之命父親醮子而命之迎男先於女也子承命以迎主人筵几於廟而拜迎于門外壻執鴈入揖讓升堂再拜奠鴈蓋親受之於父母也降出御婦車而壻授綏御輪三周先俟于門外婦至壻揖婦以入共牢而食合巹而酳所以合體同尊卑以親之也酌而無酬酢曰醮醮之禮如冠醮與其異者於

婦見舅姑

（寢耳壻御婦車輪三周御者代之壻自乘其車先道之歸也共牢而食合巹而酳成婦之義）敬慎重正，而后親之，禮之大體，而所以成男女之別，而立夫婦之義也。男女有別，而后夫婦有義；夫婦有義，而后父子有親；父子有親，而后君臣有正。故曰昏禮者，禮之本也。（言子受氣性純則孝孝則忠也）夫禮始於冠，本於昏，重於喪祭，尊於朝聘，和於射鄉，此禮之大體也。（始猶根也本猶幹也鄉鄉飲酒）

夙興，婦沐浴以俟見。質明，贊見婦於舅姑，婦執笄棗栗段脩以見，贊醴婦，婦祭脯醢，祭醴，成婦禮也。（成其爲婦之禮也贊醴婦當作禮聲之誤也）舅姑入室，婦以特豚饋明婦順也以饋明婦順者供養之禮主於孝順厥明舅姑共饗婦以一獻之禮奠酬舅姑先降自西階婦降自阼階以著代也言既獻之而授之以室事也降者各還其燕寢婦見及饋饗於適寢昏禮不言厥明此言之者容大夫以上禮多或異日成婦禮明婦順又申之以著代所以重責婦順焉也婦順者順於舅姑和於室人而后當於夫以成絲麻布帛之事以審守委積蓋藏室人謂女妐女叔諸婦也當猶稱也後言稱夫者不順舅姑不和室人雖有善者猶不爲稱夫也是故婦順備而后內和理內和理而后家可長久也故聖王重之順備者行和當事成審也是以古者婦人先嫁三月

推廣 天子王后

祖廟未毀、教于公宮、祖廟既毀、教于宗室、教以婦德、婦言、婦容、婦功、教成、祭之、牲用魚、芼之以蘋藻、所以成婦順也、謂與天子諸侯同姓者也嫁女者必就尊者教成之教之者女師也祖廟女所出之祖也公君也宗室宗子之家也婦德貞順也婦言辭令也婦容婉娩也婦功絲麻也祭之祭其所出之祖也魚蘋藻皆水物陰類也魚爲俎實蘋藻爲羹菜祭無牲牢告事耳非正祭也其齊盛用黍云君使有司告之宗子之家若其祖廟已毀則爲壇而告焉

古者天子后立六宮、三夫人、九嬪、二十七世婦、八十一御妻、以聽天下之內治、以明章婦順、故天下內和而家理、天子立六官、三公、九卿、二十七大夫、八十一元士、以聽天下之外治、以明章天

下之男教。故外和而國治。故曰。天子聽男教。后聽女順。天子理陽道。后治陰德。天子聽外治。后聽內職。教順成俗。外內和順。國家理治。此之謂盛德。〔天子六寢而六宮在後六官在前所以承副施外內之政也三夫人以下百二十人周制也三公以下百二十人似夏時也合而言之取其相應有象天數也內治婦學之法也陰德謂主陰事陰令也〕是故男教不脩。陽事不得。適見於天。日爲之食。婦順不脩。陰事不得。適見於天。月爲之食。是故日食。則天子素服而脩六官之職。蕩天下之陽事。月食。則后素服而脩六宮之職。蕩天下之陰事。故天子之與后。

儀礼有鄉飲酒礼，礼記有鄉飲酒義。儀礼尚賢，礼記尚齒。儀礼是與賢之飲酒，此鄉大夫所謂以礼〻賓者也；礼記是序齒。

猶日之與月，陰之與陽，相須而后成者也。適之言責也。食者，見道有虧傷也。蕩蕩，滌去穢惡也。天子脩男教，父道也；后脩女順，母道也。故曰天子之與后，猶父之與母也。故爲天王服斬衰，服父之義也；爲后服資衰，服母之義也。父母者，施教令於婦子者也，故其服同。資當爲齊，聲之誤也。

鄉飲酒義第四十五　鄭氏注

鄉飲酒之義：主人拜迎賓于庠門之外，入，三揖而后至階，三讓而后升，所以致尊讓也。庠，鄉學也。州黨曰序。盥洗揚觶，所以致絜也。揚，舉也。今禮皆作騰。拜至，拜洗，拜受，拜送，拜既，所以致敬也。拜至，謂始升時

之飲酒此黨正所謂以禮屬民而飲酒于序以正齒位者也鄉飲酒剛錄屬吉事

拜拜賓至尊讓絜敬也者君子之所以相接也君子尊讓則不爭絜敬則不慢不慢不爭則遠於鬭辨矣不鬭辨則無暴亂之禍矣斯君子之所以免於人禍也故聖人制之以道道謂此禮鄉人士君子尊於房戶之閒賓主共之也尊有玄酒貴其質也鄉人鄉大夫也士州長黨正也君子謂鄉大夫也鄉大夫士飲國中賢者亦用此禮也共尊者人臣卑不敢專大惠羞出自東房主人共之也羞燕私可以自專也洗當東榮主人之所以自絜而以事賓也絜猶清也賓主象天地也介僎象陰陽也三賓象三光也讓之三也象

大公曰三日成魄不成文理或云當作月三日而成明方是

月之三日而成魄也。四面之坐，象四時也。陰陽助天地養成萬物之氣也。三賓象天三光者，繫於天也。古文禮僎皆作遵。天地嚴凝之氣始於西南，而盛於西北，此天地之尊嚴氣也，此天地之義氣也。天地溫厚之氣始於東北，而盛於東南，此天地之盛德氣也，此天地之仁氣也。凝猶成也。主人者尊賓，故坐賓於西北，而坐介於西南以輔賓。賓者接人以義者也，故坐於西北。賓者接人以義，言賓來以成主人之德。主人者接人以仁，以德厚者也，故坐於東南，而坐僎於東北，以輔主人也。以僎輔主人，以其仕在官也。仁義接賓主有事俎豆有數曰聖聖立而將之以敬曰禮禮以體長幼曰德聖通也所以通賓主之意也將猶奉也德也者得於身也故曰古之學術道者將以得身也是故聖人務焉術猶藝也得身者謂成己令名免於刑罰也言學術道則此說賓賢能之禮祭薦祭酒敬禮也嚌肺嘗禮也啐酒成禮也於席末言是席之正非專爲飲食也爲行禮也此所以貴禮而賤財也卒觶致實於西階上言是席之上非專爲飲食也此先禮而後財之義也先禮而後財則民作敬讓而不爭矣非專爲飲食言主於相敬以禮也致實謂盡酒也酒

爲觴賓祭薦祭酒嚌肺於席中唯啐酒於席末也鄉飲酒之禮，六十者坐，五十者立侍，以聽政役，所以明尊長也。六十者三豆，七十者四豆，八十者五豆，九十者六豆，所以明養老也。民知尊長養老，而后乃能入孝弟。民入孝弟，出尊長養老，而后成教，成教而后國可安也。君子之所謂孝作教者，非家至而日見之也。合諸鄉射，教之鄉飲酒之禮，而孝弟之行立矣。此說鄉飲酒謂黨正國索鬼神而祭祀則以禮屬民而飲酒于序以正齒位之禮也其鄉射則州長春秋以禮會民而射于州序之禮也謂之鄉者州黨鄉之屬也或則鄉之所居州黨鄉大夫親爲主人焉如今郡國下令長於鄉射飲酒從大守相臨之禮也孔子曰：吾觀於鄉而知王道之易易也（鄉鄉飲酒也易易謂教化之本尊賢尚齒而已）主人親速賓及介而衆賓自從之至于門外主人拜賓及介而衆賓自入貴賤之義別矣（速謂即家召之別猶明也）三揖至于階三讓以賓升拜至獻酬辭讓之節繁及介省矣至于衆賓升受坐祭立飲不酢而降隆殺之義辨矣（繁猶盛也小減曰省辨猶別也尊者禮隆卑者禮殺尊卑別也）工入升歌三終主人獻之笙入三終主人獻之間歌三終合樂三終工告樂備遂出一人揚觶乃立司正焉知其能和樂而不流也（工謂樂正也樂正既告備而降言遂出者自此至去不復

升也流猶失禮也立司正以正禮則禮不失可知一人或爲二人賓酬主人，主人酬介，介酬衆賓，少長以齒，終於沃洗者焉，知其能弟長而無遺矣。遺猶脫也忘也降，說屨升坐，脩爵無數。飲酒之節，朝不廢朝，莫不廢夕。賓出，主人拜送，節文終遂焉，知其能安燕而不亂也。朝夕朝莫聽事也不廢之者既朝乃飲先夕則罷其正也終遂猶充備也貴賤明，隆殺辨，和樂而不流，弟長而無遺，安燕而不亂，此五行者，足以正身安國矣。彼國安而天下安，故曰：吾觀於鄉，而知王道之易易也。

鄉飲酒之義，立賓以象天，立主以象地，設

介僎以象日月立三賓以象三光古之制禮也經之以天地紀之以日月參之以三光政教之本也日出於東僎所在也月生於西介所在也三光三大辰也天之政教出於大辰焉亨狗於東方祖陽氣之發於東方也祖猶法也狗所以養賓陽氣主養萬物洗之在阼其水在洗東祖天地之左海也海水之委也尊有玄酒教民不忘本也大古無酒用水而已賓必南鄉東方者春春之爲言蠢也產萬物者聖也南方者夏夏之爲言假也養之長之假之仁也西方者秋秋之爲言愁也愁之以時察守義者也北方者

冬冬之爲言中也中者藏也是以天子之立也左聖鄉仁右義偝藏也春猶蠢也蠢動生之貌也聖之言生也假大也愁讀爲揫揫斂也察猶察察嚴殺之貌也南鄉鄉仁貴長大萬物也察或爲殺介必東鄉介賓主也獻酬之禮主人將西賓將南介覼其間也主人必居東方東方者春春之爲言蠢也產萬物者也主人者造之產萬物者也言禮之所共由主人出也月者三日則成魄三月則成時是以禮有三讓建國必立三卿三賓者政教之本禮之大參也言禮者陰也大數取法於月也

別錄屬吉事
射禮之傳

射義第四十六　鄭氏注

古者諸侯之射也必先行燕禮卿大夫士之射也必先行鄉飲酒之禮故燕禮者所以明君臣之義也鄉飲酒之禮者所以明長幼之序也（言別尊卑老穉乃後射以觀德行也）故射者進退周還必中禮內志正外體直然後持弓矢審固持弓矢審固然後可以言中此可以觀德行矣（內正外直習於禮樂有德行者也正鵠之名出自此也）其節天子以騶虞爲節諸侯以貍首爲節卿大夫以采蘋爲節士以采蘩爲節騶虞者樂官備也貍首者樂會時也采蘋者樂循法也采蘩者樂

不失職也是故天子以備官爲節諸侯以時會天子爲節卿大夫以循法爲節士以不失職爲節故明乎其節之志以不失其事則功成而德行立德行立則無暴亂之禍矣功成則國安故曰射者所以觀盛德也騶虞采蘋采蘩今詩篇名貍首逸下云曾孫侯氏是也樂官備者謂騶虞曰壹發五豝喻得賢者多也于嗟乎騶虞歎仁人也樂會時者謂貍首曰小大莫處御于君所樂循法者謂采蘋曰于以采蘋南澗之濱循澗以采蘋喻循法度以成君事也樂不失職者謂采蘩曰被之童童夙夜在公

是故古者天子以射選諸侯卿大夫士射者男子之事也因而飾之以禮樂也故事之盡禮樂而可數爲以

立德行者莫若射故聖王務焉選士者先考德行乃後決之於射男子生而有射事長學禮樂以飾之是故古者天子之制諸侯歲獻貢士於天子天子試之於射宮其容體比於禮其節比於樂而中多者得與於祭其容體不比於禮其節不比於樂而中少者不得與於祭數與於祭而君有慶數不與於祭而君有讓數有慶而益地數有讓而削地故曰射者射為諸侯也歲獻獻國事之書及計偕物也三歲而貢士舊説云大國三人次國二人小國一人是以諸侯君臣盡志於射以習禮樂夫君臣習禮樂而以流亡者

未之有也流猶放也書曰流共工于幽州故詩曰曾孫侯氏四正具舉大夫君子凡以庶士小大莫處御于君所以燕以射則燕則譽言君臣相與盡志於射以習禮樂則安則譽也是以天子制之而諸侯務焉此天子之所以養諸侯而兵不用諸侯自爲正之具也此曾孫之詩諸侯之射節也四正正爵四行也四行者獻賓獻公獻卿獻大夫乃後樂作而射也莫處無安居其官次者也御猶侍也以燕以射先行燕禮乃射也則燕則譽言國安則有名譽譽或爲與孔子射於矍相之圃蓋觀者如堵牆矍相地名也樹菜蔬曰圃射至於司馬使子路執弓矢出延射曰賁軍之將亡國之大夫

家語此段無不字止云在此位也文公曰吕与叔作豈不在此位也是後看家語乃無不字當從之

與爲人後者不入其餘皆入蓋去者半入者半先行飲酒禮將射乃以司正爲司馬子路執弓矢出延射則爲司射也延進也出進觀者欲射者也賁讀爲僨僨猶覆敗也亡國亡君之國者也與猶奇也後人者一人而已既有爲者而往奇之是貪財也子路陳此三者而觀者畏其義則或去也延或爲誓又使公罔之裘序點揚觶而語公罔之裘揚觶而語曰幼壯孝弟耆耋好禮不從流俗脩身以俟死者不在此位也蓋去者半處者半序點又揚觶而語曰好學不倦好禮不變旄期稱道不亂者不在此位也蓋僅有存者之發聲也射畢又使此二人舉觶者古者於旅也語語謂說義理也三十曰壯耆耋皆老也流俗失俗也處猶留也八十九十曰旄百年曰期頤稱猶言也行也者不言有此行不可以在此賓位

文公曰射中則得爲諸侯不中則不得爲諸侯此等語皆難信書謂庶頑讒說侯以明之雖中間若有擇之能又如何分別疑

也序點或爲徐點壯或爲將旄期或爲旄勤今禮揚皆作騰

射之爲言者。繹也。或曰舍也。繹者各繹己之志也。故心平體正。持弓矢審固。持弓矢審固。則射中矣。故曰爲人父者。以爲父鵠。爲人子者。以爲子鵠。爲人君者。以爲君鵠。爲人臣者。以爲臣鵠。故射者各射己之鵠。故天子之大射謂之射侯。射侯者。射爲諸侯也。射中則得爲諸侯。射不中。則不得爲諸侯。大射將祭擇士之射也以爲某鵠者將射還視侯中之時意曰此鵠乃爲某之鵠吾中之則成人不中之則不成人也得爲諸侯謂有慶也不得爲諸侯謂有讓也天子將祭必先習射於澤。澤者。所以擇士也。已射

大意略以射審形事以此去取也

於澤而后射於射宮射中者得與於祭不中者不得與於祭不得與於祭者有讓削以地得與於祭者有慶益以地進爵絀地是也（澤宮名也士謂諸侯朝者諸臣及所貢士也皆先令習射於澤已乃射於射宮課中否也諸侯有慶者先進爵有讓者先削地）故男子生桑弧蓬矢六以射天地四方天地四方者男子之所有事也故必先有志於其所有事然後敢用穀也飯食之謂也（男子生則設弧於門左三日負之人爲之射乃卜食子也）射者仁之道也射求正諸己己正而后發發而不中則不怨勝己者求反諸己而已矣（諸猶於也）孔子曰君子

無所爭必也射乎揖讓而升下而飲其爭也君子必也射乎言君子至於射則有爭也下降也飲射爵者亦揖讓而升降勝者袒決遂執張弓不勝者襲說決拾卻左手右加弛弓於其上而升飲君子恥之是以射則爭中

孔子曰射者何以射何以聽循聲而發發而不失正鵠者其唯賢者乎若夫不肖之人則彼將安能以中何以言其難也聲謂樂節也畫曰正棲皮曰鵠正之言正也鵠之言梏也梏直也言人正直乃能中也發或爲射

詩云發彼有的以祈爾爵祈求也求中以辭爵也酒者所以養老也所以養病也求中以辭爵者辭養也發猶射也的謂所射之識也言射的必欲中之者以求不飲女爵也辭養讓見養也爾或爲有

儀礼有燕礼
燕義其傳也
別録屬吉事

燕義第四十七　鄭氏注

古者周天子之官有庶子官，庶子官職諸侯卿大夫士之庶子之卒，掌其戒令與其教治，別其等，正其位。職主也。庶子猶諸子也。周禮諸子之官，司馬之屬也。卒讀皆爲倅。諸子，副代父者也。戒令，致於大子之事。教治，脩德學道。位，朝位也。國有大事，則率國子而致於大子，唯所用之。若有甲兵之事，則授之以車甲，合其卒伍，置其有司，以軍法治之，司馬弗正。國子，諸子也。軍法，百人爲卒，五人爲伍。弗，不也。國子屬大子，司馬雖有軍事，不賦也。凡國之政事，國子存游卒，使之脩德學道，春合諸學，秋合諸射，以考其藝而進退

燕礼始此

之游卒未仕者也學大學也射射宮也燕禮有庶子官是以義載此以爲說諸侯燕禮之義君立阼階之東南南鄉爾卿大夫皆少進定位也君席阼階之上居主位也君獨升立席上西面特立莫敢適之義也定位者爲其始入蹴踖揖而安定也設賓主飲酒之禮也使宰夫爲獻主臣莫敢與君亢禮也不以公卿爲賓而以大夫爲賓爲疑也明嫌之義也賓入中庭君降一等而揖之禮之也設賓主者飲酒致歡也宰夫主膳食之官也天子使膳宰爲主人公孤也疑自下上至之辭也公卿尊矣復以爲賓則尊與君大相近君舉旅於賓及君所賜爵皆降再拜稽首升成拜明臣禮

爾与邇同

也君荅拜之禮無不荅明君上之禮也臣下竭力盡能以立功於國君必報之以爵祿故臣下皆務竭力盡能以立功是以國安而君寧禮無不荅言上之不虛取於下也上必明正道以道民民道之而有功然後取其什一故上用足而下不匱也是以上下和親而不相怨也和寧禮之用也此君臣上下之大義也故曰燕禮者所以明君臣之義也言聖人制禮因事以託政臣再拜稽首是其竭力也君荅拜之是其報以祿惠也

席小卿次上卿大夫次小卿士庶子以次

儀禮有聘禮聘義其傳也別錄屬吉事秀岩李氏曰聘義其有則大戴禮朝事篇之文其尾則荀子法行篇中語也

就位於下獻君君舉旅行酬而后獻卿卿舉旅行酬而后獻大夫大夫舉旅行酬而后獻士士舉旅行酬而后獻庶子俎豆牲體薦羞皆有等差所以明貴賤也（牲體俎實也薦謂脯醢也羞庶羞也）

聘義第四十八

鄭氏注

聘禮上公七介侯伯五介子男三介所以明貴賤也（此皆使卿出聘之介數也大行人職曰凡諸侯之卿其禮各下其君二等）介紹而傳命君子於其所尊弗敢質敬之至也（質謂正自相當）三讓而后傳命三讓而后入廟門三揖

而后至階三讓而后升所以致尊讓也此揖讓主
謂賓也三讓而後傳命賓至廟門主人請事時也賓見主人陳擯以大客禮當己則三讓之不得命乃傳其君之聘命也三讓而後
入廟門讓主人廟受也小行人職曰凡四方之使者大客則擯小客則受其幣聽其辭君使士迎于
竟大夫郊勞君親拜迎于大門之內而廟
受北面拜貺拜君命之辱所以致敬也貺賜也賓
致命公當楣再拜拜聘君之恩惠辱命來聘者也敬讓也者君子之所以
相接也故諸侯相接以敬讓則不相侵陵
君子之相接賓讓而主人敬也卿爲上擯大夫爲承擯士爲紹
擯君親禮賓賓私面私覿致饔餼還圭璋
賄贈饗食燕所以明賓客君臣之義也設大禮則

賓客之也或不親而使臣則爲君臣也故天子制諸侯比年小聘三年大聘相厲以禮使者聘而誤主君弗親饗食也所以愧厲之也諸侯相厲以禮則外不相侵內不相陵此天子之所以養諸侯兵不用而諸侯自爲正之具也比年小聘所謂歲相問也三年大聘所謂殷相聘也以圭璋聘重禮也已聘而還圭璋此輕財而重禮之義也諸侯相厲以輕財重禮則民作讓矣圭璋也尊圭璋之類也用之還之皆爲重禮禮必親之不可以已之有過復之也財謂璧琮享幣也受之爲輕財者財可遥復重賄反幣是也主國待客出入三積餼客於舍五牢之具陳於內米三十車

禾三十車芻薪倍禾皆陳於外乘禽日五雙羣介皆有饟牢壹食再饗燕與時賜無數所以厚重禮也（厚重禮厚此聘禮也）古之用財者不能均如此然而用財如此其厚者言盡之於禮也盡之於禮則內君臣不相陵而外不相侵故天子制之而諸侯務焉爾（不能均如此言無則從其實也言盡之於禮欲令富者不得過也）聘射之禮至大禮也質明而始行事日幾中而后禮成非強有力者弗能行也故強有力者將以行禮也（禮成禮畢也或曰行成）酒清人渴而不敢飲也肉乾人飢而

不敢食也曰莫人倦齊莊正齊而不敢解
情以成禮節以正君臣以親父子以和長
幼此衆人之所難而君子行之故謂之有
行有行之謂有義有義之謂勇敢故所貴
於勇敢者貴其能以立義也所貴於立義
者貴其有行也所貴於有行者貴其行禮
也故所貴於勇敢者貴其敢行禮義也故
勇敢強有力者天下無事則用之於禮義
天下有事則用之於戰勝用之於戰勝則
無敵用之於禮義則順治外無敵內順治

荀子亦引此章微不同

此之謂盛德。故聖王之貴勇敢強有力如此也。勇敢強有力而不用之於禮義戰勝，而用之於爭鬭，則謂之亂人。刑罰行於國，所誅者亂人也。如此，則民順治而國安也。勝克敵也，或爲陳

子貢問於孔子曰：「敢問君子貴玉而賤珉者何也？爲玉之寡而珉之多與？」珉石似玉，或作玟也孔子曰：「非爲珉之多故賤之也，玉之寡故貴之也。夫昔者君子比德於玉焉：溫潤而澤，仁也；色柔溫潤似仁也，潤或爲濡縝密以栗，知也；縝緻也，栗堅貌廉而不劌，義也；劌傷也，義者不苟傷人也垂之如墜，禮也；禮尚謙卑

此下亂無

別錄投壺第例及冠義以下至聘義皆屬吉事

李氏別錄無此篇鄭氏目錄說屬喪服與忠除此篇太半皆是

叩之其聲清越以長其終詘然樂也樂作則有聲止則無也越猶揚也詘絕止貌也樂記曰止如槀木瑕不揜瑜瑜不揜瑕忠也瑕玉之病也瑜其中閒美者玉之性善惡不相揜似忠也孚尹旁達信也孚讀爲浮尹讀如竹箭之筠浮筠謂玉采色也采色旁達不有隱翳似信也孚或作姇或爲扶氣如白虹天也精神見于山川地也精神亦謂精氣也虹天氣也山川地所以通氣也圭璋特達德也特達謂以朝聘也辟琮則有幣惟有德者無所不達不有須而成也天下莫不貴者道也道者人無不由之詩云言念君子溫其如玉故君子貴之也言我也貴玉者以其似君子也

喪服四制第四十九　鄭氏注

凡禮之大體體天地法四時則陰陽順人

戴礼記命篇之文

恩制

義制

情故謂之禮訾之者是不知禮之所由生也（禮之言體也故謂之禮言大有法則而生也口毀曰訾）夫禮吉凶異道不得相干取之陰陽也（吉禮凶禮異道謂衣服容貌及器物也）喪有四制變而從宜取之四時也有恩有理有節有權取之人情也恩者仁也理者義也節者禮也權者知也仁義禮知人道具矣（取之四時謂其數也取之人情謂其制也）其恩厚者其服重故爲父斬衰三年以恩制者也（服莫重斬衰也）門內之治恩揜義門外之治義斷恩資於事父以事君而敬同貴貴尊尊義之大者也故爲君亦斬衰三

八者權制　一父在爲母二童子婦人三言而后事行者四身自執事者五禿者六傴者七跛者八老病者　權制

年以義制者也資猶操也貴貴謂爲大夫君也尊尊謂爲天子諸侯也三日而食三月而沐期而練毀不滅性不以死傷生也喪不過三年苴衰不補墳墓不培祥之日鼓素琴告民有終也以節制者也資於事父以事母而愛同天無二日土無二王國無二君家無二尊以一治之也故父在爲母齊衰期者見無二尊也食食粥也沐謂將虞祭時也補培猶治也鼓素琴始存樂也三年不爲樂樂必崩杖者何也爵也三日授子杖五日授大夫杖七日授士杖或曰擔主或曰輔病婦人童子不杖不能病也百官

備百物具不言而事行者扶而起言而后事行者杖而起身自執事而后行者面垢而已禿者不髽傴者不袒跛者不踊老病不止酒肉凡此八者以權制者也五日七日授杖謂爲君喪也扶而起謂天子諸侯也杖而起謂大夫士也面垢而已謂庶民也髽婦人也男子免而婦人髽髽或爲免始死三日不怠三月不解期悲哀三年憂恩之殺也聖人因殺以制節不怠哭不絶聲也不解不解衣而居不倦息也此喪之所以三年賢者不得過不肖者不得不及此喪之中庸也王者之所常行也書曰高宗諒闇三年不言善之也諒古作梁楣謂之梁闇讀如鶉鵪之鵪闇

謂廬也廬有梁者所謂柱楣也王者莫不行此禮何以獨善之
也曰高宗者武丁武丁者殷之賢王也繼
世即位而慈良於喪當此之時殷衰而復
興禮廢而復起故善之善之故載之書中
而高之故謂之高宗三年之喪君不言書
云高宗諒闇三年不言此之謂也然而曰
言不文者謂臣下也言不文者謂喪事辨不所當共也孝經説曰言不文者指小民也
禮斬衰之喪唯而不對齊衰之喪對而不
言大功之喪言而不議緦小功之喪議而
不及樂此謂與賓客也唯而不對侑者爲之應耳言謂先發口也父母之喪衰冠

繩纓菅屨三日而食粥三月而沐期十三月而練冠三年而祥比終茲三節者仁者可以觀其愛焉知者可以觀其理焉強者可以觀其志焉禮以治之義以正之孝子弟弟貞婦皆可得而察焉仁有恩者也理義也察猶知也

禮記卷第二十終　經五千三百三十二字　注二千九百八十一字

凡二十萬一千九百九十二字　經九萬七千七百五十九字　注一十萬四千二百三十三字

此撫州公使庫刻本禮記是南宋淳熙四年官書於今日為最古矣未有名銜一紙裝匠誤分入釋文首不知者輒認以爲舊監本非也

嘉慶丙寅 顧廣圻題

近張古餘太尊閣正重彫行世嘉惠學子盡成先從兄收藏此書之志良可感也若古香馞馥原本獨絶我小讀書堆中其永之寶之哉澗蘋并記

宋撫州本禮記

第四册

漢 鄭玄注 唐 陸德明釋文

宋淳熙四年撫州公使庫刻本（清顧廣圻跋）

山東人民出版社·濟南

禮記釋文

唐國子博士兼太子中允贈齊州刺史吳縣開國男陸　德明　撰

曲禮第一 本或作曲禮上者後人加也檀弓雜記放此曲禮者是儀禮之舊名委曲說禮之事

禮記 此記二禮之遺闕故名禮記

鄭氏注

毋不敬 音無說文云止之詞其字從女內有一畫象有姦之形禁止之勿令姦古人云毋猶今人言莫也案毋字與父母字不同俗本多亂讀者皆朱點母字以作無音非也後放此疑者特復音之 嚴 魚撿反本亦作儼同矜莊皃 若思 如字徐息嗣反 矜莊 居冰反 樞機 昌朱反 敖 五報反慢也王肅五高反遨遊也 不可長 丁丈反盧植馬融王肅並直良反 欲不 如字一音喻 可從 足用反放也縱也 樂不 舊音洛皇侃音岳 可極 如字皇紀力反 桀 其列反夏之末主名癸 紂 直丑反殷之末主名辛 狎而 户甲反習也近也 近也 附近之近下注內不出者皆同 貴儆 音戚本亦作戚

誣人音無後並同　有畜勑六反　以賙音周　樂氏音岳謂宋司城樂喜　有害如字本亦作難乃旦反　咎犯其久反　重耳直龍反　爲傷于僞反下爲傷爲近皆同　臨難乃旦反　很胡懇反閱也　勝舒證反　分扶問反　鬩呼暦反猶鬬也　謂爭爭鬬之爭下文皆同　傷知音智　若夫方于反丈夫也　如齊側皆反本亦作齋音同注同　士丐本亦作匃音蓋　乃還音旋後放此　使從色吏反　牲幣徐扶世反　弗享許兩反　夫禮者音扶凡發語之端皆然後放此　親疏所居反或作踈　洟徐古穴反　嫌疑户恬反　別同彼列反下注下文同　說人音悅又始悅反注同　佞乃定反口才曰佞　媚眉忌反意向曰媚　不辭本又作詞同說文以詞爲言詞之字辭不受也後皆放此　費芳味反言而不行爲辭費　侵侮徐亡撫反輕慢也　不好呼報反注同　善行下孟反下行脩同　取於人舊七樹反謂趣就師求道也皇如字謂取師之道　取人如字謂制師使從己　辯訟皮勉反徐方勉

反君臣上下上謂公卿下謂大夫士宦學音患班朝直遙反涖官本亦作莅徐音利沈力二反又力位反臨也禱丁老反鄭云求福曰禱祠音詞求得曰祠共給音恭本或作供不莊側良反徐側亮反學或爲御鄭此注爲見他本也後放此撙節祖本反趨也猶趨七俱反就也向也嬰本或作鸚厄耕反母本或作鵡同音武諸葛恪茂后反不離力智反下同狌狌本又作猩音生禽獸盧本作走獸聚麀音憂牝鹿也鹿牝頻忍反徐扶盡反舊扶死反大上音泰注同大上謂三皇五帝之世施而始豉反下文同負販方万反輕恌吐彫反好禮呼報反下同不懾之涉反怯也惑也猶怯丘劫反何胤云憚所行爲怯冠古亂反曰艾五蓋反老也謂蒼艾色也一音刈治也曰耆渠夷反賀瑒云至也至老境也不與音預而傳直專反沈丁戀反八十九十曰旄本又作耄同亡報反惛忘也注同本或作八十曰耋九十曰旄後人妄加之惛音昏

一音呼囷反忘也亡亮反又如字將知音智曰悼徒報反謂可憐愛也期頤羊時反養
也猶要於遙反又如字下同養道羊尚反又如字猶聽吐丁反後可以意求皆不音勞
苦如字又力報反坐乘繩證反稱也尺證反長者丁丈反下皆同必操
七刀反而夏遐嫁反清七性反字從冫水冷也本或水旁作非也牀衽而審反徐而鴆反席
也儕仕皆反等也沈才詣反四皓户老反四皓園公綺季夏黄公角里先生早遠于万反僚
友本又作寮了彫反同官者其弟大計反下注同之行下孟反必告古毒反冠
工喚反惇行都溫反差退初佳反徐初宜反主奧烏報反西南隅也沈於六反尊
麄昌慮反下同棖直衡反闑也闑魚列五結二反以上時掌反凡言以上皆放此食音嗣
饗本又作享香兩反爲概古愛反量也饌具士戀反爲其于僞反下注除不爲
孤皆同苟訾音紫毀也沈又將知反君子樂音洛瞑本亦作冥莫定反下同爲

卒七忽反 不純諸允反又之閏反純緣也下及注皆同 純緣悅絹反 縞冠古老反沈
又古到反 素紕婢支反徐補移反 早喪息浪反 適子丁歷反 常視音示 無
誑本或作誆同九況反欺也 不衣於既反下同 大温音泰徐他佐反 便婢面反 易也
以豉反 提大兮反 攜户圭反 手奉芳勇反又扶恭反下及注奉扃奉席奉箕皆同 辟匹亦反側
也徐芳益反沈扶赤反注同 咡徐如志反口旁也何云口耳之間曰咡 挾之音協 掩口於檢反 鄉
尊許亮反本又作嚮後文注皆同 屏氣必領反 從於才用反下皆同 拱手俱勇反 而
上時掌反下同 不呼火故反號叫也 謦内京領反 二屨紀具反單下曰屨 言
聞音問又如字下同 視必常止反下同徐音示沈又市志反 奉扃古螢反何云關也一云門
扃上鐶鈕 瞻無徐如字 户闔胡臘反 不拒其庶反 毋踖在亦反一音席蹴也 摳
衣苦矦反提也下及注同 趨隅七俱反向也注同本又作走徐音奏又如字 慎唯于癸反應辭也

注同徐于比反沈以水反諾乃各反乃應應對之應由闑魚列反門橛也門橛求月反門中木閾于逼反一音況域反門限也下賓遐嫁反敷也芳夫反道之音導復就音服後此音更不重出拾依注音涉級音急階等躡女攝反之併步頂反以上時掌反下皆同重直勇反徐治恭反蹉本亦作差同七何反跌大結反相過古卧反後不音者放此帷薄位悲反帷幔也薄平博反簾也爲其于僞反下並同迫也音伯上介音界並坐如字又步頂反後放此横肱古弘反不跪求委反本又作危授坐本又作俛仰凡爲于僞反攘本又作糞徐音奮掃席前曰攘加帚之手反於箕音基膺於陵反葉如字箕舌以袂武世反衣袖末拘而古侯反徐音俱謂掃先報反又先早反擁帚於勇反而扱依注音吸許急反斂也箕去丘呂反下注同如橋居廟反井上桔槔令左力呈反卬本又作昂又作仰同五剛反又魚丈反下同挈本又

作契又作絜同音結皐古毫反挈皐依字作桔槔見莊子請衽而審反臥席也何趾音止坐

在才臥反又如字函胡南反容也丈如字丈尺之丈王肅作杖指畫胡麥反於牖羊九

反重席直龍反注同再辭曰固一本作曰固辭不恙羊尚反爾雅云恙憂也所

爲于僞反下同無怍才洛反慙也去齊音咨注同本又作齋謂裳下緝下緝七立反

毋撥半末反發揚毋蹶本又作蹷居衞反又求月反行急遽皃行遽其據反書

筴本又作策初華反編簡也盡後津忍反後放此爲汙汙辱之汙又一故反後放此毋儳

徐仕鑒反又蒼鑒反又蒼陷反暫也旣說音悅毋勦初交反一音初教反擥取說如字注同徐舒銳反

擥也徐力敢反應也應對之應下同侍坐才臥反後放此篇卷音卷徐久戀反唯

而于癸反徐于比反注同爲有于僞反下爲饌同不見賢遍反跋半末反本也則

去起呂反下風去免去同燼多才信反有厭於豔反下同不叱尺質反狗古口

反風去方鳳反 不唾吐臥反 有穢紆廢反徐烏外反 惡也烏路反 欠丘劒反

反 伸音身 撰仕轉反猶持也 杖屨紀具反下同 日蚤音早 莫音暮 離席

力智反 必令力呈反 少閒音閑注同 探人音貪 耳屬之玉反 于垣音袁

毋噭古弔反 淫視如字徐市志反 毋倨音據 毋跛彼義反又波我反徐方寄反偏

任也 毋髢徒細反髢垂如髢 毋袒徒旱反露也 毋褰起連反 皆爲于僞反下

爲妨爲于皆爲爲其爲後同 號户高反本又作嗁字 呼火故反又如字 睇大計反 眄莫遍反

伏覆芳伏反 髲皮義反 袪丘魚反 爲肆以二反餘也 不上時掌反 爲

妨音芳 猶著丁略反 同椸羊支反衣架也 枷本又作架徐音稼古本無此字 巾櫛

側乙反 嫂叔字又作㛮素早反 漱裳悉侯反澣也 於梱本又作閫苦本反門限也 重

別彼列反下及注同 澣也户管反 行媒音梅 不相知本或作不相知名名衍字耳

傳昬直專反 判妻普叛反 齊戒側皆反 取妻七住反本亦作娶下賀取妻同

非媵羊證反又繩證反 本繫音計又户計反 有見賢遍反 辟嫌音避本亦作避下同餘皆放此 筋力音斤 黑臀徒孫反 指擿徐吐歷反或音的 爲醫於其反

二十冠古亂反 許嫁笄古兮反 左殽户交反孰肉有骨曰殽 右胾側吏反大臠

食居音嗣飯也注食飯屬同徐音自 羹居古衡反舊音衡 皆便婢面反下同

其近如字 膾古外反 炙章夜反注同 醢徐音海本又作醯呼兮反 醬子匠反 葱

渫以利反烝葱也 烝之承反 酒漿子羊反字亦作將 客燕本亦作宴於遍反 宜

放方兩反 公食音嗣此儀禮篇名也後放此下文及注執食同 左朐其俱反屈中曰朐 客

祭禮飲食必祭示有所先也干寶注周禮云祭五行六陰之神與人起居 延道音導 徧祭

音遍下注同 魚腊音昔 湇醬音泣 三飯符晚反下注禮飯以手同依字書食旁作卞扶

万反食旁作反符晚反二字不同今則混之故隨俗而音此字后辯音遍下同酳音胤又士覲反嗽口也以酒曰
酳以水曰嗽親饋徐其類反爲于僞反汗下半反本或作汙挼乃禾反沇耳佳反莎息禾
反沇又息隨反毋摶徒端反爲欲于僞反下皆同去手起呂反流歠川悅反
毋咤陟嫁反吒咤也毋齧五結反固獲並如字徐云鄭橫霸反專之曰固爭取曰獲一音護
飰黍扶晚反以箸直慮反說文云飯攲也嚃他荅反一音吐計反又音退不嚼菜也不
嚼疾略反又亭略反絮勑慮反調也謂加以鹽梅也毋刺七亦反弄魯凍反淡
度敢反能烹普彭反煑也辭以窶其禹反貧也濡肉音濡字亦作濡斷
也音短嘬初怪反炙章夜反臠也力轉反少牢徐式照反凡少牢皆同
嚌之才細反卒食子恤反後更不音者同齏本又作齏將兮反相者
息亮反注同鄉音向少者式召反下皆同未釂子妙反盡也先尊悉薦反又如字

亢禮苦浪反　僮僕音同　其核户華反　𤃩者古愛反　重汙直勇反徐治龍反　陶梓音桃瓦器也沈音遥　萑竹音丸葦也　傳己直專反　侑曰音又　餕餘子閏反食餘曰餕　重殺直龍反　偶坐五口反配也一曰副貳也下才臥反又如字　用梜古協反沈又音甲字林作筴云著也公洽反　梜箸直慮反　為天于僞反下同　削息略反　瓜古華反　副之普逼反四析也　絺勑宜反細葛　副析星歷反下同　橫斷音短下同　華之胡瓜反中裂　以綌去逆反麤葛　累之力果反一音如字　倮也力果反沈胡瓦反　疐之音帝　去疐丘呂反　齕之恨没反徐胡切反　冠者如字徐古亂反　不為如字徐于僞反　不惰徒禾反一音徒卧反　私好呼報反　至矧本又作哂天忍反又詩忍反齒本也　不至詈力智反罵詈　則見賢遍反　水潦音老雨水謂之潦　拂其本又作佛扶弗反下同戾也　為其于僞反下為其同　喙害

呼發反又陟遣反又知胄反又丁角反 佛戾力計反 竹籠力東反 以冒莫報反 畜
鳥許六反養也徐況又反 則馴似遵反狎也徐食倫反沈養純反 筴綏音雖執以登車
者 胄直又反 兜鍪 操右七刀反持也下及注皆同 右契苦計反 操量音亮一音
良斗斛 鼓隱義云樂浪人呼容十二石者爲鼓 醬齊本又作齏同子兮反 便也婢面反
鎧苦愛反 兜丁侯反 鍪莫侯反 券要字又作絭音勸 凡遺于季反與
也注同 弛弓本又作施同式是反謂不張也注同 隤然本又作頹徒回反順皃 承坿
音撫把中也徐音甫下同 弭頭亡婢反弓末也 耶也似嗟反 把中音霸手執處也 垂
帨徐始銳反佩巾 磬徐苦定反 折徐時列反又之列反沈云舊音逝 還辟 辟拜
上辟扶亦反下辟音避注同 覆手芳服反 與音餘 其鐏在困反舊子困反銳底曰
鐏注同一讀注音作管反 予戟本又作鉾音謀兵器 其鐓本又作錞徒對反平底曰鐓注同一讀注

丁亂反 鋭以稅反 底丁禮反 拂之如字 所馮皮冰反 去塵起呂反 效

馬胡教反呈見也下同 手便婢面反 呈見賢遍反 犬齛本亦作噬常世反

以繢胡對反畫也 以掬九六反手中也兩手曰掬 弗揮音輝何云振去餘酒曰揮 肥

也七歲反 苞苴子餘反苞裹也苴藉也 簞音單 笥思嗣反字林先自反沈息里反 簞笥

竹器也圜曰簞方曰笥 裹魚音果 以葦韋鬼反 盛飯音成 圜曰音員 如

使色吏反注及下使者使也並同 凡為于偽反下注為其廢喪事並同 為哀樂 朝服直遥反

強識如字又式異反 善行下孟反皇如字 怠音代 昭穆時招反 幼少式召

反 乘必繩證反下注二處乘車同 齊者側皆反 哀樂音洛下無容樂非樂所同 思

也絲嗣反又如字 毀瘠在昔反瘦也 骨見賢遍反 由阼才故反 門隧

音遂道也 有創初良反又初亮反 瘍音羊本或作痒 有不勝音升 任也而金反

衰麻七雷反數也所主反下皆同殯必刃反下同斂力驗反下同貶於彼檢反字林方犯反者傷如字下同舊式亮反能賻音附公羊傳曰錢財曰賻穀梁傳曰歸生者曰賻不問其所費芳味反一本作有所費下句放此能遺于季反與也皆爲于僞反下爲其皆同登龍力勇反冢也塋域音營執紼音弗引棺索引棺本亦作引車索悉各反望柩求又反入臨如字舊力鴆反舂束容反不相息亮反注同送杵聲杵昌呂反由徑經定反邪路也不辟音避本亦作避下注同內荏而審反柔弱皃心很胡墾反小俛音免禮不下遐嫁反又如字遽於其庶反沈又其於反不上時掌反不與音預車綏耳隹反則戴音戴本亦作戴下及注同塵埃烏來反鳴鳶悅專反鴟也車騎其寄反有摯音至貔婢支反徐扶夷反孔安國云貔執夷虎屬皆猛健貅本亦作貅許求反以虛虯反貔貅摯獸以人

警音景師從才用反下同行列戶剛反招搖並如字北斗第七星急繕依注
音勁吉政反軍陳直覲反杓端數招反徐必遙反分也扶問反之讎常由反
多壘徐力軌反又力水反軍壁軍辟本又作辟布狄反數見色角反爲無于僞
反下爲不爲其爲有皆同則埋徐武乖反褻之息列反慢也之使也色吏反諱
辟音避下皆同禹與雨並于矩反一讀雨音于許反丘與區並去求反一讀區音
羌虯反又丘于反案漢和帝名肇不改京兆郡魏武帝名操陳思王詩云脩阪造雲日是不諱嫌名逮事音代
一音大計反心瞿本又作懼同俱附反適士丁歷反入竟音境所惡烏路反
筮市志反冠娶古亂反假爾古雅反下同是瀆徒木反麗力知反
猶與音預本亦作豫必踐依注音善王如字云履也爲蓍音尸監駕古衘反
且爲于僞反展軨歷丁反一音領盧云車轄頭靻也舊云車闌也由右上時掌反下

犬馬不上下注而上車同去塵羌呂反跪乘繩證反下除乘君不乘奇車乘路馬皆同分
轡悲位反四馬八轡故云分并轡必政反右攘如羊反卻也又音讓辟音避徐扶亦反
本或作避字非也車驅起俱反徐起遇反而騶仕救反又七須反徐士遣反拘之
古侯反又音俱非贄本亦作摯音至朝位直遥反下同善藺力刃反自
御之依注音訝五嫁反迎也跛者波我反眇者名小反爲其于僞反下注爲
若爲感爲掩同莝拜子臥反又側嫁反詐也挫也沈租稼反又子猥反盧本作蹲惡空烏路反
遠嫌于万反奇車居宜反奇邪不正之車向云不如法之車廣欬開代反五
巂本又作巂惠圭反規也車輪轉一周爲巂一周丈九尺八寸也爲繠本又作蘂如棰反徐而婢反
策彗音遂徐雖醉反又因歲反竹帚也衈蘇沒反注同勿音沒注同衈勿搔摩也驅如字又羌
遇反搔素刀反摩莫何反齊牛側皆反載鞭必緜反足蹙本又

作蹴徐采六反又子六反 馬芻 初倶反

曲禮下第二

凡奉 本亦作捧同芳勇反 提者 徒兮反 上衡 時掌反衡謂心平也 綏之 依注音妥湯果反又他回反謂下於心也 勝 音升 操幣 七刀反 行舉足 一本作行不舉足 曳以制反 踵 支勇反 磬折 之列反又市列反一音逝 垂佩 步内反本或作珮非 佩倚 於綺反謂附身也徐又音其綺反 有藉 在夜反下同 則裼 星曆反 藉藻 音早本又作繅 見美 賢遍反 辟琮 才冬反 姪 大節反字林丈一反 娣 大計反 家相 息亮反 長妾 丁丈反下注長老同 辟天子 音避本又作避下同 僭 作念反 儗胡孝反 使 音史 射 市夜反 則辭以疾 如字本又作有疾 爲疾 如字本又作疚音救 去國三世 鄭云自祖至孫盧王云世歲也万物以歲爲世 於朝 直遥反下皆同 復立 扶富反下

復還同臧紇根發反徐胡切反沈胡謁反不爲父于僞反作謚音示倒筴多老

反去塵羌呂反下徹猶去去琴瑟同傎丁田反重素直龍反注同重素衣裳皆素袗

絺之忍反單也士輤千見反葦席于鬼反爲其于僞反苞屨白表

反草也扱初洽反衽而審反厭冠於涉反伏也麃白表反一音扶苗反齊衰本又

作齎音咨下七雷反下文同蒯苦怪反之菲扶味反屨也方板字又作版音同書賵

芳仲反車馬曰賵廄庫九又反凡家造才早反一本作凡家造器器衍字犧賦

許宜反養器羊尚反一如字不粥音育賣也不衣於既反去國祭器

不踰竟音境注及下同一本作大夫士去國下去國踰竟亦然寓祭魚具反寄也覲

己音冀爲壇徐音善注同鄉國許亮反撤緣悅絹反鞮屨都兮

反又徒兮反鞮屨屨屨無絇素幭本又作幭莫曆反注同白狗皮覆笭髦馬音毛不蚤

依注音爪謂除爪也鬋子淺反鄭云謂翦鬢也無絇求俱反覆笭力丁反車闌不鬄
吐曆反又他計反不自說亦劣反又如字惡其烏路反接見賢遍反下文見國君
注謂見同爲幕莫曆反又音莫勞之力報反注及下君勞同還辟婢亦反下同還辟逡
巡也使者色吏反非見賢遍反下大夫見士見下注拜見同辟正音避男女相
荅拜也一本作不相荅拜皇云後人加不字耳遠別彼列反麛音迷卵力管
反主乳如注反祭肺芳廢反不縣音玄下同皆爲如字舊于僞反下爲
妨于僞反憂樂音洛出疆居良反下同不恙羊尚反分職方云反徐扶問
反皆擯必刃反予一人依字音羊汝反鄭云余予古今字則同音餘皆祝辭
也本或作皆祝祝辭也下祝字之又反又之六反畛於之忍反致也某父音甫注同大
祝音泰下文注除大宗皆同百辟必亦反登假音遐注同已也登上時掌反下同

若僊音仙措之七故反置也而袝音附有嬪音頻卝人華猛反又虢猛反徐故猛反卝人掌金玉錫石未成器者陶音桃陶人爲瓦器也瓬方往反瓬人爲簋簠之屬築音竹築氏爲書治音也治氏爲箭鏃鳧音符鳧氏爲鍾也段本又作鍛多亂反段氏爲錢鎛函音含函人爲甲鎧韗況万反一音運一音況運反韗人爲鼓萑葦音丸曰享許兩反獻也舊許亮反後皆放此不復重出其治直吏反其會古外反之長丁丈反後皆同自陜式冉反依字當作陜何休注公羊傳云弘農陜縣是也一云當爲郟古洽反謂王城郟鄏也召公時照反又作邵音同一相息亮反其擯本又作儐必刃反天子謂之伯父本或有同姓二字衍文曰牧牧養之牧徐音目辟二音避下同謙稱尺證反當依本又作扆同於豈反注同狀如屏風畫爲黼文高八尺而見賢遍反下文注除相見皆同覲其靳當宁徐珍呂反又音儲門屏之閒曰宁夏户嫁反唁音彥穀梁傳云弔失國曰唁

取易以豉反 於郤丘逆反 涖牲音利徐力二反又音類 曰盟音明徐亡幸反
郤閒如字又音閑 坎用苦感反徐又苦敢反後同 嗇夫音色 自謂寡
人一本作自稱 適子音的 其行下孟反 使於色吏反下同 濟濟子禮
反 蹌蹌本又作鶬或作鏘同七良反 僬僬子妙反 體盤步丹反 蹙蹙將六
反 之妃芳非反 孺人而樹反 貶於彼檢反 去上羌呂反 小童本或作僮
陪重直恭反 之稱尺證反 使自稱色吏反注使謂同本或作使者自稱 所
遠于万反 爲奪于僞反 則號户刀反 度其待各反 物齊才細
反 儗人魚起反注同猶比也 所褻息列反 數地色主反下數畜同 數畜許又
反鄭注周禮云始養曰畜 歲徧音遍本亦作遍下同 句芒古侯反下音亡 蓐收音辱 玄
冥亡丁反 禋祀音因 中霤力救反 爲其于僞反 復廢扶又反

妄祭本亦作無福　索牛所白反注同求也　犧牷音全一本作純　於滌直的反養
牲宮也徐又同弔反　大武如字一音泰　剛鬣力輒反　豚曰徒門反　腯肥徒忽反注
同本或作豚　翰音戶旦反長也　羹獻古衡反徐又音衡　槀魚苦老反乾魚　鮮
魚音仙　脡祭他頂反徐唐頂反直也　薌音香　合如字或音閤　薌萁字又作箕
同音姬語辭也王音期期時也　稷曰明粢音咨一本作明粢古本無此句　嘉蔬本又作蔬色魚
反　韭音久　曰鹹本又作醎音咸　鹺才何反　曰量音亮又音良　作腯徒忽反
翰長如字　稻菰音孤本又作苽音同　爲人于僞反　傎壞音顛　澌也
本又作凘同音賜盡也　曰柩音舊白虎通云究也久也　曰降戶江反又音絳落也注同　曰漬
辭賜反　相瀸子廉反　汙纖汙之汙一作汗戶旦反　祖妣必履反媲也　皇辟婢亦反法
也徐扶亦反　稱號尺證反下之稱皆同　德行下孟反下同　言媲普計反　短

折市設反任爲音壬又如字不上時掌反下及注同於袷音劫交領綏視依注音妥他果反游目如字徐音流則敖五報反辟頭本又作僻匹亦反君命絕句大夫與士肆本又作肄同以二反習也之處昌慮反下皆同寶藏才浪反貨賄呼罪反字林音悔輟朝丁劣反止也莫適丁歷反腥音星凡摯音至徐之二反本又作贄同天子鬯勑亮反香酒摯匹依注作鶩音木鴨也樊纓本又作鞶步丹反射韝徐音溝又古侯反一音古豆反椇椇羽反木名榛側巾反木名字林云仕巾反木叢也古本又作亲音壯巾反云似梓實如小栗也見以賢遍反枳椇居紙反令邳被悲反下邳也郯音談東海縣名掃悉報反灑所買反又山寄反親迎魚敬反賤婦人之職本又有無婦字者

大字二十五

檀弓第三檀弓魯人檀大丹反姓也弓名以其善於禮故以名篇　卷之二

公儀仲子公儀氏仲子字魯之同姓也其名未聞免焉音問注同以布廣一寸從項中而前交於額上又卻向後繞於髻乃袒音但舍其音舍下皆同適子多歷反下皆同何居音姬下同語助孫蔑亡結反孫腯徐本作遁徒本反又徒遜反立衍以善反爲親于僞反下爲晉禮爲爲師同孔子曰否絕句左右徐上音佐下音佑令並如字左右扶持也下同就養以尚反下同稱其尺證反以語魚據反又如字叔向香亮反叔向羊舌肸之葬徐才浪反又如字請合如字徐音閤後合葬皆同欲文如字徐音問不喪如字下同徐息浪反下放此子思伋音急子思名也孔子之孫毋期居疑反本又作朞後放此道隆力中反盛也道汙音烏下同殺也殺也所戒反又所例反下同自子羊許反許也一云我也又音餘稽顙素黨反稽顙觸地無容頹乎徒回反順也頎音懇惻隱之皃又音畿觸昌欲反少孤詩召反下文同不墳扶云反

不識式志反又如字常處昌慮反之度本又作之數防墓防地之墓也吏云防衛墓崩不應應對之應三息暫反又如字泫然胡犬反涕音體使者色吏反下及注同醢之音海蒯苦怪反聵五怪反蒯聵衛靈公之太子出公輒之父莊公也篡輒初患反輒出公名也啗食本又作啖待敢反以怖普故反命覆芳服反注同期可音朞衣衾音欽以爲極亡並如字極巳也徐紀力反王以極字絕句亡作忘向下讀孫依鄭作亡而如王分句不樂如字又音岳郰側留反又作鄹梁紇恨發反徐胡切反又胡沒反五父音甫注及下同衢求于反亦爲如字又于僞反曼父音万其愼依注作引羊刃反以輤七見反翣所甲反不相息亮反注同不緌本又作綏同耳佳反去飾起呂反陶大刀反即周本又作堲同子栗反又音稷注下同何云冶土爲甎四周於家燒叔招反折即之設反管子云左手執燭右手折即即燭頭燼也弟子職其篇名棺音官

槫音郭上梓音子牆置在良反長殤丁丈反下式羊反十六至十九爲長殤十二至十五爲中殤八歲至十一爲下殤七歲巳下爲無服之殤生未三月不爲殤爲正音征下同又如字斂力驗反下皆同乘驪力知反徐郎兮反純黑色馬騋音來馬七尺巳上爲騋乘翰字又作鶾胡旦反又音寒白色馬物萌亡耕反乘騵音原駵馬白腹騮力求反赤馬黑鬣尾用騂息營反徐呼營反純赤色也一云赤黃色曾參所金反一音七南反後同齊斬音咨本亦作齋齎襄之字後皆放此饘本又作飦之然反說文云糜也周謂之饘宋衛謂之餰粥之六反徐又音育字林云淖糜也布幕本又作幂音莫縿音綃徐又音蕭縑也古謙反綃音消徐本又作綃桑堯反僭巳子念反爲辟莫歷反孋姬本又作麗亦作驪同力知反重耳直龍反注皆同子蓋依注音盍戶臘反下同何不也蚤卒音早姬嬖必計反欲弒本又作煞音試注同徐云字又作嗣音同皆惡烏路反突徒忽反

傳音富咎犯其九反皐落古刀反子少詩召反多難乃旦反爲
君于僞反下爲時同雉經如字徐古定反如雉之自經也共世子音恭本亦作恭注同言
行下孟反而莫音暮爲樂音洛又音岳終無巳夫音扶絶句本或作巳
矣夫又復扶又反乘丘繩證反年夏户嫁反縣音玄卷内皆同賁
父上音奔下音甫人名字皆同馬驚敗一夲無驚字公隊直類反綏息佳反
圉人魚呂反股裏上音古下音里中馬丁仲反誄之力軌反謚也以
上時掌反隅坐不與成人竝音並絶句晥華板反明皃孫炎云晥漆也徐
又音刮之簀音責牀第也與音餘下同畫衡賣反牀第上音床下側吏反
爲刮古滑反瞿然紀具反下同曰呼音虛注同吹氣聲也一音況于反憊皮拜反羸
困也革矣紀力反徐又音極急也注同請七領反覬也音冀斃音弊仆蒲北

反又音赴而没音殁慨苦愛反而廓苦郭反何云開也猶索所白反郝音詩

婁力俱反或如字邾人呼邾聲曰婁故曰邾婁公羊傳與此記同左氏穀梁但作邾升陘音形魯

僖許宜反之鬄側瓜反臺鮐上音胡下音臺去羌吕反纚所買反又所綺反黑

縉韜而紒音計錫衰上悉歷反下七雷反與音餘吉笄音雞素緫音揔

韜吐刀反閼音悅爾毋音無後同從從音揔高也一音崇又仕江反扈扈音户

廣也大也爾女音汝大高音泰一音勑佐反下大廣已猶大大重同蓋榛側巾反木名又

士鄰反長尺直亮反凡度長短曰長皆同此音子禫大感反比御必利反下比及

同蔑迷結反彈琴徒丹反成笙音生絲屨音句組纓音祖無

絇其俱反縞古老反又古報反厭于甲反溺奴狄反弗除如字徐治慮反大

公音泰注及下注大史公皆同忍離力智反下相離同曰樂樂並音岳一讀下五教

反又音洛丘首手又反注同期音基名鯉音里誰與音餘下餘閣也與同曰

嘻許其反又於其反悲恨之聲蒼梧音吾陟知力反升也帝嚳苦毒反高辛氏

帝也騷素刀反一音蕭湘夫音相差之初佳反又初宜反嬪也婢人反蓋

祔音父於爨七亂反矯之居表反謙儉其撿反適室丁歷反而

語魚據反澌也本又作斯音賜下同顓孫音專相近附近之近易成以豉反

之奠田練反餘閣音各庋藏字又作庪同九毀反又居僞反街里音佳

哭嫂悉早反注同人倡昌尚反注同踴音勇娣姒大計反下音似縮所六反從

也縫音逢又扶用反下同衡依注音橫華彭反從也子容反解佳買反曰伋

音急水漿子良反俯音甫跂丘豉反爲曾子僞反不稅徐他外反注同

以上時掌反使者色吏反賻音附賵芳用反乘馬繩證反四馬曰乘

貣（他代反）副（音仆）何傳（直專反一本作傅音附）惡乎（音烏惡乎猶於何也）別親（彼列反下同）夫由（舊音扶皇如字謂丈夫即伯高）見我（如字皇賢遍反）爲爾（于僞反下注爲其疾爲褻爲我我爲皆同）來者（一本作爲爾哭也來者）之滋（音咨）不嗜（市志反）薑（居良反）而喪（息浪反下喪明喪爾明同）女何（音汝下同）洙（音殊）泗（音四洙泗二水名）華隂（徐胡化反）異稱（尺證反）罪與（音餘）離羣（羣朋友也上音利）索居（悉各反猶散也下注索居同）晝（知又反）致齊（側皆反）見齒（賢遍反）衰與（七雷反下同後五服之衰皆放此不復音）不當（丁浪反注同）惡其（烏路反）精麁（本又作麤七奴反）廣狹（音洽）不應（應對之應）褻（息列反）偏倚（於彼反又於寄反）稅（本又作說同他活反徐又始銳反下及注同）驂馬（七南反騑馬曰驂夾服馬也）騑馬（芳非反）偏頗（破多反）予鄉（本又作嚮許亮反）而出（如字徐尺遂反）涕（音體）施惠（始豉反）子

惡烏路反夫涕音扶識式志反又音式下及注章識皆同啼呼火故反饋祥其位反
遺也于季反拱而恭勇反傚孔本又作效胡教反下同之耆市志反貪也注同
蚤作音早拙羊世反亦作曳消搖本又作逍遙頹徒回反所放方兩反委
乎本又作萎同紆危反注同病也殆幾音祈又音機在阼才故反兩楹音盈夾之
本又作俠古洽反下注同饋食如字又音嗣疇直留反嚮明本又作鄉同許亮反聽治
直吏反正坐才臥反又如字之處昌慮反置知吏反翣所甲反衣木於既反
如攝所甲反又所洽反與音餘設披彼義反綢練吐刀反韜也徐直留反注同設
旐直小反杠音江竿也乘車繩證反布廣光浪反凡度廣狹曰廣他皆放此幅方木
反褚張呂反幕音莫褚幕覆棺者蟻魚綺反蚍蜉也又作蛾蚍避尸反徐扶夷反蜉音浮
之仇音求讎也寢苫始占反草也枕干之鴆反干楯本又作盾食允反又音允市

大二百五十　十六

朝 直遥反注同 衡 音咸 而使 色吏反 為負 于僞反下為其負相為同 從父 如字徐才用反 為魁 苦回反首也 杓 必遥反又匹遥反 而陪 步回反 皆經 大結反 易墓 以豉反注同 芟治 所衘反 填池 依注音奠徐盧王並如字 載處 昌慮反下同 遣奠 弃戰反本或作遷奠非 推 昌佳反又吐回反 柩 其久反 辟 音避下辟賢辟不懷並同 復升 扶又反 從者 才用反下同 禮與 音餘下同 夫祖 音扶 飫於 煩晚反 牖下 羊久反 小斂 力驗反禮家凡小斂大斂之字皆同不重出 於阼 才故反 且服也 本或作且服過 裼裘 星曆反 夫夫 上音扶下如字一讀並如字注及下同 袒括 徒旱反下古活反 而見 賢遍反注及下同 子之 羊汝反下同 和之 音禾或胡卧反下同 樂由 音岳又音洛 未忘 音亡 彌 亡卑反 牟 莫侯反 為之 于僞反注為之重服下為之服皆同 廢適 丁歷反下文及注同 涕洟 上他計反下音夷自目曰涕自鼻曰洟 子瑕 音遐本又作暇古雅反 也

中丁仲反注及下注禮中之中同冠字古亂反掘求月反又求勿反中霤力救反綴足丁劣反又丁衛反躐行良輒反不復扶又反子碩音石請鬻本又作粥音育賣也注同惡因烏路反蘧伯本又作璩其魚反玉從才用反又如字名拔皮八反徐蒲末反樂哉音洛下同一讀下音五教反則瑗于卷反又於願反刺其七賜反弁人皮彥反孺子而注反可傳直專反括古活反嗤昌之反卜人師依注音僕師長也謂大僕也本或無師字者非也前儒如字卜人及醫師也從毋才用反二夫人音扶注同相爲于僞反注及下注夫爲妻同爨緦上七亂反下音絲縱縱依注音揔急遽皃折折大兮反安舒皃注同陵躐力輒反怠惰徒卧反騷騷素刀反急疾皃謂大音泰一音他佐反下注同謂絞户交反後同紟其蔭反衾冒莫報反遠之于万反遠別彼列反妻期音基不知音智成味依注音沫

亡曷反成斲陟角反縢本又作滕徒登反靧也音悔洗面竽笙音于下音生不和胡臥反之調直弔反簨息允反横曰簨虡音巨植曰虡植曰時力反又音值問喪問或作聞喪息浪反注及下皆同孫于音遜朽許久反有爲于僞反下爲桓司馬爲敬叔則爲之注爲民作爲嫁母皆同宋向式上反戌音恤名魋大回反侈也昌氏反又申氏反而朝直遥反注同孟僖許宜反閲音悦將應應對之應汲汲音急繆公音木出竟音境焉得於虔反公叔木音式樹反又音朱徐之樹反賵襚音遂子璅息果反依字作瑣縢伯徒登反爲孟于僞反下及下注爲人同伯鞏恭勇反外内易以豉反帷堂意悲反綌衰去逆反麤葛也下七回反繐裳音歲布細而疎曰繐輕涼音良子皐音高無相息亮反沽也音古略也易之音亦徐以豉反稱家尺證反有亡

皇如字無也一音無下同 惡乎音烏注同 齊才細反又如字注同 豐省所領反 之比
必利反 毋過音無 還葬音旋便也 縣棺音玄 巳斂力驗反 而封
依注作窆彼驗反下棺也徐又甫鄧反 設碑彼皮反 繂音律 作堋北鄧反 士賁音奔
人名 汏哉本又作大音泰自矜大 醯呼兮反 醢音海 甕烏弄反 慶遺于季反又
如字 革矣紀力反 不墾苦很反 衎爾苦旦反注同自得之皃 爲小君
于僞反下爲之紼爲其父爲君服同 深邃先遂反 難人乃旦反 見之如字又賢遍反
壤而丈反 反復扶又反舊音服非 大古音泰 自燕烏田反 爲壟力勇
反 坊者音防 旁殺色戒反下同 茨瓦徐在私反茅覆屋 門廡音武 甲如字
又音婢 狹戶甲反 又易以豉反 馬鬣力輒反 斷其音短下同 上之時掌反下
以上同 廣袤古曠反下音茂徐又亡侯反 重霤直容反 衣以於既反 椑蒲歷

反徐旁益反欟尸棺杝音移堅著直略反水兕徐里反漆之音七不令

力政反本又作合楔齒悉節反綴丁劣反又丁衛反飯煩晚反啗也不剝邦角反也

輿音餘下同倮力果反謂不巾覆也埃加音哀乾腊音昔逮日音代或大計反縹

七絹反淺赤色今之紅也緣悦絹反下注同於薰本又作纁許云反要經一遥反下注小要同下大

結反無絇其俱反屨頭飾角瑱吐練反充耳衡依字作横華彭反下衡三同長袪

起魚反一音丘據反謂褎本又作袖音徐秀反袂口面世反袪裼音昔麛裘

音迷本又作麑同鹿子也青豻音岸胡地野犬褎絞户交反四重直龍反注皆同深

邃雖遂反被之皮寄反注同其厚胡豆反度厚薄曰厚皆同此音杝棺羊支反木

名椵杝徒亂反梓音子謂屬音燭周帀本又作迊同子合反能濕乃代

反衽而審反又而鴆反小要髹又作髤許求反題徒低反頭也湊七豆反聚也紂衣

本又作緇又作純同側其反 明爲 于僞反下文及注爲其變皆同 行 以善反 菆塗 才官反
龍輴 勑倫反 畫轃 音秦 謂黼 音甫 以刺 七亦反 於縿 音消 幕 音莫 別
姓 彼列反注同 於朝 直遙反下同 誄 力軌反 耆老 巨支反 莫相 息亮反佐也
注同 尼父 音甫 其行 下孟反 大縣 郡縣之縣 皆厭 于葉反注同 大廟
音泰 惡野 烏路反 銜枚 上音咸下木坏反 叫呼 火故火胡二反 税人 始鋭反謂以物
遺人也二 謂遺 維季反 縞 古老反注同 紕 避支反 月禫 大感反 月樂 音岳
賜帟 音亦幕之小者 共焉 音恭本亦作供

檀弓下第四　卷之三

君之適 丁曆反下及下適室同 長殤 丁丈反下及注同下式羊反 三乘 繩證反下
及注同 皆下 户嫁反 降殺 色戒反 遣車 弃戰反 爲差 初佳反又初宜反

遠之于万反朝亦直遥反注同越疆居良反本又作壃下越疆同蟜固居表

反蟜固人姓名不說他活反本亦作挩徐又音申銳反下同入見賢遍反蟜失居表反

點多忝反二倚其于綺反徐其綺反字晳星歷反擯者必刃反本又作儐同後放

此則爲于僞反下亦爲爲之變同是日人一反不樂音岳又音洛注同執引

音劓注同重索及壙苦晃反又音曠後同執紼音弗棺索羸音盈曰臨如字徐力鴆反

袒免音問辟王音避下辟難同使人色吏反又如字狎則户甲反近南

附近之近與哉音餘悼公音道游擯必刃反注同擯相息亮反下同詔

音照侑音又齊穀依注音告又古毒反爲之于僞反下及注同王者如字徐于放反

重耳直龍反注及下皆同辟難乃旦反在翟音迪本又作狄嚴然魚檢反本亦作

儼同喪亦息浪反注及下皆同孺子如樹反後同穉也直吏反本又作稚同得

與音預稽音啓顙桑黨反子顯依注音韅呼遍反徐苦見反使者色吏反

子縶陟二反後同仁夫音符則遠于万反伯歜昌燭反有禱丁老反一音丁報反祠之音詞鄉其本又作嚮同許亮反飯用扶晚反道褻息列反銘音名旌音精別已彼列反注同本或無已字非識之式至反皇如字重與與也與音如字一本作重與與與二與並音餘綴重丁劣反又丁衛反聯也音連筭桑亂反縣諸音玄齊敬側皆反辟踊婢亦反下音勇慍哀庾皇紆粉反積也又紆運反怨恚也徐又音鬱袒括觀闊反去飾羌呂反下及注去樂去桃茢並同其衰七雷反侈袂昌氏反下彌世反哀衰所追反哻況甫反歠徐昌悅反歠歠粥一音常悅反爲其于僞反下注爲父母爲有凶爲人甚同食之音嗣易也以豉反粥之六反後同之處昌慮反下同所養徐羊尚反既封依注音窆彼驗反下同已

㱿本又作㲉苦角反注及後同　北首手又反　舍奠音釋注同　離力智反下同

卒哭遵聿反　易喪以豉反徐音亦　祔音附　比至必利反　末有莫曷反無

也　期而音基　桃茢音列徐音例茢苕杜預云黍穰也鄭注周禮云苕帚　惡之烏路反注及下

注同　凶耶似嗟反下注同　葦音亐　苕大彫反　難言乃旦反　之朝直遥反注及下皆同

用殉辭俊反以人從死曰殉　殆幾音祈又音機下同　芻靈初俱反束茅為人馬曰芻靈

俑者音勇偶人　為舊于僞反下為君為使人皆同　古與音餘下同　諸滕音悉

將隊本又作墜直媿反　捷在接反　為瘠徐在益反　疑夫音扶　食食上如

字下音嗣　遣車弃戰反下文及注同　一乘繩證反下同　七介古賀反下及注同　焉知

於虔反　大儉音泰或他佐及　偪音逼本或作逼　包伯交反　子相息亮反下注同　西

鄉許亮反下皆同　俠古洽反一音頰　羨道徐音賤音義隱云羨車道　曰噫本又作意同于其反

毋音無斯音賜盡也沾依注音覘勑廉反視也其行下孟反會見賢遍反下文不敢見同矣夫音扶下同本亦有無夫字者從祖才用反欲去羌呂反之號户刀反而徑古定反人喜則斯陶徒刀反斯咏音詠謳也咏謳本亦作嘔烏侯反斯猶依注作摇音遥相近附近之近愠斯戚紆運反怒也戚憤恚也此喜愠哀樂相對本或於此句上有舞斯愠一句并注皆衍文戚憤扶粉反恚一瑞反歎吟本或作唫金魚今反斯辟裨亦反撫心也躍羊灼反惡之烏路反斯倍音佩下同所復扶又反絞衾户交反下音欽設蔞音柳翣所甲反而食音嗣注同謂虞祭也有舍音捨注同廢也之訾似斯反病也疫病音役師還音旋出竟音境大宰音泰注及下文注大宰大師大史大廟大傅皆同嚭普彼反使於色吏反夫差音扶下初佳反夫差吳王名闔廬子盍嘗户臘反班白伯山反本又作頒音

小四百五十三

同厲與音餘下及注有此與同慨焉苦愛反憊皃憊皃皮拜反乃讙
音歡喜說音悅下同知悼音智下同彪彼虯反李調如字左傳作外嬖嬖叔
欒闕苦穴反止也杜蕢苦怪反注蒯同作屠音徒曠飲於鴆反下飲斯
飲之飲曠飲調飲寡人皆同曩者乃黨反曏也曏也本亦作鄉同許亮反諫爭
爭鬭之爭子卯不樂如字賈逵云桀以乙卯日死受以甲子日亡故以爲戒鄭同漢書翼奉說則不
然張晏云子刑卯卯刑子相刑之日故以爲忌而云夏殷亡日不推湯武以興乎疾日人一反比葬必利
反下同爲一于僞反嬖必計反匕必李反是共音供敢與音預知防
音房又扶放反揚觶之豉反字林音支又云酒器揚近附近之近下聲相近同名拔蒲八
反粥音祝行之下孟反有難乃旦反注同石駘大來反石䃎七略
反適子丁歷反注同言齊側皆反子亢音剛又苦浪反莫養羊尚

反下皆同度諫大洛反啜叔昌劣反叔或作菽音同大豆也王云熬豆而食曰啜叔斂手

力撿反還葬音旋後同稱其尺證反下注之稱同於從才用反注下同執羈

音基靮丁歷反紖陳忍反疾革本又作亟居力反急也注同禭之音遂脫

君夺亦作說又作稅同他活反與縣音玄注同潘氏普干反乾昔音干屬

之玉反夾我古洽反猶繹音亦注同去羌呂反籥羊勺反般請

音班注及下同機封彼驗反多技其綺反下同豐碑彼皮反時僭子念反

反後皆同斲大丁角反其繂音律繞而沼反各重直龍反下天

戶嫁反四植時力反爾吕古以字強使其丈反女者音汝與音餘下苦

與同其毋音無噫於其反禺人音遇又音務注同走辟音避罷音皮倦

其卷反頸上吉領反掖之音亦繇役本亦作傜音遙弗能弗亦作不爲

謀于僞反下注國爲下爲懿同復無扶又反下復射謂不復同死難乃旦反隣重
沐注音童下同汪烏黃反踦魚綺反未冠古亂反士行下孟反馬褰
音篤本亦作督子射食亦反下同斃一人本亦作斃婢世反仆也下同韔弓勑亮反韜
也仆也蒲北反又音赴韜之吐刀反又及本或作又及一人又一人後人妄加耳朝直遥
反不與音預參乘繩證反戈盾食允反又音允曹栢公依注音萱請
含胡闇反相啖徒暫反食音嗣徐音自衣之於既反強之其丈反下
注同拂樞芳勿反下其久反茢音列叔肸許乙反爲介音界注及後同副也難
惠乃旦反昭穆常遥反蕢苦恠反辟於徐音避又婢亦反畫宮音獲
注同于奪徒外反注并㕣同杞音豈殖時職反華還胡化反且于子餘反
肆諸殺三日陳尸音四市朝直遥反以上時掌反執拘音俱輓盧

力居反子贑吐孫反魯哀公子設撥半末反紼也揗車勑倫反槫幬
上音郭下大報反覆也欑塗才九反下音徒揄沈本又作瀋同昌審反澆古堯反之
汁之十反滑于八反不中丁仲反又如字何學如字或音戶教反非注同廢去
羌呂反下同士掘求勿反又求月反又戶忽反肂本又作肄以二反棺坎也見賢遍反衽
而審反爲之于僞反下爲妻注爲之下弗爲服皆同禮與音餘嬖必計反犯躐
力輒反庚古衡反償徐音賞尚僭子念反侈昌氏反又赤氏反邑長丁丈反有
餽本亦作饋其位反遺也使焉色吏反見在賢遍反辟其音避木
鐸大各反舍故音捨所敗必邁反櫜音羔甲衣韔本亦作韔勑亮反弓
衣不戢側立反似重直用反無苛音何本亦作荷識之申志反又如字執
贄音志下賢戶嫁反巳夫音符重強其丈反虛墓本亦作墟同起

魚反注同之處昌慮反下同以莅音利又音類不解佳買反舊胡買反憔在遙
反悴在醉反爲無于僞反下同長子丁丈反下官長并注同於言覼音盈
名札側八反坎深式鴆反廣輪古曠反揜坎本又作掩於檢反可
隱於刃反注同據也從也子容反且號戶高反注同郲婁力俱反下同弔
舍胡闇反注及下同僭稱子念反易則易並以豉反下及注同拒之本又
作距頓也徒困反本亦作鈍祝先之六反畿內音祈刎其勿粉反徐亡粉反
大饑居宜反字林九衣反本又作飢同黔敖其廉反徐渠嚴反而食音嗣下奉食同
蒙袂彌世反輯屨側立反斂也貿貿徐亡救反又音茂目不明皃一音牟輯
斂力檢反下同左奉芳勇反微與音餘注同狂狷音絹有殺本又作弑
同式志反下臣殺子殺同矍俱縛反且也子餘反瞿然本又作懼紀具反斷斯

丁亂反 殺其人如字 壞其音怪 洿其音烏 豬音誅 復敷扶又反 奐

焉音喚本亦作煥奐爛言衆多也 輪囷起倫反 全要一遥反注及下注要君同 九

京依注音原下同下亦作原字 善禱丁老反祈也 之畜許六反又許又反 騶守

上音巡下如字又手又反 子貢本亦作贑音同 爲埋子偽反下亡皆反下並同 狗古口反 其

封彼劒反出注 閽人音昏守門人也 弗内上如字下音納 其廄九又反 鄉

者許亮反 下之戸嫁反 人辟音避下同 内霤力又反 子罕呼旱反 覘

勑廉反下同 民說音悅下注同 窺去規反 扶服並如字又上音蒲下音蒲北反本又作匍

匐音同 當之丁郎反 子般音班 殺音試 遏之於葛反 不與音預

原壤如丈反 村也音才 貍力知反 女手如字徐音汝 之卷音權本又作拳

佯不音羊 從者才用反 以已並音以 叔譽音預 叔向許亮反 名

肸許乙反虩父音甫注同大傅音賦行舊下孟反皇如字并必正反專也注同
植直吏反又時力反注同其知音智狐射音亦又音夜辟難乃旦反要
君一遥反追然音退本亦作退和柔皃不勝音升妥他果反呐呐如悅
反徐奴劣反舒小皃官長丁丈反鍵也其展反徐其偃反籥也不屬音燭學
子柳戶敎反敎也注同衣衰依注衣作齎音咨而繆依注讀曰樛音居虯反爲
舅于僞反下爲舅爲天子不爲兄不爲蠶同魯頓徒困反又作鈍仲衍以善反注同繐
衰上音歲下七雷反之縷力主反好輕呼報反喪如字末吾莫曷反
成人本或作郕音承蠶士南反而蟹戶買反有緌耳隹反蚩昌之反
蜂也孚逢反蜩也音條喙呼惠反又丁角反勉強其丈反吾惡音烏
注同歲旱音汗縣子音懸作繆音穆欲暴步卜反下同尪烏光反

面鄉（許亮反）不雨（于付反注及下同）庶覬（音冀本又作幾音同）暴人之疾子（一讀以子字向下）可與（音餘）錮疾（音固）曰覡（胡狄反）旱暵乎（呼旦反）舞雩（音于）徙市（上音死下音是）爲之（于僞反）不亦可乎（可或作善）祔也（音附下同）合葬（音閤下同）以閒（閒廁之閒）善夫（音扶）

王制第五（如字徐于況反盧云漢文帝令博士諸生作此篇）卷之四

王者（如字徐于況反）十日（人一反）取晷（音軌日景）朝會（直遙反卷內皆同）畿（求衣反）尚狹（音洽後文同）大平（音泰）斥（昌石反）黜陟（上丑律反下竹力反）主爲（于僞反下爲有亦爲有同）之分（扶問反）食九人（音嗣下同徐音自）爲差（初佳反徐初宜反下注同）肥墝（本又作墽苦交反）官長（丁丈反下文注皆同）爲糞（方運反）覜聘（吐弔反）三分（如字）爲介（音界）閒田（音閑下同）章管（之尚

反又如字本亦作障音同 以肦 音班賦也 不與 音預注及下注不與同 塗山 音徒 要

服 一遥反下要服皆同 相并 必政反又如字 地減 古斬反 闕盛衺 並讀如字 以

共 音恭 有帥 色類反注及下同 爲卒 子忽反下及注同 曰牧 音木 自陜

失冉反一音古洽反 召公 時照反 曰甸 大薦反 曰采 蒼改反 以當 丁浪反又

如字 里蠻 莫還反 選用 宣戀反 欲見 賢遍反 二卿與 音餘 三

監 古蹔反 監於 古銜反卷末同 冠禮 古亂反 命卷 依注音衮古本反

復加 扶又反 冕而 音勉 德行 下孟反 任事 而鴆反 與之 如字又音

預 不畜 許六反 之涂 音徒本又作塗 屏之 必政反 放去 羌呂反 無

賙 音周 餼 許既反 有宅 王肅注尚書如字鄭音知嫁反徵女也下同 劓者 魚氣反 刖

者 五刮反又音月 守囿 音又 髡 五忽反本又作完音同徐户官反 守積 子智反 一

朝直遥反 數來色角反又所具反 巡守手又反本或作狩後巡守皆同 省之色景

反 岱宗音代 柴仕佳反依字作祡 覲見如字舊賢遍反 大師音泰後大學大

祖大子大樂正大史皆同 納賈音嫁注同 所好呼報反下及注同 惡烏路反 好辟

四亦反徐芳亦反 則侈昌氏反又式氏反 淫邪似嗟反 君削息約反 君

絀丑律反退也 昭穆常遥反凡言昭穆放此 易樂音岳 南嶽音岳下同 歸

假音格至也 祖禰乃禮反父廟也 禷音類 造乎七報反下及注同 與諸

侯如字 曰朝直遥反 以祝昌六反 男樂音岳 以鼗音桃 鈇方于反又

音斧 鉞音越 賜圭字又作珪案說文珪古字圭今字 瓚才旦反 爲鬯敕亮反 秬

酒音巨黑黍也 曰辟音璧明也注同 頖宮音判班也 禡於馬怕反師祭也又音百注同

同 爲兵于僞反下爲盡物同 禱丁老反 以訊本又作誶音信注同 馘古獲反截耳 斷

耳音短下斷殺同乾豆音干之庖步交反曰蒐所求反曰獮息淺反
腊音昔不合如字徐音閤不揜音掩本又作掩大綏依注音緌耳佳反下注同田獵
力輒反驅逆丘于反又丘遇反獺徐他達反又他瞎反豺仕皆反設罻音尉一音鬱小網也
零落本又作苓音同說文云草曰苓木曰落昆蟲直隆反下同未蟄直立反不
麛本又作麑音迷同不卵力管反殺胎吐來反殀夭上於表反殺也下烏老反
少長斷殺丁亂反又音段少長上詩召反下丁丈反不覆芳服反注同之杪
亡小反末也度支大各反下音之豐秏呼報反所殺色戒反又色列反量
入音亮之率音律又音類本又作繂之畜勑六反後皆同之仂音勒又音力什
音十越紼音弗躐也力輒反輴車勑倫反索悉各反曰浩胡老反
食日人一反下同降期居宜反縣封上音玄下音窆彼驗反不爲于僞反注

又爲同 引紼音弗 以上時掌反下大夫以上同 無辟音避 之祧他彫反 契及息列
反 適寢丁歷反 曰礿余若反 夏曰戶嫁反注夏曰礿夏曰禘祭曰礿下云夏薦同 禘
大計反 曰烝之承反 曰祠音詞 中霤力救反 郊鯀古本反 黃能
乃登反本又作熊音雄 犆礿音特 祫禘音洽合也 歲朝直遙反 互音戶又戶
故反 下天子戶嫁反 大牢如字又音泰 少牢詩照反 四之日人一反
稻音盜 卵力管反 繭栗字又作蠒公典反 握厄角反 長不丁丈反 出
膚方于反 燕伊見反 藉在亦反 稅式銳反 借子亦反 市廛直連反
邸舍丁禮反 關譏居宜反 不征本又作正音同注下皆同 凶札側八反又音截
林麓音鹿山足也 夫圭音珪 不粥音育賣也後皆同 執度度地
上如字丈尺也下大洛反量也 沮澤將慮反沮洳也 寒煖乃管反又況袁反下文同 謂萊

音來何胤云草所生曰萊庾云草也沛也蒲貝反何胤云水所生曰沛何休注公羊傳云草棘曰沛之處
昌慮反任而鴆反築邑音竹食壯音嗣又如字下側狀反燥素老反好惡
上呼報反下烏路反異齊才細反緩急户管反異和胡卧反下同臭尺救反
器械户戒反何休注公羊云攻守之器曰械鄭注大傳云禮樂之器及兵甲也郭璞三蒼解詁云械器之揔名旃
裘上之然反下音求與絺勑宜反綌去逆反被髮皮義反下同雕本又作彫同彫
刻鏤也題大兮反交趾音止刻其音克肌音飢涅之乃結反相嚮
許亮反僢昌戀反衣皮於既反下同不粒音立耆欲市志反曰寄
京義反狄鞮丁兮反知也曰譯音亦閒之如字又閒廁之閒度大洛反必
參七南反咸行緘反樂事音岳又音洛以防本又作坊音同恤孤辛聿反
以逮音代又大計反不肖音笑以絀勑律反帥音率循音巡謂敎

本又作傲同五報反很胡墾反孝弟大計反本又作悌皆朝直遥反于庠音祥

與執音預國蜡仕詐反覬其音冀亦復扶又反下又復復移復與同爲

之于僞反下又爲親爲爲其大亦爲皆同選士宣戀反下皆同德行下孟反不給音急

徭役本又作繇音遥樂正音岳之長丁丈反下同夔求龜反命女音汝

冬夏户嫁反注及下注夏官同適子丁歷反下注同皆造才早反徐七到反小胥

息餘反又息呂反下同去食丘呂反屏之必郢反曰棘依注音僰又作僰蒲北反偪也

言偪彼力反大遠音泰舊他佐反其論如字舊力困反任官而金反下注同

衣甲於既反發卒子忽反執技其綺反本或作伎後同臝本又作臝力果反

肱古弘反擐衣舊音患今讀宜音宣依字作揎字林云揎擐辟也先全反骿脛胡定反見

勇賢遍反明辟婢亦反注同三刺七智反殺也斷其丁亂反下制斷斷計同

之中如字又丁仲反天論音倫理也注同郵罰音尤俗作郵過也麗郎計反當丁郎反假他古雅反之量徐音亮後皆同以別彼列反汜與本又作汎孚劒反比必利反注同例也正平皮命反棘木紀力反要之於妙反謂要最舊一遙反槐回懷二音三又義作宥遺忘音妄爲人于僞反易犯以豉反後易犯同例人音刑析言思曆反亂名如字王肅作循名巧賁起教反又如字巫蠱音古鷸冠尹必反徐音述瓊弁皮戀反般百閒反行僞下孟反虛華戶瓜反又如字日卜人一反金璋之羊反不中丁仲反下皆同幅廣方服反耒耜力對反下音似仲夏戶嫁反下春夏同蜃常忍反雉化爲之竟上音境苛察音何又呼河反本亦作呵諱惡烏路反注同札書側八反齋戒側皆反本亦作齋下皆同司會古外反注同司會冢宰之屬掌計要者勞農力報反食禮音嗣

注及下注并下文食之並同 養於 如字徐以尚反下同 瞽亦 音古 異粻 陟良反糧也

不離 力智反 止觀 古亂反 唯絞 户交反 紟 其鳩反 衾冒 亡報反

不煖 乃管反溫也下同 珍從 才用反又如字 不與 音預下及注同 言糾 居黝反徐居酉反 作絿 音求又音虯 翌 音皇本又作皇 冔 況甫反 縞衣 古老反又古報反

纁 許云反 則牟 亡侯反 追 丁雷反 復除 上音福下如字又直慮反 不養者 如字又以尚反 期 音基 少而 詩照反下注少者同 之矜 本又作鰥同古頑反 稟 兵品反

瘖 於金反啞也 聾 力東反 跛 彼我反 躄 必亦反兩足不能行也 侏儒 音朱 遠別 彼列反下文并注同 隨行 如字一音户剛反下鴈行同 任并 必性反本又作併 提 音啼

契 本亦作挈苦結反 十億 於力反 雍州 於用反 斷長 音短 去一 羌呂反 爲率 音律又音類 閒田 音閑下同 祿食 音嗣又如字下皆同 爲朝

于僞反 絜清 如字徐扌性反 用潘 芳表反米汁也 辟賢 音避 冠 古亂反 長

幼 丁文反 斛 洪谷反 幅 方服反 挾 户甲反

月令第六 此是吕氏春秋十二紀之首後人刪合爲此記蔡伯喈王肅云周公所作 卷之五

孟春昬參 所林反 中 如字徐丁仲反後放此 長也 丁文反 於陬 足俱反又

足侯反本又作娵同 觜 子斯反 爲人 于僞反 軋也 乙八反 解孚 音敷 大

皡 上音泰後文及注大蔟大史大寢大室大微大廟大祝大尉大宰皆同皡亦作昊胡老反大皡宓戲也 句芒

古侯反下音亡句芒木正也少昊之子曰重爲之後句芒皆放此 宓戲 音密又音服戲又作虧亦作犧又作羲同

許宜反 曰重 直龍反 律中 丁仲反猶應也後放此凡如此之例十二月文注皆可以類求之 大

蔟 七豆反奏也 猶應 應對之應下皆放此 律長 直亮反又如字後皆放此 律空

徐音孔 臭羶 失然反 先脾 婢支反 於藏 才浪反後放此 直脾 丈吏反又如字

下宿直同後放此 于奥烏報反 及胥時忍反 解凍東送反 執蟲直立反
上冰時掌反下注以上同 獺祭他達反又他瞎反 左个古賀反偏也後放此 乘鸞
力官反 路本又作輅 載青音戴後放此 旂巨機反後放此 衣青於既反後放此下注
衣甲保猶衣同 其器本又作器同 冬夏此卷內可以意求之 衡璜音黃 火畜
許又反 貫土古亂反 朝祀直遥反下文注同 龍卷本又作衮古本反 玄端
音晃 先立春悉薦反 乃齊側皆反本亦作齋卷內放此 還乃音旋後放此
命相息亮反注同下善相并注放此 施惠如字又始豉反 休其許收許虯二反美也 毋
有音無本亦作無下同 不當丁浪反 宿息六反徐音秀 離依注音儷吕計反偶也 不
貸吐得反徐音二 馮音憑 相息亮反又如字 候伺音司又息嗣反 載耒力對反字林云
耕曲木垂所作力佳反又力水反 耜音似 措七故反置也 保介音界注同 帝藉在亦反說

文作耤云帝耤千畝三推出佳反又吐回反下同推謂伐也參乘繩證反爲天于僞反下爲仲春爲傷爲死氣皆同勞酒力報反注同氣上時掌反注土上同萌動莫耕反蒸達音證又之丞反冒莫報反覆也橛求月反封疆居良反注皆同經術古定反注同術依注音遂田畯音俊之分扶問反嵎夷音愚阪險上音反又蒲版反下許撿反道民音導既飭音勑農率所類反謂田正用牝頻忍反妊而林而鴆二反毋覆芳服反孩蟲户哀反胎吐來反夭烏老反麛音迷卵力管反掩骼江百反埋胔才賜反蔡云露骨曰骼有肉曰胔胔亦作骴肉腐扶矩反蚤落音早有恐丘勇反大疫音役猋風必遥反徐芳遥反本又作飆宿直音秀好風呼報反藜力兮反莠音酉水潦音老大摯音至蔡云傷折首種章勇反鄭云首種謂稷蔡云宿麥仲春日在奎苦圭反昏弧音胡降

婁戶江反夾鍾古洽反一音頰四隙去逆反倉庚並如字本或加鳥非鸝黃

力知反摶穀音博幼少詩召反省所景反注同減也徐所幸反囹音零圄魚呂反囹

圄今之獄去羌呂反桎音質今之械也梏古毒反今之杻也木在足曰桎在手曰梏掠音亮考捶械

戶戒反暴尸步卜反捶治之蘂反髙禖音梅施生始豉反孚乳

上如字一音芳付反下而樹反季春同娀簡夙中反簡狄有娀氏女生契息列反九嬪

毗人反謂從才用反弓韣大木反弓衣有娠音身一音震謂懷妊始電大練反

先雷悉薦反奮鐸方問反下大各反度量上音杜下音亮注同斗甬音勇

斛也權槩古大反稱上尺證反下同稱錘丈僞反又丈爲反闔扇戶臘反小

閒音閑毋漉音鹿竭也陂池彼宜反畜水曰陂穿地通水曰池尚書傳云澤障曰陂停水曰池

畜水勑六反乃鮮依注音獻朝覲大歷反沍寒戶故反朝之直遥

反秬黍音巨皆與音預祭寒而藏之本或作祭司寒案左氏傳無司字
之長丁丈反中丁音仲本亦作仲爲季于僞反下注同好雨呼報反大
陰音泰煖氣乃緩反又音暄蟲螟亡丁反爾雅云食苗心螟季春在胃
音謂季少詩召反姑洗素典反爲鴽音如毋無也蔡云鶉鷂之屬虹音紅又音
絳螮蝀也始見賢遍反蓱始步丁反水上浮蓱也毋無上音牟又如字蝃本又作螮丁計
反亦作蝃同蝀本亦作東同丁孔反蓱萍音平曰蘋毗人反鞠衣居六反如菊華
也又去六反如麴塵爲將于僞反下文乃爲注爲鳥同覆舟芳服反下及注同薦鮪于軌
反發泄息列反句者古侯反屈生也倉廩力甚反上騰時掌反下注以
上同循行下孟反隄防丁兮反下音房道達音導有障之亮反又音章便
民婢面反置子斜反罘音浮畢翳於計反餧於僞反獸罟音古爲

弋羊職反 桑柘之夜反 戴勝音帶注同本亦作載戴勝鳥名 織紝女金反

曲植直吏反曲薄也植蠶槌也 籧筐居呂反亦作筥丁丘狂反方曰筐圓曰筥 槌也直追反又

直類反又丈僞反 東鄉許亮反注同 毋覵古喚反注同 省婦所景反 去容

起呂反 綫息賤反 組音祖 紃音旬 分繭古典反 效功戶教反 以共音恭 敢

惰徒臥反 之量音亮注同 筋角音斤 箭幹古旦反 凡輮如九反 監

工古銜反注同 悖必內反 淫巧如字又苦孝反注同 春液音亦 累牛力追反注同

騰大登反 遊牝毗忍反徐扶死反 皆乘繩證反 在廏居又反 挍數

所主反 國難乃多反後及注同驅疫鬼 磔竹伯反磔磔牲也 禳本又作攘如羊反 氣

佚音逸後同 索室所白反 毆疫丘于反 大恐丘勇反 暵呼旱反又呼旦反

蚤降音早 孟夏 婺女音務 言炳音丙 長育丁丈反此月內除律長長

大繼長皆同著見賢遍反炎帝于廉反炎帝神農也顓頊上音專下音勗音
徵張里反後放此去一起呂反中呂音仲又如字無射音亦臭焦子遥反
先胏芳廢反竈陘音刑螻音樓蟈古獲反螻蟈蛙也蔡云螻螻蛄蟈蛙也蛙烏蝸
反即蝦蟇也丘蚓以忍反蓽挈上皮八反下起八反王萯旁九反赤駵音留本又作騮菽
本又作糾音同以粗七奴反大也未畜許又反下水畜同先立悉薦反欣説
上許斤反下音悦熛怒必遥反下奴故反爲將于僞反下爲遥爲坊爲傷下文爲天子皆同飲
酎直又反重醸之酒長大如字下繼長同或丁丈反非也必當丁浪反蕃廡音煩下亡
甫反下同有壞音怪注同墮許規反又作隳下注同始絺勑其反出行下孟反下
同勞農力報反聚畜丑六反又許六反斷薄一亂反注同薺才禮反草
艾魚廢反後皆同言醇音純謂重直龍反或直用反醸女亮反於朝直遥反

飲蒸之承反後皆同　數來所角反　則蝗徐華孟反范音橫字林音黃　仲夏昏亢音剛又苦浪反　麮賓人誰反　應鐘應對之應　交酢才各反　螳音堂蜋音郎螳蜋螵蛸母也　鶪古闃反搏勞鳥狊字林工役反　反舌鄭云百舌鳥蔡伯喈云蝦蟇　螵匹遥反　蛸音消　搏勞音博又作伯　壯佼古卯反　助長丁丈反下長氣同　鞀大刀反本亦作鞉同　鞞步西反　竽音于　篪音池本又作篪同　簧音黃　飭鐘音勑　柷昌六反　敔魚呂反本又作圉　爲將于僞反下文爲民注爲傷爲其皆同　大雩音于　百辟必亦反注同　句龍古侯反　龍見賢遍反下御見同　以雛仕于反又仕俱反雛也爾雅云生啄雛　含桃本又作函湖南反含桃櫻桃也　櫻於耕反　艾藍力甘反　可别彼列反下文别羣同　暴布步卜反　太陽音泰　無索所白反　不難乃旦反又如字　挺重大頂反寬也　則執如字蔡本作槷　相蹄大計反蹋也本或作踶音同　庾人所留反　教駣音兆又音

道字林音桃 陽爭爭鬬之爭注同 從八能子用反 致和户臥反 耆欲市志

反 晏陰伊見反 角解户買反 蟬始市志反 半夏户嫁反半夏藥草

木堇音謹木堇王蒸也一名舜華 王蒸之承反 臺榭音謝 樓觀古喚反 闇

者音都 雹步角反 凍丁貢反 百螣音特食苗葉蟲 乃饑居疑反又音機 零

落本又作苓音同 民殃於良反 疫音役 季夏去一起呂反後放此 不任

音壬又如字 純恪苦各反 蟋蟀上音悉下音率 腐草扶矩反 爲熒本又

作螢户扃反螢火蟲也或作腐草化爲螢者非也 攫俱縛反一音九碧反 搏音博 始鷙音至本亦作摯

同 蛟音交 鼉大多反又徒丹反 黿音元 冒亡報反 榜人必孟反 村葦

于鬼反 柔刃而慎反 爲艾于僞反下文爲民注爲求福爲其同 以共音恭 黼音甫

黻音弗 差貸音二又他得反 以別彼列反 旗音其 章識由志反又如字 行

木下孟反傜役音遥徑音逕辱暑如字本或作溽音同濕也燒薙他計反芟草又直履反芟草所銜反薙地音來夏日人一反畜於勑六反不

復扶又反以糞方問反土彊其丈反注同易行以豉反強其兩反檃

好覽反鮮落音仙又仙典反風欬苦代反鷹隼息允反蚤鷙上音早下音至亦作鷙擊也走竄七亂反中央於相反蟲倮力果反虎豹之屬淺毛者又乎瓦反

露見賢遍反中霤力又反複穴方服反五藏才浪反圜于權反

以閎音宏之長丁丈反土畜呼又反下金畜同孟秋少皞詩召反注下放此少皞金天氏黃帝之子蓐收音辱蓐收少皞之子曰該爲之應涼應對之應狐貉

戶各反依字作貈生旃之然反則陂彼義反左樞昌朱反行戮音六寒

蜩大彫反蜺也五兮反寒螿總章子孔反白駱音洛黑鬣音獵本亦

作髦音毛又一本作旄尾也先立秋悉薦反軍帥所類反下同本或作師注放此於

朝直遥反招拒音矩諸將子匠反下同詰誅去吉反好惡並如字又上呼

報反下烏路反繕図市戰反罪邪似嗟反搏執音博察創初良反注同

審斷決丁亂反下同蔡徒管反一讀絶句決字下屬贏音盈注同猶解古賣反宇

胡官反隄本又作提丁兮反防本又作坊音房謹壅於勇反畢好呼報反坏

步回反牆垣音袁大使色吏反介蟲音界注同稻蟹胡買反復

還扶又反下音環又音旋多瘧魚略反仲秋觜觿子斯反又子髓反觿户圭反又户規反

盲風亡庚反疾風謂閩音文依字作蟁又作蚊蚋人銳反又如悅反其養餘亮反下

同糜亡皮反粥之六反字林羊六反具飭丑力反後放此有量音亮下度量同朝

宴直遥反此爲于僞反下爲民同必當丁浪反下不當及注同枉紆往反橈

女教反又乃絞反字林作撓非　申重直用反　循行下孟反　芻初俱反草也　豢音患養也
養牛羊曰芻犬豕曰豢以所食得名　膽音占　肥瘠在亦反　皆中丁仲反　乃難乃多反注
同　竇音豆　窖古孝反　脩囷丘倫反　隋曰他果反謂狹而長　趣民七住反本
又作趨又七綠反　不坏音陪　務畜丑六反　浸盛子鴆反　始涸戶各反竭也　角
見賢遍反下同　易關以豉反注同　便婢面反　匱其位反注同　賈客音古又古
雅反　應陽應對之應　有恐丘勇反　復生扶又反　數所角反　季秋
無射音亦　詰貞列反　來賓高誘注呂氏春秋則云賓雀與鄭異　爲蛤古荅反
鞠本又作蘜九六反　豺音柴　僇禽音六本或作戮　申重直用反　之簿步古
反徐步各反　之收如字又守又反　之委紆僞反　猥卒溫罪反下七忽反　習
吹昌睡反注同　爲將于僞反下文縣爲注主爲又爲同　徧祭音遍　合諸侯制

絕句而縣音玄殳音殊矛亡侯反度大各反同乘繩證反校人戶教反
而頒音班騶側求反載丁代反又如字注同旐音兆以級九立反趣馬
七住反又七走反駕說始鋭反之陳直覲反大常音泰載旟音餘搢
如字又音箭扑普卜反挾矢子協反又音協祀祊鄭注周禮音方爲炭吐旦反皆
墐其靳反辟殺音避乃趣音促又七住反不當丁浪反注同供養九用反下
餘亮反注同以去起吕反貪耆市志又能乎弓反蹯音煩鼽音求說文云病
寒鼻窒嚏丁計反邊竟音境注及後同隆六中反坼丑白反煖風乃管反又
許元反氣解古買反惰徒臥反孟冬析木思歷反顓音專頊
許玉反顓頊高陽氏玄冥亡丁反少昊之二子脩及熙爲玄冥玄冥水官龜鼈必滅反財
匱其位反應應對之應注同臭朽許九反本亦作㱙字林云㱙腐也說文云㱙或爲朽字辟除

必亦反又婢亦反爲軷步曷反壤如丈反厚二户豆反廣五古曠反蜃

常忍反大蛤不見賢遍反下注錄見同鐵驪力知反與彘直吏反爲袗之忍

反又之刃反先立冬悉薦反叶光本又作汁音協禺人音遇掾聚丁角反又

作涿同釁龜許靳反筴初格反著音尸繇文直又反相爲于僞反下

爲仲冬爲天子皆同上騰時掌反如字下上泄同蓋藏才浪反又如字循行下孟反積

聚子賜反下才柱反又並如字仲冬同鍵閉其輦反又其偃反管籥羊灼反封

彊居良反注及下注同要塞先代反注同塞徯上先則反下音奚徑古定反鍵

牡亡古反又茂后反摶鍵音博一本作傳直專反害䖏尺慮反爲璽音徙塋

音營丘壟力勇反襲音習斂力驗反又力檢反效功户教反淫巧如字又苦孝反

注同功致直吏反下注同之長丁丈反不當丁浪反注同別之彼列反國索

所百反屬民之玉反下同滌大歷反場直良反躋彼子兮反兕徐履反
觵古宏反臘先祖力合反謂蜡仕迓反字林作䄍勞農力報反將帥
上子匠反下色類反大閱音悅唯狩手又反上泄息列反下同復出扶又反
參伐所林反下同仲冬東辟必亦反又必狄反益壯莊亮反曷旦
本亦作鶡同苦割反曷旦鳥名暢月勑亮反充也猶女音汝大陰音泰必重直龍
反注同省婦所景反注同大酋子由反又在由反大酋酒官之長秫稻音述麴丘六
反蘖魚列反湛子廉反漬也熾尺志反炊也火齊才計反注火齊同監古銜反
差貸音二又他得反注同之長丁丈反穫稻戶郭反畜獸許六反不
詰起吉反藪澤素口反教道音導陽爭爭鬭之爭注同去聲起呂反注
及下同禁耆市志反從八子用反芸音云香草荔力計反馬薤挺出大頂反

馬𩞯戶介反麋亡悲反角解音蟹上行時丈反氛霧芳云反雨

汁干付反下音執注同謂雨雪雜下也瓜瓠戶故反好雨呼報反多疥音介

季冬婺女無付反昏婁力侯反旦氐丁兮反一音丁計反玄枵許驕

反北鄉音向雊雉古豆反雉鳴雞始乳如住反大難乃多反下注同磔

出竹百反爲厲于僞反題肩大兮反神祇音祁腹堅本又作複又方

服反厚也五種章勇反注同鎡音茲錤音其合古荅反吹昌睡反而罷如字又音

皮乃復扶又反君子說音悅小人樂音洛以共音恭下文以共皆同

薪燎力召反可析思歷反下同炊爨七亂反幾終音祈又音機故

勮昌慮反猶女音汝令之力呈反而縣音玄辟寒毗異反胎吐來反

夭烏老反注同少長上詩召反下丁丈反乃句古侯反消釋如字一本作液音亦

禮記釋文

經五千四百一十四字
注一万六千二百九十六字

禮記釋文

唐國子博士兼太子中允贈齊州刺史吳縣開國男陸　德明撰

曾子問第七 曾子孔子弟子曾參也以其所問多明於禮故著姓名以顯之 卷之六

大祝 音泰下文注大祝大宰大宗大廟大史皆同此音下之六反說文云祝祭主贊詞者 裨冕 婢支反 命毋 音無本亦作無 絺冕 知里反本又作希徐張履反 祝聲 之六反下同徐之又反 三 息暫反又如字下聲三及三者三皆放此 噫 於其反 歆 許金反 警神 居領反 少師 外召反下少喪并注同 奉 芳勇反下注奉者同 以衰 七雷反下同 子從 才用反下同 敢見 賢遍反下而見伯父廟見旅見同 徧告 音遍下同 於禰 本又作祢乃禮反 視朝 直遙反注及下同 爲將 于僞反下爲事同 公衮 古本反 鷩 必列反 毛毳 昌銳反 釋軷 步末反 牲幣 依注牲音制制幣一丈八尺 於殯 音賓出注 將冠 古亂反下及注皆同 徹饌

仕戀反 埽悉報反 冠醮子妙反酌而無獻酬曰醮 以與音預下至脫裘與與奠皆同 相爲于僞反注爲人其所爲服爲君爲其皆同 辟正音避下同 士則朋友一本作士則朋友奠 脫湯活反 擯相息亮反 取七住反本亦作娶下文取婦取女同 累力弭反 親迎魚敬反下同 縞古老反 緦音摠 服期居宜反下同 儐音尚 過古臥反 相飲於鴆反 食音寺 相離力智反 有供九用反 養羊尚反 盥饋音管下其位反 不菲一本作扉扶畏反草屨 朝廟直遥反 猶爲于僞反下爲庶母爲其下文君爲皆同 禮與音餘下禮與同 亟舉徐起吏反 西鄉許亮反 先栢子悉薦反 夏辛戶嫁反 巡守手又反本亦作狩 齊車側皆反本亦作齋注及下同齊車祭祀所乘金輅也 祫祭音洽 老耼他甘反老耼即老子也 祔之音附 以從才用反下從而從同 必蹕音畢止行 少喪如字下及注皆同讀者亦息浪反 以遺如字猶垂反又于季反 者幾居豈反下同 雨霑

竹廉反 衣青於既反又如字下同 甞禘大計反 簠音甫徐方于反又音蒲 簋音軌
陳饌仕戀反又仕轉反下同 三飯扶晚反下同 不侑音又絕句下皆放此 酳音胤又仕覲反
不酢才各反 比至必利反 賓長知丈反下文誄長同 爲其于僞反下爲彼爲親妻爲婦爲
爲己病皆同 之治直吏反 義斷丁亂反 服除如字徐直慮反 民中如字又丁仲反
適妻丁曆反 不誄力水反累也謂謚也 時行下孟反 作謚音示徐又以二反
出疆居良反 以椑簿曆反櫬身棺謂杝棺也 共殯音恭注同下必刃反 苴絰
七餘反下大結反 散帶息但反 弁皮彥反 柩其又反 如爵如或作加誤也 爲巳
音以 子免音問 既引以刃反下皆同 既封依注音窆彼驗反 及涂音徒 扱
初洽反 上衽而審反又而鴆反 祝曰皇之六反舊之又反下同 爲介子于僞反下注爲有異居爲
無日同介音界副也下同 庶子爲大夫其祭也本或此下有如之何三字非也 不

厭本或作懕於豔反注下皆同 不綏注作隋墮同許垂反徐又況垂反注同 皆辟音避下同 厭
飫於去反 尸謖色六反起也 俎敦音對又東論反 爲蝦古雅反 簋觶之豉反字
林音支 不歸如字徐其位反 諸與音預 其詞如字告也下及注同 昭穆常遙反下
音木後放此 爲壇大丹反下注同注或作墠音善 遠辟徐于万反 之稱尺證反 不
附祭附依注音備本或作祔亦同 於奥烏報反 無斯音其又忌依反敬也 之適
丁曆反下同 如有昆弟一本作加有昆弟 共其音恭 于垣古鄧反道也 且
不如字徐子餘反 吾從才用反又如字 既明反絕句 遲數音速出注 朝天子
直遙反 大夫使色吏反下君使所使同 不蚤音早 不莫音暮 則近附近之近
慝作他得反惡也 痁患始占反病也 而恐丘勇反 爲君于僞反又如字
塗邇音迩近也 即周本又作堲子栗反下同 繩絙本又作緪古鄧反一音古恒反 鉤之

本又作拘古侯反 斂葬力驗反下同 史佚音逸 長殤丁丈反下同 則棺古患
反下文棺斂衣棺注棺謂皆同 召公本又作邵同上照反下同 爲史于僞反下爲辟下文有爲並同 周
公曰豈絕句 言是豈絕句 於禮不可絕句 同虗昌慮反 辟道
婢亦反 無辟音避下同 禮與音餘下皆同 作難乃旦反 粊音祕
文王世子第八文王周文王昌也鄭云以其善爲世子之禮故著謚号標篇言可法也
朝於直遙反 日三如字又昔暫反 衣服徐於旣反又如字 內豎上主反小臣 又復
扶又反 及莫音暮注及篇末皆同 蹈徒報反 亶憂解胡買反 食上時掌反 寒
煖乃管反徐況煩反 末有云曷反勿也 應曰應對之應 爲其于僞反 飪而審
反生孰之節 不稅本亦作脫又作說同音他活反 而養羊尚反 壹本亦作一 飯扶晚反下
及篇末皆同 箴藥本亦作鍼之林反 所勝音升 瘳丑由反差也 女何音汝後同

九聆音零本或作齡人壽音受後同安樂音洛子爾羊汝反傳直專反
莅作音吏又音類下同莅視本或作涖臨也周公相息亮反而治徐直吏反下注
治定同音如字一抗苦浪反舉也長幼丁丈反後皆同則撻他達反擊也凡學世子
戶孝反教也下小樂正學干籥師學戈學舞干戚同俊選息戀反後同春夏戶嫁反下放此羽
籥羊灼反干楯食準反又音尹句子古侯反秉翟大曆反大胥如字
又音泰胥息余反又息呂反注皆放此之版音板本又作板舍采音釋後舍采同秋頒音班
旄人音毛不僭七尋反又子念反大師音泰下文注大樂正大學大傅大祖大寢皆同瞽
宗音古瞽宗殷學名上庠音詳上庠虞學名播詩波我反功易以豉反合
語如字徐音閤注同下大合樂放此語說如字徐始說反注語說同論說力門反徐力頓反注同三
行下孟反下文德行同侍坐才臥反又如字遠近閒並如字閒猶容也注同徐古辨反同指

畫乎麥反　分別彼列反　廣三尺古曠反又如字　三寸一本作廣三尺三寸三分
函丈胡南反　相辟音避下辟君同　億可本又作噫意音抑　有𧄝求龜反　小
技其彼反　後復扶又反　遠之于万反注同　近是附近之近　旣興依注爲釁
音虛覲反　儐于必刃反本亦作擯注同　無介如字下注同副也　米廩力甚反　懌
音亦悅懌　少傅詩召反下音賦後同　積浸子鴆反　爲之于僞反下爲其爲君皆同　說
國治直吏反下而治國治並同　況于依注作迂音同又音紆大也　欲令力呈反　學
之音效下及注同　孝弟大計反又作悌下孝弟皆同　之倅七對反副也　其朝直遙反後
不出者並同　登餕音俊　之適丁歷反　奠盥音管　行列戶剛反　者
稠直由反密也　出疆居良反　守於如字又手又反下同　諸父守貴
室本或作守貴宮貴室　冠取古亂反下七喻反後放此　相爲于僞反下注爲君同　宜

免音問下及注同于賵芳鳳反下同賻音附承音贈出注含胡諳反本又作唅賵賻唅襚皆贈喪之物也車馬曰賵布帛曰賻珠玉曰唅衣服曰襚摠謂之贈贈猶送也甸人大徧反縣音玄縊一智反則纎依注音鍼之林反刺也徐子廉反注本或作纎讀爲殲者是依徐音而改也剸之免反割也亦告依注作鞫久六反鍼刺七亦反又七智反下同臏頻忍反徐扶忍反劓魚器反刀鋸徐音據讞徐魚列反言也大辟婢亦反後不音者放此宥之音又寛也又復扶又反下不復復自行皆同爲之于僞反下不爲服爲忝祖注非爲又爲之舞同之比必利反之殺色戒反徐所例反差也差也初佳反徐初宜反弔臨如字徐力鴆反官治直吏反衆鄉許亮反注同百姓本或作異姓非遠之于万反大昕音欣說文云旦明日將出也讀若希警衆音景起也養也如字徐羊尚反後皆依徐音之處昌慮反下同五更江衡反注同蔡作叟音素口反咏焉音詠以樂闋苦穴反終也以樂音洛里

⿰馬豈皇音巽巽及世本又作愷又作駿亦作驥 兑命注作說同音悅 朝夕至于直遥反旦曰朝暮曰夕舊如字 朝朝上如字下文朝夕之食上同下直遥反 食上時掌反 親齊側皆反注同 齊才細反 和胡卧反

禮運第九

鄭云禮運者以其記五帝三王相變易及陰陽轉旋之道 卷之七

與於音預 蜡仕嫁反索也祭名夏曰清祀殷曰嘉平周曰蜡秦曰臘字林作䄍 索所百反 於

觀古亂反注同闕也 喟然去媿反又苦怪反說文云大息 之處昌慮反一同處同 逮音代及也一音代計反 俊選宣面反下文皆同 為其于僞反下文為己皆同 禪位善面反 所

長丁丈反 矜寡古頑反 無匱其媿反 有分扶問反注同 良奧烏報反

惡其弃上烏故反下同 不憚大旦反 施無始豉反 吝心力刃反又力覲反

禦風魚呂反 傳位丈專反 俗狹音洽 嗇音色 勇知音智 敦朴

普角反 之稠 直由反 戌治 直吏反 在埶 音世本亦作勢 者去 羌呂反注同 爲

殃 於良反 復問 扶又反下復問同 相鼠 息亮反注同 遄死 市專反疾皃 縠

於 戶教反法也徐戶交反 冠昏 古亂反 朝聘 直遥反 則易 以豉反 之極

言 如字徐紀力反 聞與 音餘 小有正 音征本或作夏小正 坤 苦門反 乾 其連

反 其燔 音煩 捭豚 卜麥反注作擗又作擘皆同 汙尊 烏華反注同一音作烏 抔 步侯

反手掬 蕢 依注音凷苦對反又苦怪反土塊也 桴 音浮鼓槌 齊敬 側皆反 釜 本又作鬴音父

甑 即孕反 燒石 如字又舒照反 鑿地 在洛反 掬 九六反本亦作𦥑音蒲侯反 土塥 普逼反

摶土 徒端反 築 徐音竹 屋而號 戶毛反 皐某 音羔 飯 扶晚反注同

腥 音星 而苴 子餘反苞也徐爭初反 遺奠 弃戰反 知氣 音智 北首 手又

反注同 南鄉 許亮反注同 營窟 苦忽反 居橧 本又作增又作曾同則登反 橅

本又作巢助交反 茹其音汝 衣其於既反 鑄作之樹反 合土如字徐音閤 令

音零 甓步歷反 及瓶音武 大也音泰瓶大皆罇名 臺榭音謝本亦作謝 牖

户音酉 以炮薄交反徐扶交反 裹燒音果 以燔音煩加於火上 亨普伻反煑也下

同 合亨 鑊户郭反 以炙之石反 貫之古亂反 醴音禮 酪音洛 烝之承反

釀女亮反 酢七故反 酨才再反徐祖冀反 醴 醆側眼反 粢依注爲齊才細反注五齊

皆同 醍音體 祝嘏本或作假古雅反 之祜音户福也 粢讀音咨 泛齊芳劒反徐

音汎 盎齊烏浪反 爲主人于僞反下同 其祝之六反徐之又反注同 其

殽本或作肴户交反 越席音活注同字書作趏 越席翦蒲席也杜元凱云結草 以冪本又作幂

同 莫歷反 衣其於既反 澣帛户管反 示號音祇本又作祇 齍號音咨皇云

黍稷 大古音泰下大史同 爓似廉反 染如豔反又如琰反 樂也音洛 鈃本又作鉶音刑

盛和羹器形如小鼎 羹音庚舊音衡 分別彼列反下文同 於音烏 乎好奴反 吾舍音捨下舍禮皆同 郊禘大計反 鼷鼠音兮 契息列反 醆斝古雅反又音嫁爵名也夏曰醆殷曰斝周曰爵 僭君子念反注同 脅君許劫反 儗於音擬 焉於虔反 期不居其反 入朝直遙反注同 或與 僕相息亮反一讀如字則連下爲句 等輩卜內反 弟鍼其廉反又祇廉反 千乘時證反 壞法音怪 諱惡烏路反 自拱徐居勇反後拱持同 爲謔許約反 孔寗本又作甯案左傳作甯公羊作寗各依字讀 行父音甫 數如色角反 取殺申志反或如字 大柄兵命反 儐鬼必刃反 以治政皇如字徐直吏反下文注以治政同 爲言于僞反下又爲遂爲皆同 所操七刀反 臣倍步內反 俗敝音弊本亦作弊 疵國才斯反病也 肅峻恤俊反 煇光音暉 不見賢遍反 殽以户教反注及下同 士會古外反 而上時掌反下上配上生

皆同 共國音恭 所樂音岳又音洛又五孝反好也注同 治也直吏反注同下以自治注身治成治皆放此

並併步頂反 過差初佳反一音初買反 何以守位曰仁本亦作人 所養羊尚反又如字下同 百姓則君則音明出注 分定扶問反後文注除三分去一三分益一皆同

舍義音捨 之知音智注同 去其羌呂反後皆同 之斷丁亂反 之施始豉反下施生同 謂之變音辯出注 耐以音能 辟於婢亦反開也徐芳益反 傳書丈專反

愛惡烏路反下皆同 弟弟上如字下音悌 長惠丁丈反 爭奪爭鬭之爭 測度大洛反 不見賢遍反 竅於徐苦弔反孔也 播於彼左反舒也

五行四時絕句本亦作播五行於四時 屈伸音申 迭相大計反又田結反 竭也義作揭其列反負擔也 還相音旋下同 六和戶臥反注同 更相古衡反下同

角徵張里反 南事律名京房律始於執始終於南事凡六十 畫繢戶對反 以圜

音環又音圓別聲彼列反被色皮義反徐扶義反爲柄本又作枋兵命反爲

量音亮下同爲畜許又反下同政治直吏反於麟良人反相近附近之近操

七刀反所捊薄侯反徐音普溝反介僎上音界下音遵可睹丁古反爲倪五計反視

也魚鮪于軌反魚名淰音審徐舒冉反矞字又作獝況必反狘況越反閃失冉反

秉著音尸瘞於例反一音於器反繒本又作增同似仍反又則登反又似登反儐鬼皇音

賓敬也舊必信反在朝直遥反下同卜筮市制反瞽音古侑音又皆應應對

之應列宿音秀之藏如字徐才浪反大一音泰下注同合於月之分本或

作日月之分日衍字曰養音義出注冠昬古亂反摯幣本又作贄音至罷也

音皮大竇音豆孔穴也壞國音怪又乎怪反喪家息浪反有蘖魚列反

醇耳市春反養菁子丁反耨之奴豆反鉏也所盛市正反又音成乖

剌 力達反本或作制 無䨱 音似 不種 之用反不亦作弗何休注公羊云弗者不之深也下皆放此 不矱 户郭反 知收 如字又手又反 不見 賢遍反 不苑 于粉反積也 不繆 音謬 有畜 丑六反 不殺 所戒反徐所例反注同 渚者 之汝反 漁人 音魚 獻鼈 必列反 蜃 石忍反 司爟 古亂反 卝人 華猛反又瓜猛反徐古猛反 仲夏 户嫁反下同 謂食 音嗣 齊 才細反下皆同 頒爵 音班 必當 丁浪反 媒氏 音梅 而取 音娶本又作娶 稽士 古兮反 之裁 音災 妖孽 又作蠥魚列反 妖又作祆說文云衣服歌謠草木之怪謂之祆禽獸蟲蝗之怪謂之蠥 螟 亡丁反 螽 徐音終 澧 本又作醴音禮 麒麟 音其下音栗人反 郊棷 素口反徐揔會反澤也本或作藪 宮沼 之紹反池名 夘 力管反 胎 土才反 可俯 音府 而窺 本又作闚去規反 銀甕 本亦作罋 烏弄反徐於弄反

禮器第十鄭云以其記禮使人成器孔子謂子貢瑚璉之器是也

錯則七路反本又作措又作厝音同猶去起呂反回邪似嗟反辟也匹亦反如

竹箭節見反有筠于貧反鄭云竹之青皮也故貫古亂反改柯古何反

篠西了反徐音小柔刃而愼反廣狹音洽又户夾反常差初佳反徐初宜反

上下時掌反大殺色戒反徐所例反注同恇懼音匡又丘往反猶恐丘勇反稱

次尺證反後皆同匪革紀力反注同急也堵者本又作闍音都又丁古反徐音常邪反七介

音界介副也後皆同俗讀古賀反非也五重直龍反下及注皆同八翣所甲反相食音嗣下同

餼許既反西夾古洽反又古協反其使色吏反抗木苦浪反又音剛又户剛反與

茵音因縮二所六反以犢音獨本亦作特相朝直遙反下及注同灌用古亂反注同

鬱鬯丑亮反脯醢上音甫下音海繁纓步干反下及注同琥音虎又作虎璜音黄

單席音丹翦繫子淺反一音牋鵠纓胡毒反之量音亮器皿命景反字林音猛以散悉旦反注同舉觶支豉反外缶方有反瓦甒音武曰觚音孤不壇大丹反棜禁於據反猶去起呂反斯禁如字劉昌宗音賜隋長他果反足高如字又古報反龍卷本又作袞同古本反黼音甫黻音弗熏字又作纁許云反裳綠繰本又作璪亦作藻同子老反注同不琢字又作瑑丈轉反徐又依字丁角反大羹音泰不和胡臥反越席音活犧尊鄭素何反王如字幎本又作冪又作羃莫歷反樿章善反又市戰反白理木杓市灼反長三直亮反杼上直呂反作幕音莫不殺所戒反又所例反下而殺注芟殺皆同詡萬況矩反普也徧也音遍樂五孝反注同猶見賢遍反下外見告見皆同之致直置反注皆同誠愨字又作愨苦角反下文同爲樂音洛匹士本或作正士之攘如羊反

盜竊 以上時掌反 鏤簋力豆反下音軌 朱紘音宏 藻梲章悅反依字當作棳梁上
侏儒柱 栭謂音而 達棱力登反 斲陟角反 而礱力工反 澣衣又作浣户
管反 濯冠直角反 以朝直遥反 隘矣本又作阨於賣反狹也 不爲于僞反下
爲母爲父爲母皆同 不摩本又作䃺毀皮反齊人謂快爲摩 蚤音早 葆大音保又保毛反本又作保
夏父音甫 不綦音忌不亦作弗 燔柴音煩又芳云反 於奧依注作爨七亂反下同
子彄苦侯反 大廟音泰下注大平大廟並同 躋僖子西反升也本又作隮 饎爨
昌志反下七亂反 盛於音成 於鉼步丁反 不當丁浪反 期也音基 猶
去起吕反下去實同 有摲所監反又所覽反芟也 芟也所咸反 有放方往反下有放必放
同 不致本或作不至 而撫之石反 詔侑音又本或作宥 武方音無出注 就養
羊讓反 詔圜音圓下圜丘同本亦作詔圓 猶醵其庶反又其約反合錢飲酒曰醵 與音餘 近人

附近之近注同而遠于万反獻爓似廉反下彼户嫁反已蹙本又作慼子六反又

音促愿貌音願大愿音泰不見賢遍反下龍見同頖宮本或作泮依注音判

惡依注音呼又作虖好胡反池大河反注同嘔夷烏侯反泰山本或作大音同下注放此順

之至也順亦作慎散齊悉旦反下側皆反後放此相步息亮反注同溫之紆運反注

同溫藉徐子夜反告道音導朝事直遙反下朝夕注視朝同以樂樂之上音

岳下音洛鸞刀力端反莞音官一音九簟徒點反而槀字又作藁古老反鞂

江八反徐古八反穗音遂而烝之承反亹亹亡匪反徐音尾勉勉皃樂之音洛升

上時掌反巡守手又反燔燎力妙反又力弔反禪於善戰反梁父音甫本亦

作甫龍假音格至也爲暘音湯爲燠於六反大治直吏反下及注同罍音雷

犧尊素河反注及下同縣鼓音玄應鼓應對之應作獻本又作戲同素何反下同

之分扶問反 夏籥戶嫁反下音藥 祼用古亂反 雞彝徐音夷 作護
戶故反本亦作濩 以道音導 遂伯王其居反 名瑗于眷反 之知音智 而
從才用反下同 薦盎烏浪反 血膋了彫反 洞洞音慟 屬屬之六反 羹
定徐丁磬反一音如字 爲祊百彭反 繹祭音亦 一處昌慮反 王事與音餘
魚腊音昔 內金音納 見情賢遍反下注世一見同 炤物音照本亦作照 絲纊
音曠緜也劉昌宗古曠反 篠簜大黨反 蕃服本又作藩方煩反下同 近之附近之近 肆
夏依注作陔古來反注又作祴音同 袒襲音但下音習 受和戶臥反 強言其丈反 跛
彼義反偏任曰跛注同 倚於綺反依物曰倚注同 子路與音預 晏朝直遙反又張遙反
郊特牲第十一鄭云以其記祭天用騂犢之義也郊者祭天之名用一牛故曰特牲 卷之八
膳市戰反 用犢音獨 牲孕餘證反 誠愨苦角反 繁纓步干反 三獻

爓本亦作䐪夕廉反 灌用本又作祼古喚反 腶脩丁喚反鍛脯加薑桂曰腶脩 三重直龍反下注同 而酢才各反 之介音界注同 猶單音丹下文注同 饗禘音藥出注下春禘同 而食音嗣 夏禘戶嫁反 俎奇居宜反下鼎俎奇同 用褻息列反 旦明旦音神出注 篆字直轉反 示易以豉反注同 朝聘直遙反下文注朝覲朝服皆同 樂闋苦穴反止也 婁嘆力住反本又作屢 匏竹步郊反匏笙也竹篪笛也 別土彼列反下注無別同 爲作于僞反下文爲君同 往德皇如字徐于況反 庭燎力妙反徐力弔反 僭天子子念反後並同 私覿大歷反下同 而使色吏反 私見賢遍反下同 慶父音甫 鴆牙直蔭反 殺二君音試 升自阼才路反本又作阼升自阼階 宮縣音玄注及下同 設錫音陽注同 干盾本亦作楯純尹反又音尹 傅其音附 背補佩反 反坫丁念反 繡依注作宵音消注或作綃亦同 黼音甫 以簾音廉 於

反爵焉本或作賔反爵焉非領緣移絹反繒似陵反朱襮音博過古臥
反寓公音遇寄也南鄉許亮反下君南鄉同以辟音避注同鄉人裼音傷強鬼名也
強鬼其丈反時難乃多反下同本又作儺索室色百反下文注皆同毆疫字又
作驅同起居反縣弧音胡設帨始銳反三日齊本又作齋同側皆反後放此何
居音姬繹之音亦枋百彭反商賈音古販夫甫万反北庸本亦作墉
音容牆也大社音泰下文注大社大陽大廟大古大王皆同王爲于僞反下文爲社爲焚皆同喪
國息浪反薄社本又作亳步各反北牖音酉丘乘時證反注同又徒徧反共音恭
粢音資曰甸徒練反又繩證反卒伍祖忽反算具思管反爲省思淺
反而釁依注音釁行行田上如字下及下行田皆下孟反使歆許金反燔柴音煩
巡守手又反岱宗音代夏正音征下同猶徧音遍以稱尺證反用

騂息營反徐呼營反 圜丘本又作圓音員 凡爲如字或于僞反非也 擇可與如字一音預 而還音旋下同 重相直用反 爲廏九又反 省鑊户郭反 汜芳劒反本亦作汎 埽素報反 剗初產反徐又初展反 令力呈反 王被皮義反 卷本又作袞同古本反注卷冕同 冕亡展反字林亡辯反 載丁代反本亦作戴 璪音早 不過古和反 在滌范音迪徐徒嘯反 以別彼列反 所搜本又作廋所流反 除處昌慮反下之處同處皆同 大蜡八仕詐反蜡祭有八神先嗇一司嗇二農三郵表畷四貓虎五坊六水庸七昆蟲八 伊耆巨夷反伊耆古天子號也或云即帝堯是也 百種之勇反下之種也同 郵本亦作尤有周反字或作郵 表畷丁劣反田畯所以督約井閒處也又丁衛反 田畯音俊 督約因妙反 教擾而沼反馴也 迎猫字又作貓音苗 爲其于僞反下同 祭坊音房後注同 其壑火各反 祝辭之六反又之又反 猶坑苦衡反 螟莫經反 螽音終又作螺 榛杖側巾反以榛木爲杖也

喪殺所界反徐所例反注及下德之殺並同臘先祖力合反勞農力報反草
笠音立使使上音史下及下使者皆色吏反緇撮七活反又七括反其餉始尚反伊
糾居黝反好田呼報反下好女可好皆同果蓏力果反以蓄丑六反又許六反蘊
財於粉反以移以豉反注同羨也羨也才箭反又辭見反烝之承反畀必利反
祖妣必履反之與音餘既蜡而收絶句積聚並如字徐上音茲賜反下
才樹反之菹爭居反其醢音海麋音眉臡字又作䑋乃兮反字林作腝人兮反茆
音卯又力首反麕九倫反蠃力戈反豚拍音博薦即見反又作薦同或作廌非可
耆市志反路車本亦作輅音同可樂皇音洛下同徐五孝反可便婢面反徐
扶絹反莞音官徐音丸簟大點反越音活注同槀又作藁古老反鞂簡八反徐古八反
不和胡卧反不琢依注爲丈轉反彫多調反又作雕幾巨依反注同之乘時證反

樸也普角反 司烜音毀 陰鑑古暫反 藉神字夜反 沂魚斤反 鄂五各反

俎奇居宜反 醯醢上呼兮反本又作醯同 斷也丁亂反 冠義古亂反下文注始冠而敝之而冠冠於阼冠而字之冠禮士禮冠皆同 齊則側皆反 其緌耳佳反 以上時掌反後以上皆同

敝本亦作弊婢世反徐又房列反弃也 不復扶又反 適子丁曆反 近主附近之近 醮子妙反

毋追上音牟下多雷反 殷冔況甫反字林作𦁊火于反 見篡初患反 殺音試

賢行下孟反下德行同 取於音娶本又作娶 附遠皇于万反 厚別兵列反下及注皆同

不腆天典反 信事側吏反又如字立也注同 親迎魚敬反 男先悉見反下及注同 倡昌亮反

道音導 執贄音至本亦作摯 聚麀音憂 出乎大門而先如字

絕句又悉遍反 以知音智 婦盥音管 饋其位反一本無婦盥饋三字 婦餕音俊 爲⿰月習直輒反

滌蕩音狄徐又同弔反 樂三如字徐息暫反 灌用鬯臭絕句更以鬯字

絕句鬱字又作鬱同合鬯絕句焫蕭如悅反燒也下音蕭香蒿也合如字徐音閤羶依注音馨許經反薌音香圭瓚在旦反鉶南音刑蒿也呼毛反染以如琰反羶當失然反詔祝之六反下及注並同又之又反膟音律膋力彫反燎于力妙反又力弔反下文同爐音盧以墮許恚反或許垂反之奧烏報反北墉音容室與堂與並音餘下遠者與同本作室與堂也與則如字讀遠人徐于万反倞也音亮肵音祈爲尸于僞反嘏辭古雅反爲犆徒得反相息亮反注及下之相并注同侑音又妥尸他果反嘏長直良反徐知兩反或詁音古祭齊才細反注及下說齊并注同謂綏許恚反說齊始銳反清也字又作涚泲之子禮反下同慌氏莫剛反漚烏豆反爲況本又作泛同齊絜側皆反篇末文注同腥肆勑歷反注同爓腍而審反䐑直輒反舉斝古雅反之坐才臥反縮酌所六反注同醴齊

寸細反下皆同去滓起呂反醳酒音亦不共音恭斟也章金反尊彝音夷注于之樹反醆側産反盎齊烏浪反差清初賣反又初佳反汁之十反獻依注爲素何反下注同舊澤依注讀爲醳音亦徐詩石反爲其于僞反腊毒上音昔隱義云腊久也久酒有毒辟亡狄反遠罪于万反

內則第十二

鄭云以其記男女居室事父母舅姑之法

后王鄭云后君也謂諸侯也王天子也盧云后王后也王天子也孫炎王肅云后王君王也并六卿必政反或兼如字一音古念反咸盥音管洗手漱所救反徐素遘反漱漱口也下同櫛側乙反梳也縰所買反徐所綺反黑繒韜髮笄古兮反總子孔反束髮也拂髦音毛冠緌耳佳反緌纓飾也韠音必紳音申大帶搢徐音箭又如字音晉插也笏音忽韜髮吐刀反振去起呂反著之丁略反下文及注同鬌多果反扱本又作捷又作插初洽反徐采協反使令力呈反紛

芳云反拭物巾或作帉同 帨始銳反佩巾也 小觿許規反本或作鑴音同解結錐 金燧音遂火鏡 拭物

音式 礲力工反 捍户旦反拾也謂射捍 管遰特世反徐作滯刀鞞也 筆彄苦侯反 刀鞞

必頂反 鑽火子官反 偪本又作幅彼力反行縢也 行縢徒登反 屨九具反 著綦

其記反注及下同屨繫也 如父母一本作如事父母 衣紳如字又於既反注同 令簪徐側林反又作南反

箴之林反 線本又作綫息賤反 纊音曠 縏字又作槃同步干反 袠陳乙反又作帙 小囊

奴郎反又作橐徐音託 明爲于僞反 衿嬰本又作紟其鴆反結也注同嬰又作纓 衣燠本又

作奥同於六反暵也 苛音何疥也 養本又作癢以想反 搔之素刀反摩也 怡說音悅 苛

疥音界說文云瘙瘍也 時便婢面反 少者詩召反後皆同 奉槃芳勇反本或作

捧下同 長者丁丈反後皆同 以悅始銳反拭手也本又作挩同 以温本又作薀又作慍同於運反注同

耤也字夜反 饘之然反厚粥也 酏羊支反薄粥也 芼毛報反 蕡

字又作黂扶云反徐扶畏反大麻子注同粱音良秫音述粥之六反又羊六反熬五羔反枲實思里反飴羊之反餳也菫音謹菜也荁音九似菫而葉大也枌扶云反白榆也免音問注同新生曰免薧字又作槀苦老反乾也滫思酒反溲也瀡音髓滑也以滑胡八反又于八反諸卷皆同以膏之古報反調如字又徒弔反和如字又胡臥反夏用戶嫁反溲所九反未冠古亂反爲迫于僞反而朝直遙反下而朝同後成人如字徐胡豆反下同衣服如字又於旣反枕簟徒點反灑本又作洒所買反又所賣反埽素報反孺子如樹反蚤寢音早以上以或作已上時掌反後放此奉席芳勇反下同何鄉許亮反將衽而鴆反又而甚反臥席也何止本又作趾足也臥處昌慮反縣衾音玄篋口協反而襡音獨韜也不傳丈專反注同移也敢近附近之近敦音對又丁雷反牟木侯反齊人呼土釜爲牟卮音支酒器也匜羊支反一音以氏反杜預注左傳云沃盥器也非餕

音俊如鍪字又作蝥木侯反應唯于癸反徐伊水反慎齊側皆反噦於月反噫
於界反嚏音帝咳苦愛反欠丘劒反伸音申跛彼義反倚於義反又其寄反
睇大計反傾視也視如字徐市志反唾吐臥反又涕本又作洟同吐細反重衣直龍反袒
音但裼思歷反撅居衞反揭衣也揭衣起例反又起列反一音起言反不見賢遍反下
同為其于僞反可穢紆廢反又烏會反刷色劣反去丘呂反帶垢古口反
請漱素侯反後皆同請澣本又作浣戶管反和漬似賜反綻字或作綻直莧反徐治見反
裂本又作列紉箴女陳反徐而陳反下之林反補綴丁劣反又丁衞反猶解胡賣反又佳買
反燂湯詳廉反溫也潘芳煩反淅米汁靧音悔洗面瀾力旦反褻遽其據反以
篚非鬼反共湢彼力反本又作偪浴室也不嘯依注音叱尺失反障也音章解也
佳賣反下解倦同若飲於鴆反食音嗣不耆市志反而去起呂反本又作而食之謂

難乃旦反 姑子以渚反下同 遠于万反 懟直類反本又作懟 姑縱本又作從足用反 寧
數色角反 譴責弃戰反 猶爲于僞反 說則音悅下同 而撻吐達反撻擊也
思貽以之反貽遺也 遺也以季反 謂傅丈專反 介婦音界注及下同 解勸本又
作倦其卷反 掉磬徒弔反隱義云齊人以相絞訐爲掉磬崔云北海人謂相激事爲掉磬也 下冢户嫁反
使令力呈反 私畜許六反又許又反又勑六反 茝蘭本又作芷昌改反韋昭注漢書云香
草也昌以反又說文云虈也虈火喬反齊人謂之茝昌在反 必復扶又反 適子丁歷反 皆齊
側皆反 稰思呂反熟穫曰稰 穛側角反生穫曰穛 膷音香牛臛也 臐許云反羊臛也 膮許堯反豕
臛也字林云豕羹也火佊反 牛炙章夜反下同 胾側吏反 牛膾古外反 芥醬徐姻邁反
鶉順倫反 鷃音晏 公食音嗣飤食糁食並同 爲鴽音如下文同 重醴直龍反注同陪也
清糟子曹反徐祖到反 醇也常倫反 清泲子禮反 酢七故反 截才載反 醷意

本又作臆於紀反徐於力反濫力暫反以諸乾桃乾梅皆曰諸糗起九反又昌紹反餌音二下同

酏讀曰餈又作餰之然反又之善反擣本又作搗丁老反下同與餈本又作粢自私反下同糝西感反

狼臅昌録反徐又音燭食音嗣飤也下苽食麥食食齊皆同徐如字蝸力戈反醢而苽音孤

字又作菰同雉羹絕句麥食脯羹雞羹絕句折之列反稌音杜徐他古反稻也和

糝上胡臥反下三敢反注同不蓼音了羹齊子細反下文同析星歷反下同濡豚音而

下同苞苦伯交反濡雞醢音海一本作醯呼兮反次下句同卵醬依注音鯤古門反魚子也亨

普彭反煑也荼也音徒作攔音闌本又作捫音門腶脩丁亂反蚳直其反蟻子也捶

脯徐之絫反蜱本又作蚍音毗蜉本又作蜉音浮卵鹽力管反爲胖音判視夏户嫁

反下放此膏薌音香牛膏腒其居反乾雉也盧云雉腊也說文云北方謂鳥腊曰腒鱐本又作䐹所求反乾魚也

膏臊素刀反犬膏也麛音迷鹿子也膏腥音星雞膏也說文作胜云犬膏臭也膏羶

升然反羊膏也爲其于僞反大盛音泰麏九倫反本又作麇又作麕囷下田豖麏君同有軒音憲

出注後放此切肉如雚葉也蜩范上音條蜩蟬也下音犯范蠭也蠭芳凶反本又作蜂芝音之栭音而本又

作檽蔆音陵芰也椇音矩枳椇榛側巾反桲音俟柤側加反芰其寄反枳椇上居氏反

用韰戶界反俗本多作薤非也藙魚氣反茱萸也會古外反稽古兮反之榝色八反似茱萸

而實赤小和戶卧反注皆同注又如字用醯呼兮反酢也畜與許又反又許六反鶉鷄羹

本又作鶉羹鷄羹魴鱮上音房下音敘烝皇絕句之丞反雛字又作鶵仕俱反又匠俱反賀讀魴鱮烝雛爲句

燒如字一音焦皇絕句雉皇此一句一讀雉薌爲句蘇荏而甚反言調徒弔反狠去起呂反下

並同尻苦刀反腦奴老反皆爲于僞反下皆爲同伏扶又反乳而樹反鰫魚音容

如篆直轉反鯁人本又作哽古猛反字林云鯁魚骨也又工孟反竅也苦叫反膽丁敢反

攢之再官反本又作鑽庮音由惡臭也泠音零泠結毛如氈也毳昌銳反而躁早報反

麃本又作瀌劉昌宗音普保反徐芳表反又普表反　而沙如字一音所嫁反注同　交睫音接　腥依注作星皇云肉中如米者說文云腥星見食豕令肉中生小息肉也字林音先定反　而般音班　臂本又作擘必避反徐方避反　漏依注音螻力侯反　鵠胡篤反　鴞于驕反　胖音判　鴇音保　奧於六反　鹿胃音謂字又作⿰月胃同　一薰許云反或作焄又作葷　不解胡買反　嘶也音西字又作斯音同　腐臭扶甫反　前脛胡定反　螻蛄音姑　鵝五何反　鶩音木　脾扶移反　膍昌私反　肉腥音星字林作胜云不熟也先丁反　聶而本又作攝又作牒皆之涉反下同　麏爲九倫反　辟雞必益反徐芳益反注同　爲宛于晚反　脾婢支反　諸醢徐呼兮反本或作醓　鹿⿰歹委於僞反益州人取鹿殺而埋之地中令臭乃出食之名鹿⿰歹委是也　近由附近之近　羞美食音飼注羞美食并下文食禮同　庪食字又作庋九委反或居彼反本亦作處　於坫丁念反　夾室古洽反又古協反　同處昌慮反　異粻知良反糧也字林云量也　絞戶交反　紟其鴆反本又作衿同　衾冒亡報反　不煖

乃管反於朝直遥反下同珍從才用反又如字不與音預下同齊喪側皆反衰

麻七回反東膠音交冔而況甫反縞古老反又古報反樂其心音洛下同忠

養羊亮反爲法于僞反德行下孟反三王有音又出注爲惇音敦

敦厚也淳熬之純反下五羔淳毋依注音模莫胡反下同黍食音嗣炮

步交反若將依注音牂子郎反牝羊也刲苦圭反刳之口孤反又口侯反編必緜反又步典反

萑音丸蘆也以苴子餘反苞裹也以謹依注作墐音斤徐如字炮之絶句塗皆乾

絶句涂本亦作塗擘之必麥反絶句濯手直角反去其起吕反注同皽章善反魄莫也

糔息酒反又相流反又息了反溲所九反以付徐音賦鉅音巨其據反鑊户郭反使

湯一本作使其湯穰如羊反草也魄莫上普伯反或普博反下亦作漠武博反解析星曆反

必胲音每徐亡代反夾脊肉其餌音二筋腱也本或作皽下句作餌筋音斤腱徐其偃反皇紀

偃反一音其言反隱義云筋之大者王逸注楚詞云筋頭也醯與音餘湛諸子潛反直蔭反又將鴆反一音陟鴆反注同漬也期朝音朞以洒所買反徐西見反而鹽音豔又如字乾而食之一本無而食之三字濡肉音儒下同肝膋音遼徐音勞⿰米喿食音嗣下酏食同幪之音蒙舉焦字又作燋子消反爲酏讀爲餰之然反又之善反注餰同臆音憶⿸尸食矣本又作餰又作⿸尸食並同之然反又音贊闍寺音昏同杝本又作椸以支反枷音嫁縣音玄之揮音輝篋笥息吏反竿謂音干揮杙音弋無閒徐閒厠之閒皇如字讀年未五十本又作年未滿五十必與音預不復扶又反下文夫復同姪大結反娣大計反兩媵羊證反又繩證反齊漱爭皆反下皆同澣音浣如朝直遙反下文朝服注朝於君皆同爲縿居蚪反必後胡豆反辟女音避下辟人雖辟皆同敢見賢遍反下及注同使姆音茂字林亡又反女師也一音母又音亡父反鄉前休亮反下文西鄉皆同接以依注音捷字妾反勝也下接子同謂

食音嗣下注食子食乳皆同射天地食亦反言承如字徐音拯救之拯大古音泰嫡

妾本亦作適同丁歷反一䖏尺御反耆市志反爲兒于僞反下爲改爲大溫皆同爲

鬌丁果反徐大果反夾囟音信又思忍反當楣音眉相息亮反孩而字又作咳户才反

左還音旋轉也辯音遍下同如養羊尚反褖衣通亂反適子丁歷反注及下同

易諱以豉反三月之末一本作子生三月之末申繻音須食子音嗣注及下文食母同

勞賜力報反旬音均出注尊別彼列反下其別同食食上如字下音嗣

男唯于癸反徐以水反女俞以朱反然也鞶革步干反盛帨音成緣之于絹反

裂音列或音厲與音預如厲音列必後胡豆反數日所主反孺字又作襦音儒

袴苦故反請肄本又作肄同以二反習也爲大音泰舞勺章略反注同

而冠古亂反以衣於既反惇行如字又下孟反孝弟音悌孫友音遜注同

所好呼報反 則去如字 婉紆晚反徐紆願反 娩音晚徐音万 麻枲思里反 絲

繭古典反 織紝女金反又如林反 組音祖 紃音巡 以共音恭 絛也他刀反 禮

相息亮反 謂應應對之應 接見賢遍反 爲衙古縣字本又作御字魚據反

玉藻第十三鄭云以其記服冕之事也冕之旒以藻紃貫玉爲飾因以名之 卷之九

玉藻本又作璪音早 二旒力求反 邃雖醉反深也注同 延如字徐餘戰反冕上覆也字林作綖弋善反 龍卷音衮古本反注同 玄端音冕出注下諸侯玄端同 而朝直遥反篇内除下注朝之餘皆同 則闔胡臘反 左扉音非一本作則闔門左扉 而餕音俊 酏以支反 御

瞽音古樂人也 上下時掌反 哀樂音洛 裨冕婢支反 伯鷩必列反

男毳昌銳反 大廟音泰後大廟同 下天子户嫁反 辨色如字徐扶免反別也

別也彼列反 必復扶又反 相挾户頰反 四簠音甫本或作簋 [月胃]也音胃 稷

食音嗣同庖步交反徐扶交反下同君子遠于万反踐音翦子淺反出注爲

早于僞反下皆爲猶爲明爲爲失皆同春夏户嫁反衣布於既反注君衣布同搢本

徐音箭又如字去丘呂反下刷去同珽他頂反荼音舒笏也音忽遮列支奢反靈

射音亦周禮作繹爾雅作謝坼也勑白反羔幦音覓徐苦狄反虎犆依注音直下同苓

也本又作軨音零緣也尹絹反後文注皆放此齊車側皆反下文注皆同鄉明許亮反東

首手又反注同迅雷音峻又音信衣服於既反下衣布同又如字五盥音管而靧

音悔櫛側乙反用樿章善反禨其既反絺丑疑反綌去逆反刷色劣反去

垢古口反出杅音雩器也浴履蒯苦怪反連用力旦反釋也注同澀所戢反

便於婢面反乃屨九具反本又作屨煇如音暉長三直亮反後放此杼上

直呂反終葵如字終葵椎也如椎直追反下同相玉息亮反珽他頂反本又作珵音呈

自炤音照侯荼音舒出注前詘丘勿反後直如字徐胡豆反懦者乃亂
反又奴臥反怯懦也又作儒人于反弱也皇云學士圜音圓殺其色戒反徐所例反篇內皆同黨鄉
之細也退謂傍側也一本或作黨鄉之細者謂傍側也避君之親黨爲于僞反又如字
躐力輒反爲汙于僞反下爲大有同汙汙穢之汙又烏臥反先飯煩晚反下至三飯文注皆同辯
脀音遍辟貪音避先徧音遍本又作備覆手芳服反注同敢飧音孫注及下同
循咡耳侍反先君息薦反下同從者才用反凡侑音又巳偞虛涉反厭
也猶大音泰下同下凡大亦同洒如先典反又西禮反肅敬皃王肅作察云明皃也言言魚斤反注
同和敬皃油油音由悅敬皃本亦作由王肅本亦作二爵而言言注云飲二爵可以語也文云言斯禮注云語必以禮也三
爵而油油注云悅敬皃無巳及下油字也說敬音悅隱辟匹亦反徐房亦反注同而屨一本作而後屨
俛音免逡七巡反遁音巡著屨丁略反猶鄉許亮反飲賤於鴆反用

棜於據反注同 斯禁如字又音賜 始冠古亂反下冠而注始冠同 而敝音弊本亦作弊 繢戶內反注繪同 緌本又作蕤耳隹反注及下皆同 齊冠側皆反下同 綦組音其徐其記反雜色也 以上時掌反下而上同後皆放此 縞冠古老反又古報反下同 子爲于僞反 冠卷起權反下同 素紕音埤又婢支反 閒古閑反 傳直專反 惰游徒臥反 罷民音皮 屬武章欲反 著冠皇直略反徐丁略反 去飾丘呂反下同 散送悉旦反注同 始衰所追反 不髦音毛 蓋僭子念反後同 朝玄直遥反 深衣三袪起魚反本或無衣字 要中一遥反下文注同 縫音逢紩也 齊音咨本又作齎注同 紩也直乙反徐治栗反 袵當而審反又而鴆反 屬衣音燭下同 袂可面世反 回肘竹丑反 今褎音袖下文同 袷二音劫曲領也 緣廣徐公曠反後放此 裏布音里 相稱尺證反 不衣於既反注及下注同 織音志注織染同 染繒似陵反 去位如字 閒

色閒廁之閒振絺依注爲袗之忍反禪也禪也音丹下文注同當裼思歷反纊
音曠緜也爲繭古典反緼紆粉反又紆郡反爲袍步羔反絮也胥慮反爲
絅苦迥反徐又音迥爲褶音牒袷也有黼音甫晢省依注作獮息典反秋獮名君
衣於既反下文不衣同復有扶又反服與音餘辟君音避豹包教反玄綃
音消綺屬麛音迷青犴音岸胡地野犬絞衣戶交反蒼黃色大蜡仕嫁反臘
先祖力合反見美賢遍反注下注及下文同以球音求美玉也魚須文
竹崔云用文竹及魚班也隱義云以魚須飾文竹之邊須音班無說本又作稅同他活反下及注同事
免音問注同爲必于僞反搢畫乎麥反造受皇七報反舊七刀反去起呂反下注去
上則去去餙同素帶音戴終辟依注爲裨婢支反下同徐又音畀下綼辟終辟皆放此率下音律
注及下同并必政反紐女久反用組音祖下天子戶嫁反繂音律幧頭七消反又

七曹反 韠音必 圜音圓 後挫作臥反 其頸吉井反又吉成反 再繚音了 無

箴音針 下士崔如字或户嫁反 緼音溫亦黃閒色 韍音弗 幽讀爲黝幼糾反黑也下同 韎莫拜

反又音妹 褘衣音翬許韋反注及下同 揄狄音搖羊消反翬揄皆雉名爾雅云伊洛而南素質五色皆備成

章曰翬江淮而南青質五色皆備成章曰鷂鷂音遥謂刻畫此雉形以爲后夫人服也 翟雉直曆反 著於

直略反又丁略反 紳長音申本亦作申下同 而重直龍反 屈狄音闕注同 再命

褘衣依注音鞠居六反又曲六反 襢衣張戰反 褖衣吐亂反注作稅音同 屨齊音咨

本又作齎注同 頤以支反 霤力救反 及袷居業反交領 聽鄉許亮反 磬折之列

反又市列反篇末放此 裳緝七入反 使使上音史下色吏反 鎮圭珍刃反徐音珍 徵

守手又反 漢使色吏反 事處昌慮反 士辟音避下亦辟辟先辟德皆同 祝

睱古雅反 爲或于僞反下爲幼爲起事同 右徵張里反注同 所中丁仲反下文同 趨

大字五十六 四字六十三

七須反本又作趣　采齊依注作薺疾私反采薺詩篇名　周還音旋本亦作旋下同　宜圜音圓
折還之設反　王鏘七羊反　見於賢遍反下同　非辟本又作僻匹亦反又婢亦反徐
芳益反　齊則側皆反注同　縎側耕反結也屈也　有衝昌容反　與栽音災　青
色耿反　組綬音受　而紕讀爲緇側其反　佩瑜羊朱反　而綦音其　佩瓀
而兗反又作瑌同　玟武巾反字又作砇同　而縕音溫　并紐必正反下女丑反　未冠古亂反下並同
之稱尺證反　衣紒音計　肆束音肆以四反餘也　屨約其俱反　見先
生賢遍反　幼少詩照反下少儀同　猶免音問　先飯扶晚反　客飧音孫注及下同
于核行隔反　所操七刀反　忖也本又作刌寸本反切也徐子本反　後君子
胡豆反　先君子悉見反　火齊才細反　補脫音奪　重也直用反又直龍反
覆案芳服反　愼乎尊卑也愼一本作順　有葷許云反注焄同　桃

蛚音列又音例　去蛚起吕反下同　皆造七報反注同　辟凶必亦反　邪也似嗟反
菼吐敢反郭璞云烏蓲也取其苗爲帚　帚本或作箒之手反　爲君于僞反下注爲其同　復
以扶又反下不復同　辟也音避下辟尊者同　敵者本又作適音狄　不聽天丁反　唯而
于癸反徐以水反　親癠才細反病也　杯圈起權反注同　卮音支　匜以支反　介拂
音界下及注同　闑魚列反門橜也　中棖直衡反門楔也謂兩傍木　門楔徐古八反皇先結反　鴈
行户剛反　相沿悦宣反　履閾音域又況域反　蹈半徒報反　毋移上音無下如字
䟽數色角反下同　靡迆羊爾反　圈舉遠反又去阮反注同　豚本又作豚同大本反徐徒
困反注同　齊如流音咨本又作齎同　曳踵章勇反　尊處尺慮反　弁行皮彦
反急也　剡剡以漸反字林因冉反　頤霤上音夷下力救反　爲遺音夷徐音追　宿
宿色六反本或作蹜同　惕惕音傷又音陽直而疾也　齊齊才兮反恭慤皃賀賁在啓反　濟

濟徐子禮反有威儀也翔翔本又作洋音詳齊遬音咨又側皆反下音速蹙蹙子六反

不睇大計反嚱於厥反欬苦大反立容德如字得也徐音置如睹丁古反纍

纍良追反羸力皮反憊皮拜反顛顛字又作巔音田又丁年反憂思息嗣反

視容本又作目容瞿瞿紀具反又紀力反繭繭古典反暨暨其記反詻

詻五恪反視容如字徐市志反辨卑讀爲貶彼檢反字林貶音方犯反毋諂音諂舊又

音鹽注同有下戶嫁反顛實依注讀爲闐音田自別彼列反又如字分陝

失冉反守臣手又反之適丁曆反謂見賢遍反臣孽依注音枿五葛反徐

五列反傳陟戀反注同遽其庶反事使色吏反注同爲賓必刃反介也注同

明堂位第十四鄭云以其記諸侯朝周公於明堂所陳列之位

朝諸侯直遙反注及下皆同辟王音避一本作辟正王負斧音甫依本又作扆同於豈反

注同　南鄉許亮反　偝也本又作背音倍　屏風並經反　户牖音酉　九采
七在反　四塞先代反注同　此周公明堂之位也本或無周公之
字　上近附近之近　藩服本又作蕃方元反下同　壹見壹又作一下賢遍反下同　要服
一遥反　殷紂直九反　相武息亮反　頒音班　度量徐音亮注同　豆區烏侯反
筐音匡　筥紀吕反　千乘繩證反注同　畢侯必爾反本又作俾下同　緑縢大登
反　載音戴　弧音胡　韣音獨弓衣也　旂其衣反本又作旗音其　二旒本又作斿力求反
季夏户嫁反注及下季夏夏礿皆同　以禘大計反　大廟音泰後大廟皆同　犧象
素何反注下皆同　山罍音雷　灌用古亂反　玉瓚才旦反圭瓚也　彫本亦作雕　篹息緩
反又祖管反籩屬　玉琖側眼反夏爵名用玉飾之　辟散先旦反注同　梡苦管反虞俎名　嶡
居衛反又作橛音同夏俎名　裼而星曆反　眛音妹　任而林反或而鴆反　以沙素何反　黄

彝音夷其直如字柄也大盾字又作楯常準反又音允自卷本又作衮同音古本反下文同
不僭七尋反又則念反副禕音輝注同肉袒音誕步摇本又作繇同以昭反六珈
音加追師丁回反揄翟羊昭反夏衲音藥秋省讀爲獮仙淺反大蜡
仕嫁反巡守手又反祀祊音方本又作方索鬼所白反門與音餘有伉
苦浪反将將七良反木鐸大各反警衆京領反藻本又作繰音早梲專悅反
復廟音福注同重直龍反注同檐以占反刮楹古八反達鄉許亮反注同反
坫丁念反康圭音抗苦浪反出注欂音博又皮麥反一音旁各反徐又薄曆反字林平碧反盧如字
本又作櫨音同侏儒音朱劘莫何反爲好呼報反桴思音浮鉤車古侯
反乘路徐食證反注同爲欒力九反之綏依注爲緌耳隹反謂注之樹反
旄牛音毛於杠音江大麾毁皮反左仗直亮反黄鉞音越駱

音洛黑驪力輒反蕃驪字又作番音煩郭璞云兩被髮騂剛息營反又呼營反順

正音征又如字爲純于偽反大音泰本又作泰著直略反注同以罕音嫁又古

雅反注同其勺市灼反下同夏籥音藥祼用古亂反蕢讀爲凷苦對反桴音浮

葦于鬼反籥音藥蕢其位反又苦怪反如笛本又作篴音狄拊芳甫反搏

音博指擊居八反注同大琴徐本作瑟以穅音康柷昌六反敔魚吕反本又作

圄米稟力甚反頖宮音判之委于偽反又作積子賜反瞽矇音蒙貫

鼎古嗅反大璜音黄封父音甫注同分魯扶問反縣鼓音玄注下注

同簨本又作筍恤尹反虡音巨植我市力反又音置徐音徒吏反又徒力反鼖鼓

音桃應應對之應朄音胤和鐘章凶反説文作鍾以此鍾爲酒器字林之用反女媧徐古蛙反

又古華反共工音恭宓音密本又作虙音伏戲音羲無句其俱反字又作劬重直龍反辟

翣所甲反又作萎植市力反徐徒力反羸力果反重牙直龍反以挂音卦縣

紘徐音宏載以音戴兩敦音對又都雷反四連本又作璉同力展反六瑚音胡

八簋音軌椇俱甫反斷木丁亂反又丁管反蹷俱衛反橫古曠反又音光又華盲反

言枳吉氏反曲撓音擾下跗方于反楬徐苦瞎反注同又苦八反周獻素何反

禿土木反黻音弗韎莫拜反緌耳佳反注並同綢練吐刀反注同徐音籌從車

才用反下同遣車弃戰反翣夾古洽反柩路其久反熏字又作纁香云反

縿所銜反傳之丈專反注同相[illegible]本又作殺音試注同有誄力軌反人髽

側瓜反於臺音胡駘大來反近誣如字又附近之近

喪服小記第十五鄭云以其記喪服之小義　卷之十

斬衰七雷反下並同括髮古活反為母于僞反注及下注同免音汶篇內同齊

衰音咨又作齋　惡笄古兮反　卷俱免反下皆同　子冠古亂反下同　髽側巴反

別男子彼列反下文有別注不服別卑別皆同　苴杖七余反　削杖思略反　爲

父母于僞反下爲夫注爲無後並同　長子丁丈反篇內並同　稽音啓　顙素黨反　恩

殺所戒反徐所例反後文注同　爲出母于僞反下注爲其族人爲其昆弟同　所傳文專反下

傳重皆同　己上音紀　王者如字又于況反下同　禘其大計反　凡縶知急反　繼

禰乃禮反　適士丁歷反篇內同　不爲于僞反下注爲君母自爲己同　祭殤音傷　祔

食徐音附　所食音嗣　共其音恭　爲　墠皇音善徐徒單反　巳音以　則

不爲于僞反注妾爲猶爲皆同　之期音基下文及注不及期皆同　無施以豉反　其爲

妻于僞反注爲妻猶爲皆同　伸音申　正見賢遍反　以上時掌反凡以上皆同　養以尚反　爲

父母于僞反下文不爲注不相爲同　應歲應對之應　益衰　衰則並色追反下益

衰同不禫大感反則必爲于僞反注爲之下注父爲之下爲君皆同幼少詩照反説

喪皇他活反徐他外反注及下同補脫音奪朝覲直遥反閽寺音昏羣介

音界不爲君母于僞反下妾爲君注大夫爲庶子同去起呂反下去杖并注同絰大結反

如要一遥反下文要經注上至要皆同不辟婢亦反徐扶亦反如不知姓一本無知姓二

字報葬依注音赴芳付反下同喪偕音皆假令力呈反不厭一妾反徐於豔

反下文注皆同爲慈母于僞反下其妻爲爲母之爲妻禫爲庶母爲祖庶母皆同不貳降一本作隆

見同賢遍反亾則如字又音無昭穆常遥反後昭穆皆放此猶閒閒廁之閒爲

父母妻于僞反注目所爲下文則爲其母子爲妻下注恩爲己爲之變爲今死者皆同冠而古亂反

視濯大角反漑祭古代反縞麻古老反下適户嫁反下丁歷反得伸

音申養羊尚反惡其烏路反適祖丁歷反下女户嫁反而省所領反下

及注同 不爲衆子 于僞反下注猶來爲下文爲出母爲夫杖同 澡麻 本又作藻音早一本無麻字 不絕 本或作不絕本非也 詘而 丘勿反 澡率 上音早下所律反又音律 而上 時掌反 而糾 居黝反徐居虯反 散帶 先但反下文注並同 廟從 才用反 母爲

長子 于僞反注母爲子爲己下文爲父母並同 報虞 音赴下同 皆冠 如字又古亂反下及注皆同

爲兄弟 于僞反下注爲人君爲母下文爲之小功皆同 比反 必利反 絞垂 古卯反 不縟 音辱 不朝 直遥反下文同

大傳第十六

鄭云以其記祖宗人親之大義故以大傳爲篇

不王 如字又于況反下同 不禘 徒細反下同 大微 音泰下文注大祖大王皆同 熛怒 必遥反

含樞紐 中昌朱反下女九反 招拒 俱甫反 叶 本又作汁戶牒反 汜配 芳劒反 省於 舊仙善反善也案爾雅云省即訓善息靖反無煩改字 于祫 徐音洽 大難 乃旦反 壇 大丹反 墠 音善

逡奔息俊反疾也注同　追王于況反　亶丁但反　父音甫　著焉知慮反　祖禰本或作祢年禮反　昭繆音木　別之彼列反下至其庶姓別文注並同　繆讀莫侯反又音謬　而聽體寧反　與焉音預　不贍本又作儋食豔反　紕匹彌反徐孚夷反又方齊反錯也　繆音謬本或作謬　度量音亮注同　正朔音征　殊徽諱韋反　器械戶戒反　別衣彼列反　權稱尺證反　作諱許韋反　長長並丁丈反後除注逮者長並同　有別彼列反　際會音祭　名著知慮反　爲子于僞反下相爲同　屬乎音燭　是嫂本又作㛮悉早反　名遠于万反下同　復謂扶又反　則令力呈反　人治之直吏反注同　袒免音問　殺同色界反徐所例反　而戚千歷反　單於音丹　昏姻如字　繫之音計又戶計反　弗別皇如字舊彼列反注及下同　綴之丁衛反連合也　以食音嗣　定繫戶計反一音計　夫爲妻于僞反下至其義然也注皆同　而上時掌反　別嫌彼列反　不得爲于僞反下爲其士注死爲之爲

其妻爲之大功不相爲皆同 辟宗 音避 世適 丁歷反下文及注皆同 唯己 音紀 無移 本或作施同以豉反移猶傍也 罰中 丁仲反 無斁 音亦 猒也 於豔反下同

少儀第十七

詩照反少猶小也鄭云以其記相見及薦羞之小威儀

始見 賢遍反下文注除注二相見並同 聞名 如字徐音問注皆同 嗛 音謙本又作謙 遠之 于万反 重則 直用反 傳辭 文專反下傳辭同 階上 時掌反 罕見 賢遍反 亟見 去冀反注及下同 數也 色角反 皆爲 于僞反下文爲君喪注雖爲並同 適它 音他本亦作他 從者 才用反 朝會 直遙反 致襚 音遂 賈人 音嫁徐音估注同 以斂 力豔反 文織 音志鄭注周禮云畫繡之屬 納甸 大見反 賵馬 芳仲反 賻馬 音附 尸柩 音舊 由便 婢面反 有跪 其委反 長臨 直良反 排 薄皆反 闔 胡臘反又音合 說屨 吐活反本亦作脫下注同 尊長 丁丈反下文注尊長皆同 某 音母 三

行下孟反不度大洛反計也注同民械戶戒反不訾子斯反氾埽芳劒反下悉報反曰拚弗運反又作攢以鬣力輒反帚也膺於陵反胷前也擖以涉反舌也徐音葉絜清徐才性反又如字將去起呂反下擢去同自鄉許亮反於蓍音尸義與音餘下同大卜音泰恭孫音遜本亦作遜同燕見賢遍反下請見同卑褻息列反不特本又作犆音特不畫胡麥反不翣本又作萋所甲反盧云扇也端慤苦角反侍射食夜反下注客射同拾取其劫反直飲音蔭不勝詩證反觥古橫反不擢直角反去也乘車繩證反轡冰媚反拕徒可反引也又他佐反諸幦徐音覓苓也力丁反右腋音亦以散悉但反請見賢遍反朝廷直遙反後朝廷皆同近君附近之近曰罷音皮注同師還音旋下文注皆同欠起劒反伸音申運笏音忽還屨音旋蚤音早

莫音暮解倦古賣反頻伸本又作嚬音頻玩弄五亂反易以豉反汗

澤戶旦反一音烏量音亮乞假如字又音氣爲人于僞反遠罪于万反不

窺苦規反伺人音司曲處昌慮反或爭爭鬭之爭不偷他侯反不

長丁丈反絕句無訕所諫反徐所姦反疾惡烏路反無讇勑撿反而相

息亮反注同怠惰徒个反而更音庚毋拔蒲末反注同急疾也王本作校古孝反毋

報音赴可卒寸忽反謂數色角反循枉上音旬下紆往反邪曲也可復

扶又反意度如字本又作億音抑下大各反於說如字注同又始銳反鴻字又作洪殺色界反

侈昌氏反弇於撿反毋呰子斯反傳疑大專反之美音儀出注下同

濟濟子禮反齊齊皇皇齊如字皇音往出注徐于況反匪匪讀爲騑芳非反牡

音母長幼丁丈反下及注同樂人音岳興如字又許證反道音導諷誦福鳳反

大卷音權大濩戶故反龜筴音策近尊附近之近迫狹音洽介

者音界下人戶嫁反低頭丁兮反爲夫于僞反柄尺兵命反毋跣

悉典反爲懽于僞反稅屨本又作脫又作說吐活反還立音旋注同朝祀直遥反

公喪息浪反傳乘上丈專反又陟戀反下繩證反下文除乘車同弗賈音嫁便也

娉面反下同糟也早勞反巳解上如字又音異下庚買反執緤息列反守犬守又

反又如字注同執紖丈引反執靮丁曆反畜養許六反宋鵲七略反犬

也囚俘音孚稅綏本又作脫又作說同吐活反袒音但櫜音羔甲衣也奉芳勇反

冑直又反鎧苦代反弢吐刀反兜丁侯反鍪亡侯反韣音獨弓衣也執

拊芳武反并於必政反啓櫝音獨劒函夫襓上音扶注同下如遥反劒衣也劒

函音咸襲卻去略反下文同苞苴子余反茵席音因熲京領反注同警

枕也又坰迴反編東必緜反管音姦葦于鬼反以裹音果著蓐上音宁下音辱

授穎役頂反削音笑辟用音避謂把音霸剌刃七智反又七亦反則辟

四亦反注同正鄉許亮反下鄉國同卒尚子忽反注同行伍戶剛反下音五主詡

況矩反險阻側呂反覆芳富反謂伏兵也徐音赴諼況煩反諼詐也或云諼譁之處昌慮反

虞度大各反下同先飯煩晚反下小飯同流歠昌悅反而亟紀力反注同噦

噎上於月反下伊結反數色角反噍字又作嚼子笑反又在笑反介爵音界注同僎爵音遵

爲騶責留反本又作馴音巡羞濡音儒擗之補麥反下同鯁肉格猛反易

離以豉反下同析也星曆反右腴以朱反腹下也右鬐音祁脊也脊子昔反祭

膴舊火吳反依注音冔況甫反徐況紆反大臠力轉反謂刳口胡反又苦侯反凡齊

才細反注及下以齊并注同謂食音嗣齊和戶臥反下齊和同由便婢面反謂

爲 于僞反下爲君同 軌 媿美反 范 音犯 兩軹 音旨 轊 音衛 頭軾前

音式 圂腴 圂與豢同音患 濊 本又作穢紆廢反一音烏外反 必盥 音管又古亂反 不提

心 丁禮反注同絕句 刲 苦圭反 犁之 本又作離同力兮反又力知反 有湆 起及反 爲

君子 于僞反注同 葱薤 戶戒反 萎乾 上於危反又於僞反下音竿 進喙

許穢反 出見 賢遍反 樽者 本又作尊注下皆同 鄉尊 許亮反下鄉人同 譏者

其記反 醮者 子笑反 折俎 之設反下及注皆同 始冠 古亂反 聶而 之涉反注及下皆同

爲膾 古外反 言牒 直輒反 復報 扶又反 麋鹿 音眉 爲軒 音獻注同

麕 俱倫反 爲辟 音璧又補麥反徐扶益反注同 兔爲 他故反 宛脾 上於阮反下毗

支反 切葱若薤實之 絕句 皆菹 莊居反 與焄 許云反 淹之

於廉反又於劫反 燔亦 音煩 柄尺 兵命反 齊之 才細反 帨手 本又作挩始銳反

饋食音嗣　擩于本又作懦而專反又而悅反徐耳誰反　爲罔本亦作罔又作調亡兩反

道贊音導　爲其于僞反下爲胥下文爲人爲己同　冕見賢遍反　抱燋側角反又子約反或音在遥反

未蓺人悅反　禮殺色戒反　辟匹亦反徐孚益反　咡而志反

不歆許金反　臭之許又反　使者色吏反　臂本亦作辟必豉反注同　臑奴報反又奴到反說文云臂羊犬讀若儒字林人於反

九个古賀反下同　犆豕大得反　折斷丁管反又大喚反

分之方云反又扶問反本又作个古賀反　靡敝亡皮反注同　彫幾其衣反注同

不組音祖　縢大登反　不常如字恒也本亦作嘗　秣音末穀馬　稅亟本又作極紀力反急也一音其力反

沂魚巾反　鄂五各反　及紟其蔭反結也　朱綅息廉反又音侵　鎧飾苦代反

禮記釋文

經四千七百二十二字

注一万四千十八字

禮記釋文

唐國子博士兼太子中允贈齊州刺史吳縣開國男陸德明撰

學記第十八 鄭云學記者以其記人學教之義 卷之十一

慮憲音獻法也以謏思了反徐所穆反小也聞音問聲問擬度大各反躬下戶嫁反方策初華反不琢丁角反治玉曰琢大學音泰後大學皆同兌命依注作說音悅下兌命放此不舍音捨兌當徒外反嘉肴戶交反則睹丁古反己行下孟反下注德行同自強其丈反又其良反下注同相長丁兩反下注長稺長者皆同學學上胡孝反下如字言學人胡孝反又音敎有塾音熟一術有音遂出注中年徐丁仲反注同猶閒閒廁之閒下同大比毗志反樂羣五孝反又音岳下不能樂學同斷句丁亂反謂別彼列反所趣七住反鄉也

許亮反之比必履反一音必利反説服音悅蛾子魚起反注同本或作蟻蚍蜉音毗音浮爾雅云蚍蜉大蟻乃復扶又反大垤大結反毛詩傳云蟻冢也之朝朝服並直遥反芹藻音勤音早宵雅音消小也肄三本又作肄同以二反注同習也宴樂音洛相勞力告反又如字爲始于僞反鼓篋苦協反孫其音遜注及下皆同警衆京領反夏楚古雅反注同稻也吐刀反爾雅云稻山榎扑普卜反尚書云扑作敎刑撻他達反卜禘大計反斿其音由本亦作游斿假戶嫁反舊古雅反弗語魚庶反悱悱芳鬼反憤憤扶粉反一本直作悱憤學不獵等學胡孝反注同獵音里輒反長稺直吏反操七刀反注同縵末旦反雜弄徂合反博依於豈反注皆同不興虛應反歆也許金反謂閒音閑樂其音岳又音洛又五孝反雖離力智反呻其音申一音新吟也佔勑沾反視也其訊字又

作誶音信問也呻吟魚金反又作訡同其難乃旦反爲訾才斯反又音紫于數
色住反其施始移反下同也悖布內反也佛本又作拂扶弗反其去如字
又起呂反心解胡買反則忘亡亮反之易以豉反下文注皆同禁於居鴆反又
音金情慾音欲一音踰下注同頻者徒困反謂摩本又作靡莫波反徐士髮反思
專息吏反下思放同切磋七多反扞胡半反注同格胡客反又戶隔反扞格不入也注同
不勝音升又升證反凍洛胡客反下同此二字並從冫或水旁作非一音戶各反時過姑臥
反則壞音怪徐胡拜反燕朋音鸞猶褻息列反下同燕辟音辟注及下罕
辟同道而音導注道示及下同強而沈其良反徐其兩反下同爲發于僞反下爲學者同
好問呼報反下好思好述同長善丁丈反下文及注同善教如字一本作學胡孝反樂
放方往反傚也胡教反而藏子郎反而解胡買反下文注同美惡

烏路反又如字顓頊上音專下許玉反見與音餘則齊側皆反下同奉書芳勇反折而之設反相說音悅如撞丈江反叩之音口從容從依注讀爲舂式容反富父音甫重撞直用反而復扶又反雜難乃旦反語之魚據反下同雖舍音捨又如字注下同良冶音也錮音固穿字又作穿音川鑿在洛反爲箕音基注同撓而小反下同曲屈也一音女孝反角幹古旦反相勝音升任也一本作稱尺證反始駕者一本作始駕馬者則貫古患反習也無當丁浪反主也下及注皆同不治直吏反不約徐於妙反沈於略反注同不齊如字或原本又作源或委於僞反注同一勺時酌反

樂記第十九鄭云名樂記者以其記樂之義

角徵張理反後放此雜比毗志反下文同猶見賢遍反相應應對之應篇內同

彈其徒丹反 足樂音岳又音洛 羽旄音毛 干盾本又作楯述允反又音允
翟羽音狄 執籥羊灼反 噍子遥反徐在堯反沈子堯反蹴也謂急也 以殺色界反徐
所例反 其樂音洛 嘽昌善反寬緩也 以散思旦反 粗以采都反又才古反
蹴也子六反 寬綽處約反 以道音導 其行下孟反 出治直吏
反下同 治世之音絶句 安以樂音洛絶句雷讀上至安絶句樂音岳以樂二字爲句
其政和崔讀上句依雷下以樂其政和揔爲一句下亂世亡國各放此 以思息吏反又音笥 和
否音不 玉藻音早 御瞽音古 幾聲居希反又音祈 上下時掌反 怗
徐昌廉反弊也 懘昌制反又昌紙反敗也 敝敗音弊 則陂彼義反注同傾也 其財
匱其媿反乏也 迭相田節反 猶散蘇旦反 旄荒莫報反 比於毗志反猶
同也注同又如字 濮上音卜水名 誣上音無注同 師涓古玄反 爲晉于僞反

反下爲作法度同 分也扶問反 克諧户皆反 而治直吏反下民治行同 則幾
音譏一音巨依反注同 食饗音嗣下食饗同 踈越音踈下同 壹倡昌諒反注同 腥
魚音星 不和胡臥反 瑟底都禮反 畫踈音獲 祫祭音洽 不臑
音而 肉湆去及反 好惡上呼報反下烏路反又並如字後好惡二字相連者皆放此 猶見
賢遍反 知誘音酉 猶道音導 有悖布内反下同 淫佚音逸 強者
其良反 脅弱許劫反 知者音智 苦怯起劫反 以遏於葛反本亦作節
衰麻七雷反 安樂音洛 冠古亂反注同 笄音鷄 以別彼列反下文注皆同
樂勝始證反 析居思歷反 飭貌音勑本又作飾音式 斌斌彼貧反本又作彬
好惡著張慮反 不肖音笑 必易以豉反注同 不争争鬬之争 明
長丁丈反 若敖五羔反 賢知音智 相沿悦專反因也述也 功偕古諧

反俱也 作大濩户故反下同 屈伸音申 綴兆丁劣反徐丁衛反下綴遠綴短皆同
簠簋上音甫下居洧反並祭器名 上下時掌反 周還音旋 裼思歷反 襲
音習 謂酇作管反後同 無邪字又作耶同似嗟反 王者如字徐于況反 治定
直吏反注治定治主下治辯同 治辨本又作辯舊音遍案廣雅辨徧也薄莧反 辨徧音遍 孰亨
沈普衡反徐許兩反 獻爓在廉反 禮粗倉都反後皆同 則偏音篇下同 所好呼報
反 淫侉苦瓜反 及夫音扶下皆放此 夏長户嫁反下丁丈反下注長養皆同 仁
近附近之近又其靳反下同 惇和音純本又作敦 地畀如字又音婢下同 上齊上時
掌反齊依注讀爲躋又作隮子兮反升也 相摩本又作磨末河反迫也 相蕩本或作盪同大黨反
動也 雷霆音廷又音挺 奮之甫問反奮迅也易作潤之 熯之徐許表反沈況遠反
猶迫音伯 奮訊本又作迅音信 而蕃步丹反委也或蒲河反注同 樂著直略

反處也注著之言同　大始音泰注同　言處昌呂反　夔來龜反舜臣　命女音汝
舞行户剛反下同　知其行下孟反注同　大咸如字一本作大卷卷音權　韶
上遥反注同　大濩音護　則饑居祈反　法治直吏反注同　夫豢音患養也
穀食音嗣　善酗許具反　綴知劣反　以樂之音洛下所樂哀樂康樂皆同
之分扶問反　著其知慮反　心知音智　應感於甑反篇內同　猶見
賢遍反　噍子遥反　殺色界反又色例反　思憂息吏反又音斯　嘽昌善反　諧户皆
反　慢本又作慢莫諫反　易以豉反注同　粗七奴反　廣賁依注讀爲憤扶粉反　勁
正吉政反　寬裕羊樹反　肉而救反肥也注同　好呼報反　流辟匹亦反　邪
散似嗟反後皆同　狄成他歷反注同　滌大歷反注同　濫力暫反　子札側八反　賁
讀音奔又補義反　挍憤本又作交古卯反又音郊　僭差子念反　之傲户教反　稽

之古奚反道五音導之行下孟反不懾之陟反四暢勑亮反恐
懼曲勇反省西頂反猶度大各反興道上許膺反下音導諷誦芳鳳反
大卷音權之稱尺證反比終毗志反大蔟音泰下七豆反長幼丁丈
反下同形見賢遍反土敝音弊禮慝吐得反注及下同慢易以豉反流
湎緜鮮反狹則音洽注同平和胡卧反慝穢字又作薉紆廢反徐烏會反倡
昌尚反又音唱下同其分扶問反其行下孟反惰徒卧反邪辟匹亦反心
知音智以著張慮反假祖古伯反周還音旋注同迭相大結反中
呂音仲鄉方許亮反詩言其志一本無言字歌咏音詠以警
音景見方賢遍反下及注皆同以著張慮反注同往復音伏以飭音勑注同不
拔步葛反又皮八反獨樂皇音洛庾音岳不厭於豔反以好呼報反以聽

過本或作以聖過如字鳴鐃女交反施也始豉反九流本又作旒音流黒緣
恱絹反來朝直遥反去僑起呂反偩天音負猶依象也精粗七奴反理
治直吏反訢合依注音僖許其反猶蒸也一讀依字音欣煦許具反徐況甫反嫗於具反徐
於甫反下及注同區依注音句古侯反徐丘于反一音烏侯反萌莫耕反翼奮方問反角
觡古伯反無䚡曰觡蟄蟲直立反嫗伏扶又反孕以證反鬻音育生也徐又
扶表反胎生他才反不殰音獨鄭云內敗曰殰案謂懷任不成也字林云胎敗卵生力管
反不殈呼闃反范音溢徐況逼反一音況狄反卵坼不成曰殈殈猶裂也猶蒸之膺反無䚡
息才反內敗乃對反或作胃肉之字者誤鋪筵普胡反又音敷去僑起呂反而
上如字或時掌反行成下孟反下注同才技其綺反爲治直吏反今夫
音扶下同以廣如字舊古曠反弦匏白交反笙音生簧音黃拊鼓音撫注同

復音伏以相息亮反注同即拊也以韋爲之實之以糠王云輔相也徐息章反訊疾音信大
師音泰播樂彼佐反輴音脣以糠音康漆音七甬音勇有椎直追
反進俯本又作府以濫力暫反溺乃狄反及優音憂侏音朱儒音儒
獶雜乃刀反獼猴也依字亦作猱獼音彌武移反本亦作彌猴音侯本亦作猴所好呼報
反注同相近附近之近徐如字鏗苦耕反鎗七羊反又士衡反時當丁浪反下及注
同疾疢勑覲反莫其亡伯反克長丁丈反注同王此于況反克
俾依注音比必覆反注同徐扶志反帝祉勑紀反施于以豉反注施延同應和如字
又胡臥反炤臨上音照本亦作照下如字勸施始豉反徧服音遍玩習又作翫音
五換反燕女於見反安也趨音促數音速傲字又作敖同五報反辟匹亦反徐芳益反
喬志徐音驕本亦作驕敗名必邁反孔易以豉反鞉鼓音桃椌苦江

反柷也 揭苦瞎反敔也 壎許表反 篪直支反 柷昌六反 圉本又作敔魚呂反

簨恤尹反 虡音巨 竽音于 瑟 以和如字徐胡卧反 獻酬市由反 酳

音胤又仕覲反 酢音昨 長幼丁丈反 聲鏗苦耕反徐苦庚反 立號胡到反 立

橫古曠反充也下及注同 石聲磬依注音罄口挺反一音口定反 聽磬口定反 封

疆居良反下疆同 聲濫力敢反下及注皆同 立會户外反又古外反下同 畜聚

勑六反 擥力敢反 鼓鼙步西反 聲讙呼端反又音喧 思將子亮反下注大

將下將帥同 帥本又作率所類反下將帥同 讙囂許驕反又五羔反 鎗七羊反又吐衡反徐勑庚

反 牟賈亡侯反 侍坐才卧反又如字 咏嘆上音詠下音歎 淫液音亦 不

逮音代又大計反 歌遲直冀反 蹈厲音悼 已蚤音早 憲左依注音軒 其

傳直專反下文注同傳猶說也 老旄莫報反下同 萇弘直良反 遲之遲並直

詩反徐直尼反吾語魚據反女音汝下且女同大公音泰周召音邵注及下同之
治直吏反下注及下同持盾述尹反又音允失行戶剛反下同且夫音扶復
綴丁劣反又丁衛反注及下同孟津本亦作盟音孟夾振古洽反注及下同鐸大各
反一刺本亦作壹刺七亦反分夾扶問反注同分部曲牧野音也徐又以汝反欲
語魚據反反商依注音及封黃帝之後於薊音計今涿郡薊縣是
也即燕國之都也孔安國司馬遷及鄭皆云燕國郡邵公與周同姓案黃帝姓姬君奭蓋其後也或黃帝之後封薊者滅絕而
更封燕郡乎疑不能明也而皇甫謐以邵公為文王之庶子記傳更無所出又左傳富辰之言亦無燕也於祝之六
反於杞音起使之行下孟反注同視也商容如字孔安國云殷之賢人也鄭云商禮樂
之官也而復音伏弛政始氏反注同發也華山如字又戶化反而弗復
扶又反下同衅而字又作釁同許靳反倒載丁老反建依注讀為鍵其展反徐其偃反櫜

音羔注同臯虛音墟皆令力呈反去其起呂反苛政音何本又作荷役也
甲鎧苦代反又開改反爲鑄止樹反郊射食亦反左射下右射同沈皆食夜反貍
首力之反騶虞側由反貫革古亂反裨婢支反搢音進笏音忽
虎賁音奔注同憤怒也孔安國云虎賁若虎賁獸言其猛也說劍吐活反朝覲直遥反
射穿食亦反衣裨衣上於既反下如字而冠古亂反猶捷本亦作插
初洽反徐采協反憤怒扶粉反食三老音嗣五更古衡反注同大學
音泰注大學同而饋其媿反而酳音胥又仕覲反弟也大計反東膠音交
則夫音扶爲重于僞反則易以豉反下及注皆同子如字徐將吏反諒音亮
油然音由好貌行成下孟反與爭爭鬭之爭德煇音輝而錯本亦作措
同七路反其減胡斬反又古斬反注及下同勉強其丈反又其兩反則銷音消有報

依注讀曰褎音保毛反下同則樂樂上音洛下音岳而耐古能字下及注同三台
吐才反以道音導緐瘠在亦反廉肉如又反注同邪氣似嗟反曲
折之設反鴻本亦作洪殺色界反徐所例反闋作苦穴反族長丁丈反閨
門音圭比物毗志反注同雜也以飾音式又音勑詘伸丘勿反要其一遙
反注要猶會同行列户剛反注同荷戈本又作何胡可反一音河與綴詩作裰同都外反
鈇方夫反又音甫鉞音越其儕仕皆反輩也猶輩布內反子贛音貢請
誦七領反徐音情能斷丁亂反下及注同好禮呼報反文換户亂反下行
户剛反字處昌慮反而屢力住反數也色角反下同上如時掌反抗
苦浪反如隊直媿反如折之設反槀苦老反倨音據中矩丁仲反句
中紀具反鉤古侯反纍纍本又作累力追反說之音悅和續胡臥反

雜記第二十鄭云雜記者以其雜記諸侯及士之喪事卷之十二

乘車繩證反下及注同左轂工木反其綏依注作緌耳佳反下及注同復音伏下同

子使羊汝反褎衣本又作褎保毛反後皆同去其起呂反下去輤同其輤千見反注與蒨同有裧昌占反緇裳帷本或作緇布裳帷將賓必刃反本或作賓音同取名於櫬初覲反又楚陣反與蒨絕句一本作輤讀以與字絕句與則音餘蒨同

旆上千見反下步貝反邊緣悅絹反爲說吐奪反本亦作脫下并注皆同亦使音夷隱義云使之言移也庚依韻集大兮反息也遠之于万反輲車依注作輇及摶同市專反又市轉反注及下同所別彼列反蜃車慎忍反相近附近之近以楯勑倫反下同一本作輴同

葦席于鬼反凡訃音赴注及下同長子丁丈反後長子皆同大子音泰後大子同

適子丁歷反下文注適子其適宗適適妻並同適者依注音敵大歷反下適者同使其賓

依注音至下同朝廷直遥反下注同大夫爲其于僞反下士爲其同注除爲士卿爲爲正皆放此齊晏於諫反晏嬰一盈反麤衰七雷反苴七餘反絰大結反杖菅古顔反屨九具反食粥之六反倚廬於綺反寢苫始占反枕草之鳩反下同其縷力柱反齊斬音咨下齊衰皆同不緝七入反以上時掌反卷内以上皆放此高行下孟反賢著知慮反則爲其于僞反下則爲之注爲之造字皆同而著丁略反朝服直遥反注及下文皆同之純音準又之閏反廌音薦本亦作薦讀賵芳鳳反宗人相息亮反注同以鞠九六反又曲六反注同以襢張戰反復音伏狄稅他喚反下文放此爛力旦反脫音奪下同叔隗五罪反趙衰初危反下之户嫁反作展張戰反下同有褘音輝自揄音遥下文并注同紗縠户木反皆袍步羔反不禪音丹今袿音圭

襈仕眷反 重直龍反 繒矣茨陵反 陽長丁丈反 褕絞户交反注同

屬於音燭注及下條屬并注同 翟也音狄 去振起吕反下同 大夫附依注作祔

音同下並同 昭穆常遥反卷內皆同 別於彼列反 并祭必政反 敢援音袁

要絰一遥反 麻重直龍反 功衰七雷反 冠而古亂反下而冠同 之

稱尺證反 惻怛旦末反 散帶悉但反後散帶皆同 妾爲于僞反下不爲妻注爲舊君同

以殺色界反徐所例反 與殯音鬢 錫衰思歷反 辟尊音避 稽音啓徐音

顙桑黨反 以別徐彼列反注同 右縫音逢注同又扶用反 大古音泰下大古同 異

杅才再反又如字 右辟必亦反下同 縿纓依注爲繰音早 縿當所銜反又音早 而

絞古卯反 朝服直遥反後朝服放此注同 去其起吕反注同 相襚音遂 遣

車弃戰反注同下遣車遣奠皆放此 者與音餘 九个古賀反下同 有章本或作鄣

音同注亦同隱翳於計反韍粻陟良反米糧也脯醢音海義稱昌升反又

尺證反衣衰上於既反下七雷反下同玄縞古老反又古報反注同冠卷苦圓反

而迎魚敬反注同鬯勑亮反本亦作暢臼其究反以椈弓六反柏木也杵昌呂

反以梧音吾桐木也以搗本亦作擣丁老反批音匕本亦作朼音同注同長三

尺直亮反下同刋苦干反削也其柄兵命反率帶上音律下音帶本亦作帶縪

也音律加箴之金反甕於貢反盛醯醢之器甒音武瓦器筲所交反竹器衡依注

作桁户剛反徐户庚反𢈔也賓見音間廁之間棺衣也注同間如字注同徐古莧反一解云鄭合見間二

字共為覸字音古辯反折入之設反注同承席也形如牀無足也以庪九委反又九僞反徐居綺反字

亦作皮同重直龍反埋之亡皆反所倚於綺反處昌慮反皆辯音遍不

帷位悲反下同殯肂以二反埋棺之坎其厺字林户臘反閉也纂文云古闔字玉篇羌據公荅二

反云閉也遂去起呂反繭古典反與稅他喚反注同纁許云反衻字又作袡而占

反褎下襈也王肅云婦人蔽膝也大襡音燭絖字又作纊音曠縕于粉反爲袍薄勞反

一稱尺證反下放此之緣悅絹反爲君于僞反又如字使色吏反復音伏官

館本亦作觀音同必拾其劫反下同卷衣音袞古本反申重直龍反又直用反下

同佩韍音弗稱尺證反下同與音餘一股音古纚經直連反鋪席

普胡反又音敷徐芳烏反後放此絞户交反下文同紟其鴆反爲之于僞反廣尺古曠

反長直亮反終幅方服反其介音界後皆同相者息亮反下皆同知

適丁曆反含者本又作唅說文作琀同胡闇反下同禭音遂執要一遥反内霤

力救反賈人音嫁介賵芳鳳反孤須矣從此盡篇末皆無某字有者非陳

乘繩證反注同北輈竹由反車轅也鄉許亮反注同不見賢遍反上客臨

如字視也徐力鳩反注及下同　一介音界舊古賀反　相息亮反　執紼音弗　實爲于僞反

寡君命絕句下放此　毋敢音無下同　使臣色吏反注同　爲恭如字舊于僞反下同　與客拾其劫反　辟其音避下辟之同　士盥音管　于斂力劍反下同

馮之皮冰反本或作憑下同　脫字音奪　重著直用反　夜燎力召反又力弔反

乘繩證反注同　執引以刃反一音餘刃反

雜記下第二十一

猶爲于僞反下乃爲同　期大功音基　殤長丁丈反下長子同　旣潁口迥反徐孔穎反沈苦頂反草也注同　又喪如字又息浪反下又喪同　去麻起呂反　附於義作祔出注

未袷音洽　將與音預下同　視濯大角反　其它音他　同處昌慮反下之處同

使者色吏反　差緩初賣反又初佳反　適子丁歷反　爲新于僞反下爲人說同

之酢音昨嚌之才細反皆啐七內反徐倉快反入口也瘠爲徐在益反稱其尺證反下同少連詩召反不解佳賣反注同期悲哀音基怠惰徒卧反解倦其眷反堊室烏各反字亦作惡同時見賢遍反注同長中丁丈反已殺已或作以下色界反徐所例反醲美女龍反目瞿九遇反下同朝服直遥反注及下武叔朝皆同釋禫大感反縿冠息廉反黑經白緯曰縿當袒音但犆牲音特同與音餘祝之六反又徐之又反注同稱昌升反徐尺證反注祝稱同相爲于僞反下賓爲飯爲其同闗轂工木反輠胡罪反又胡瓦反又胡管反迴也州仇音求鑿巾在各反以飯扶晚反注同冒者莫報反下及注同揜形於檢反將惡烏路反既遣棄戰反注同而裹音果餘與音餘注何異與同不見如字夫大音扶卷三紀轉反又厥挽反歸于如字徐音匱注同非爲于僞反注及下注爲母爲姑姊

妹皆同 問與賜與 並音餘注皆同 滅脫 音奪下同 問遺 于季反下文皆同 必

三 如字又息暫反 施惠 始豉反 縣子 音玄 期之 音基下同 如剡 徐以漸反 惻

怛 旦末反 執紼 音弗 功衰弔 本又作大功衰弔庚云有大字非 不與 音預下文注不與同 旣封 彼驗反又如字 執贄 音至 盈坎 口敢反下同 長少 丁丈反下詩詔反

爲壙 苦晃反又音曠 視不 如字徐市志反 皆爲 于僞反注爲食父爲王父母所爲亦爲不爲並同 人食之 音嗣注見食同 鹽酪 音洛 食食 上如字下音嗣 酢 七故反 截 才代反 有瘍 音羊 有創 初良反 無免 音問注同 於堩 古鄧反道路也 不辟 音避注同 期之 音基 給繇 音遙本又作傜 鷖 於奚反 彌 徐五兮反一音迷 啼 徒奚反本又作諦同 號 徐本作唬胡刀反 不偯 於豈反下文同說文作㥞 重則 直龍反 喪冠 古亂反下及注皆同 三者 息暫反 取婦 七住反又如字 侈 昌氏反 袂 彌世反 不

與音預注同聲聞音問又如字辟琴音避一音婢亦反不紳音申要經一遙反下大結反衣采者於既反又如字玄纁許云反不屝本又作菲扶味反

世柳良九反相者息亮反下及注皆同飯九扶晚反注同飯含本又作唅胡闇反下文同瞷臨如字徐力鴆反無箅悉亂反比葬必利反下同為士于僞反

銜枚音梅執鐸大洛反羽葆音保執引以愼反注同以茅亡交反

朝于直遙反道正音導鏤音陋簋音軌朱紘音宏反坫丁念反藻音早梲章悅反有笄音雞上屬音燭薄音博又皮麥反又步博反徐又薄歷反櫨音盧

侏儒音朱不弇於檢反本亦作揜言併步項反偪下音逼本又作揁越

疆紀良反自闈音韋宮中之門劉昌宗音暉髽麻側瓜反嫂不悉早反遠

別彼列反無其行下孟反駑馬音奴自貶必檢反易共上以

跂反下音恭六種章勇反䅳悲而樹反本亦作穤乃復扶又反於蜡仕嫁
反樂乎音洛下及注同索也色百反下同屬民音燭先嗇音色飲
烝之承反勞農力報反非女音汝不弛尸是反下及注同弓弩
乃古反大廟音泰外宗爲于僞反注同下爲火爲之服下注爲其亦同廞焚九又
反上以時掌反辟也匹亦反不與焉音預注同弗辟音避注同
同僚本又作寮力彫反內難乃旦反下同厚半户豆反剡上以冉反
畫之胡卦反徐胡麥反再行户剛反奚當如字注同舊丁浪反則釁許靳
反純衣側其反拭羊音式于碑彼皮反拭靚本亦作靜同才性反封
羊苦圭反夾室古洽反其衈如志反刉古代反又古對反一音其旣反珥
如至反皆鄉許亮反下同朝服直遙反注同以豭音加尊彝以之反

比至必利反使者色吏反下使臣使者同儐者必刃反本又作擯傳焉
丈專反器皿武景反字林又音猛所齊子兮反下同畀所必利反與也又婢支反儐
也而共音恭粢盛上音咨下音成不肖音笑不敢辟音避少施
失召反下及注同食我音嗣而爲于僞反下來爲亦爲同倨音據慢武諫反本亦作
慢施父音甫吾飧音孫十个古賀反其卷音眷徐紀勉反下同云
與音餘婦見賢遍反下注同供恭用反養羊尚反不復扶又反則
鬈音權又居阮反去之起居反鬌丁果反紒音計字又作紛韠音必長三
直諒反下廣古曠反下同會古外反注同紕以婢支反又方移反注同純以
之閏反又支允反注同紃以音巡徐辭均反領縫扶用反下同之絛本又作條
同吐刀反

喪大記第二十二 鄭云以其記人君以下始死小斂大斂殯葬之大事故以大記爲名

卷之十三

皆埽 悉報反 爲賓 于僞反下爲其爲賓爲主人皆同 徹縣 音玄注同 士去 起呂反注及下同 東首 手又反下注南首同 北牖 依注音酉舊音容下注牖下放此 爲墉 音容 廢牀 仕良反本或作床字 褻衣 息列反 新朝 直遙反後朝服皆同 屬纊 音燭 音曠新緜也一音古曠反 易動 以豉反 適寢 丁歷反注同 正處 昌慮反下同 林麓 音鹿 階梯 他兮反 簨 恤尹反 虡 音巨 以卷 本又作衮同古本反注同 屈狄 音闕注同 玄赬 勑貞反 禮衣 知彥反 稅衣 他亂反 東榮 如字屋翼也劉昌宗音營 三號 户高反注同 捲衣 俱勉反徐紀阮反 褘衣 音煇 以鷩 必列反 揄狄 音遙 以毳 昌銳反 東霤 力又反 以篋 苦牒反 乘車 繩證

反 左轂 工木反 之惡 烏路反 衣尸 於既反注衣尸同 以歛 力驗反後不出
者皆同 而去 起呂反 以衶 而廉反婦人嫁時上服 人諦 大兮反本又作啼 扳
本又作攀普班反一音班 援 音袁徐于顧反 爲寄 于僞反下皆同下注爲母爲其罷倦皆同 徒跣
悉典反 扱 初洽反 衽 而審反又而鴆反裳際也 拊心 音撫 使者 色吏反 鄉其
許諒反 馮之 皮冰反本或作憑後皆同 人袒 大旱反 說髦 本作稅同他活反徐他外反注
同髦音毛 人鬠 側瓜反 奉尸 芳勇反注同 夷于堂 如字夷尸也陳也本或作侇同
音移一本作奉尸于堂 從而 才用反又如字 氾拜 芳劒反 而免 音問後放此 拾
踊 其劫反 裼裘 思歷反 之卷 起權反 出壷 音胡 縣之 音玄及下注同
代更 古行反下同 罷 音皮 倦 其卷反 爲漏 音陋 給爨 七亂反又七官反下
爨鼎同 爲𣂓 音俱水斗也隱義云容四升也 挈壷 苦結反又音結 下君 户嫁反下戍君

不相下下大夫同　照鐉仕眷反　滅燎力召反又力弔反　南鄉許諒反　事處

昌慮反　以襄七雷反　人爲于僞反下人爲注爲下注爲君皆同　竟内音境下同　輯

之側立反下同斂也　則去起吕反後去杖皆同　以見賢遍反　斂也力檢反下同　以

柱知主反　近尸附近之近　爲夫人于僞反下及注妾爲君爲人得並同　棄杖本亦

作古弃字　斷而丁管反下注斷足爪同　大盤本又作槃步干反　造冰七報反下及注

皆同造　士併步頂反注同　襢之善反單也注同　笫側里反簀也　含一胡暗反

濡奴亂反下文同　濯直孝反下文同　于坎口感反　札側八反　爛力旦反　袒簀

音責　盛水音成　廣八古曠反　長丈直亮反　深三尸鴆反　幠用好胡

反　去死起吕反注同　楔齒桑結反　角柶音四　綴足丁劣反又丁衞反下注同

適室丁歷反　管人如字掌管籥之人又古亂反掌館舍之人也下同　汲音急　不說

吐活反 繘均必反汲水綆也 抗衾苦浪反舉也 用盆蒲奔反 沃水烏谷反 用枓音主又音斗 絺巾勑其反一本作綌去逆反 挋音震拭也 如它音他下同 挋拭音式 差七何反淅也注差淅同 沐音木 甸人田遍反 為垼音役鄭注儀禮云塊竈也 陶人音桃 出重直龍反 鬲音歷 煮諸許反 西北厞扶味反隱也舊作扉音非門扉也 爨之七逭反 差淅先歷反 其潘芳袁反米汁也 差初佳反 率音律又音類 而上時掌反 食粥之育反又音育下同 一溢音逸劉昌宗又音實下同 莫一音暮 疏食音嗣下及下注疏食皆同 不盥古緩反 於篹本又作匴又作算悉緩反又蘇管反竹筥也 以醯呼鷄反 杯杅音于 竹筥居呂反 歠昌悅反 手飯扶晚反 作簨息尹反徐音撰 期之音基下同 為母為妻並于偽反下注為其同 不與音預下同 比葬必利反 君食之音嗣下父之友食之皆同 不辟音避 粱

肉音良粱粱米也 以簞徒點反 以葦于鬼反 有苧音官又音宁 布絞
戶交反後同 縮者所六反 縞衾古老反 九稱尺證反杜預云衣單複具曰稱後放此
絞紟其鴆反後皆同 縮從足容反 連數色主反 見之賢遍反 絞一
幅本又作畐方服反 爲三絕句 不辟絕句補麥反又音辟徐扶移反 無紞丁覽反
廣終古曠反 析其思歷反下同 之強其丈反 被識式志反又音志又音式下
同 去之起呂反下注同 不倒丁老反注及下同 散衣悉但反 無繸音遂 複
衣音福 褶音牒袷也 袷也古洽反 袍必步毛反 不襌音丹 繭古典
與稅吐亂反 衻而廉反 纁許云反 袗絺之忍反 亦爲于僞反下文則爲之
同 之篋苦協反 不詘丘勿反 綌紵直呂反 便也婢面反 大胥
依注作祝之六反下同 胥樂官思餘反 不紐女九反舊而慎反 鄉左許亮反

士與音預注同爲僦音執本亦作執錦冒莫報反下及注同黼音甫殺色戒反徐所例反下及注同之裁才再反注同韜尸本又作弢吐刀反下同鋪席普吳反又音敷下皆同巫止本或作巫止門外門外衍字耳主辟必亦反凶邪似嗟反姪大結反娣大計反長子丁丈反下同服膺於陵反奉之芳勇反拘之音俱一音古侯反同處昌慮反居倚於綺反苫始占反枕之鴆反凷苦內反襢章善反注同露也障之音章下同柱張主反楣音眉見面賢遍反適子丁歷反屬目音燭無辟音避下注猶辟同黝於糾反堊烏路反又烏各反注同禫而大感反作道音導不復扶又反期居音基下同爲母爲妻並于僞反下爲之賜注爲之則爲並同以上時掌反直君如字又音值當也先後君悉見反下胡豆反一音並如字夾階古洽反祝相息亮反下相止並同下正

君戶嫁反屬六音燭後皆同椑步歷反四重直龍反下同水兕詞履反被之皮義反下同其厚戶豆反杝棺以支反是差初佳反徐初宜反時僭子念反金鐕子南反釘也椓陟角反本又作琢著直略反小要一遥反下同鬊爪音舜亂髮下側巧反實于綠音角出注小囊乃剛反徐音託盛之音成爲簍魯口反用輴勑倫反欑才官反下同以幬音道注同覆也不暨其器反注同見袵賢遍反注同猶菆才工反本亦作叢記參初金反差初宜反題音啼湊七豆反四注徐之樹反下同差寬初賣反又初佳反掘地其越反又其勿反作錞徒對反又徒臥反又徒猥反作埻依字支允反又支閏反徐都臥反沈都雷反熬五羔反四種章勇反下及注同八筐音匡魚腊音昔蚳音眡蜉音浮黻三音弗錦褚張呂反下同加僞依注讀爲帷位悲反齊五如字徐才

細反黼蔞所甲反皆戴丁代反下及注同纁披彼義反徐甫髮反下同戴綏依注為綏音蕤耳隹反下同紐女九反揄絞音遙注同緇側其反及壙苦晃反惡其烏路反以衣於既反下衣以皆同以上時掌反下魚上同車苓音零縣池音玄下皆同動搖音遙一音以照反則去起呂反齊象車蓋蕤絕句一讀以蕤向下瓜古華反分扶問反又皮莧反又夫云反廣三古曠反高二古報反又如字柄長直諒反又如字後放此而從才用反用輴依注音輇市專反下同王勅倫反四綍音弗二碑彼皮反御棺一本作御柩羽葆音保用國依注亦作輇市專反王如字云一國所用比出必利反注同作團徒丸反曰引音胤為率音律凡封依注作窆彼驗反下及注機封同以咸依注讀為緘古鹹反母音無下同譁音華說載吐活反輓棺音晚繞而沼反要一遙反舒縱子用反下同縱

舍音捨有隧音遂道也延爲械古咸反一本作緘而上時掌反抗木苦浪反徐戶剛反五重直龍反下同容祝昌六反容甒音武

祭法第二十三鄭云以其記有虞氏至周天子以下所祭祀羣神之數也卷之十四

禘黃帝大計反嚳口毒反顓音專頊許玉反鯀本又作鮌古本反篇末皆同冥莫經反祖契息列反下同圜丘音圓大昊音泰下大廟大祖大昊同昊亦作皞胡老反下放此句古侯反芒音亡夏曰戶嫁反後夏曰皆同少昊詩召反下放此蓐收音辱本亦作辱以上時掌反下上去以上同之殺色界反徐所例反燔柴音煩爾雅云祭天曰燔柴泰壇大丹反下同瘞於滯反埋武皆反爾雅云祭地曰瘞埋泰折之設反注同舊音逝又音制用騂私營反字林云火營反祭處昌慮反言坦

吐但反炤本又作昭同章遙反又之召反晢之設反一音制用黝於糾反相近依注
讀爲攘如羊反下音巨依反王肅作祖迎也於坎苦感反幽宗雩宗宗依注並讀爲
禜禜敬反王如字見怪賢遍反注同亡其如字無也一音無吁嗟許于反癘
疫音役大凡如字徐音泰腐爲音輔更立古衡反通數色主反下同
設廟本亦作庿古字墠音善有禱丁老反一音丁報反適士丁歷反篇內同顯
考無廟顯音皇出注大夫采七代反昭穆上遙反不腆他典
反祫乃音洽魯煬餘讓反徐音傷王爲于僞反下皆同注爲社事亦同霤力又反
作譴棄戰反此與音餘脾婢支反肺芳廢反肝音干腎上忍反使
者色吏反惡言烏路反繆乎音謬祭殤音傷之奧烏報反陰
厭於豔反下同能禦魚呂反菑音哉下同下文或作災注作裁並同能扞胡旦反

厲山力世反左傳作列山　共工音恭下及注同　鄣鴻音章　而殛紀力反注同尚書云殛鯀於羽山又云鯀則殛死　顓頊能脩之本或作顓頊脩黃帝之功　以文治直吏反　去民起呂反　及夫音扶　㞢陵此古丘字　而王于況反　蒼梧音吾

祭義第二十四鄭云名祭義者以其記齋戒薦羞之義

欲數色角反下同　則怠大改反　曰祠嗣思反　悽音妻　愴初亮反　既濡本亦作濡音儒　怵勑律反　惕他曆反　皆爲于僞反下文見所爲并注同　放其方往反　致齊側皆反後不出者同　散齊悉但反注同　所樂音岳又五孝反　所耆市志反注及下並同　屈到居勿反屈到楚莫敖　耆芰其寄反楚人謂蔆爲芰　僾然音愛微見貌　周還音旋本亦作旋注同　愾然開代反　闔戶戶臘反　致慤苦角反　敬養羊尚反　鄉也許諒反下文鄉也鄉之注鄉之同　言夫日音扶本或作言夫忌日

爲相息亮反下文同　不怍才各反　奠盎烏浪反　齊齊乎如字舊子禮反　愉愉乎羊朱反　盎齊才細反　繹日音亦　儐尸音賓　之忠如字謂盡中心　文王與音餘　樂與音洛下同　尸侑音又　仲尼嘗絕句嘗秋祭　奉薦而進絕句　其親也愨絕句　趨音促注及下注皆同　以數色角反速也徐音速注同　子贛音貢　濟濟子禮反下同　漆漆依注音切下同　濟濟者客也口白反賓客也下客以遠同　漆漆者容也羊凶反儀容也下若容以自反同　樂成音岳又五教反　慌況往反注及下同一音荒　惚音忽注及下同本又作忽　所當丁浪反　一槩古代反　比時必利反徐甫至反注同　先時悉薦反又如字　洞洞音動下同　屬屬音屬下同　如弗本亦作不何休云弗者不之深也　勝音升　也與音餘　黝於糾反　堊烏路反　祝祝上之六反下之又反又並之六反　仿孚往反　佛

孚味反以詘求勿反注及下并篇末同徐丘勿反蔚齊如字注及下同王徐側皆反婉順

夏憂阮反熬也五報反如奉芳勇反儼魚檢反恪苦各反既冠古亂反

孺子而樹反蔚長丁丈反下及注皆同爲其于僞反下爲其同近於附近之近

乎王于況反至弟音悌下同五更古衡反下更相同措諸七路反序

從才用反注同于碑彼皮反袒而徒旦反鸞刀力端反以封苦圭

反膟音律膋力彫反爛祭音燂泄息列反䐑直輒反神見賢遍反一

本作神可見則如字曰暘音陽以別彼列反下同相巡依注音沿悦專反汜

說芳劒反不悖布内反以去起吕反爭爭鬭之爭有奇紀宜反邪

似嗟反不治直吏反魄也普白反噓音虛吸許及反斃于本亦作弊婢世

反陰爲依注音蔭於鴆反土壤如丈反焄許云反香臭之氣耳蒿許羔反氣烝出

貌烝出之膺反為藨表驕反又皮表反以為黚首則其廉反徐
又其嚴反黑也黑首謂民也秦謂民為黚首則法也為民于僞反復加扶又反遠邇
音爾燔音煩燎力召反又力弔反羶依注音馨許經反後羶薌同薌音香見以依注
見作覸音閒廁之閒徐古辯反見閒依注合為覸字音閒廁之閒以俠古洽反甒音武為
藉在亦反藉田說文作耤朱紘音宏秉耒力內反醴酪音洛齊音咨本又作齍
朝之直遥反注躬朝同犧牷音全近川附近之近仞有音刃七尺曰刃大
昕許斤反日欲出使蠶才南反奉芳勇反下及注同種章勇反風戾力計反燥
也以食音嗣蚤音早本亦作早脃七歲反氣燥悉早反惡濕烏路反
旣單音丹奉繭古典反服與音餘注同副褘音暉其率音類又音
律又所律反夫人繅悉刀反下同說文作繰云抽繭出絲也以此為旒繅字音所咸反三盆蒲奔

反掩也三掩本亦作渰徐於驗反又於斂反則易以豉反下同子如字徐將吏反下及注同

諒音亮下同油然音由則樂樂則安並音洛下不樂同與爭爭鬭

之爭德煇音輝言行下孟反下理行而行皆同而措本亦作錯七故反其減

胡斬反又古斬反下同倦也則銷音消有報依注音褒保毛反下皆同能養羊尚反後

皆同言與言餘先意悉薦反參直徐所林反莅官音利又音類本又作涖

戰陳直覲反裁及音災於親本亦作栽及於身亨孰普彭反而

薦將見反不遺如字又于季反樂自音岳皇五孝反溥之本亦作敷同芳于反

而放甫往反下同至也而準諸尹反平也無輟張劣反斷一丁管反

不匱其媿反下同博施始豉反惡之烏路反數月色主反下同瘳

矣丑留反差也頃步讀爲跬缺婢反又丘弭反一舉足爲跬再舉足爲步不徑古定反邪也邪

似嗟反趨七俱反於朝直遥反後皆同而弟音悌下及下注同爲之于僞反

不併步頂反徐扶頂反車徒辟音避注同鴈行户剛反下同所擔都甘

反少者詩照反下同不遺如字棄忘也一本作匱其媿反而長丁丈反下文皆同爲

甸田見反頒禽音班於廋本又作搜音蒐所求反狩音獸士卒子忽反下

同放乎方往反食三音嗣下同五更古衡反下同大學音泰下大學注大卜

皆同而酳音胤又仕覲反巡守手又反本或作狩于竟居領反不復扶又

反下文注將復入同舉觶之豉反見爵賢遍反之施始豉反卷冕古本

反明知音智斷其丁亂反必恐曲勇反所以語魚預反陶

陶音遥遂遂本又作燧音遂思慮息嗣反而術義作述出注

祭統第二十五

鄭云統猶本也以其記祭祀之本故名祭統

五經吉凶軍賓嘉之五禮　神祇祁之反　心怵勑律反　祐助音又　君長丁丈反下所長同　道之音導　其爲于僞反注爲謂同一音如字　追養羊尚反下同　者畜許六反下同　盡此徐子忍反下同　之行下孟反　取夫人七住反　所共音恭下文以共皆同　芹其斤反　茆音卯　蚳丈之反　蝝悦專反　蜩音條　蔆本亦作菱音陵　芡音儉　榛側巾反　齊盛本亦作齍與粢同音咨下及注同　純服側其反注及下純冕同　以見賢遍反　少陽詩召反　乃齊側皆反本又作齋下不出者同　言齊也齊不齊並如字下以齊之同　耆欲市志反　其邪似嗟反　訖其居乙反止也　先期悉薦反又如字　大廟音泰後大廟皆同　副褘音輝　圭瓚才但反　祼尸古亂反　執紖直忍反注同徐以忍反　大夫從才用反下皆同　執芻初俱反　宗婦執盎烏浪反注同　從夫人絕句一讀以從字絕句　薦

天下六十九

洸水（舒銳反，徐音歲）齍齊（本亦作嚌，才細反，注同）爲柄（兵命反）作絼（直忍

反）槀也（苦老反，下同）共其（音恭）盎齊（才細反，下盎齊同）以樂（音洛，下同）

竟內（音境，篇內皆同）近主（附近之近）獻之屬莫重於裸（一本無之）

屬二字 道之以禮（音導）有餕（音俊）施惠（始豉反，下文注並同）能知

音智 尸謖（所六反，起也）百官進（依注作餕）自卑（如字，隱義音必利反）以別

彼列反，下同 見其（賢遍反，下同）脩於廟中也（一本脩作徧）徧及（音遍，下同）

積重（直龍反，下同）凍餧（乃罪反）夫人（音扶）見之（如字，舊賢遍反）畜積

勑六反 本與（音餘，下是與同）君長（丁丈反，下長幼皆同）所惡（烏路反）見事

賢遍反，下皆同 之殺（色界反，徐所例反，下同）鋪（普胡反，又芳夫反）筵（羊然反）爲依

于僞反，下注爲其皆同 于枋（伯更反）言詷（徒貢反）索祭（所伯反）則伸

音申子行户剛反注同徐胡孟反之適丁歷反以瑤音遥以散悉但反之差本又作之等謂酳音胤又仕覲反有昭上遥反後放此南鄉許亮反而舍依注音釋卷冕古本反執校户教反又户交反入下卯反下同柄也執鐙音登又丁鄧反豆跗也襲處昌慮反下跗芳符反貴髀必氏反又必履反不重直龍反辟臑乃報反肱骨也有畀必利反下及注同與也煇依注作韗同况万反又音運下同甲吏也胞步交反下同肉吏也翟音狄樂吏也閽音昏守門者也以見賢遍反注皆同見此畀如字舊必利反下同韗磔知宅反曰礿羊灼反字又作禴夏祭户嫁反下注夏者孟夏同草艾音刈可芟所衘反給爨七亂反亨普彭反徐普孟反自名如字徐武政反下及注自名同論譔音撰身比毗志反謂次比也下及注皆同斟酌之林反傅音附徐音賦一音直專反謂傅述著直略反徐張慮反之行下孟反以見賢遍

反注同知足音智注同孔悝口回反公假加百反至也注同蒯苦怪反聵五怪反褻之保毛反左音佐右音又下啓右并注同一讀此左右並如字難乃旦反奔走本亦作犇無射音亦注同爲筴初革反猶女音汝後皆同從焉才用反坐殺才臥反寘之之豉反厭也於豔反下同鎬京胡老反纂乃子管反侯衎苦旦反烝之承反下文注同鉏仕居反耆欲市志反不解古賣反休哉許虯反子圉魚呂反予女羊許反注同以辟必亦反又婢尺反注同明也施于如字著也彝鼎以支反猶著張慮反又直略反下同約如字徐於妙反劑子隨反是誣音無不傳直專反不本亦作弗八佾音逸赤盾食準反又音允羽籥羊灼反

經解第二十六鄭云經解者以其記六藝政教得失解音佳買反徐胡賣反一音蟹卷

之十五

易良以豉反，下易良同 屬辭音燭，注及下同 比事毗志反，下同 朝聘直遥反，篇内同 近愚附近之近，下除遠近一字並同 愛惡烏路反 戰爭爭鬭之爭，下文同 淑人常六反 不忒吐得反 王鎗七羊反，本又作鏘 皆鈴音零 在軾音式 和應應對之應 民說音悦 除去羌吕反，下而去之同 霸王徐于況反 所操七刀反 方圜音圓 誠縣音玄，注同 衡稱尺證反 謂錘直僞反 彈徒丹反 畫胡麥反 朝覲其靳反 長幼丁丈反，下皆同 昏姻音因 之別彼列反 猶坊音房，本又作防，下同 而壞音怪 春見賢遍反 嫁取七住反，本亦作娶 淫辟匹亦反 而倍音佩，下同 之行下孟反 止邪似嗟反 遠罪于万反 差若初佳反，徐初宜反 豪户刀反，依字作毫 氂李其反，徐音來，本又作氂 繆

以音謬

哀公問第二十七魯哀公也鄭云善其問禮著謚以顯之

長幼丁丈反以別彼列反疏數色角反雕本亦作彫鏤力豆反黼

音甫黻音弗喪悉亂反筭備其鼎俎本亦無此句豕腊音昔卑

其如字又音婢雕幾音祈注同幾附纏之也語以魚據反好實呼報反無

厭於豔反敖慢五報反午其五故反一音如字注同王肅作迕迕違也當欲丁浪

反注同猶稱尺證反侍坐才臥反愀然七小反舊慈糾反又在由反又音秋又千了反

下同夫婦別彼列反不肖音笑親迎逆欹反下及注同舍欹音捨不

親不正一本不皆作弗夲與音餘下夲與欹與並同已猶大音泰之好

呼報反焉得於虔反爲言于僞反之分扶問反外治直吏反下同

之行下孟反下君之行同妃芳非反以則愾許乞反又許氣反至也大王音泰注同居幽彼貧反樂天音洛下及注同怨天於元反又於願反朝會直遙反炤察音照本亦作照惷愚始容反徐昌容反又湯邦反一音丁絳反字林丑凶反又丑絳反愚也冥煩莫亭反徐亡定反子志依注音識徐音試使易以豉反蹴然子六反又在育反蹴皃辟音避

仲尼燕居第二十八鄭云善其不倦燕居猶使三子侍言及於禮著其字言可法也

退朝而處曰燕居

燕居於見反汎說芳劒反女三人音汝後同本亦作汝吾語魚據反下及注語女皆同不徧音遍不中丁仲反下同之給音急徐渠急反又其劫反下同足恭將注反又如字鮮仁仙淺反近於附近之近能食音嗣敏頓徒遜反

乘車 繩證反又如字 者與 音餘下無相與同 昭穆 上遥反穆亦作繆音同 食饗

音嗣注同 句龍 古侯反 長幼 丁丈反後皆同 朝廷 直遥反下及注皆同 量鼎 音諒

注及下同 而錯 七故反本又作措後同 易知 以豉反 別也 彼列反下其別同 豆

區 烏侯反 之治 直吏反下其治治國並同 瞽之 音古 無相 息亮反 倀倀

勑良反無見貌 其策 初革反 爲衆 于僞反又如字 倡始 尺亮反 畎畝 古犬

反 而縣 音玄注同 樂闋 苦穴反 夏籥 音藥 行中 丁仲反下同 還

中 音旋 采齊 本又作薺在細在私二反注同 序更 音庚下同 振鷺 音路 禮繆

音謬注同 禮行 下孟反又如字 冬夏 户嫁反 大子 音泰下大子下文太平同 適子

丁歷反 俊選 宣面反 皆造 才早反徐七到反 夔 求龜反 窮與 音餘 傳

於 丈專反注同 子曰師乎 絶句 復問 扶又反 必 鋪 普胡反徐音孚 行

而樂之音洛又音岳所治直吏反注同奥字又作隩烏報反昨才故反符

長丁丈反隱義云符謂甘露醴泉之屬長謂麟鳳五靈之屬瑞應應對之應徐於甑反之處昌慮

反昭然章遥反徐之紹反明也發矇音蒙矣本亦無矣字

孔子閒居第二十九閒音閑鄭云名孔子閒居者善其倦而不褻猶使一子侍爲之

説詩著其氏言可法也退燕避人曰閒居

閒居音閑凱本又作愷又作豈丘在反注同弟本又作悌徒禮反注同樂音洛易以豉反

禍烖音災哀樂相生音洛舊音岳頃耳音傾好惡並如字一音上呼報

反下烏路反近之附近之近長人丁丈反其命依注音基宥密音又逮

逮大計反注同安和貌選宣面反匍音扶又音蒲匐音服又蒲北反傚之胡孝反賙

恤音周褢七雷反絰大結反施及以豉反下同畜許六反曰聞音問下令

聞并注同施易也並以豉反以勞力報反注及下同勞來力代反私炤

音照本亦作照湯齊依注音躋亦作隮子兮反詩如字日人實反齊側皆反注齊莊同詩作躋

子兮反昭假音格至也注同遲遲直私反是祗諸夷反敬也使王于況

反下王天下王功皆同神氣風霆音廷絕句風霆流形絕句耆欲

市志反注同嵩高息忠反惟嶽音岳峻極私俊反之翰胡旦反徐音寒

于蕃方袁反爲之于僞反下川爲嶽爲皆同賢知音智弛其徐式氏反

音式支反注同皇作施大王音泰注同弛施也如字皇本作施布也蹶然居衛反徐音厥

隊直媿反辟後音避

坊記第三十

坊音防徐扶訪反經文皆同鄭云名坊記者以其記六藝之義所以坊人之失也

辟則匹亦反注同舊芳益反徐又音譬坊與音餘邪似嗟反侈昌氏反又尺氏反斯

喬音驕本亦作驕下同不慊口簟反恨不滿之貌之級音給而好呼報反下同樂
音洛又音岳其幾居豈反又音譏荼毒音徒之行下孟反惡之烏路反下
猶惡皆同千乘繩證反下注同高一古報反長三直亮反下同別微彼列反下
同朝廷直遥反下皆同僣號子念反下同辟其音避下同皆爲于僞反相
彼息亮反盍旦音渴徐苦蓋反注同以殺音試本又作弑子云自此以下本或作子
曰則近附近之近觴酒音傷衽席而審反又而鴆反以上時掌反好
得呼報反不借音佩下及注同不愉音偷本亦作偷以畜許六反注同毛詩作
勖定姜之詩此是魯詩毛詩爲莊姜子衎苦旦反而號户羔反注同
稱冤於表反尚技其綺反注同不吝力刃反又力鎮反往行下孟反
以畜勑六反上施始豉反下同以莅音利又音類其難乃旦反詢

于音荀匑初俱反蕘如遥反不爭爭鬭之爭履無如字毛詩作體爾女音汝下及下文皆同鄉上許亮反本亦作鄉度是徒洛反注同毛詩作宅鎬京胡老反於乎音烏下火吴反注同大誓音泰本亦作泰注同弛其式氏反注同弃也駮親邦角反乃讙音歡火官反喜樂音洛鄂鄂五各反本又作諤說則音悦復諫扶又反不匱其媿反綽綽昌灼反有裕羊樹反爲瘉羊主反病也猶更古衡反以衣於既反差遠初賣反能養羊尚反爲其于僞反下專爲同相褻息列反厥辟不辟並必亦反君也注同璹子而住反長民丁丈反注及下事長同簋音軌鉶音刑饗食音嗣下文食禮同盤步干反盂音于以菲芳鬼反薄也去禮起呂反親饋其位反禴祭音藥寔受時力反易作實豕與音餘酒肴户交反三日齊

側皆反注同散齊悉但反醍酒音體羣昭常遥反卒度如字法度也徐
徒洛反中霤力救反飯於扶晚反牖下音酉於壙苦晃反不
爭爭鬭之爭下民爭同殺其音試注及下同一音如字君卓勑角反注同弟以
音怫鄭段徒亂反本亦云鄭叔段也遟直志反而爲于僞反貳圉魚吕反晉惠公
太子懷公名饋獻本又作餽音同之贄音至以見賢遍反脩好呼報反饋
遺于季反下遺民同不内音納又如字耕穫户郭反不菑側其反田一歲也
畬凶音餘田二歲也賤行下孟反注同斂穧子賜反又才計反捃君運反拾
音十采葑芳容反采菲芳尾反蔓音万徐音蠻菁音精又子丁反葍音富
又音福則幷必政反又如字下同不離力智反與女音汝無媒音梅注同伐
柯古何反斧柄取妻七樹反後皆同横從子容反注同横行治其田

也本亦作遊行治其田易治以豉反不取同姓如字又七樹反猶去起呂反注同大伯音泰猶殺音試注同一音如字繆侯音穆來朝直遙反有見賢遍反注及下同以辟音避遠于万反下遠色同好德呼報反下及注同猶捕蒲布反中綱丁仲反以篚音匪淫泆音逸本又作佚同妃匹音配一音如字親迎魚敬反行父音甫

禮記釋文

經四千二百八十三字
注一万一千四百九十八字

禮記釋文

唐國子博士兼太子中允贈齊州刺史吳縣開國男陸　德明　撰

中庸第三十一鄭云以其記中和之爲用也庸用也孔子之孫子思作之以昭明聖祖之德也卷之十六

率性所律反循也則知音智下知者大知皆同人放方往反傚之胡教反離也力智反下及注同惡乎音烏不睹丁古反恐懼匡勇反注同閒居音閑下同莫見賢遍反注顯見同一音如字有佔勑廉反哀樂音洛注同中節丁仲反下注爲之中同長也丁丈反小人之中庸也王肅本作小人之反中庸也忌憚徒旦反忌畏也憚難也畏難乃旦反常行下孟反中庸其至矣乎一本作中庸之爲德其至矣乎民鮮息淺反下及注

同罕也　罕也呼坦反希也少也　知者音智下文大知也子知注有知皆同　不肖

音笑下同　矣夫音扶　也與音餘下強與皆同　舜好呼報反下同　易以

以豉反　罟音古罔之揔名　擭胡化反尚書傳云捕獸機檻　陷陷沒之陷　阱才性反本或作

穽同阱穿地陷獸也說文云穽或爲阱字也　知辟音避注知辟辟害皆同　期月音基　拳

拳音權又起阮反徐羌權反奉持之皃　服膺徐音應又於陵反　奉持芳勇反　可

蹈音悼又徒報反　問強其良反下同　所好呼報反　言女音汝下抑女同　不

校交孝反報也　衽金而審反又而鴆反　不厭於豔反　哉矯居表反下同

不倚依彼反徐其蟻反　所傃音素　猶鄉本又作嚮許亮反下皆同　行佹

久委反下同　譎音決　汲汲音急　隱行下孟反　遯世本又作遁同徒頓反

費而本又作拂同扶弗反猶佹也徐音弗注同　以與音預注皆與之與以其與同　舜好

呼報反 故與 音餘 所憾 本又作感胡暗反恨也注同 鳶飛 悅專反字又作鳶 戾天 力計、呂結二反 魚躍 羊灼反 猶著 張慮反下同 道造 在老反 伐柯 古何反 睨而 徐音詣睥睨也 言顧行行顧言 皆下孟反注聖人之行同 或一讀皆如字 慥慥 七到反守實皃 言行 下孟反 相應 於陵反舊音應對之應 患難 乃旦反下同 不援 音園注同牽持也 己 音紀 無怨 於願反又於元反下及注並同 居易 以豉反注同平安也 徼幸 古堯反 正 音征注同 鵠 古毒反注同正鵠皆鳥名也一曰正正也鵠直也大射則張皮侯而棲鵠賓射張布侯而設正也 棲皮 細兮反 辟如 音譬下同 自邇 音爾近也 自卑 音婢又如字注同 好合 呼報反 既翕 許急反合也 和樂 音洛下及注同 且耽 丁南反 妻帑 音奴子孫也本又作孥同尚書傳毛詩箋並云子也杜預注左傳云妻子也 相應 應對之應 和 胡卧反 齊明 側皆反本亦作齋洋洋音羊其傍皇薄剛反謂左右也徐方罔反僾徐於愷反又音愛之格古百反來也不可度待洛反注同思矧詩忍反況也注同可射音亦厭也厭也於豔反字又作猒下同盡敬子忍反不可揜音掩於檢反此夫音扶而著張慮反也與音餘令聞音問下令聞同故栽依注音災將才反注同植也培之蒲回反益也覆芳伏反初載之載並音災本或作哉同嘉樂戸嫁反詩本作假音同假嘉也皇音加善也憲憲音顯注同興盛皃一音如字保佑音祐助也下注同纘徐音纂哉管反繼也大王音泰下及注大王皆同壹戎衣依注衣作殷於巾反戎兵也謂一用兵伐殷也尚書依字讀謂一著戎衣而天下大定冑與直救反下音餘武王末亡過反老也追王于況反注追王同期之音基注同組音祖紺古闇反組紺大王之父也亦曰諸盩盩音置留反以上時掌反不爲服于僞反

埽悉報反　糞弗運反本亦作㨨亦作拚同　昭穆常遥反穆又作繆音同　以遝本又作逮同音代　燕毛於見反注並同　別所彼列反　共雞音恭　饋食其位反　舉觶音至　於其長丁丈反下謂長同　省文色領反　示諸依注音寘之豉反置也　易為以豉反　知力音智本亦無力字　治之要也治音直吏反一本作治國之要治則如字　方策初革反方版也策簡也　方版音板本亦作板　蒲盧並如字爾雅云蜾蠃蒲盧即今之細腰蜂也一名蠮螉　蜾音果　螺力果反本亦作蠃音同　土蠭芳封反字亦作螽同　螟莫瓶反　蛉音零螟蛉桑蟲也　為己音紀　之殺色界反徐所例反　而治直吏反一音如字　脫誤音奪　重在直用反　知仁音智下近乎知注言有知皆同　長丁丈反　己臨之音紀　勉強其兩反注同　好學呼報反　近乎附近之近下同　力行皇如字徐下孟反　子庶民如字徐將吏反愛也下句放此

蕃國方元反不眩玄遍反齊明側皆反去讒起吕反遠色
于万反好惡呼報反下烏路反又並如字注同薄斂力驗反旣依注音餼許氣反
稟彼錦反一本又力錦反旣稟謂稍食也稱事尺證反朝聘直遥反稟
人苦報反一音古老反以下上時掌反不跲其劫反皇音給躓也行前下孟
反不疚音救病也躓也徐音致而中丁仲反又如字下中道同從容上七
容反弗措七路反下及注皆同置也必強其良反大平音泰禎祥音貞
妖於驕反左傳云地反物爲妖說文作祅云衣服歌謠草木之怪謂之祅孽魚列反說文作蠥云禽獸
蟲蝗之怪謂之蠥見乎賢遍反下不見注同一本乎作於著龜著音尸注同皆
爲于偽反自道音導注自道同知也音智注同無疆居良反不
貳本亦作貮音二今夫音扶下同昭昭章遥反注同本亦作炤同猶耿耿小明也一

撮七活反　華嶽戶化戶瓜二反本亦作山嶽　不泄息列反　一卷李音權又羌權反范羌阮反猶
區也注同　寶藏才浪反　一勺徐市若反　黿音元　鼉徒河反一音直丹反　鮫龍音交本又作蛟
鼈必列反　耿耿公迥反又公頂反舊音孔頂反　猶區羌俱反　於穆上音烏下於乎亦同　於乎
好奴反　愼德如字一本又作順　是與音餘　洋洋音羊　峻極思閏反高大也　優
優於求反倡優也　不凝本又作疑魚澄反成也　如潯音尋　不驕本亦作喬音嬌　不倍
音佩　其默亡北反　且哲陟列反徐本作知音智　謂與音餘　而好呼報反下同　裁及
音災　行同倫下孟反　杞不音起　王天下于況反又如字　不繆音謬　不
悖布内反後同　遠之如字又于万反　近之如字又附近之近　不厭於豔反後皆同
無射音亦注同　而蚤音早　行在下孟反　而斷丁亂反　曷爲于僞
反又如字　撥亂半末反　莫近附近之近又如字　道與音餘　編年必緜反又

甫連反辟如音譬下同覆幬徒報反之錯七各反當焉丁浪反又丁郎反浸潤子鴆反作燾徒報反明叡音銳知音智下聖知同齊莊側皆反有別彼列反溥博音普普徧音遍思慮息嗣反又如字見賢遍反而賢遍反不說音悅施及以豉反蠻貊本又作貊武伯反說文云北方人也所隊直類反能經論本又作綸同音倫夫焉於虔反所倚依綺於寄二反注同肫肫依注音之淳反懇誠皃浩浩胡老反被德皮義反偏頗破河反懇誠口很反純純音淳又之淳反尚絅本又作熲詩作褧同口迥反徐口定反一音口熲反惡其烏路反之著張慮反闇然於感反又如字而日而一反下同的然丁歷反易知以豉反下易舉同襌爲音丹爲其于僞反露見賢遍反淡而徒暫反又大敢反下注同不

厭（於艶反）其睹（音覩）探端（音貪）之昭（本又作炤同之召反又章遥反）不疚（九又反）隱遯（大困反本又作遁字亦同）無𢙢（起虔反）相在（息亮反注同）不愧（本又作媿同九位反）視女（音汝）奏（如字詩作騣子公反）假（古雅反大也）有爭（爭鬬之爭注同）大平（音泰）鈇（方于反又音斧）鉞（音越）百辟（音璧君也注同）末也（亡曷反）德輶（音酉一音由注同）易（以豉反）之載（依注讀曰栽音災生也詩音再）猶比（必履反下同或音毗志反又必利反皆非也）有重（直勇反又直容反）

表記第三十二（鄭云以其記君子之德見於儀表者也）卷之十七

不矜（居陵反自尊大也）應聘（應對之應）用已（音紀）心厭（於艶反）足憚（大旦反）裼（思曆反）襲（下音習）毋相（音無下同）瀆也（大木反）以樂（音洛注同又音岳）朝極（直遥反下注朝聘同）以倦（本又作勌其眷反）分別（彼列反）

巳至音以以辟音避以遠于万反不撿於檢反遠恥于方反
日強上人實反下其良反下同安肆音四日偷他侯反注同苟且也放恣咨嗣
反儳焉徐在鑑反又仕鑒反輕賤皃齊戒側皆反以見賢遍反注同邑
竟音境狎下甲反習也侮士甫反忕於時世反又時設反褻息列反謂
摯音至本又作贄初筮市制反再三息暫反又如字所懲直陵反創
初亮反又初良反乂本又作艾魚廢反皇魚蓋反不讎音酬大甲音泰注同無能
胥以寧尚書作罔克胥匡以生以辟音辟君也之仁音民出注刑戮
音六本或作僇音同而好呼報反而惡烏路反強仁其兩反下文同知者
音智所。辟音避謂斷丁亂反道有至義依註讀為道有至有義以
王于況反守脫音奪有數所住反憯七感反怛丹葛反豐水

芳弓反有芑音起詒厥以之反遺也烝哉之承反君也數世色主反
拘本亦作苟繼音計遺于季反下同我今毛詩作我躬不閱音悅容也能
勝音升取數色住反度人待洛反注同擬度魚起反難中丁仲
反德輶音酉一音由輕也民鮮息淺反注及下並同仰止本或作仰之景
行下孟反注明行同行止詩作行之好仁呼報反下同鄉道許亮反年
數色注反強焉其兩反一本作俛音勉本或作儳非也孳孳音茲斃而音弊
仆也本又作斃卮巳音以罷音皮頓如字又徒困反能復扶又反仆也
蒲北反又音赴易辭以豉反下同猶解古買反徐又音蟹恭近附近之近下同
罪咎其九反制行下孟反以己音紀以移昌氏反注汜移之移移猶大也
同徐又怡耆反一音以示反汜移芳劒反憖怖普故反其行下孟反注無其

行同 衰七雷反 經田節反 甲冑直又反 色稱尺證反下文并注同 惟鵜

音啼徒兮反鵜鶘汚澤之鳥一名淘河 不濡而朱反 彼記本又作己音同徐紀吏反 汚

澤音烏本又作洿一音火故反 濡汚汚辱之汚 粢盛音咨杜預云黍稷曰粢在器曰

盛 秬音巨黑黍 鬯勑亮反香酒也 庇民必利反徐方至反又音祕覆也 易道音亦

徼祿古堯反 葛藟音誄力水反 施于以豉反 條枚亡回反毛詩傳

云枝曰條幹曰枚 凱本亦作愷又作豈同開待反樂也後放此 弟如字本又作悌音同易也注及下皆

同 樂也音洛下同 易也以豉反下同 回邪似嗟反曲也 之行下孟反下至下

文行之浮於名也文注皆同 以要一遥反 延蔓音万 之謂 與音余 聿懷

尹必反述也 謂王于況反 謚以音示 下賢户嫁反 不復扶又反 欲

行下孟反 便人婢面反又婢緜反注同謂便習也 辟仁音避 以強其良反徐

其兩反以說音悅毋荒音無憐之力田反而遠于万反注及下同近人
附近之近注及下同朝廷直遙反下同惷而傷容反徐昌容反范湯江反又丁絳反字林音
丑降反又丑凶反喬而音驕朴而普角反詐諼況袁反詐也忘也以贄
音至相施始豉反下文同勝而始證反以本伕音誓與上伕於同令其
力呈反滛巧苦教反又如字而蔽畢世反又音弊本數色角反未厭於豔反
強民其兩反注同貢稅申銳反不勝其敝音升任也注同敝音弊猶
任如金反難復音伏易之音亦不勝世證反又音升憯七感反怛旦達
反聰費芳貴反注同不傳丈專反辯別彼列反下不別同刑曰音越惟
威如字威畏也讀者亦依尚書音畏也不誣音無爲君于僞反大畜勑六反下同
彖吐亂反靖共音恭本亦作恭同以女音汝注同則讇本亦作諂勑檢反藏

之如字鄭解詩作臧云善也易退以豉反下及下注易絕同以遠于万反爲主人
于僞反下同出竟音境不要於遙反注同言爲于僞反其強其良反舊
其兩反不辟音避難乃旦反朝廷直遙反則愼本亦作古㥵字不復扶又
反唯天子唯音雖出注不易以豉反鵲之字林作鵲說文作䧿音七略反姜
姜居良反鶉之士倫反賁賁音奔注同餘行下孟反下文并注同能
賻音附所費芳貴反饋焉其位反皆辟音避如醴徐音禮淡
以大敢反又大暫反徐徒闞反注同酸悉官反酢七故反餤音談徐本作䤲以占反
口譽音餘注同繩也市升反左傳以繩爲譽則衣於既反則食音嗣
皆爲于僞反歸說音悅又始悅反注同怨菑音災所惡烏路反有
巳音以晏晏於諫反信誓本亦作矢誓旦旦如字字林作悬亦巳

音以和說音悅反覆反覆並芳服反穿音川窬范羊朱反徐音豆

也與音餘順而說音悅夏至户嫁反別乎彼列反牲牷音全

純色也本亦作全注同齊盛音咨本亦作齍易富以豉反注同傳世文專反下

同共儉音恭以迄許訖反至也祭處昌慮反下國之處同巡守手又

反大廟音泰朝聘直遙反君長丁丈反下應應對之應慢

也字又作僈武諫反

緇衣第三十三

鄭云善其好賢者之厚故述其所稱之詩以爲其名也緇衣鄭詩美武公也劉瓛云公孫尼子所作也

子言之曰此篇二十四章唯此一子言之後皆作子曰上易以豉反下同不苛

音何以錯七故反本亦作措同好賢呼報反注同如緇側其反惡惡上烏

路反下如字注同巷伯戶降反巷伯小雅篇名作愿音願還子音旋琹兮
七旦反衣緇衣上於既反下如字取彼讒人本又作譖依詩作譖人投畀
必利反下同豺虎仕皆反有昊胡老反本或作皓同有格古伯反來也有
遯徒遜反亦作遁逃也不倍音佩下注同涖之音利又音類孫心音遜注同蚩
尤尺之反倍畔本或作叛俗字非也不任而鴆反所行下孟反注同又如字不
拘音俱上好呼報反下皆同好惡烏路反如景如字一音英領反傚禹
胡孝反赫赫許百反成王如字徐于況反故長丁丈反以說音悅有
梏音角詩作覺大也直也德行下孟反如綸音倫又古頑反綬也如綍音弗
大索嗇夫音色棺索悉洛反不倡昌尚反危行而行皆下孟反
注及下皆同相應應對之應不𠐊起虔反過也慎女音汝道人音導必

稽古兮反 出話胡快反善言也 於音烏注同 緝七入反 熙許其反毛詩傳云緝熙光明也

長民丁丈反下君長同 不貳本或作貣同音二下同 從容七凶反 黃黃徐本作横音黃 大蜡仕嫁反 而說音悅 尹吉依注爲告音誥羔報反 不忒他得反本或作貣音二 章義如字尚書作善皇云義善也 癉惡丁但反病也 靖共音恭本亦作恭 好是呼報反 章好如字又呼報反注同 愼惡如字又烏路反注同 貪侈昌氏反又式氏反 臣儀音義出注 行如字 不援音袁注同 知慮音智 版版布綰反注同 卒癉丁但反病也本亦作癉 辟也匹亦反字亦作僻同 止共音恭皇本作躬云躬恭也 之卭其恭反勞也 以褻息列反 播刑徐補餓反 不迪音狄道也 衍字延善反 不治音值 臣比毗志反注同親也 見遠賢遍反下同 君毋音無下同 柄權音秉兵永反 交爭爭鬬之爭 不蔽必世反

葉公舒涉反注同葉公楚大夫沈諸梁也字子高爲葉縣尹僭稱公也敗大補邁反以嬖必惠反徐甫詣反又補弟反字林方豉反賤而得幸曰嬖云便辟愛妾莊后側良反齊注也下及注同適夫人丁歷反齊莊側皆反下同仇仇音求爾雅云敖也君陳本亦作古陳字若己弗克見音紀尚書無己字小人溺乃歷反謂覆芳服反水近附近之近注由近人同德易以豉反下同狎徐戶甲反絜清如字又才性反洪波本又作鴻泳之音詠潛行爲泳游之音由則侮亡甫反捍胡旦反格戶白反口費芳貴反注同煩數色角反所覆芳服反又芳又反爲哼或爲悖並布內反可慢本又作優音武諫反難卒寸忽反大甲音泰自覆芳服反注同省括古活反于厥度如字又大各反注同尚書無厭字饜其厭反又紀衛反一音厭女之音汝儗魚起反本亦作擬射食亦反下同

兌命依注作說本亦作說起兵尚書作戎在笥司吏反爲說音悅傅說
音悅朝祭直遙反天作孽可違也魚列反下同尚書作天作孽猶可違也不
可以逭本又作逭乎亂反逃也尚書作弗可逭無以字猶辟音避尹吉音誥出注羔報
反天見天依注音先先西田反相亦息亮反在亳步各反好之呼報反下同莊
齊側皆反詩云昔吾有先正從此至庶民以生揔五句今詩皆無此語餘在小雅
節南山篇或皆逸詩也且清舊才性反一云此詩協韻宜如字上先正當音征誰能秉國
成毛詩無能字卒勞力報反注勞來同詩依字讀君長丁丈反勞來力再反
者與音餘君雅音牙注同尚書作牙夏日户嫁反注同尚書無日字資冬資依注音
至尚書作咨連上句云怨咨祁寒巨伊反徐巨尸反是也字林上尸反行無下孟反下行有格同
比式如字比方法式是故一本作是以精知如字一音智注同氾愛音泛虞

度待洛反下同能好呼報反下皆同其正音匹下同出注有鄉許亮反又音香注同

輩類布内反徽利古堯反下同惡惡上烏路反下如字不著張慮反

此近附近之近問遺于季反邪似嗟反徐以車反辟匹亦反周行户剛

反又如字其軾音式其敝鄭婢世反敗也庚必世反隱蔽也人苟或言之

一本無人字不見如字又賢遍反葛藟徒南反毋射音亦注同射厭

於藍反後皆同令君子力呈反行從而下孟反下則行下注以行同寡言

寡音顧出注之玷丁簟反又丁念反缺也下及注同可摩莫何反君奭音釋周

田觀文依注讀爲割申勸寧召公尚照反本亦作邵近之附近之近使王

于況反言與音餘兊命音悦毋于音無放方往反傚户教反德

偵音貞問也周易作貞幹事古半反

奔喪第三十四鄭云奔喪者居於他邦聞喪奔歸之禮實曲禮之正篇也卷之

十八

奔䘮此正字也說文云從哭亡亡亦聲也以哭空木反荅使色吏反注同驚怛都達反猶辟音避之分扶問反又方云反別於彼列反冒昬亡北反又亡報反唯著張慮反有爲于僞反一音如字至竟音境下同哭辟音避市朝直遥反爲驚于僞反斬衰七雷反後皆同括髮古活反袒徒旱反去飾羌呂反西鄉許亮反下西鄉同絞帶古卯反下同徐户交反成踊音勇不散悉但反闔門户臘反相者息亮反下相者皆同次倚於綺反不以數也色主反本亦作不以爲數數色具反爲之于僞反注變於爲父下注爲母皆同自齊音咨下同免麻音問下及注皆同而免本或作而不免者非東髽側瓜反

小三二 十十三

拾踊其劫反更也注同闈門音違舊音暉去起呂反纚色買所綺二反大紒
音計更也音庚下同相者息亮反下同爲父于僞反遂冠音官袒
成音但殺之色界反下哀殺同不復扶又反既期音基下同爲母
于僞反注及下爲父同有鄭子短反之處昌慮反下之處同不離力智反明
日之朝朝旦也下同而數色主反亦爲于僞反待齎子西反資糧也
一音咨之差初佳反又初宜反下同辟爲音避使於色吏反皆爲下僞
反下注各爲同拾踴其劫反便也婢面反祔則音附長者丁丈反如
昆弟之喪如若也不稅吐外反唯嫂悉早反凡爲于僞反下注同

問喪第三十五

鄭云問喪者善其問以知居喪之禮所由也

雞斯依注爲笄纚笄音古兮反纚音色買反徐所綺反徒跣悉典反扱初洽反上

衽而鴆反又而甚反注同惻怛都達反傷腎市軫反乾肝干並音焦肺
方廢反水漿本亦作漿子羊反之縻武皮反本亦作縻同粥之六反字林與六反云淖
縻也以飲音蔭食之音嗣去冠起呂反耶巾似嗟反亦作邪袹頭
亡瞎反本或作貊五藏才浪反心脾婢支反夫悲音扶相應應對之應而
斂力豔反下同曰柩其又反志懣亡本反又音滿范音悶下同殷殷並音隱如
壞音怪字林作𣪠音同辟踊婢尺反徐扶亦反注及下皆同拊心芳甫反汲汲音急
上堂時掌反不可復扶又反下復反復生皆同心悵勑亮反愴焉初亮
反惚焉音忽愾焉徐音慨苦代反儌幸古堯反成壙古晃反倚
廬於綺反寢苫始占反草也枕之蔭反塊苦對反又苦怪反土也匍音蒲又音
扶匐蒲北反又音服益衰色追反爲之于僞反下注相爲爲襲同斷決丁段

反下古穴反猶傎丁年反蹷求月反又九月反冠者音官之免音問注及

下皆同爲褻息列反則著張慮反又張略反而廣古曠反禿者吐禄

反無髮也傴者於縷反一音紆矩反背曲也跛者補禍反又彼我反足廢也有錮音故

稽音啓注同顙桑朗反下注同何爲于僞反盡篇末文注皆同不緦音思謂緦服也

冠之古亂反苴杖七餘反削杖悉若反體羸力垂反劣也疲也辟

音避尊之處昌慮反下同不遽其慮反

服問第三十六鄭云服問者善其問以知有服而遭喪所變易之節也傳曰

此引大傳文也有從如字沈才用反爲其于僞反注及下皆同齊衰上音咨下七雷反後

放此不厭於涉反下同服差初佳反又初宜反下同有期音基下及注皆同累

重劣彼反又劣僞反以上時掌反澡麻音早斷本丁管反下文同於免

音問下及注不免者皆同　去經起呂反下同　爲稅上如字下吐外反注及下皆同　此要一遙反

殤長丁丈反　月筭徐音蒜悉亂反　重麻直勇反徐治龍反注同　爲其于僞反注除爲殤在緦皆同　不縟音辱繁縟飾也　君爲于僞反後文皆同注諸侯爲天子下注亦爲此三人士爲國君同　遠嫌于万反　纖外音祈　大子音泰下及注同　適婦丁歷反下同　見大賢遍反　驂七南反　乘音剩　所不爲于僞反下爲其母同

伸君音申　錫衰思歷反　無免經音勉去也下無免經并注皆同徐並音問恐非　雖朝直遙反　有稅吐活反注同　說或吐活反又始鋭反　罪多本或作辠案辠正字也秦始皇以其似皇字改爲罪也　上附時掌反　列也徐音例注同本亦作例　等比必利反

閒傳第三十七

鄭云名閒傳者以其記喪服之閒輕重所宜也

服苴七余反而見賢遍反齊衰音咨下同若枲思里反喜

樂音洛而偯於起反聲餘從容也說文作㥋云痛聲三折之設反從容

七容反唯而于癸反徐以水反士與音預歛焉力驗反食粥之六反

一溢音逸劉音實二十兩也莫一音暮䟽食音嗣下䟽食同醯醬本亦

作醓呼兮反下同醴酒音禮期而音基下及注皆同中月如字徐丁仲反而

禫大感反居倚於綺反寢本亦作寑七審反苫始占反枕之鴆反塊

苦對反又苦怪反不稅吐活反芐户嫁反蒲苹也翦子踐反牀可徐仕

良反柱知矩反一音張炷反楣音眉居復音伏去其起吕反下去麻同其

縷力主反之差初佳反後放此爲母于僞反下注爲後同三重直龍反注三重

同縓七戀反緣徐音掾悅絹反要絰一遥反素縞古老反又古報反注同

而纖息廉反注同黑經白緯曰纖去一起呂反下同四糾居黝反下同一股音古

辟男音避朝服直遥反素紕婢支反又音綼白緯音謂紛芳云反

帨始銳反綅徐息廉反又音侵麻葛重直龍反注及下不言重言重者同著

張慮反主爲于偽反長中丁丈反

三年問第三十八鄭云名三年問者善其以知喪服年月所由也

稱情赤證反注及下皆同別親彼列反無易音亦注同創音瘡初良反鉅

音巨大也其愈徐音庾差也遲徐直移反倚廬於綺反枕塊之鴆反思

慕如字一音息吏反是斷丁亂反復生音伏之屬音蜀失喪

息浪反又如字反巡徐詞均反過其徐音戈一音古卧反鳴號音豪户羔反蹢

本又作躑直亦反徐治革反躅直録反徐治六反蹢躅不行也踶徐音馳字或作踟蹰音廚燕

於見反雀本又作爵有啁張留反噍子流反啁噍聲頃苦穎反莫知音智
由夫音扶下皆同邪淫似嗟反人與音餘下君子與同曾鳥則能反
夫焉於虔反若駟音四馬也之過古卧反徐音戈隙本又作郤去逆反空隙之地也
爲之于僞反下注爲母同立中如字又丁仲反注同去也起呂反至期音基注及
下同期斷丁亂反下注同加隆焉爾一本作加隆爲爾焉使徐如字一音於乾反
焉由然也一云發聲也注及下同倍之步罪反注同爲殺色界反徐所列反

深衣第三十九鄭云以其記深衣之制也名曰深衣者謂連衣裳而純之以采也有表則謂之
中衣以素純則曰長衣也

以應於證反短毋音無下同見膚賢遍反被土彼義反爲于僞反
汗汗辱之汚一音烏卧反續衽而審反又而鴆反鉤邊古侯反屬也音燭

下皆同鳥喙許穢反裕以樹反要一遥反注同縫扶用反下注同袼之

本亦作胳音各腋也運肘竹九反又張柳反當掖本又作腋音亦袂之彌世反袪末曰

袂反詘丘勿反爲腕烏亂反毋厭於甲反徐於涉反下同髀畢婢反徐

亡婢反一音步啓反厭脅許劫反當無丁浪反注同又丁郎反爲中丁仲反又如字

以應應對之應下同之殺色界反徐所例反袂圜音圓胡下下垂曰胡曲

袷音劫交領也下注同及踝胡瓦反謂裻音督跟也音根下齊音咨

亦作齎下同緝也七入反行乃下孟反又如字若卬音仰本又作仰一音五郎反

志者與音餘擯相息亮反完且音丸弗費芳貴反又孚沸反注同

若衣於既反而易以豉反鍛丁亂反濯音濁衣純之允反又之閏反後

皆同朝祭直遥反以上時掌反大父母音泰大父母祖父母也以繢

胡對反畫文也 袂緣 悅絹反注同 廣各 古曠反注同 緆 徐音以豉反皇音錫案鄭注既夕禮云飾衣領袂口曰純裳邊側曰綼下曰緆也

投壺第四十 鄭云投壺者主人與客燕飲講論才藝之禮也別錄屬吉禮亦實曲禮之正篇也皇云與射爲類宜屬嘉禮或云宜屬賓禮也 卷之十九

投壺 壺器名以矢投其中射之類 奉矢 音捧芳勇反下及注皆同徐音如字下奉中同 枉矢 紆往反 哨壺 七笑反徐又以救反枉哨不正皃王肅云枉不直哨不正也 樂賓 音洛下同一讀下以樂音岳言投壺以樂 嘉肴 戶交反 又重 直用反下及注同 税屨 本亦作脫吐活反 請投 七井反下文同 人般 步干反下同 還 音旋下同 曰辟 音避徐扶赤反注及下同 南鄉 許亮反 度壺 徒洛反注同 以二矢半 一本無此四字依注則有 八筭 悉亂反下皆同 之處 昌慮反 去坐 才臥反又如字下同 邪

行似嗟反 比投毗志反，頻也，徐扶質反，注同 勝飲上尸證反，下於鴆反，注及下同 請爲于僞反 勝者立馬俗本或此句下有一馬從二馬五字，誤 不拾其劫反，下文及注皆同 技藝其綺反 任爲而林反 將子匠反 帥色類反 爲樂音洛 貍首吏持反 閒若一閒，廁之閒，注同 大師音泰 拾更古衡反，下同 請數色主反，注同 爲純音全，下及注同，鄭注儀禮如字，云純全也 爲奇紀宜反，下同 遂以奇筭告一本此句上更有有勝者司射五字，誤 鈞居旬反，等也 則縮色六反，直也 其它音他 勝與音餘，下勝與同 尚技其綺反 行觴失羊反，字或作醻，同 皆跪其委反 奉觴芳勇反，下注奉觴同 賜灌古亂反 敬養羊尚反，注同 猶飲於鴆反，下飲不勝同 各直如字，又持吏反 請爲于僞反 去其起吕反 其坐如字，又才臥反，注同 籌室中直由反 五扶方于反，下

及注同 鋪四指 普烏反又芳夫反 禮褻 息列反 常處 昌慮反 筭
長 直亮反注同 壺頸 吉井反又九領反徐其聲反 爲其 于僞反 躍而
羊略反 圜 音圓 囷 去倫反 有奇 紀宜反 其滑 乎八反 以柘 止夜反木
名 毋 音無下皆同 去其 起呂反注同 毋憮 好吾反下同敖也 毋敖 五報反舊
五羔反敖慢也 偝立 音佩徐扶代反又蒲來反 若是者浮 縛謀反罰也 年
稺 直吏反 爲其 于僞反 憮敖 五報反又五羔反下同 傲也 五報反 正
鄉 許亮反 梁丘據 本又作處同音据 作匏 薄交反 ○○圜 音圓 鼛
薄迷反鄭呼爲鼙也其聲下其音搨搨然搨音吐臘反 口方鼓 鄭呼爲鼓也其聲高其音鏜鏜然鏜
音吐郎反 庭長 丁丈反注同 及冠 古亂反 皆與 音預

儒行第四十一

行音下孟反鄭云以其記有道德之所行儒之言優也和也言能安人能服人

也此注云儒行之作蓋孔子自衛初反魯之時也

服與音餘少居詩照反注同衣於既反注所衣也衣少所居同逢掖上如字下音亦

逢掖大掖也長居丁丈反注同冠章甫古亂反注而冠焉冠長所居同章甫殷冠也

單衣本又作禪音丹袪尺去居反儒行下孟反下力行同遽其據反卒也急也

數之色主反下同更僕古衡反代也注同一音加孟反猶卒七忽反大

僕音泰燕朝直遙反擯必慎反相息亮反爲父于僞反下爲孔子同

猶鋪普吾反又音孚下同如慢音優而易以豉反下險易同粥粥徐本作鬻

章六反畢謙皃一音羊六反不愊普力反一音逼謂愊怛也怛丹達反驚怛也本或作恨者非處齊

側皆反注同齊莊也難乃旦反注同可畏難也行必皇如字舊下孟反冬夏户嫁反有

爲于僞反選處昌慮反以遠于万反多積子賜反又如字易祿

以豉反又如字難畜許六反不見賢遍反近人附近之近下可近同淹之於廉

反以樂五孝反又音岳好呼報反劫之居業反沮之在呂反注同鷙

蟲與摯同音至攫俱縛反一音九碧反搏音博不程音呈不斷音短直卵反絶

也又丁亂反注同浸子鴆反漬才賜反劫脅許劫反恐曲勇反怖普路反省

聲所景反猶量音亮又音良下同不更居孟反不潯音尋面數所具反剛

毅魚既反傾邪似嗟反甲胄直又反甲鎧胄兜鍪也干櫓音魯干小楯櫓大楯也載

仁音戴本亦作戴鎧開代反兜丁侯反鍪莫侯反小楯時準反又音允徐辭尹反環堵

音觀方丈爲堵面一堵牆也篳門徐音畢鄭云篳門荆竹織門也杜預云柴門也圭窬徐音豆鄭

云門旁窬也穿牆爲之如圭矣說文云穿木户也郭璞三倉解詁云門旁小窬也音臾左傳作竇杜預云圭竇小户也上

鋭下方狀如圭形也蓬户步紅反蓬户以蓬爲户也甕烏貢反牖音酉以甕爲牖并

日必政反注同下而一反以諂本又作讇勑撿反穿牆音川君應應對之應與

稽古奚反注同合也爲楷苦駭反法式也弗援音袁引也取也注下同弗推

昌誰反進也舉也注同讒諂仕咸反有比毗志反徐扶至反竟信依注爲伸音申

憂思息嗣反篤行下孟反上通時掌反又如字注同寬裕羊樹反去

己起呂反不遠于万反又如字不辟音避下同怨於元反又於願反推賢

而進達之舊至此絶句皇以達之連下爲句患難乃旦反任舉如字徐音

據有澡音早靜而如字徐本作諍音爭麤本又作麁七奴反翹之祁饒

反世治直吏反注同不沮徐在呂反注同獨行下孟反注及下注同又如字脫

脫吐外反怪姤丁路反壞己乎怪反又音怪近文附近之近砥音脂又音旨

厲力世反分國如字錙側其反八兩爲錙說文云六銖也銖音殊說文云權分十黍之重

賢知音智 竝立如字又步頂反本亦作竝 則樂音洛又音岳 相下戶嫁反 不厭於豔反 其行皇音衡又下孟反 本方絕句 立義絕句 志行下孟反下注儒行同 毀謗補浪反 孫音遜 接似輒反又如字 分散方云反徐扶問反 之施始豉反 斥己音尺 隕于敏反 獲本又作穫同戶郭反注同隕穫困迫失志皃 充詘求勿反注同徐音丘勿反充詘喜失節之皃 不慁胡困反注同辱也 不累力僞反注同係也一音力追反 長上丁丈反 不閔本亦作愍武謹反病也 不爲于僞反 命儒命名也 妄常鄭音亡亡無也王尚反虛妄也 相詬徐音遘耻也又呼候反 靳故居覲反杜預云戲而相媿爲靳也 行加下孟反注同

大學第四十二鄭云大學者以其記博學可以爲政也

大學舊音泰劉直帶反 則近附近之近 其知如字徐音智下致知同 在

格古百反 所好呼報反 國治國治並直吏反下同 毋自音無 如
惡惡上烏路反下如字 臭昌救反 好好上呼報反下如字 自謙依注讀爲慊徐
苦簟反厭也 閒居音閑 厭讀爲黶烏斬反徐又烏簟反厭然閉藏皃也 揜其於檢
反 而著張慮反後同 其肺芳廢反 肝然音干 言厭於琰反一音於涉反
體胖步丹反大也注及下同 顯見賢遍反 淇其音其 澳本亦作奧於六反本又作隩一
音烏報反 菉竹音緑 猗猗於宜反 有斐芳尾反一音匪文章皃 如瑳
七何反 如琢丁角反 如摩本亦作磨末何反爾雅云骨曰切象曰瑳玉曰琢石曰磨 僩
兮下板反又胡板反 赫許百反 喧兮本亦作咺況晚反 可諠許袁反詩作諼或作
暄音同忘也 恂依注音峻思俊反一音思旬反 慄利悉反 澳於六反 隈烏回反 嚴
峻私俊反 於音烏下於緝熙同 戲好胡反徐范音羲 樂其樂並音岳又音洛

康注同誥古報反大甲音泰顧諟上音故本又作頤同念也下音是正也峻
德徐音俊又私俊反爲題徐徒兮反盤步干反銘徐音冥亡丁反邦畿
音祈又作幾音同緡蠻音緜一音亡巾反毛詩作緜傳云緜蠻小鳥皃岑仕金反蔚音鬱
又音尉安閒音閑止處齒渚反樂土音洛焉於虔反得知音智
於緝七入反熙許其反吾聽訟似用反猶人也論語作聽訟吾猶人
也毋訟音無虛誕音但所忿弗粉反懥勑值反忿懥怒皃也范音稚徐
丁四反又音勩恐懼丘勇反所好呼報反下故好而知同樂徐五孝反又音岳作憒
音致作疐音致又得計反而辟音譬下及注同謂譬喻也賤惡烏路反下惡而知同
所敖五報反惰徒卧反其惡惡上如字下烏路反鮮矣仙善反注同
故諺魚變反俗語也心度徒洛反美與音余下薄與同志行下孟反

弟者音悌事長丁丈反下長并注同不中丁仲反注同耆欲時志反

貪戾力計反責事徐音奮本又作債注同猶覆敗也覆敗芳福反于

濟子禮反爲犇音奔所好呼報反注同君行下孟反或如字夭夭

於驕反蓁蓁音臻不忒他得反興弟音悌不倍音佩注同有絜音結

拒之音矩本亦作矩借棄音佩本亦作倍下同挈也苦結反爲巨音拒本亦

作拒其呂反所惡烏路反下皆同毋以音無下同樂只音紙所好好皆呼報反

節彼徐音截前切反一音如字巖巖五銜反辟則匹亦反注同僇矣

音六其所行下孟反又如字邪辟似嗟反未喪息浪反峻命恤俊

反大也不易以豉反注同爭民爭鬭之爭施奪如字言悖布内反下

同以上時掌反多藏才浪反專佑音又觀射父食亦反又食夜

反父音甫時辟音辟驪姬力宜反本又作麗亦作孋同在翟音狄子顯

許遍反爲之于僞反若有一个古賀反一讀作介音界臣此所引與尚書

文小異斷斷丁亂反無它音他技其綺反下及注同休休許虯反尚書傳曰樂

善也鄭注尚書云寬容皃何休注公羊云美大之皃好之呼報反不啻音試詩豉反媢

疾莫報反妬也尚書作冒音同謂覆蔽也以惡烏路反下能惡人同俾不本又作卑必爾

反使也所敗必邁反於殽户交反皆樂音岳又音洛妬也丁路反

佛戾上扶弗反下力計反迸諸北孟反又逼諍反諍音爭鬭之爭皇云迸猶屛也放去

丘呂反命也依注音慢武諫反能遠于万反好人呼報反下皆同之所

惡烏路反下同拂人拂弗反注同佹也菑必音哉下同逮音代一音大計反夫

身音扶猶佹九委反不肖音笑於施始豉反予由汝反畜許六反下

同馬乘徐繩證反下及注同仲孫蔑莫結反以上時掌反采地

七代反本亦作菜爲之于僞反長國丁丈反患難乃旦反猥至烏罪反

捄之音救本亦作救已著張慮反

冠義第四十三冠音古亂反鄭云名冠義者以其記冠禮成人之義 卷之二十

和長丁丈反下同三行下孟反故冠古亂反除下文玄冠及注緇布冠玄冠以外並同

衣紒音計筮日市至反著曰筮重禮直用反後同於阼才故反以

著張慮反醮於子笑反彌尊音弥適子音嫡不醴音禮見

於賢遍反下皆同贄摯本亦作贄同音至鄉大夫鄉先生並音

香注同於朝直遙反爲人少詩照反之行下孟反下同重與音余

孝弟音悌可以治直吏反不敢擅市戰反

昏義第四十四 鄭云昏義者以其記娶妻之義內教之所由成也

昏者 一本作昏禮者婚禮用昏故經典多止作昏字 將合 如字徐音閤 之好 呼報反 納采 七在反采擇也 請期 徐音情又如字 筵几 音延 使者 色吏反 所傳 直專反 醮子 子妙反 之迎 魚敬反下以迎同 男先 悉薦反 子承命 本或作子承父命誤 壻 字又作聟悉計反女之夫也依字從士從胥俗從知下作耳 拜奠 大見反 授綏 音雖 合 徐音閤又如字 巹 徐音謹破瓢爲杯也說文作巹云蠡也字林几敏反以比巹爲警身有所承說文云讀若赤舄几 而酳 徐音胤又仕覲反 酬酢 音昨 如冠 古亂反下文始於冠同 醮與 音余 先道 音導 之別 彼列反下同 朝聘 直遥反下四政反 沐 音木 浴 音欲 俟見 賢遍反下及注同 執笲 音煩一音皮彥反器名以葦若竹爲之其形如筥衣之以青繒以盛棗栗腶脩之屬 棗栗 音早爾雅云棘實謂之棗

俗作棄誤段脩丁亂反本又作腶或作鍛同脩脯也加薑桂曰腶脩何休云婦執腶脩者取其斷斷自修飾也贄

醴依注作禮脯醢音海婦以特豚饋其位反一本無婦字供俱用反養

羊尚反適寢丁歷反以上時掌反當於夫丁浪反稱也一音丁郎反下注同下

注和當亦同委於僞反積子賜反蓋藏才浪反猶稱尺證反下同行

和下孟反先嫁悉薦反芼莫報反以蘋音頻藻音早毛詩傳云蘋大蓱藻

聚藻詩箋云蘋之言賓藻之言早婉紆免反娩音晚詩箋云婉娩貞順皃又音挽齊盛音咨

爲壇徒丹反九嬪毗人反内治直吏反下及注除后治陰德皆同相應

如字音應對之應適直革反下注同責也見賢遍反下及注同曰爲于僞反下文皆同

蕩滌上徒浪反下直歷反又杜亦反去起呂反穢紆廢反斬衰七雷反下同資

衰依注作齊音咨注又作齋者同

鄉飲酒義第四十五鄭云鄉飲酒義者以其記鄉大夫飲賓於庠序之禮尊賢養老之義也別録屬吉禮

于庠音詳鄭云鄉學也州黨曰序學記云古之教者家有塾黨有庠術有序國有學盥洗音管

揚觶之豉反說文云鄉飲酒角也字林音支致絜音結下同一本作致絜敬也不

爭爭鬭之爭下同則遠于万反鬭辯如字徐甫免反下同鄉人士

君子鄭云鄉人鄉大夫士州長黨正也君子謂卿大夫士也周禮天子六鄉鄭司農云百里內爲六鄉外爲六遂司徒職云五家爲比五比爲閭四閭爲族五族爲黨五黨爲州五州爲鄉鄉大夫每鄉卿一人州長每州中大夫一人黨正每黨下大夫一人族師每族上士一人閭胥每閭中士一人比長五家下士一人諸侯則三鄉州

長丁丈反篇內皆同謂卿去京反注同飲國於鴆反羞出音修主人

共之也音恭東榮如字屋翼也劉音營猶清如字皇才性反介音戒下放

此輔賔者僎音遵輔主人者成魄普百反說文作霸云月如生魄然也之坐才卧反又
如字嚴凝魚矜反成也祭薦本又作薦篆同嚌才細反肺芳廢反啐
七内反專爲于僞反下及注專爲同孝弟音悌下同之行下孟反國
索色百反禮屬音燭大守音泰下手又反相息亮反漢制郡有太守國有相
或息羊反則以連下句易易皆以豉反注及下易易同別矣彼列反注及下注同省
矣所領反徐疏幸反注同不酢音昨隆殺色戒反注及下同笙入音生閒
歌閒廁之閒合樂如字徐音閣不復扶又反少長詩召反於沃
於木反能弟音悌下弟長同猶脫徒活反又音奪廢朝直遥反注朝夕既朝同莫
不音暮下同先夕悉薦反五行下孟反亨狗普萌反在阼才路反
之委於僞反大古音泰南鄉許亮反下及注鄉仁南鄉東鄉皆同蠢也

尺允反蠢動生之皃者夏戶嫁反下同假也古雅反下同大也愁也依注讀爲揫子

留反下同斂也爾雅云揫聚也中者藏也如字下同徐才浪反偝藏音佩嚴殺

如字又色戒反介覸音閒廁之閒所共音恭三卿去京反大參七南反

射義第四十六鄭云射義者以其記燕射大射之禮觀德行取於士之義也別錄屬吉禮

長幼丁丈反言別彼列反老穉音值德行下孟反下文注德行皆同

必中丁仲反下同正音征鵠古毒反徐又如字騶虞側尤反徐側侯反貍

首力之反貍之言不來也首先也此逸詩也鄭以下所引曾孫侯氏爲貍首之詩也采蘋音頻采

蘩音煩樂循徐辭均反五豝百麻反獸一歲曰豝詩傳云豕牡曰豝南澗

音諫山夾水曰澗之濱音賓涯也被之皮義反徐扶義反僮僮音童本亦作童

毛詩傳云竦敬也可數色角反下同長學丁丈反比於毗志反下同親合也而

中丁仲反下同得與音預下皆同而削胥略反訐偕音皆俱也共工
音恭瞿俱縛反注同相息亮反相地名瞿之圃音補徐音布樹菜蔬曰圃蓋觀如字
又古亂反如堵丁古反菜蔬一本作䟽所魚反賁軍依注讀爲僨音奮覆敗也之
將子匠反與爲音預注同不入一本作不得入者非也賁讀音奔覆
敗芳卜反奇也居宜反下同後人者如字又音侯公罔人姓也又作网之
裘裘名也之語助序點多簟反序姓點名也揚觶之豉反孝弟音悌耆
音祁巨支反六十曰耆耋大結反七十曰耋一云八十曰耋好禮呼報反下同修身以
俟死絕句者不此二字一句下及注皆同旄本又作耄莫報反八十九十曰耄期本又作旗
音其如字百年曰期頤頤養也稱道如字稱言也行也不亂絕句本或作而不亂蓋勵
音勤又音覲少也期頤以支反鄭注曲禮云期要也頤養也言有此行不絕句行音

下孟反 繹音亦徐音釋 舍也如字舊音捨 中矣丁仲反下及注皆同 父鵠古毒反徐如字注同 各射食亦反下射天地四方同 得與音預下皆同 絀地勑律反

朝者直遙反 先令力呈反 已乃音以 課中口臥反 桑弧音胡以桑木爲弓 蓬矢步工反 飯扶晚反 食音嗣注同 人爲于僞反 所爭爭鬬之爭下及注有爭皆同 揖讓而升下絶句 而飲一句 者 袒音但 決古穴反 說吐活反 決拾音十 郤左手丘逆反又羌略反 弛弓式氏反又始是反 爭中丁仲反下文注同 失正音征注同 若夫音扶 不肖音笑 棲皮音西 梏音角直也下同 有的丁歷反 辭養如字徐羊尚反 之 識音式一音志 飲女音汝

燕義第四十七

鄭云名燕義者以其記君與臣燕飲之禮上下相報之義也

之卒依注音倅七對反又蒼忽反副也 敎治直吏反注及下同 別其彼列反 大子音泰後大子大學同 朝位直遙反 合其如字徐音閤 卒伍子忽反注同伍音五 弗正音征 游卒七內反注同 南鄉許亮反 莫敢適音敵大歷反本亦作敵 爲其于僞反下文爲疑同 踧本亦作蹴子六反 䠧子昔反又精亦反 亢禮苦浪反 使宰夫本亦作使膳夫 上至時掌反 復以扶又反 大音泰舊他佐反 相近附近之近 稽首徐本作䭫音啓 以道民音導下同 什一音十 不匱求位反 等差初佳反又初宜反 脯醢音海

聘義第四十八

鄭云名聘義者以其記諸侯之國交相聘問重禮輕財之義

七介音界下及注同 各下戶嫁反 而傳丈專反下同 陳擯必刃反本又作擯下文及注皆同說文云擯或儐字 之使所吏反 于竟音境 郊勞力報反 拜

況本亦作貺音同貺賜也當楣音眉私覿大曆反見也雍字又作饔音同

餼許既反還圭音旋下及注同璋音章賄贈呼罪反字林音悔享許兩

反本又作饗食音嗣下同比年必履反使者色吏反以媿本又作愧音同

皆爲于僞反辟琮才工反三積子賜反芻薪初俱反倍禾

步罪反乘禽繩證反一食一又作壹食音嗣幾中徐音畿又音基行成

下孟反人渴苦葛反肉乾音干日莫音暮齊莊側皆反敢解

佳賣反惰徒臥反長幼丁丈反有行有行有行並下孟反下有行同順

治直吏反爲陳直覲反賤碈武巾反字亦作瑉似玉之石爲玉于僞反下

同多與音余作玟武巾反又音枚爲濡音儒縝密音軫一音眞知

也音智致直置反本亦作緻不劌九衛反傷也字林云利傷也又音巳芮反如隊直位

反又音遂叩之音口詘然其勿反絶止皃枯木苦老反亦作槁瑕音遐玉病揜

音掩瑜羊朱反玉中美孚依注音浮尹依注音筍又作筠于貧反隱翳於計反作

姇音孚徐方附反白虹音紅天氣見於賢遍反朝聘直遥反

喪服四制第四十九鄭云以其記喪服之制取其仁義禮智四者也別録屬喪禮

訾之徐音紫毀也一音才斯反知也音智下同故爲于僞反下及注同斬衰

七回反注及下同之治直吏反下同恩揜於撿反義斷丁亂反猶操

七刀反皇云持也期而音基下同苴衰七余反墳墓扶云反不培步回反徐

扶來反爲母于僞反下注爲君同齊衰音咨見無賢遍反食粥之六反

擔主是豔反又食豔反又餘贍反不言而事行者扶而起一本作扶

而後起扶或作杖非面垢音苟禿者吐木反不髽側瓜反傴者紆主反

不袒徒旱反跛者彼我反男子免音問下同不解佳買反期

悲音基之殺色戒反不解衣古買反不肖音笑諒闇依注諒讀爲梁闇讀爲鶕音烏南反下同徐又並如字案徐後音是依杜預義鄭謂卒哭之後翦屏柱楣故曰諒闇闇卽廬也孔安國讀爲諒陰諒信也陰默也楣謂音眉如鶉音淳柱楣知主反朒衰色追反而復扶又反下同言不文如字徐音問事辨本又作辯同皮莧反

當共音恭唯而余癸反徐以水反注同齊衰音咨本又作齋侑者音又爲之于僞反應耳應對之應衰冠七雷反菅音姦屨徐紀具反食粥之六反期三年音基比終必利反知者音智本或作智弟弟上音悌下如字

禮記釋文經三千七百二十四字注一萬八百七十二字

禮記

撫州公使庫

新刊注禮記二十卷并釋文四卷

福州鄉貢進士陳　寅校正

修職郎司戶參軍權教授趙　善𧸎

修職郎司理參軍權推官余　駒

從事郎軍事判官逢　維嵩

從政郎充州學教授張　湜

朝奉郎權通判軍州事吴　子康

奉議郎權發遣撫州軍州事趙　㳟

淳熙四年二月　日

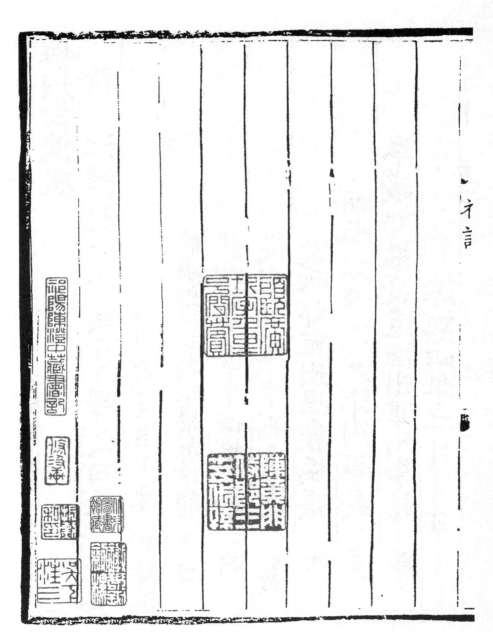

南宋槧本禮記鄭氏注八冊明嘉靖時上海顧從德汝修所藏後百餘年入崑山徐健菴司寇傳是樓而家皆有圖記乾隆年間予從兄抱沖收得之其於宋屬何刻未有明文也有借校者臆斷爲毛誼父所謂舊監本而同時相傳皆以[illegible]稱矣抱沖續又收得單行釋文兩種一禮記一左傳亦皆南宋槧本禮記釋文即此也與禮記板式行字以至工匠記數罔不相同而名銜年月在焉可據是推定禮記之即淳熙四年撫州公使庫刻也其禮記以嘉慶丙寅歲陽城張太守古餘先生見屬

刊行是時抱冲已得遺稿尚幼釋文一時檢之弗
獲聊用通志堂所翻單本附於後便讀者是
以憾其爲據本而已倏忽以來又一星終每念此
既一刻予竟知之獨未（及今病中自力）能合併而傳其真豈非常
留遺憾乎爰從姪望山尋出細勘一過是正翻
本之誤不少將一一改回以復其舊但太守久移
江右予復留滯鄉里未審何日方了此願耳
元書裝成四冊並前人圖記不詳出自何家由此而
推通志堂所刻別有一印本云庚辰至秋處暑後
五日元和顧廣圻千里甫記於楓江僦舍

宋撫州本禮記

第一册

漢 鄭玄注 唐 陸德明釋文

宋淳熙四年撫州公使庫刻本（清顧廣圻跋）

山東人民出版社·濟南

圖書在版編目（CIP）數據

宋撫州本禮記 /（漢）鄭玄注；（唐）陸德明釋文 .— 濟南：山東人民出版社，2024.3
（儒典）
ISBN 978-7-209-14279-3

Ⅰ．①宋… Ⅱ．①鄭… ②陸… Ⅲ．①《禮記》- 注釋 Ⅳ．① K892.9

中國國家版本館 CIP 數據核字（2024）第 036104 號

項目統籌：胡長青
責任編輯：劉嬌嬌
裝幀設計：武　斌
項目完成：文化藝術編輯室

宋撫州本禮記
〔漢〕鄭玄注　〔唐〕陸德明釋文

主管單位　山東出版傳媒股份有限公司
出版發行　山東人民出版社
出 版 人　胡長青
社　　址　濟南市市中區舜耕路517號
郵　　編　250003
電　　話　總編室（0531）82098914
　　　　　市場部（0531）82098027
網　　址　http://www.sd-book.com.cn
印　　裝　山東華立印務有限公司
經　　銷　新華書店

規　　格　16開（160mm×240mm）
印　　張　71.75
字　　數　574千字
版　　次　2024年3月第1版
印　　次　2024年3月第1次
ISBN 978-7-209-14279-3
定　　價　172.00圓（全四册）

《儒典》選刊工作團隊

學術顧問　杜澤遜　李振聚　徐　泳
項目統籌　胡長青
責任編輯　劉　晨　劉嬌嬌　張艷艷
　　　　　吕士遠　趙　菲　劉一星

前言

中國是一個文明古國、文化大國，中華文化源遠流長，博大精深。在中國歷史上影響較大的是孔子創立的儒家思想，因此整理儒家經典、注解儒家經典，爲儒家經典的現代化闡釋提供权威、典范、精粹的典籍文本，是推進中華優秀傳統文化創造性轉化、創新性發展的奠基性工作和重要任務。

中國經學史是中國學術史的核心，歷史上創造的文本方面和經解方面的輝煌成果，大量失傳了。西漢是經學的第一個興盛期，除了當時非主流的《詩經》毛傳以外，其他經師的注釋後來全部失傳了。東漢的經解祇有鄭玄、何休等少數人的著作留存下來，其餘也大都失傳了。南北朝至隋朝興盛的義疏之學，其成果僅有皇侃《論語疏》幸存於日本。五代時期精心校刻的《九經》、北宋時期國子監重刻的《九經》以及校刻的單疏本，也全部失傳。南宋國子監刻的單疏本，我國僅存《周易正義》、《爾雅疏》、《春秋公羊疏》（三十卷殘存七卷）、《春秋穀梁疏》（十二卷殘存七卷），日本保存了《尚書正義》、《毛詩正義》、《禮記正義》（七十卷殘存八卷）、《周禮疏》（日本傳抄本）、《春秋公羊疏》（日本傳抄本）、《春秋正義》（日本傳抄本）。南宋兩浙東路茶鹽司刻八行本，我國保存下來的有《周禮疏》、《禮記正義》、《春秋左傳正義》（紹興府刻）、《論語注疏解經》（二十卷殘存十卷）、《孟子注疏解經》（存臺北『故宫』），日本保存有《周易注疏》《尚書正義》（凡兩部，其中一部被清楊守敬購歸）。南宋福建刻十行本，我國僅存《春秋穀梁注疏》、《春秋左傳注疏》（六十卷，一半在大陸，一半在臺灣），日本保存有《毛詩注疏》《春秋左傳注疏》。從這些情況可以看出，經書代表性的早期注釋和早期版本國内失傳嚴重，有的僅保存在東鄰日本。

鑒於這樣的現實，一百多年來我國學術界、出版界努力搜集影印了多種珍貴版本，但是在系統性、全面性和準確性方面都還存在一定的差距。例如唐代開成石經共十二部經典，石碑在明代嘉靖年間地震中受到損害，明代萬曆初年西安府學等學校師生曾把損失的文字補刻在另外的小石上，立於唐碑之旁。近年影印出版唐石經拓本多次，都是以唐代石刻與明代補刻割裂配補的裱本爲底本。由於明代補刻采用的是唐碑的字形，這種配補本難以區分唐刻與明代補刻，不便使用，亟需單獨影印唐碑拓本。

爲把幸存於世的、具有代表性的早期經解成果以及早期經典文本收集起來，系統地影印出版，我們規劃了《儒典》編纂出版項目。

《儒典》出版後受到文化學術界廣泛關注和好評，爲了滿足廣大讀者的需求，現陸續出版平裝單行本。共收録一百十一種元典，共計三百九十七册，收録底本大體可分爲八個系列：經注本（以開成石經、宋刊本爲主。開成石經僅有經文，無注，但它是用經注本删去注文形成的）、經注附釋文本、纂圖互注本、單疏本、八行本、十行本、宋元人經注系列、明清人經注系列。

《儒典》是王志民、杜澤遜先生主編的。本次出版單行本，特請杜澤遜、李振聚、徐泳先生幫助酌定選目。特此説明。

二〇二四年二月二十八日

目録

第一册

禮記卷第一　三
禮記卷第二　五九
禮記卷第三　一〇五
禮記卷第四　一四九
禮記卷第五　一八九
禮記卷第六　二四三

第二册

禮記卷第七　二九三
禮記卷第八　三三九
禮記卷第九　三九七
禮記卷第十　四三五

禮記卷第十一 四七五
禮記卷第十二 五二九
禮記卷第十三 五七七

第三册

禮記卷第十四 六〇七
禮記卷第十五 六六五
禮記卷第十六 七一一
禮記卷第十七 七四三
禮記卷第十八 七七九
禮記卷第十九 八一一
禮記卷第二十 八四一

第四册

禮記釋文一 八八五
禮記釋文二 九五九
禮記釋文三 一〇二一
禮記釋文四 一〇七七

一

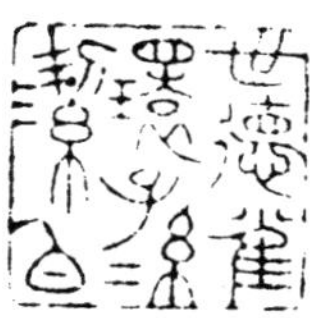

劉氏別錄屬制度

禮之本

禮記卷第一

曲禮上第一　禮記　鄭氏注

曲禮曰毋不敬（禮主於敬）儼若思（儼矜莊貌人之坐思貌必儼然）安定辭（審言語也易曰言語者君子之樞機）安民哉（此上三句可以安民說曲禮者美之云耳）敖不可長欲不可從志不可滿樂不可極（四者慢遊之道桀紂所以自禍）賢者狎而敬之（狎習也近也謂附而近之習其所行也月令曰雖有貴戚近習）畏而愛之（心服曰畏曾子曰吾先子之所畏）愛而知其惡憎而知其善（謂凡與人交不可以己心之愛憎誣人之善惡）積而能散（謂己有蓄積見貧窮者則當能散以賙救之若宋樂氏）安安而能遷（謂己今安此之安圖後有害則當能遷晉舅犯與姜氏醉重耳而行近之）臨財毋苟得（爲傷廉也）臨難毋苟免（爲傷

義也很毋求勝分毋求多爲傷平也很鬩也謂爭訟也詩云兄弟鬩於墻

疑事毋質質成也彼己俱疑而己成言之終不然則傷知直而勿有直正也己若不疑則當稱師友而正之謙也若夫言若欲爲丈夫也春秋傳曰是謂我非夫坐如尸視貌正

立如齊磬且聽也齊謂祭祀時禮從宜事不可常也晉士匄帥師侵齊聞齊侯卒乃還春秋善之使從俗亦事不可常也牲幣之屬則當從俗所出禮器曰天不生地不養君子不以爲禮鬼神不饗

夫禮者所以定親疏決嫌疑別同異明是非也禮不妄說人爲近佞媚也君子說之不以其道則不說也不辭費爲傷信君子先行其言而後從之禮不踰節不侵侮不好狎爲傷敬也人則習近爲好狎

脩身踐言謂之善行踐履也言履而行之行脩言道禮之質也言道言合於道質猶本也禮爲之文飾耳禮

文公曰取於人是有朋自遠方來童蒙求我取人是好爲人師我求童蒙

人異於禽獸者以禮

聞取於人，不聞取人。謂君人者。取於人，謂高尚其道。取人，謂制服其身。禮聞來學，不聞往教。尊道藝。道德仁義，非禮不成。教訓正俗，非禮不備。分爭辨訟，非禮不決。君臣上下，父子兄弟，非禮不定。宦學事師，非禮不親。班朝治軍，涖官行法，非禮威嚴不行。禱祠祭祀，供給鬼神，非禮不誠不莊。分辨皆別也。宦，仕也。班，次也。涖，臨也。莊，敬也。學或爲御。是以君子恭敬撙節退讓以明禮。撙猶趨也。鸚鵡能言，不離飛鳥。猩猩能言，不離禽獸。今人而無禮，雖能言，不亦禽獸之心乎？夫唯禽獸無禮，故父子聚

交際之禮

麀。聚猶共也鹿牝曰麀是故聖人作，爲禮以教人，使人以有禮，知自別於禽獸。太上貴德，太上帝皇之世其民施而不惟報其次務施報。三王之世禮始興焉禮尚往來，往而不來，非禮也；來而不往，亦非禮也。人有禮則安，無禮則危。故曰：禮者不可不學也。夫禮者，自卑而尊人，雖負販者必有尊也，而況富貴乎？負販者尤輕恌志利宜若無禮然富貴而知好禮，則不驕不淫；貧賤而知好禮，則志不懾。懾猶怯惑人生十年曰幼，學。名曰幼時始可學也內則曰十年出就外傅居宿於外學書計二十曰弱冠。三十曰壯，有室。有室有妻也妻稱室四十曰強，而

年德之節

通解八學

礼少儀

陸司農句文公是之

仕五十曰艾服官政艾老也六十曰耆指使指事使人也六十不與服戎不親學七十曰老而傳傳家事任子孫是謂宗子之父八十九十曰耄耄惛忘也春秋傳曰謂老將知耄又及之七年曰悼悼憐愛也悼與耄雖有罪不加刑焉愛幼而尊老百年曰期頤期猶要也頤養也不知衣服食味孝子要盡養道而已大夫七十而致事致其所掌之事於君而告老若不得謝謝猶聽也君必有命勞苦辭謝之其有德尚壯則不聽耳則必賜之几杖行役以婦人適四方乘安車自稱曰老夫几杖婦人安車所以養其身體也安車坐乘若今小車也老夫老人稱也亦明君貪賢春秋傳曰老夫耄矣於其國則稱名君雖尊異之自稱猶若臣越國而問焉必告之以其制鄰國來問必問於老者以荅之制法度謀於長者

必操几杖以從之。從猶就也長者問不辭讓而對非禮也。當謝不敏若曾子之爲凡爲人子之禮。冬溫而夏凊昏定而晨省。安定其牀衽也省問其安否何如在醜夷不爭醜衆也夷猶儕也四皓曰陛下之等夷夫爲人子者。三賜不及車馬。三賜三命也凡仕者一命而受爵再命而受衣服三命而受車馬車馬而身所以尊者備矣卿大夫士之子不受不敢以成尊比踰於父天子諸侯之子不受自卑遠於君故州閭鄉黨稱其孝也。兄弟親戚稱其慈也。僚友稱其弟也。執友稱其仁也。交遊稱其信也。不敢受重賜者心也如此而五者備有焉周禮二十五家爲閭四閭爲族五族爲黨五黨爲州五州爲鄉僚友官同者執友志同者見父之執。不謂之進不敢進。不謂之退不敢退。不問不敢

事長

對敬父同志如事父此孝子之行也夫爲人子者出必告反必面告面同耳反言面者從外來宜知親之顏色安否所遊必有常所習必有業緣親之意欲知之恒言不稱老廣敬年長以倍則父事之謂年二十於四十者人年二十弱冠成人有爲人父之端今四十於二十者有子道內則曰年二十惇行孝弟十年以長則兄事之五年以長則肩隨之肩隨者與之竝行差退羣居五人則長者必異席席以四人爲節因宜有所尊爲人子者居不主奧坐不中席行不中道立不中門謂與父同宮者也不敢當其尊處室中西南隅謂之奧道有左右中門謂棖闑之中央內則曰由命士以上父子皆異宮食饗不爲槩槩量也不制待賓客饌具之所有祭祀不爲尸尊者之處爲其失子道然則尸卜筮無父者聽於

少儀

事長之禮

無聲視於無形恒若親之將有教使然不登高不臨深不苟訾不苟笑為其近危辱也人之性不欲見毀訾不欲見笑君子樂然後笑孝子不服闇不登危懼辱親也服事也闇冥也不於闇冥之中從事為卒有非常且嫌失禮也男女夜行以燭父母存不許友以死為忘親也死為報仇讎不有私財為人子者父母存冠衣不純素為其有喪象也純緣也玉藻曰縞冠玄武子姓之冠也縞冠素紕既祥之冠也深衣曰具父母衣純以青孤子當室冠衣不純采早喪親雖除喪不忘哀也謂年未三十者三十壯有室有代親之端不為孤也當室適子也深衣曰孤子衣純以素幼子常視毋誑視今之示字小未有所知常示以正物以正教之無誑欺童子不衣裘裳裘大溫消陰氣使不堪苦不衣裘裳便易立必正方不傾聽習其自端正長者與之提攜則兩

游謁之禮

入戶之儀

手奉長者之手。習其扶持尊者挈攜謂牽將行負劒辟咡詔之。負謂置之於背劒謂挾之於旁辟咡詔之謂傾頭與語口旁曰咡則掩口而對。習其鄉尊者屛氣也從於先生。不越路而與人言。尊不二也先生老人教學者遭先生於道。趨而進。正立拱手。為有教使先生與之言則對。不與之言則趨而退。為其不欲與己並行從長者而上丘陵。則必鄉長者所視。為遠視不察有所問登城不指。城上不呼。為惑人將適舍。求毋固。謂行而就人館固猶常也求主人物不可以舊常或時乏無周禮土訓辨地物原其生以詔地求其類將上堂。聲必揚。警內人也戶外有二屨。言聞則入。言不聞則不入。將入戶。視必下。入戶奉扃。視瞻毋回。

入大門至寢門之儀

入門之儀

不干掩人之私也奉高敬也戶開亦開戶闔亦闔不以後來變先有後入者闔而勿遂示不拒人毋踐屨毋踖席摳衣趨隅必慎唯諾趨隅升席必由下也慎唯諾者不先舉見問乃應大夫士出入君門由闑右臣統於君闑門橛不踐閾閾門限也凡與客入者每門讓於客下賓也敵者迎於大門外聘禮曰君迎賓於大門內客至於寢門則主人請入為席為猶敷也雖君亦然然後出迎客客固辭又讓先入主人肅客而入肅進也進客謂道之主人入門而右客入門而左右就其右左就其左主人就東階客就西階客若降等則就主人之階降下也謂大夫於君士於大夫也不敢輒由其階卑統於尊不敢自專主人固辭然後客

升堂之儀

拚禮

復就西階。復其正主人與客讓登。主人先登。客從之。拾級聚足。拾當爲涉聲之誤也級等也涉等聚足謂前足躡一等後足從之併連步以上。重蹉跌也連步謂足相隨不相過也上於東階則先右足。上於西階則先左足。近於相鄉敬帷薄之外不趨。不見尊者行自由不爲容也入則容行而張足曰趨堂上不趨。爲其迫也堂下則趨執玉不趨。志重玉也聘禮曰上介授賓玉於廟門外堂上接武。武迹也迹相接謂每移足半躡之中人之迹尺二寸堂下布武。武謂每移足各自成迹不相躡室中不翔。又爲其迫也行而張拱曰翔並坐不横肱。爲害旁人授立不跪。授坐不立。爲煩尊者俛仰受之凡爲長者糞之禮。必加帚於箕上。如是得兩手奉箕恭也謂初執而往時也弟子職曰執箕膺擖厥中有帚以袂拘而退。其塵不及長者。謂埽時也以袂擁帚之前埽而郤行之以箕自鄉而扱之扱讀曰吸謂收糞時也箕去弃物以鄉尊者則不恭奉席如橋衡。橫奉之令左昂右低如有首尾然橋井上橰槹衡上低昂請席何鄉，請衽何趾。順尊者所安也衽臥席也坐問鄉臥問趾因於陰陽席南鄉北鄉，以西方爲上。東鄉、西鄉，以南方爲上。布席無常此其順之也上謂席端也坐在陽則上左坐在陰則上右若非飲食之客，則布席，席間函丈。謂講問之客也函猶容也講問宜相對容丈足以指畫也飲食之客布席於牖前丈或爲杖主人跪正席。雖來講問猶以客禮待之異於弟子客跪撫席而辭。撫之者荅主人之親正客徹重席，主人固辭。徹去也去重席謙也再辭曰固客踐席，乃坐。客安主人乃敢安也講問宜坐主人不問，客不先舉。客自外來宜問其安否無恙及所爲來故將即席。

儳倉鑒切
蹔雜也唐書
儳路音同

侍坐之儀

容毋怍（怍謂顏色變也）兩手摳衣去齊尺（齊謂裳下緝也）衣毋撥（撥發揚貌）足毋蹶（蹶行遽貌）先生書策琴瑟在前坐而遷之戒勿越（廣敬也在前謂當行之前）虛坐盡後（謙也）食坐盡前（爲汙席）坐必安執爾顏（執猶守也）長者不及毋儳言（儳猶暫也非類雜）正爾容聽必恭（聽先生之言既說又敬）毋勦說（勦猶攣也謂取人之說以爲己說）毋雷同（雷之發聲物無不同時應者人之言當各由己不當然也孟子曰人無是非之心非人也）必則古昔稱先王（言必有依據）侍坐於先生先生問焉終則對（不敢錯亂尊者之言）請業則起請益則起（尊師重道也起若今摳衣前請也業謂篇卷也益謂受說不了欲師更明說之子路問政子曰先之勞之請益曰無倦）父召無諾先生召無諾唯而起（應辭唯恭）

凡起居之儀

於諸侍坐於所尊敬毋餘席必盡其所近尊者之端爲有後來者見
同等不起不爲私敬燭至起異晝夜食至起爲饌變上客
起敬尊者燭不見跋跋本也燭盡則去之嫌若燼多有厭倦尊客之前
不叱狗主人於尊客之前不敢倦嫌若風去之讓食不唾嫌有穢惡侍坐
於君子君子欠伸撰杖屨視日蚤莫侍坐
者請出矣以君子有倦意也撰猶持也侍坐於君子君子問
更端則起而對離席對敬異事也君子必令復坐侍坐於君子
若有告者曰少閒願有復也則左右屏而
待復白也言欲須少空閒有所白也屏猶退也隱也毋側聽嫌探人之私也側聽耳屬於垣毋噭
應毋淫視毋怠荒遊毋倨立毋跛坐毋箕

屨儀

進退之儀

男女之儀

寢毋伏斂髮毋髢冠毋免勞毋袒暑毋褰裳皆爲其不敬嗷號呼之聲也淫視睇眄也怠荒放散身體也跛偏任也伏覆也髢髲也毋垂餘如髲也免去也褰袪也髢或爲肆侍坐於長者屨不上於堂屨賤空則不陳於尊者之側解屨不敢當階爲妨後升者就屨跪而舉之屛於側謂獨退也就猶著也屛亦不當階鄉長者而屨跪而遷屨俯而納屨謂長者送之也不得屛遷之而已俯俛也納內也遷或爲還離坐離立毋往參焉離立者不出中閒爲干人私也離兩也男女不雜坐不同椸枷不同巾櫛不親授嫂叔不通問諸母不漱裳外言不入於梱內言不出於梱女子許嫁纓非有大故不入

其門姑姊妹女子子已嫁而反兄弟弗與同席而坐弗與同器而食皆爲重別防淫亂不雜坐謂男子在堂女子在房也椸可以枷衣者通問謂相稱謝也諸母庶母也漱澣也庶母賤可使漱衣不可使漱裳裳賤尊之者亦所以遠別外言內言男女之職也不出入者不以相問也梱門限也女子許嫁繫纓有從人之端也大故宮中有災變若疾病乃後入也女子有宮者亦謂由命士以上也春秋傳曰羣公子之舍則已卑矣女子十年而不出嫁及成人可以出矣猶不與男子共席而坐亦遠別也父子不同席異尊卑也男女非有行媒不相知名見媒往來傳昏姻之言乃相知姓名非受幣不交不親重別有禮乃相纏固故日月以告君周禮凡取判妻入子者媒氏書之以告君謂此也齊戒以告鬼神昏禮凡受女之禮皆於廟爲神席以告鬼神謂此也爲酒食以召鄉黨僚友會賓客也以厚其別也厚重愼也取妻不取

同姓故買妾不知其姓則卜之為其近禽獸也妾賤或時非媵取之於賤者世無本繫寡婦之子非有見焉弗與爲友辟嫌也有見謂有奇才卓然衆人所知賀取妻者曰某子使某聞子有客使某羞謂不在賓客之中使人往者羞進也言進於客古者謂候爲進其禮蓋壺酒束脩若犬也不斥主人昏禮不賀貧者不以貨財爲禮老者不以筋力爲禮禮許儉不非無也年五十始杖八十拜君命一坐再至名子者不以國不以日月不以隱疾不以山川此在常語之中爲後難諱也春秋傳曰名終將諱之隱疾衣中之疾也謂若黑臀黑肱矣疾在外者雖不得言尚可指擿此則無時可辟俗語云隱疾難爲醫男女異長各自爲伯季也男子二十冠而字成人矣敬其父前子名君前臣名對至尊無大小皆相名女子許嫁

笄而字。以許嫁為成人凡進食之禮，左殽右胾，食居人之左，羹居人之右。皆便食也殽骨體也胾切肉也食飯屬也居人左右明其近也殽在俎胾在豆膾炙處外，醯醬處內。殽胾之外內也近醯醬者食之主膾炙皆在豆蔥渫處末，酒漿處右。渫烝蔥也處醯醬之左言末者殊加也渫在豆處羹之右此言若酒若漿耳兩有之則左酒右漿此大夫士與賓客燕食之禮其禮食則宜放公食大夫禮云以脯脩置者，左朐劬右末。亦便食也屈中曰朐客若降等，執食興辭。辭者辭主人之臨己食若欲食於堂下然主人興辭於客，然後客坐。復坐主人延客祭。延道也祭祭先也君子有事不忘本也客不降等則先祭祭食，祭所先進，主人所先進先祭之所後進後祭之如其次殽之序，徧祭之。謂胾炙膾也以其本出於牲體也公食大夫禮魚腊湆醬不祭也三飯，主人延客食胾然後辯徧殽。先食胾後食殽殽尊也凡食殽辯於肴食肴則飽也主人未辯客不虛口。俟主人也虛口謂酳也客自敵以上其酳不待主人飽主人不先飽也侍食於長者主人親饋則拜而食。勸長者食耳雖賤不得執食興辭拜而已示敬也主人不親饋則不拜而食。以其禮於己不隆共食不飽。謙也謂共羹飯之大器也共飯不澤手。為汗生不絜也澤謂挼莎也禮飯以手澤或為擇毋摶飯。為欲致飽不謙毋放飯。去手餘飯於器中人所穢毋流歠。大歠嫌欲疾毋咤陟嫁食。嫌薄之毋齧骨。為有聲響不敬毋反魚肉。為已歷口人所穢毋投與狗骨。為其賤飲食之物毋固獲。為其不廉也欲專之曰固爭取曰獲毋揚飯。飯黍毋以箸。毋嚃羹。亦嫌欲疾也嚃為不嚼菜毋絮羹。為其詳於味也絮猶調也毋刺齒。為其弄口也口容止毋歠醢亦嫌詳於味也歠者爲其淡故客絮羹主人辭不能亨客歠醢主人辭以窶優賓濡肉齒決決猶斷也乾肉不齒決堅宜用手毋嘬炙爲其貪食甚也嘬謂一舉盡臠特牲少牢嚌之加于俎卒食客自前跪徹飯齊牋西以授相者謙也自從也齊醬屬也相者主人贊饌者公食大夫禮賓卒食北面取粱與醬以降也主人興辭於客然後客坐不聽親徹侍飲於長者酒進則起拜受於尊所降席拜受敬也燕飲之禮鄉尊長者辭少者反席而飲長者舉未釂子妙少者不敢飲不敢先尊者盡爵曰釂燕禮曰公卒爵而後飲也長者賜少者賤者不敢辭不敢亢禮也賤者僮僕之屬賜果於君前其有核者懷其核嫌弃尊者物也木實曰果御

餕餘之物不以祭父不以是祭子夫不以是祭妻

偶坐盛饌不爲己

食於君，君賜餘，器之漑者不寫，其餘皆寫。（重汙辱君之器也。漑謂陶梓之器，不漑謂萑竹之器也。寫者，傳己器中乃食之也。勸侑曰御。）餕餘不祭。父不祭子，夫不祭妻。（食人之餘曰餕。餕而不祭，唯此類也。食尊者之餘則祭，盛之。）御同於長者，雖貳不辭。（謂侍食於長者，饌具與之同也。貳謂重殽膳也。辭之爲長者嫌。）偶坐不辭。（盛饌不爲己。）羹之有菜者用梜，其無菜者不用梜。（梜猶箸也。今人或謂箸爲梜提。）爲天子削瓜者副之，巾以絺。（副，析也。既削，又四析之，乃橫斷之，而巾覆焉。）爲國君者華之，巾以綌。（華，中裂之，不四析也。）爲大夫累之。（累，倮也，謂不巾覆也。）士疐之。（不中裂，橫斷去疐而已。）庶人齕之。（不橫斷。）父母有疾，冠者不櫛，行不翔，（憂不爲容也。）言不惰，（憂不在私好。）琴瑟不御憂不在樂食肉不至變味飲酒不至變貌憂不在味笑不至矧怒不至詈憂在心難變也齒本曰矧大笑則見疾止復故自若常也有憂者側席而坐側猶特也憂不在接人不布他面席有喪者專席而坐降居處也專猶單也水潦降不獻魚鼈不饒多也獻鳥者佛符弗其首為其喙害人也佛戾也畜鳥者則勿佛也畜養也養則馴獻車馬者執策綏獻甲者執冑獻杖者執末獻民虜者操右袂獻粟者執右契獻米者操量鼓獻孰食者操醬齊獻田宅者操書致凡操執者謂手所舉以告者也設其大者舉其小者便也甲鎧也冑兜鍪也民虜軍所獲也操其右袂制之契券要也右為尊量鼓量器名凡遺人弓者張弓

尚筋，弛弓尚角。弓有往來體皆欲令其下曲隤然順也遺人無時已定體則張之未定體則弛之右手執簫，左手承弣。簫弭頭也謂之簫簫邪也弣把中尊卑垂帨。帨佩巾也磬折則佩垂授受之儀尊卑一若主人拜，拜受也則客還辟，辟拜。辟拜謙不敢當主人自受，由客之左，接下承弣。由從也從客之左右客尊之接下接客手下也承弣卻手則簫覆手與鄉與客並，然後受。於堂上則俱南面禮敵者並授進劍者左首。左首尊也進戈者前其鐏，後其刃。進矛戟者前其鐓。後刃敬也三兵鐏鐓雖在下猶為首銳底曰鐏取其鐏地平底曰鐓取其鐓地進几杖者拂之。尊者所馮依拂去塵敬效馬效羊者右牽之。用右手便效猶呈見效犬者左牽之。犬齧人右手當禁備之執禽者左首。左首尊飾羔鴈者以繢。繢畫也諸侯大夫以

禮之本 廣博之文高强之識

使禮

布天子大夫以畫受珠玉者以掬慎也掬手中受弓劍者以袂敬也飲玉爵者弗揮為其寶而脃凡以弓劍苞苴簞笥問人者問猶遺也苞苴裹魚肉或以葦或以茅簞笥盛飯食者圓曰簞方曰笥操以受命如使之容謂使者凡為君使者已受命君言不宿於家急君使也言謂有故所問也聘禮曰君有言則以束帛如享禮君言至則主人出拜君言之辱使者歸則必拜送于門外敬君命也此謂國君問事於其臣若使人於君所則必朝服而命之使者反則必下堂而受命此臣有所告請於其君博聞強識而讓敦善行而不怠謂之君子敦厚君子不盡人之歡不竭人之忠以全

尸 尸必以孫孫幼則使人抱之

齊

居喪之禮

交也。歡謂飲食忠謂衣服之物禮曰君子抱孫不抱子。此言孫可以爲王父尸子不可以爲父尸。以孫與祖昭穆同爲君尸者。大夫士見之則下之。君知所以爲尸者則自下之。尊尸也下下車也國君或時幼少不能盡識羣臣有以告者乃下之尸必式。禮之乘必以几。尊者慎也齊者不樂不弔。爲哀樂則失正散其思也居喪之禮毀瘠不形。視聽不衰。爲其發喪事形謂骨見升降不由阼階。出入不當門隧。常若親存隧道也居喪之禮。頭有創則沐。身有瘍則浴。有疾則飲酒食肉。疾止復初。不勝喪。乃比於不慈不孝。勝任也五十不致毀。六十不毀。

因居喪及弔禮

因弔贈及遺饋

七十唯衰麻在身飲酒食肉處於内所以養衰老人五十始衰也生與來日死與往日與猶數也生數來日謂成服杖以死明日數也死數往日謂殯斂以死日數也此士禮貶於大夫者大夫以上皆以來日數士喪禮曰死日而襲厥明而小斂又厥明大斂而殯則死三日而更言三日成服杖似異日矣喪大記曰士之喪二日而殯三日之朝主人杖二者相推其然明矣與或爲予知生者弔知死者傷知生而不知死弔而不傷知死而不知生傷而不弔人恩各施於所知也弔傷皆謂致命辭也雜記曰諸侯使人弔辭曰寡君聞君之喪寡君使其如何不淑此施於生者傷辭未聞也說者有弔辭云皇天降災子遭罹之如何不淑此施於死者蓋本傷辭辭畢退皆哭弔喪弗能賻不問其所費問疾弗能遺不問其所欲見人弗能館不問其所舍賜人者不曰來取與人者不

在車之容

相助杵之聲有如謳歌互以忘勞也

問其所欲皆謂傷恩也見人見行人館舍也與人不問其所欲已物或時非其所欲將不與也不適墓不登壟爲其不敬壟冢也墓塋域助葬必執紼葬喪之大事紼引車索臨喪不笑臨喪宜有哀色揖人必違其位禮以變爲敬望柩不歌入臨不翔哀傷之無容樂當食不歎食或以樂非歎所鄰有喪舂不相里有殯不巷歌助哀也相謂送杵聲適墓不歌非樂所哭日不歌哀未忘也送喪不由徑送葬不辟塗潦所哀在此臨喪則必有哀色執紼不笑臨樂不歎介冑則有不可犯之色貌與事宜相配介甲也故君子戒慎不失色於人色厲而內荏貌恭心很非情者也國君撫式大夫下之大夫撫式士下之撫猶據也據式小俛崇敬也乘車必

（正立）禮不下庶人（爲其遽於事且不能備物）刑不上大夫（不與賢者犯法其犯法則在八議輕重不在刑書）刑人不在君側（爲怨恨爲害也春秋傳曰近刑人則輕死之道）兵車不式（尚威武不崇敬）武車綏（而追）旌（盡飾也綏謂垂舒之也武車亦兵車）德車結旌（不盡飾也結謂收斂之也德車乘車）史載筆士載言（謂從於會同各持其職以待事也筆謂書具之屬言謂會同盟要之辭）前有水則載青旌前有塵埃則載鳴鳶前有車騎則載飛鴻前有士師則載虎皮前有摯獸則載貔貅（謂載舉於旌首以警衆也禮君行師從卿行旅從前驅舉此則士衆知所有所舉各以其類象青青雀水鳥鳶鳴則將風鴻取飛有行列也士師謂兵衆虎取其有威勇也貔貅亦摯獸也書曰如虎如貔士或爲仕）行前朱鳥而後玄武左青龍而右白虎招搖在上急繕（如字）

其怒。以此四獸爲軍陳象天也急猶堅也繕讀曰勁又畫招搖星於旌旗上以起居堅勁軍之威怒象天帝也招搖星在北斗杓端主指者進退有度。度謂伐與步數左右有局。各司其局。局部分也父之讎弗與共戴天。父者子之天殺己之天與共戴天非孝子也行求殺之乃止兄弟之讎不反兵。恒執殺之備交遊之讎不同國。讎不吾辟則殺之交遊或爲朋友四郊多壘。此卿大夫之辱也。辱其謀人之國不能安也壘軍壁也數見侵伐則多壘地廣大荒而不治。此亦士之辱也。辱其親民不能安荒穢也臨祭不惰。爲無神也祭服敝則焚之。祭器敝。則埋之。龜筴敝則埋之。牲死則埋之。此皆不欲人褻之也焚之必己不用埋之不知鬼神之所爲凡祭於公者必自徹其俎。臣不敢煩君使也大夫以下或使人歸之祭於公助祭於君也卒哭乃諱。敬鬼神之名也諱辟也生者不相辟名衛侯名惡大夫有名惡君臣同名春秋不非禮不諱嫌名，二名不偏諱。為其難辟也嫌名謂音聲相近若禹與雨丘與區也偏謂二名不二諱也孔子之母名徵在言在不稱徵言徵不稱在逮事父母則諱王父母，不逮事父母則不諱王父母。逮及也謂幼孤不及識父母恩不至於祖名孝子聞名心瞿諱之由心此謂庶人適士以上廟事祖雖不逮事父母猶諱祖君所無私諱。謂臣言於君前不辟家諱尊無二大夫之所有公諱。辟君諱也詩書不諱，臨文不諱。為其失事正廟中不諱。為有事於高祖則不諱曾祖以下尊無二也於下則諱上夫人之諱，雖質君之前，臣不諱也。臣於夫人之家恩遠也質猶對也婦諱不出門。婦親遠於宮中言辟之大功小功不諱。入竟而問禁，入國而問俗，入門而問諱皆爲敬主人也禁謂政教俗謂常所行與所惡也國城中也外事以剛日順其出爲陽也出郊爲外事春秋傳曰甲午祠兵內事以柔日順其居內爲陰凡卜筮日，旬之外曰遠某日，旬之內曰近某日。旬十日也喪事先遠日，吉事先近日孝子之心喪事葬與練祥也吉事祭祀冠取之屬也曰爲日，假爾泰龜有常，假爾泰筮有常。命龜筮辭龜筮於吉凶有常大事卜小事筮卜筮不過三，求吉不過三魯四卜郊春秋譏之卜筮不相襲。卜不吉則又筮筮不吉則又卜是瀆龜筴也晉獻公卜取驪姬不吉公曰筮之是也龜爲卜，筴爲筮，卜筮者先聖王之所以使民信時日、敬鬼神、畏法令也，所以使民決嫌疑、定猶與也。故曰，疑而筮之則弗非也。

日而行事則必踐之弗非無非之者日所卜筮之吉日也踐讀曰善聲之誤也筴或爲著君車將駕則僕執策立於馬前監駕且爲馬行已駕僕展軨展軨具視效駕白已駕奮衣由右上取貳綏奮振去塵也貳副也跪乘未敢立敬也執策分轡驅之五步而立調試之君出就車則僕并轡授綏車上僕所主左右攘辟謂羣臣陪位侍駕者攘卻也或者攘古讓字車驅而騶至于大門君撫僕之手而顧命車右就車門閭溝渠必步車右勇力之士備制非常者君行則陪乘君式則下步行凡僕人之禮必授人綏若僕者降等則受不然則否若僕者降等則撫僕之手不然則自下拘之

使容

軍容

車馬之容

撫小止之謙也自下拘之由僕手下取之也僕與己同爵則不受客車不入大門謙也

婦人不立乘異於男子犬馬不上於堂非摯幣也故

君子式黃髮敬老也發句言故明此衆篇雜辭也下卿位尊賢也卿位卿之朝

位也君出過之而上車入未至而下車入國不馳愛人也馳善藺人也入里必式

不誣十室君命召雖賤人大夫士必自御之御當爲訝訝迎

也君雖使賤人來必自出迎之尊君命也春秋傳曰跛者御跛者眇者御眇者皆訝也世人亂之介者不

拜爲其拜而蓌拜子臥蓌則失容節蓌猶詐也祥車曠左空神位也

祥車葬之乘車乘君之乘車不敢曠左左必式君存惡空其位

僕御婦人則進左手後右手遠嫌御國君則

進右手後左手而俯敬也國君不乘奇車出入必正

當作下宗廟式齊牛

奉持之儀

朱子曰曲禮必別有一書叶誤如弟子職之類

也奇車獵衣之屬車上不廣欬為若自矜廣猶弘也不妄指為惑眾立視五巂立平視也巂謂規也謂輪轉之度巂或為綮式視馬尾小俛顧不過轂為掩在後國中以策彗卹勿驅塵不出軌入國不馳彗竹帚卹勿搔摩也國君下齊牛式宗廟大夫士下公門式路馬乘路馬必朝服載鞭策不敢授綏左必式步路馬必中道以足蹙路馬芻有誅齒路馬有誅皆廣敬也路馬君之馬載鞭策不敢執也齒欲年也誅罰也

曲禮下第二　鄭氏注

凡奉者當心提者當帶高下之節執天子之器則上衡謂高於心彌敬也此衡謂與心平國君則平衡大夫則綏

如篇首甚思安辭民哉及上堂聲必揚入戶必下皆叶韻今上下篇却是後人補湊而成不是一成篇徹底

名稱之節

之士則提之綏讀曰妥妥之謂下於心凡執主器執輕如不克重慎之也主君也克勝也執主器操幣圭璧則尚左手行不舉足車輪曳踵重慎也尚左手尊左也車輪謂行不絕地立則磬折垂佩主佩倚則臣佩垂主佩垂則臣佩委君臣俛仰之節倚謂附於身小俛則垂大俛則委於地執玉其有藉者則裼無藉者則襲藉藻也裼襲文質相變耳有藻爲文裼見美亦文無藻爲質襲充美亦質圭璋特而襲璧琮加束帛而裼亦是也國君不名卿老世婦大夫不名世臣姪娣士不名家相長妾雖貴於其國家猶有所尊也卿老上卿也世臣父時老臣君大夫之子不敢自稱曰余小子辟天子之子未除喪之名君大夫天子大夫有土地者大夫士之子不敢自稱曰嗣

應對之儀

重本之意

去國

子某。 亦辟其君之子未除喪之名 不敢與世子同名。 辟僭儗也其先之生則亦不改世或爲大 君使士射不能則辭以疾言曰某有負薪之憂。 射者所以觀德唯有疾可以辭也使士射謂以備耦也憂或爲疾 侍於君子不顧望而對非禮也。 禮尚謙也不顧望若子路帥爾而對 君子行禮不求變俗。 求猶務也不務變其故俗重本也謂去先祖之國居他國 祭祀之禮居喪之服哭泣之位皆如其國之故。謹脩其法而審行之。 其法謂其先祖之制度若夏殷 去國三世。爵禄有列於朝出入有詔於國。 三世自祖至孫踰久可以忘故俗而猶不變者爵禄有列於朝謂君不絶其祖祀復立其族若臧紇奔邾立臧爲矣詔告也謂與卿大夫吉凶往來相赴告 若兄弟宗族猶存則反告於宗後。 謂無列無詔者反告亦謂吉凶也宗後宗子也去國三世爵祿無列於朝出入無詔於國唯興之日從新國之法以故國與己無恩興謂起爲卿大夫君子已孤不更名亦重本已孤暴貴不爲父作謚子事父無貴賤居喪未葬讀喪禮既葬讀祭禮喪復常讀樂章爲禮各於其時居喪不言樂祭事不言凶公庭不言婦女非其時也振書端書於君前有誅臣不豫事不敬也振去塵也端正也倒顛倒也側反側也皆謂甫省視之倒筴側龜於君前有誅龜筴几杖席蓋重素袗絺綌不入公門龜筴嫌問國家吉凶几杖嫌自長老席蓋載喪車也雜記曰士輤葦席以爲屋蒲席以爲裳帷重素衣裳皆素喪服也袗單也孔子曰當暑袗絺綌必表而出之爲其形褻苞屨扱衽厭冠不入

大小二百三廿六十六

陳梓

公門此皆凶服也苞藨也齊衰藨蒯之菲也問喪曰親始死扱一衽厭猶伏也喪冠厭伏苞或爲菲書方衰凶器不以告不入公門此謂喪在內不得不入當先告君耳方板也士喪禮下篇曰書賵於方若九若七若五凶器明器也公事不私議嫌若姦也君子將營宮室宗廟爲先廄庫爲次居室爲後重先祖及國之用凡家造祭器爲先犧賦爲次養器爲後大夫稱家謂家始造事犧賦以稅出牲無田祿者不設祭器有田祿者先爲祭服祭器可假祭服宜自有君子雖貧不粥祭器雖寒不衣祭服爲宮室不斬於丘木廣敬鬼神也粥賣也丘壟也大夫士去國祭器不踰竟此用君祿所作取以出竟恐辱親也大夫寓祭器於大夫士寓祭器於士寓寄也與

去國之禮

拜之節

得用者言寄覲己後還大夫士去國踰竟爲壇位鄉國而哭素衣素裳素冠徹緣鞮屨素簚乘髦馬不蚤鬋不祭食不說人以無罪婦人不當御三月而復服言以喪禮自處也臣無君猶無天也壇位除地爲位也徹猶去也鞮屨無絇之菲也簚覆苓也髦馬不鬄落也蚤讀爲爪鬋鬋鬢也不自說於人以無罪嫌惡其君也御接見也三月一時天氣變可以遂去也簚或爲幕

大夫士見於國君君若勞之則還辟再拜稽首謂見君既拜矣而後見勞也聘禮曰君勞使者及介君皆荅拜君若迎拜則還辟不敢荅拜嫌與君亢賓主之禮迎拜謂君迎而先拜之聘禮曰大夫入門再拜君拜其辱

大夫士相見雖貴賤不敵主人敬客則先拜客客敬主人則先拜主人尊賢凡非弔

田獵之禮

凶殺憂
不樂撤琴瑟也

喪非見國君無不荅拜者禮尚往來喪賓不荅拜不自賓客也國君見士不荅其拜士賤大夫見於國君國君拜其辱士見於大夫大夫拜其辱同國始相見主人拜其辱自外來而拜拜見也自內來而拜拜辱也君於士不荅拜也非其臣則荅拜之不臣人之臣大夫於其臣雖賤必荅拜之辟正君男女相荅拜也嫌遠別不相荅拜以明之國君春田不圍澤大夫不掩羣士不取麛卵生乳之時重傷其類歲凶年穀不登登成也君膳不祭肺馬不食穀馳道不除祭事不縣大夫不食粱士飲酒不樂皆爲自貶損憂民也禮食殺牲則祭先有虞氏以首夏后氏以心殷人以肝周人以肺不祭肺則不殺也天子食日少牢朔月

獻見

去國

死守

（大牢諸侯食日特牲朔月少牢除治也不治道爲妨民取蔬食也縣樂器鍾磬之屬也粱加食也不樂去琴瑟）君無故玉不去身。大夫無故不徹縣。士無故不徹琴瑟。（憂樂不相干也故謂災患喪病）士有獻於國君。他日君問之曰：安取彼。再拜稽首而后對。（起敬也）大夫私行出疆必請，反必有獻。士私行出疆必請，反必告。（臣不敢自專也私行謂以己事也士言告者不必有其獻也告反而已）君勞之則拜，問其行，拜而后對。（亦起敬也問行謂道中無恙及所經過）國君去其國，止之曰：奈何去社稷也。大夫曰：奈何去宗廟也。士曰：奈何去墳墓也。（皆民臣勑勤之言）國君死社稷。（死其所受於天子也謂見侵伐也春秋傳曰國滅君死之正也）大夫死衆。士死制。（死其所受於君衆謂軍師制謂君教令所使爲之）君天下。曰天子。朝諸侯。分職。授政。任功。曰予一人。（皆擯者辭也天下謂外及四海也今漢於蠻夷稱天子於王侯稱皇帝覲禮曰伯父寔來予一人嘉之余予古今字）踐祚臨祭祀。內事曰孝王某。外事曰嗣王某。（皆祝辭也唯宗廟稱孝天地社稷祭之郊內而曰嗣王不敢同外內）臨諸侯。畛（軫）於鬼神。曰有天王某甫。（畛致也祝告至于鬼神辭也曰有天王某甫某甫且字也不名者不親往也周禮大會同過山川則大祝用事焉鬼神謂百辟卿士也畛或爲祗）崩。曰天王崩。（史書策辭）復。曰天子復矣。（始死時呼魄辭也不呼名臣不名君也諸侯呼字）告喪。曰天王登假。（告赴也登上也假已也上已者若僊去云耳）措之廟。立之主。曰帝。（同之天神春秋傳曰凡君卒哭而祔祔而作主）天子未除喪。曰予小子。（謙未敢稱一人）

天子內官

天子外官

春秋傳曰以諸侯之踰年即位亦知天子之踰年即位以天子三年然後稱王亦知諸侯於其封內三年稱子生名之死亦名之生名之曰小子王死亦曰小子王也晉有小子侯是僭取於天子號也天子有后有夫人有世婦有嬪有妻有妾妻八十一御妻周禮謂之女御以其御序於王之燕寢妾賤者天子建天官先六大曰大宰大宗大史大祝大士大卜典司六典典法也此蓋殷時制也周則大宰爲天官大宗曰宗伯宗伯爲春官大史以下屬焉大士以神仕者天子之五官曰司徒司馬司空司士司寇典司五衆衆謂羣臣也此亦殷時制也周則司士屬司馬大宰司徒宗伯司馬司寇司空爲六官天子之六府曰司土司木司水司草司器司貨典司六職府主藏六物之稅者此亦殷時制也周則皆屬司徒司土土均也司木山虞也司水川衡也司草稻人也司器角人也司貨卝

伯　牧

人也天子之六工曰土工、金工、石工、木工、獸工、草工，典制六材。此亦殷時制也周則皆屬司空土工陶旊也金工築冶鳧栗鍛桃也石工玉人磬人也木工輪輿弓廬匠車梓也獸工函鮑韗韋裘也唯草工職亡蓋謂作萑葦之器五官致貢曰享。貢功也享獻也致其歲終之功於王謂之獻也周禮大宰歲終則令百官府各正其治受其會聽其致事而詔王廢置五官之長曰伯，謂為三公者周禮九命作伯是職方。職主也是伯分主東西者春秋傳曰自陝以東周公主之自陝以西召公主之一相處乎內是或為氏其擯於天子也曰天子之吏。擯者辭也春秋傳曰王命委之三吏謂三公也天子同姓謂之伯父，異姓謂之伯舅。自稱於諸侯曰天子之老，於外曰公，於其國曰君。稱之以父與舅親親之辭也外自其私土之外天子畿內九州之長入天子之國曰牧。每一

九州之外長

朝會之名

州之中天子選諸侯之賢者以爲之牧也周禮曰乃施典於邦國而建其牧天子同姓謂之叔父異姓謂之叔舅於外曰侯於其國曰君牧尊於大國之君而謂之叔父辟二伯也亦以此爲尊禮或損之而益謂此類也外自其國之外九州之中曰侯者本爵也二王之後不爲牧其在東夷北狄西戎南蠻雖大曰子謂九州之外長也天子亦選其諸侯之賢者以爲之子子猶牧也入天子之國曰子天子亦謂之子雖有侯伯之地本爵亦無過子是以同名曰子於內自稱曰不穀與民言之謙稱穀善也於外自稱曰王老威遠國也外亦其戎狄之中庶方小侯入天子之國曰某人於外曰子自稱曰孤謂戎狄子男君也男者於外亦曰男舉尊言之天子當依而立諸侯北面而見天子曰覲天子當宁而立諸公東面諸侯

西面曰朝。諸侯春見曰朝受摯於朝受享於廟生氣文也秋見曰覲一受之於廟殺氣質也朝者位於內朝而序進覲者位於廟門外而序入王南面立於依宁而受焉夏宗依春冬遇依秋春秋時齊侯唁魯昭公以遇禮相見取易略也覲禮今存朝宗遇禮今亡諸侯未及期相見曰遇。相見於郤地曰會。諸侯使大夫問於諸侯曰聘、約信曰誓。涖牲曰盟。及至也郤閒也涖臨也坎用牲臨而讀其盟書聘禮今存遇會誓盟禮亡誓之辭尚書見有六篇諸侯見天子曰臣某侯某。謂嗇夫承命告天子辭也其爲州牧則曰天子之老臣某侯某奉圭請覲其與民言自稱曰寡人。謙也於臣亦然其在凶服曰適子孤。凶服亦謂未除喪臨祭祀、內事曰孝子某侯某。外事曰曾孫某侯某。稱國者遠辟天子死。曰薨。亦史書策辭復。曰某甫復矣、

貴賤之容

貴賤之配

公侯妻妾名稱

其甫且字既葬見天子曰類見代父受國類猶象也執皮帛象諸侯之禮見也其禮亡言謚曰類使大夫行象聘問之禮也言謚者序其行及謚所宜其禮亡諸侯使人使於諸侯使者自稱曰寡君之老繫於君以爲尊也此謂諸侯之卿上大夫天子穆穆諸侯皇皇大夫濟濟士蹌蹌庶人僬僬皆行容止之貌也聘禮曰賓入門皇又曰皇且行又曰衆介北面蹡焉凡行容尊者體盤卑者體蹙天子之妃曰后后之言後也諸侯曰夫人夫之言扶大夫曰孺人孺之言屬士曰婦人婦之言服庶人曰妻妻之言齊公侯有夫人有世婦有妻有妾貶於天子也無后與嬪去上中夫人自稱於天子曰老婦自稱於天子謂畿內諸侯之夫人助祭若時事見自稱於諸侯曰寡小君謂饗來朝諸侯之時

大三刁六

臣子名稱

春秋書法

臣子忠愛

自稱於其君曰小童。自世婦以下自稱曰婢子。小童若云未成人也婢之言卑也於其君稱此以接見體敵嫌其當 子於父母則自名也。名父母所爲也言子者通男女 列國之大夫入天子之國曰某士。亦謂諸侯之卿也三命以下於天子爲士曰某士者若晉韓起聘於周擯者曰晉士起 自稱曰陪臣某。陪重也 於外曰子。子有德之稱魯春秋曰齊高子來盟 於其國曰寡君之老。使者自稱曰某 使謂使人於諸侯也 某名也 天子不言出。諸侯不生名。君子不親惡。天子之言出諸侯之生名皆有大惡君子所遠出名以絕之春秋傳曰天王出居於鄭衛侯朔入於衛是也 諸侯失地名。滅同姓名。絕之 爲人臣之禮不顯諫。爲奪美也顯明也謂明言其君惡不幾微 三諫而不聽則逃之。逃去也君臣有義則

擬對之等

（合無義則離）子之事親也，三諫而不聽，則號泣而隨之。（至親无去志，在感動之。）君有疾飲藥，臣先嘗之；親有疾飲藥，子先嘗之。（嘗度其所堪。）醫不三世，不服其藥。（愼物齊也。）儗人必於其倫。（儗猶比也。倫猶類也。比大夫當於大夫，比士當於士。不以其類則有所褻。）問天子之年，對曰：聞之始服衣若干尺矣。（旣不敢言年，又不敢斥至尊所能。）問國君之年，長曰能從宗廟社稷之事矣，幼曰未能從宗廟社稷之事也。問大夫之子，長曰能御矣，幼曰未能御也。問士之子，長曰能典謁矣，幼曰未能典謁也。問庶人之子，長曰能負薪矣，幼曰

祭祀之等

通論

未能負薪也皆言其能則長幼可知御猶主也書曰越乃御事謂主事者謁請也謂能擯贊出入以事請告也禮四十強而仕五十命爲大夫問國君之富數地以對山澤之所出問大夫之富曰有宰食力祭器衣服不假問士之富以車數對問庶人之富數畜以對皆在其所制以多少對宰邑士也食力謂民之賦稅天子祭天地祭四方祭山川祭五祀歲徧諸侯方祀祭山川祭五祀歲徧大夫祭五祀歲徧士祭其先祭四方謂祭五官之神於四郊也句芒在東祝融后土在南蓐收在西玄冥在北詩云來方禋祀方祀者各祭其方之官而已五祀戶竈中霤門行也此蓋殷時制也祭法曰天子立七祀諸侯立五祀大夫立三祀士立二祀謂周制也凡祭有其廢之莫敢舉也有其舉之

莫敢廢也爲其瀆神也廢舉謂若殷廢農祀弃後不可復廢弃祀農也後有德者繼之不嫌也非其所祭而祭之名曰淫祀淫祀無福妄祭神不饗天子以犧牛諸侯以肥牛大夫以索牛士以羊豕犧純毛也肥養於滌也索求得而用之支子不祭祭必告于宗子不敢自專謂宗子有故支子當攝而祭者也五宗皆然凡祭宗廟之禮牛曰一元大武豕曰剛鬣豚曰腯肥羊曰柔毛雞曰翰音犬曰羹獻雉曰疏趾兎曰明視脯曰尹祭槁魚曰商祭鮮魚曰脡祭水曰清滌酒曰清酌黍曰薌合粱曰薌萁稷曰明粢稻曰嘉蔬韭曰豐本鹽曰鹹鹾玉

曰嘉玉，幣曰量幣。
號牲物者異於人用也元頭也武迹也腯亦肥也春秋傳作腯腯充貌也翰猶長也羹獻食人之餘也尹正也商猶量也脡直也萁辭也嘉善也稻菰蔬之屬也豐茂也大鹹曰鹾今河東云幣帛也

天子死曰崩，諸侯曰薨，大夫曰卒，士曰不祿，庶人曰死。
異死名者爲人褻其無知若猶不同然也自上顛壞曰崩薨顛壞之聲卒終也不祿不終其祿死之言澌也精神澌盡也

在牀曰尸，
尸陳也言形體在

在棺曰柩，
柩之言究也

羽鳥曰降，四足曰漬。
異於人也降落也漬謂相瀐自汙而死也春秋傳曰大災者何大漬也

死寇曰兵。
異於凡人當饗祿其後

祭王父曰皇祖考，王母曰皇祖妣，父曰皇考，母曰皇妣，夫曰皇辟。
更設稱號尊神異於人也皇君也考成也言其德行之成也妣之言媲也媲於考也辟法也妻所取法也

生曰父，曰母，曰妻；死曰考，曰妣，曰嬪。
嬪婦人有法度者之稱也

視節

言容

周禮九嬪掌婦學之法教九御婦德婦言婦容婦功壽考曰卒。短折曰不祿。祿謂有德行任爲大夫士而不爲者老而死從大夫之稱少而死從士之稱天子視不上於祫。不下於帶。祫交領也天子至尊臣視之目不過此國君綏視。視國君彌高綏讀爲妥妥視謂視上於祫大夫衡視。視大夫又彌高也衡平也平視謂視面也士視五步。士視得旁遊目五步之中也視大夫以上上下遊目不得旁凡視上於面則敖。敖則仰下於帶則憂。憂則低傾則姦。辟頭旁視心不正也傾或爲側君命大夫與士肄。肄習也君有命大夫則與士展習其事謂欲有所發爲也在官言官。在府言府。在庫言庫。在朝言朝。唯君命所在就展習之也官謂板圖文書之處府謂寶藏貨賄之處也庫謂車馬兵甲之處也朝謂君臣謀政事之處也朝言不及犬馬。非公議也輟朝而顧。不有異事。必有

饗禮

摯禮之等

納女之辭

異慮。心不正志不在君輟猶止也故輟朝而顧君子謂之固。固謂不達於禮也在朝言禮問禮對以禮。於朝廷言無所不用禮大饗不問卜。祭五帝於明堂莫適卜也郊特牲曰郊血大饗腥不饒富富之言備也備而已勿多於禮也凡摯天子鬯。諸侯圭。卿羔。大夫鴈。士雉。庶人之摯匹。童子委摯而退。摯之言至也天子無客禮以鬯爲摯者所以唯用告神爲至也童子委摯而退不與成人爲禮也說者以四爲鶩野外軍中無摯以纓拾矢可也。非爲禮之處用時物相禮而已纓馬繁纓也拾謂射韝婦人之摯椇（矩）榛脯脩棗栗婦人無外事見以羞物也椇榛木名椇枳也有實今邳郯之東食之榛實似栗而小納女於天子曰備百姓。於國君曰備酒漿。於大夫曰備埽灑納女猶致女也婿不親迎則女之家遣人

致之此其辭也姓之言生也天子皇后以下百二十人廣子姓也酒漿埽灑婦人之職

禮記卷第一

經五千七百二十二字
注八千三百二十七字

檀弓上下篇多記喪禮疑出子游之筆及其門人所記
立孫

何居猶言云何其

禮記卷第二

檀弓上第三　禮記　鄭氏注

公儀仲子之喪、檀弓免焉、故爲非禮以非仲子也禮朋友皆在他邦乃袒免仲子舍其孫、而立其子、此其所立非也公儀蓋魯同姓周禮適子死立適孫爲後檀弓曰、何居、我未之前聞也居讀爲姬姓之姬齊魯之閒語助也前猶故也趨而就子服伯子於門右、曰、仲子舍其孫而立其子、何也、去賓位就主人兄弟之賢者而問之子服伯子蓋仲孫蔑之玄孫子服景伯蔑魯大夫伯子曰仲子亦猶行古之道也、昔者文王舍伯邑考而立武王、微子舍其孫腯而立衍也、夫仲子亦猶行古之道也、

徙本

二〇一十三大　禮記二

伯子爲親者隱耳立子非也文王之立武王權也微子適子死立其弟衍殷禮也子游問諸孔子孔子曰否立孫據周禮

事親有隱而無犯隱謂不稱揚其過失也無犯不犯顔而諫論語曰事父母幾諫左右就養無方左右謂扶持之方猶常也子則然無常人服勤至死致喪三年勤勞辱之事也致謂戚容稱其服也凡此以恩爲制

事君有犯而無隱既諫人有問其國政者可以語其得失若齊晏子爲晉叔向言之左右就養有方不可侵官服勤至死方喪三年方喪資於事父凡此以義爲制

事師無犯無隱左右就養無方服勤至死心喪三年心喪戚容如父而無服也凡此以恩義之閒爲制

季武子成寢武子魯公子季友之曾孫季孫夙杜氏之葬在西階之下請合葬焉許之入宮而不敢哭武子

喪出母

曰合葬非古也自周公以來未之有改也自見夷人冢墓以爲宅欲文過吾許其大而不許其細何居命之哭記此者善其不奪人之恩子上之母死而不喪子上孔子曾孫子思伋之子名白其母出門人問諸子思曰昔者子之先君子喪出母乎曰然禮爲出母期父卒爲父後者不服耳子之不使白也喪之何也子思曰昔者吾先君子無所失道道隆則從而隆道汙則從而汙汙猶殺也有隆有殺進退如禮伋則安能自子不能及爲伋也妻者是爲白也母不爲伋也妻者是不爲白也母故孔氏之不喪出母自子思始也記禮所由發非之孔子曰

喪拜 家語子張有父之喪公明儀相焉問稽顙於孔子孔子曰拜而后稽顙頹
築墳

拜而后稽顙頹乎其順也此殷之喪拜也頹順也先拜賓順於事也稽
顙而后拜頎乎其至也此周之喪拜也頎至也先觸地無容哀之至三年
之喪吾從其至者重者尚哀戚自期如殷可孔子既得合
葬於防言既得者少孤不知其墓曰吾聞之古也墓而不墳
墓謂兆域今之封塋也古謂殷時也土之高者曰墳今丘也東西南北之人也
不可以弗識也於是封之崇四尺東西南北言居無常也聚
土曰封封之周禮也周禮曰以爵等爲丘封之度崇高也高四尺蓋周之士制孔子先反當脩虞事門
人後雨甚至後待封也孔子問焉曰爾來何遲也
曰防墓崩言所以遲者脩之而來孔子不應以其非禮三三言之以孔子不問孔
子泫然流涕曰吾聞之古不脩墓脩猶治也孔子

子路之死

朋友之喪

殯

葬

極（向王肅說）

忌

哭子路於中庭。寢中庭也與哭師同親之有人弔者而夫子拜之。爲之主也既哭進使者而問故。使者自衛來赴者故謂死之意狀使者曰醢之矣。時衛世子蒯聵簒輒而立子路死之醢之者示欲啗食以怖衆遂命覆醢。覆棄之不忍食曾子曰。朋友之墓有宿草而不哭焉。宿草謂陳根也爲師心喪三年於朋友期可子思曰。喪三日而殯。凡附於身者。必誠必信。勿之有悔焉耳矣。三月而葬。凡附於棺者。必誠必信。勿之有悔焉耳矣。言其日月欲以盡心脩備之附於身謂衣衾附於棺謂明器之屬喪三年以爲極。亡。去已久遠而除其喪則弗之忘矣。則之言曾故君子有終身之憂。念其親而無一朝之患。毀不滅性故忌日

訪墓　仁文孔子既得合葬於防宜在此節之下

慎引　文公謂此處未可曉

助哀去飾

四代棺制

不樂（謂死日言忌日不用舉吉事）孔子少孤不知其墓（孔子之父郰叔梁紇與顏氏之女徵在野合而生孔子徵在恥焉不告）殯於五父之衢（欲有所就而問之孔子亦爲隱焉殯於家則知之者無由怪己欲發問端五父衢名蓋郰曼父之鄰）人之見之者皆以爲葬也（見柩行於路）其慎也蓋殯也（慎當爲引禮家讀然聲之誤也殯引飾棺以輴葬引飾棺以柳翣孔子是時以殯引不以葬引時人見者謂不知禮）問於郰曼父之母然後得合葬於防（曼父之母與徵在爲鄰相善）鄰有喪舂不相里有殯不巷歌（皆所以助哀也相謂以音聲相勸）喪冠不緌（去飾）有虞氏瓦棺（始不用薪也有虞氏上陶）夏后氏堲（稷）周（火孰曰堲燒土冶以周於棺也或謂之土周由是也弟子職曰右手折堲）殷人棺槨（槨大也以木爲之言槨大於棺也殷人上梓）周人牆置翣（牆柳衣也凡此言後王之制文）周人以殷人之棺

榑葬長殤、以夏后氏之堲周葬中殤、下殤、以有虞氏之瓦棺葬無服之殤、（略未成人）夏后氏尚黑、（以建寅之月爲正物生色黑）大事斂用昏、（昏時亦黑此大事謂葬事也）戎事乘驪、（戎兵也馬黑色曰驪爾雅曰騋牝驪牡玄）牲用玄、（玄黑類也）殷人尚白、（以建丑之月爲正物牙色白）大事斂用日中、（日中時亦白）戎事乘翰、（翰白色馬也易曰白馬翰如）牲用白、周人尚赤、（以建子之月爲正物萌色赤）大事斂用日出、（日出時亦赤）戎事乘騵、（騵騮馬白腹）牲用騂、（騂赤類）穆公之母卒、（穆公魯哀公之曾孫）使人問於曾子曰、如之何、（問居喪之禮曾子曾參之子名申）對曰、申也聞諸申之父曰、哭泣之哀、齊斬之情、饘粥之食、自天子達、（子喪父母

覆棺

申生之恭

尊卑同布幕衛也縿幕魯也幕所以覆棺上也縿縑也縿讀如綃衞諸侯禮魯天子禮兩言之者僭已久矣幕或爲幦晉獻公將殺其世子申生信驪姬之譖公子重耳謂之曰子蓋言子之志於公乎蓋皆當爲盍盍何不也志意也重耳欲使言見譖之意重耳申生異母弟後立爲文公世子曰不可君安驪姬是我傷公之心也言其意則驪姬必誅也驪姬獻公伐驪戎所獲女也申生之母蚤卒驪姬嬖焉曰然則蓋行乎行猶去也世子曰不可君謂我欲弒君也天下豈有無父之國哉吾何行如之言人有父則皆惡欲弒父者使人辭於狐突曰申生有罪不念伯氏之言也以至于死申生不敢愛其死辭猶告也狐突申生之傅舅犯之父也前此者獻公使申生伐東山

皋落氏狐突謂申生欲使之行今言此者謝之伯氏狐突別氏雖然吾君老矣子少國家多難子驪姬之子奚齊伯氏不出而圖吾君圖猶謀也不出爲君謀國家之政然則自皋落氏反後狐突懼乃稱疾伯氏苟出而圖吾君申生受賜而死賜猶惠也再拜稽首乃卒既告狐突乃雉經是以爲恭世子也言行如此可以爲恭於孝則未之有魯人有朝祥而莫歌者子路笑之笑其爲樂速夫子曰由爾責於人終無已夫三年之喪亦已久矣夫爲時如此人行三年喪者希抑子路以善彼子路出夫子曰又多乎哉踰月則其善也又復也魯莊公及宋人戰于乘丘夏十年縣賁父御卜國爲右縣卜皆氏也凡車右勇力者爲之馬

驚敗績。驚奔失列 公隊，佐車授綏。戎車之貳曰佐授綏乘公 公曰，末之卜也。末之猶微哉言卜國無勇 縣賁父曰，他日不敗績，而今敗績，是無勇也。公他日戰其御馬未嘗驚奔 遂死之。二人赴敵而死 圉人浴馬，有流矢在白肉。圉人掌養馬者白肉股裏肉 公曰，非其罪也。流矢中馬非御與右之罪 遂誄之。誄其赴敵之功以爲謚 士之有誄，自此始也。記禮失所由來也周雖以士爲爵猶無謚也殷大夫以上爲爵 曾子寢疾病，病謂疾困 樂正子春坐於牀下，子春曾參弟子 曾元、曾申坐於足，元申曾參之子 童子隅坐而執燭。隅坐不與成人並 童子曰，華而睆，大夫之簀與。華畫也簀謂牀笫也說者以睆爲刮節目字或爲刮 子春曰，止。以病困不可動 曾子聞之，瞿愯然曰，呼。呼虛憊之聲曰華而睆大夫之簀與曾子曰然斯季孫之賜也我未之能易也元起易簀未之能易己病故也曾元曰夫子之病革矣不可以變幸而至於旦請敬易之言夫子者曾子親沒之後齊嘗聘以爲卿而不爲也革急也變動也幸覬也曾子曰爾之愛我也不如彼彼童子也君子之愛人也以德成己之德細人之愛人也以姑息息猶安也言苟容取安也吾何求哉吾得正而斃焉斯已矣斃仆也舉扶而易之反席未安而沒言病雖困猶勤於禮始死充充如有窮既殯瞿瞿如有求而弗得既葬皇皇如有望而弗至練而慨然祥而廓然皆憂悼在心之

喪禮之由
婁邾之建
稽蓋叉
切之奇述

婦人喪飾

樑

（貌也求猶索物）邾婁復之以矢蓋自戰於升陘始也（戰於升陘魯僖二十二年秋也時師雖勝死傷亦甚無衣可以招魂）魯婦人之髽而弔也自敗於臺鮐始也（敗於臺鮐魯襄四年秋也臺當爲壺字之誤也春秋傳作狐鮐時家家有喪髽而相弔去纚而紒曰髽禮婦人弔服大夫之妻錫衰士之妻則疑衰與皆吉笄無首素總）南宮縚之妻之姑之喪（南宮縚孟僖子之子南宮閱也字子容其妻孔子兄女）夫子誨之髽曰爾毋從從爾爾毋扈扈爾（誨教也爾女也從從謂大高扈扈謂大廣爾語助）蓋榛以爲笄長尺而總八寸（總束髮垂爲飾齊衰之總八寸）孟獻子禫縣而不樂比御而不入（可以御婦人矣尚不復寢孟獻子魯大夫仲孫蔑）夫子曰獻子加於人一等矣（加猶踰也）孔子旣祥五日彈琴而不成聲

祥
三不弔
除喪
不忘本

哀未忘十日而成笙歌踰月且異旬也祥亦凶事用遠日五日彈琴十日笙歌除由外也琴以手笙歌以氣有子蓋既祥而絲屨組纓譏其早也禮既祥白屨無絇縞冠素紕有子孔子弟子有若死而不弔者三謂輕身忘孝也畏人或時以非罪攻已不能有以說之死之者孔子畏於匡厭壓行止危險之下溺不乘橋舩子路有姊之喪可以除之矣而弗除也孔子曰何弗除也子路曰吾寡兄弟而弗忍也孔子曰先王制禮行道之人皆弗忍也行道猶行仁義子路聞之遂除之大公封於營丘比畀及五世皆反葬於周齊大公受封留爲大師死葬於周子孫生焉不忍離也五世之後乃葬於齊齊曰營丘君子曰樂樂其所自生禮不忘其本言其似禮樂之義古之

陳祥

父在爲母

答

人有言曰狐死正丘首仁也正丘首正首丘也仁恩也伯魚之母死期而猶哭伯魚孔子子也名鯉猶尚也夫子聞之曰誰與哭者門人曰鯉也夫子曰嘻其甚也嘻悲恨之聲伯魚聞之遂除之舜葬於蒼梧之野舜征有苗而死因留葬焉書說舜曰陟方乃死蒼梧於周南越之地今爲郡蓋三妃未之從也古者不合葬帝嚳而立四妃矣象后妃四星其一明者爲正妃餘三小者爲次妃帝堯因焉至舜不告而取不立正妃但三妃而已謂之三夫人離騷所歌湘夫人舜妃也夏后氏增以三三而九合十二人春秋說云天子取十二即夏制也以虞夏及周制差之則殷人又增以三九二十七合三十九人周人上法帝嚳立正妃又三二十七爲八十一人以增之合百二十一人其位后也夫人也嬪也世婦也女御也五者相三以定尊卑季武子曰周公蓋附附謂合葬合葬自周公以來曾子之喪浴於爨室見曾元之辭易簀矯之以謙儉

終

爲位而哭

冠制

也禮死浴於適室大功廢業，或曰，大功誦可也。許其口習故也子張病，召申祥而語之曰，君子曰終，小人曰死。申祥子張子欲使執喪成己志也死之言澌也事卒爲終消盡爲澌大史公傳曰子張姓顓孫今曰申祥周秦之聲二者相近未聞孰是吾今日其庶幾乎。言易成也曾子曰，始死之奠，其餘閣也與。不容改新閣庋藏食物曾子曰，小功不爲位也者，是委巷之禮也。譏之也位謂以親疏敘列哭也委巷猶街里委曲所爲也子思之哭嫂也爲位，善之也禮嫂叔無服婦人倡踊。有服者娣姒婦小功倡先也申祥之哭言思也亦然。説者云言思子游之子申祥妻之昆弟亦無服過此以往獨哭不爲位古者冠縮縫，今也衡縫。縮從也今禮制衡讀爲橫今冠橫縫以其辟積多故喪冠之反吉，非古也。解時人之

跂齊　追服　賻賵

或喪冠縮縫古冠耳曾子謂子思曰伋吾執親之喪也水漿不入於口者七日言己以疾時禮而不如子思曰先王之制禮也過之者俯而就之不至焉者跂棄而及之故君子之執親之喪也水漿不入於口者三日杖而后能起爲曾子言難繼以禮抑之曾子曰小功不稅他外據禮而言也日月已過乃聞喪而服曰稅大功以上然小功輕不服則是遠兄弟終無服也言相離遠者聞之恒晚而可乎以己恩怪之伯高之喪伯高死時在衛未聞何國人孔氏之使者未至謂賻賵者冉子攝束帛乘馬而將之冉子孔子弟子冉有攝猶貸也孔子曰異哉徒使我不誠於伯高徒猶空也禮所以副忠信也忠信而無禮

聞喪之失

喪有疾

朋友相吊歲

何傳乎伯高死於衛赴於孔子（赴告也凡有舊恩者則使人告之）孔子曰吾惡乎哭諸（以其交會尚新）兄弟吾哭諸廟父之友吾哭諸廟門之外（別親䟽也）師吾哭諸寢朋友吾哭諸寢門之外所知吾哭諸野（別輕重也）於野則已䟽於寢則已重（已猶大也）夫由賜也見我吾哭諸賜氏（本於恩哭於子貢寢門之外）遂命子貢爲之主（明恩所由）曰爲爾哭也來者拜之知伯高而來者勿拜也（異於正主）曾子曰喪有疾食肉飲酒必有草木之滋焉（增以香味爲其疾不嗜食）以爲薑桂之謂也（爲記者正曾子所云草木滋者謂薑桂）子夏喪其子而喪其明（明目精）曾

寢處之禮

子弔之曰、吾聞之也、朋友喪明則哭之、痛之

曾子哭、子夏亦哭曰、天乎、予之無罪也、怨天罰無罪

曾子怒曰、商、女何無罪也、吾與女事夫子於洙泗之間、言其有師也洙泗魯水名退而老於西河之上、西河龍門至華陰之地使西河之民疑女於夫子、爾罪一也、言其不稱師也喪爾親、使民未有聞焉、爾罪二也、言居親喪無異稱喪爾子、喪爾明、爾罪三也、言隆於妻子而曰、女何無罪與、子夏投其杖而拜曰、吾過矣、吾過矣、謝之且服罪也吾離羣而索居、亦已久矣、羣謂同門朋友也索猶散也夫晝居於內、問其疾、可也、似有

執喪

喪服

舊館人

疾夜居於外弔之可也（似有喪）是故君子非有大故不宿於外（大故謂喪憂）非致齊也非疾也不晝夜居於內（內正寢之中）高子皐之執親之喪也（子皐孔子弟子名柴）泣血三年（言泣無聲如血出）未嘗見齒（言笑之微）君子以爲難（言人不能然）衰與其不當物也寧無衰（惡其亂禮不當物謂精麤廣狹不應法制）齊衰不以邊坐大功不以服勤（爲褻喪服邊偏倚也）孔子之衛遇舊館人之喪（前日君所使舍己）入而哭之哀出使子貢說驂而賻之（賻助喪用也騑馬曰驂）子貢曰於門人之喪未有所說驂說驂於舊館無乃已重乎（言說驂大重比於門人恩爲偏頗）夫子曰予

葬

祥

喪尚右

鄉者入而哭之，遇於一哀而出涕。遇見也舊館人恩雖輕我入哭見主人爲我盡一哀是以厚恩待我我爲出涕恩重宜有施惠 予惡夫涕之無從也。小子行之。客行無他物可以易之者使遂以往 孔子在衛，有送葬者，而夫子觀之曰：善哉爲喪乎！足以爲法矣，小子識之。子貢曰：夫子何善爾也？曰：其往也如慕，其反也如疑。慕謂小兒隨父母啼呼疑者哀親之在彼如不欲還然 子貢曰：豈若速反而虞乎？速疾 子曰：小子識之，我未之能行也。哀戚本也祭祀末也 顏淵之喪，饋祥肉，饋遺也 孔子出受之，入，彈琴而後食之。彈琴以散哀也 孔子與門人立，拱而尚右，二三子亦皆

夫子之終
或問此章文公曰檀弓出於雜記恐未必得其真

尚右。（傚孔子也）孔子曰，二三子之嗜學也，（嗜貪）我則有姊之喪故也，二三子皆尚左。（復正也喪尚右右陰也吉尚左左陽也）孔子蚤作，（作起）負手曳杖，消搖於門，（欲人之怪己）歌曰，泰山其頹乎，（泰山衆山所仰）梁木其壞乎，（梁木衆木所放）哲人其萎乎，（哲人亦衆人所仰放也以上二句喻之萎病也詩云無木不萎）既歌而入，當戶而坐。（蚤坐急見人也）子貢聞之曰，泰山其頹，則吾將安仰，梁木其壞，哲人其萎，則吾將安放。夫子殆將病也。（覺孔子歌意殆幾也）遂趨而入，夫子曰，賜，爾來何遲也。（坐則望之）夏后氏殯於東階之上，則猶在阼也。殷人殯於兩楹

師喪　章識

之間則與賓主夾之也周人殯於西階之上則猶賓之也以三王之禮占己夢而丘也殷人也予疇昔之夜夢坐奠於兩楹之間是夢坐兩楹之間而見饋食也言奠者以爲凶象疇發聲也昔猶前也夫明王不興而天下其孰能宗予予殆將死也孰誰也宗尊也兩楹之間南面鄉明人君聽治正坐之處今無明王誰能尊我以爲人君乎是我殷家奠殯之象以此自知將死蓋寢疾七日而沒明聖人知命

孔子之喪門人疑所服無喪師之禮子貢曰昔者夫子之喪顏淵若喪子而無服喪子路亦然請喪夫子若喪父而無服無服不爲衰弔服而加麻心喪三年孔子之喪公西赤爲志焉公西赤孔子弟子字子華志謂章識飾棺

執仇

牆 牆之障柩猶垣牆障家 置翣 牆柳衣翣以布衣木如攝與 設披 彼義 周也設崇殷也綢練設旐夏也 夫子雖殷人兼用三王之禮尊之披柩行夾引棺者崇崇牙旌旗飾也綢練以練綢旌之杠此旌葬乘車所建也旌之旒緇布廣充幅長尋曰旐爾雅說旌旗曰素錦綢杠 子張之喪公明儀爲志焉 志亦謂章識 褚幕丹質 以丹布幕爲褚葬覆棺不牆不翣 蟻結于四隅 畫褚之四角其文如蟻行往來相交錯蟻蚍蜉也殷之蟻結似今蚰文畫 殷士也 學於孔子傚殷禮 子夏問於孔子曰居父母之仇如之何夫子曰寢苫枕干不仕 雖除喪居處猶若喪也干盾也 弗與共天下也 不可以並生 遇諸市朝不反兵而鬭 言雖適市朝不釋兵 曰請問居昆弟之仇如之何曰仕弗與共國銜君命而使雖遇之不鬭 爲負而廢君命

大二百二十四

師友之喪

易墓

喪祭之禮

既祖而弔

曰請問居從父昆弟之仇如之何曰不爲魁（魁猶首也天文北斗魁爲首杓爲末）主人能則執兵而陪其後（爲其負當戍之）孔子之喪二三子皆絰而出（尊師也出謂有所之適然則凡弔服加麻者出則變服）羣居則絰出則否（羣謂七十二弟子相爲朋友服子夏曰吾離羣而索居）易墓非古也（易謂芟治草木不易者丘陵也）子路曰吾聞諸夫子喪禮與其哀不足而禮有餘也不若禮不足而哀有餘也（喪主哀）祭禮與其敬不足而禮有餘也不若禮不足而敬有餘也（祭主敬）曾子弔於負夏（負夏衛地）主人既祖塡池（祖謂移柩車去載處爲行始也塡池當爲奠徹聲之誤也奠徹謂徹遣奠設祖奠）推柩而反之（反於載處榮曾子弔欲更始）

弔禮 曾子毋少於子游朋友之尖當面規不當切議或是曾子先在子游後至也已上二事亦可存

降婦人而后行禮禮既祖而婦人降今反柩婦人辟之復升堂矣柩無反而反之而又降婦人蓋欲矜賔於此婦人皆非從者曰禮與怪之曾子曰夫祖者且也且未定之辭且胡爲其不可以反宿也給說從者又問諸子游曰禮與疑曾子言非子游曰飯於牖下小斂於户內大斂於阼殯於客位祖於庭葬於墓所以即遠也故喪事有進而無退明反柩非曾子聞之曰多矣乎予出祖者善子游言且服曾子襲裘而弔子游裼裘而弔曾子指子游而示人曰夫夫也爲習於禮者如之何其裼裘而弔也曾子蓋知臨喪無飾夫夫猶言此丈夫也子游於時名爲習禮主人

見曾子之服善

除喪

立適

古人不必親相與言以禮相示而已然亦是文子則可若它人責之而不喻也

既小斂袒括髮子游趨而出襲裘帶絰而入（於主人變乃變也所弔者朋友）曾子曰我過矣我過矣夫夫是也（服且善子游）子夏既除喪而見（見於孔子）予之琴和之而不和彈之而不成聲（樂由人心）作而曰哀未忘也先王制禮而弗敢過也（作起）子張既除喪而見予之琴和之而和彈之而成聲作而曰先王制禮不敢不至焉（雖情異善其俱順禮）司寇惠子之喪（惠子衛將軍文子彌牟之弟惠叔蘭也生虎者）子游爲之麻衰牡麻絰（惠子廢適立庶爲之重服以譏之麻衰以吉服之布爲衰）文子辭曰子辱與彌牟之弟游（謝其存時）又辱爲之服敢辭（止之服也）子

除喪

游曰禮也文子退反哭子游名習禮文子亦以爲當然未覺其所譏子游趨而就諸臣之位深譏之大夫之家臣位在賓後文子又辭曰子辱與彌牟之弟游又辱爲之服又辱臨其喪敢辭止之在臣位子游曰固以請再不從命文子退扶適子南面而立曰子辱與彌牟之弟游又辱爲之服又辱臨其喪虎也敢不復位覺所譏也虎適子名文子親扶而辭敬子游也南面而立則諸臣位在門内北面明矣子游趨而就客位所譏行將軍文子之喪既除喪而后越人來弔主人深衣練冠待于廟垂涕洟王人文子之子簡子瑕也深衣練冠凶服變也待于廟受弔不迎賓也子游觀之曰將軍文

名氏 經 殷喪禮 喪具

氏之子其庶幾乎亡於禮者之禮也其動也中（中禮之變）幼名冠字五十以伯仲死謚周道也經也者實也（所以表哀戚）掘中霤而浴毀竈以綴足及葬毀宗躐行出于大門殷道也（明不復有事於此周人浴不掘中霤葬不毀宗躐行毀宗毀廟門之西而出行神之位在廟門之外）學者行之（學於孔子者行之傚殷禮）子柳之母死子碩請具（具葬之器用子柳魯叔仲皮之之子子碩兄）子柳曰何以哉（言無其財）子碩曰請粥庶弟之母（粥謂嫁之也妾賤取之曰買）子柳曰如之何其粥人之母以葬其母也不可（忠恕）既葬子碩欲以賻布之餘具祭器（古者謂錢爲泉布所以通布貨財）子柳曰不可吾聞

死亡之義
此處或作軍師句亦通
家語子路問於孔子曰臧武仲率師與鄭人戰於狐駘遇敗焉師人多喪而無罰古之道也然與孔子曰謀人之軍師云云
古之正也
死不害於人
節哀
失節

之也君子不家於喪（惡因死者以爲利）請班諸兄弟之貧者（以分死者所矜也祿多則與鄰里鄉黨）君子曰謀人之軍師敗則死之謀人之邦邑危則亡之（利己亡衆非忠也言亡之者雖辟賢非義退）公叔文子升於瑕丘蘧伯玉從（二子衛大夫文子獻公之孫名拔）文子曰樂哉斯丘也死則我欲葬焉蘧伯玉曰吾子樂之則瑗請前（刺其欲害人良田瑗伯玉名）弁人有其母死而孺子泣者（言聲無節）孔子曰哀則哀矣（此誠哀）而難爲繼也（失禮中）夫禮爲可傳也爲可繼也故哭踊有節叔孫武叔之母死（武叔公子牙之六世孫名州仇毀孔子者）既小斂舉者出戶出戶袒且

扶君
是作妻母兄弟之妻與母姨之夫說得不
兄弟之妻與姑之夫無服
時有相爲服者
甥見而服之
事疾徐之節

喪具

投其冠括髮尸出戶乃變服失哀節冠素委貌子游曰知禮噎之扶君卜人師扶右射人師扶左謂君疾時也卜當爲僕聲之誤也僕人射人皆平生時贊正君服位者君薨以是舉不忍變也周禮射人大喪與僕人遷尸從母之夫舅之妻二夫人相爲服君子未之言也二夫人猶言此二人也時有此二人同居死相爲服者甥居外家而非之或曰同爨緦以同居生緦之親可喪事欲其縱縱爾趨事貌縱讀如揔領之揔吉事欲其折折爾安舒貌詩云好人提提故喪事雖遽其遽不陵節吉事雖止不怠陵躐也止立俟事時也怠惰也故騷騷爾則野謂大疾鼎鼎爾則小人謂大舒君子蓋猶猶爾疾舒之中喪具君子恥具辟不懷也喪具棺衣之屬一日二日而可爲也者

喪服降殺

助戚

在館問喪

明器

君子弗爲也。謂絞紟衾冒喪服兄弟之子猶子也，蓋引而進之也。嫂叔之無服也，蓋推而遠之也。或引或推，重親遠別姑姉妹之薄也，蓋有受我而厚之者也。欲其一心於厚之者。姑姉妹嫁大功，夫爲妻期食於有喪者之側，未嘗飽也。助哀戚也曾子與客立於門側，其徒趨而出。徒，[illegible]客之於曾子曰：爾將何之？曰：吾父死，將出哭於巷。以爲不可發凶於人館曰：反哭於爾次。次，舍也。禮館人使專之，若其自有然曾子北面而弔焉。孔子曰：之死而致死之，不仁而不可爲也；之死而致生之，不知而不可爲也。之往也。死之生之，謂無知與有知也。爲猶行也是故竹

有若似聖人

不成用瓦不成味木不成斲成猶善也竹不可善用謂邊無縢味當作沫沫靧也琴瑟張而不平竽笙備而不和無宮商之調有鐘磬而無簨虡不縣之也橫曰簨植曰虡其曰明器神明之也言神明死者也神明者非人所知故其器如此有子問於曾子曰問喪於夫子乎有子孔子弟子有若也夫子卒後問此庶有異聞也喪謂仕失位也魯昭公孫於齊曰喪人其何稱曰聞之矣喪欲速貧死欲速朽有子曰是非君子之言也貧朽非人所欲曾子曰參也聞諸夫子也有子又曰是非君子之言也曾子曰參也與子游聞之有子曰然然則夫子有爲言之也曾子以斯言告於子游子

游曰甚哉有子之言似夫子也昔者夫子居於宋見桓司馬自爲石椁三年而不成桓司馬宋向戌之孫名魋夫子曰若是其靡也死不如速朽之愈也死之欲速朽爲桓司馬言之也靡侈南宮敬叔反必載寶而朝敬叔魯孟僖子之子仲孫閱蓋嘗失位去魯得反載其寶來朝於君夫子曰若是其貨也喪不如速貧之愈也喪之欲速貧爲敬叔言之也曾子以子游之言告於有子有子曰然吾固曰非夫子之言也曾子曰子何以知之有子曰夫子制於中都四寸之棺五寸之椁以

齊陳氏之衰

斯知不欲速朽也中都魯邑名也孔子嘗爲之宰爲民作制孔子由中都宰爲司空由司空爲司寇昔者夫子失魯司寇將之荆將應聘於楚蓋先之以子夏又申之以冉有以斯知不欲速貧也言汲汲於仕得禄陳莊子死赴於魯魯人欲勿哭君無哭鄰國大夫之禮陳莊子齊大夫陳恒之孫名伯繆公召縣子而問焉縣子曰古之大夫束脩之問不出竟雖欲哭之安得而哭之以其不外交今之大夫交政於中國雖欲勿哭焉得而弗哭言時君弱臣强政在大夫專盟會以交接且臣聞之哭有二道有愛而哭之有畏而哭之以權微勸之公曰然然則如之何而可縣子

明器

同母異父兄弟之服

曰請哭諸異姓之廟明不當哭於是與哭諸縣氏仲憲言於曾子曰夏后氏用明器示民無知也所謂致死之仲憲孔子弟子原憲殷人用祭器示民有知也所謂致生之周人兼用之示民疑也言使民疑於無知與有知曾子曰其不然乎其不然乎非其說之非也夫明器鬼器也祭器人器也夫古之人胡爲而死其親乎言仲憲之言三者皆非此或用鬼器或用人器公叔木有同母異父之昆弟死問於子游木當爲朱春秋作戍衛公叔文子之子定公十四年奔魯子游曰其大功乎疑所服也親者屬大功是狄儀有同母異父之昆弟死問於子夏子夏曰我未之前

嫁母之喪

親疏服之制

聞也魯人則爲之齊衰狄儀行齊衰今之齊衰狄儀之問也子思之母死於衞 子思孔子孫伯魚之子伯魚卒其妻嫁於衞 柳若謂子思曰子聖人之後也四方於子乎觀禮子蓋慎諸 柳若衞人也見子思欲爲嫁母服恐其失禮戒之嫁母齊衰期 子思曰吾何慎哉吾聞之有其禮無其財君子弗行也 謂時可行而財不足以備禮 有其禮有其財無其時君子弗行也 謂財足以備禮而時不得行者 吾何慎哉 時所止則止時所行則行無所疑也喪之禮如子贈襚之屬不踰主人 縣子瑣曰吾聞之古者不降上下各以其親 古謂殷時也上不降遠下不降卑 滕伯文爲孟虎齊衰其叔父也爲孟

大言五一

喪具　帷堂　小斂　褻不尚輕涼　哭不呼名

皮齊衰其叔父也伯文殷時滕君也爵爲伯名文后木曰喪吾聞諸縣子曰夫喪不可不深長思也后木魯孝公子惠伯鞏之後買棺外內易我死則亦然此孝子之事非所託曾子曰尸未設飾故帷堂小斂而徹帷仲梁子曰夫婦方亂故帷堂小斂而徹帷斂者動搖尸帷堂爲人褻之言方亂非也仲梁子魯人也小斂之奠子游曰於東方曾子曰於西方斂斯席矣曾子以俗說非又大斂奠於堂乃有席小斂之奠在西方魯禮之末失也末世失禮之爲縣子曰綌衰總裳非古也非時尚輕涼慢禮子蒲卒哭者呼滅滅蓋子蒲名子皐曰若是野哉非之也唯復呼名子皐孔子弟子高柴哭

喪不尚略

變服

喪具
齊劑量之謂

襲

明器

者攺之杜橋之母之喪宮中無相以爲沽也（沽猶略也）夫子曰始死羔裘玄冠者易之而已羔裘玄冠夫子不以弔（不以吉服弔喪）子游問喪具夫子曰稱家之有亡子游曰有無惡乎齊（惡乎齊問豐省之比）夫子曰有毋過禮苟亡矣斂首足形（形體）還葬（還之言便也言已斂即葬不待三月）縣棺而封（不設碑綍不備禮封當爲窆窆下棺也春秋傳作塴）人豈有非之者哉（不責於人所不能）司士賁告於子游曰請襲於牀（時失之也禮唯始死廢牀）子游曰諾縣子聞之曰汏哉叔氏專以禮許人（當言禮然言諾非也叔氏子游字）宋襄公葬其夫人醯醢百甕曾子

賻贈

請後事

小君之喪

曰既曰明器矣而又實之言名之為明器而與祭器皆實之是亂鬼器與人器孟獻子之喪獻子魯大夫仲孫蔑司徒旅歸四布旅下士也司徒使下士歸四方之賻布夫子曰可也時人皆貪善其能廉讀賵曾子曰非古也是再告也曾子言非禮祖而讀賵賓致命將行主人之吏又讀賵所以存録之成子高寢疾成子高齊大夫國成伯高父也慶遺入請曰子之病革矣如至乎大病則如之何觀其意革急也遺慶封之族子高曰吾聞之也生有益於人死不害於人吾縱生無益於人吾可以死害於人乎哉我死則擇不食之地而葬我焉不食謂不墾耕子夏問諸夫子曰居君之母與妻之喪居

館人生死所
托

塟義

塟夫子
聖人之塟人
與人之葬聖
人也與字當
作平聲屬
上句與下也
字相應謂與
豈聖人之葬
人乎哉乃人
之葬聖人也

處言語飲食衎爾衎爾自得貌爲小君惻隱不能至賓客至無所館夫子曰生於我乎館死於我乎殯仁者不忘人國子高曰葬也者藏也藏也者欲人之弗得見也是故衣足以飾身棺周於衣椁周於棺土周於椁言皆所以爲深邃難人發見之也國子高成子高也成謚也反壤樹之哉反復也怪不如大古也而反封樹之意在於儉非周禮孔子之喪有自燕來觀者舍於子夏氏子夏曰聖人之葬人與人之葬聖人也子何觀焉與及也昔者夫子言之曰吾見封之若堂者矣封築土爲壟堂形四方而高見若坊者矣坊形旁殺平上而長見若覆夏屋者矣

婦服　薦新　柳車　若爲椑　始死

覆謂茨瓦也夏屋今之門廡也其形旁廣而卑見若斧者矣斧形旁殺刃上而長從若斧者焉孔子以爲刃上難登狹又易爲功馬鬣封之謂也俗間名今一日而三斬板而巳封板蓋廣二尺長六尺斬板謂斷其縮也三斷止之旁殺蓋高四尺其廣袤未聞也詩云縮板以載尚行夫子之志乎哉尚庶幾也婦人不葛帶婦人質不變重者至期除之卒哭變絰而巳有薦新如朔奠重新物爲之殷奠既葬各以其服除卒哭當變衰麻者變之或有除者不視主人池視重霤如堂之有承霤也承霤以木爲之用行水亦宮之飾也柳宮象也以竹爲池衣以青布縣銅魚焉今宮中有承霤云以銅爲之君即位而爲椑椑謂杝棺親尸者椑堅著之言也言天子椑內又有水兕革棺歲壹漆之若未成然藏焉虛之不合復楔齒綴足飯設飾帷堂並作設飾謂遷尸又加新衣父兄命赴者

禮記二　二十一

九九

既殯

使謂既練或爲君金華之役反必有告練

重兄弟

謂大夫以上也士主人親命之君復於小寢大寢小祖大祖庫門四郊尊者求之備也亦他日所嘗有事喪不剝奠也與祭肉也與剝猶倮也有牲肉則巾之爲其久設塵埃加也脯醢之奠不巾既殯旬而布材與明器木工宜乾腊且豫成材搏材也朝奠日出夕奠逮日陰陽交接庶幾遇之父母之喪哭無時使必知其反也謂既練或時爲君服金華之事反必有祭練練衣黃裏縓緣小祥練冠練中衣以黃爲内縓爲飾黃之色畢於纁縓纁之類明外除葛要絰繩屨無絇角瑱瑱充耳也吉時以玉人君有瑱鹿裘衡長袪衡當爲横字之誤也袪謂褏緣袂口也練而爲裘横廣之又長之又爲袪則先時狹短無袪可知吉時麛裘袪裼之可也裼表裘也有袪而裼之備飾也玉藻曰麛裘青豻褎絞衣以裼之鹿裘亦用絞乎有殯聞遠兄弟之喪雖緦必往

天子喪禮

親骨肉也非兄弟雖鄰不往疏無親也所識其兄弟不同居者皆弔就其家弔之成恩舊也天子之棺四重尚深邃也諸公三重諸侯再重大夫一重士不重水兕革棺被之其厚三寸以水牛兕牛之革以爲棺被革各厚三寸合六寸也此爲一重杝移棺一所謂椑棺也爾雅曰椵杝梓棺二所謂屬與大棺四者皆周周帀也凡棺用能濕之物棺束縮二衡三衽每束一衡亦當爲橫衽今小要衽或作漆或作髹柏椁以端長六尺以端題湊也其方蓋一尺天子之哭諸侯也爵弁絰紂緇衣服士之祭服以哭之明爲變也天子至尊不見尸柩不弔服麻不加於采此言絰衍字也時人間有弁絰因云之耳周禮王弔諸侯弁絰緦衰也或曰使有司哭之非也哀戚之事不可虛爲之不以樂食蓋謂殯斂之間天子之殯也菆塗龍輴以椁

誄

失地

野哭之非

未仕者

士於君喪

菆木以周龍輴如椁而塗之天子殯以輴車畫轅爲龍加斧于椁上畢塗屋斧謂之黼白黑文也以刺繡於縿幕加椁以覆棺已乃屋其上盡塗之天子之禮也唯天子之喪有別姓而哭使諸侯同姓異姓庶姓相從而爲位別於朝覲來時朝覲爵同同位魯哀公誄孔丘曰天不遺耆老莫相予位焉嗚呼哀哉尼父誄其行以爲謚也莫無也相佐也言孔子死無佐助我處位者尼父因且字以爲之謚國亡大縣邑公卿大夫士皆厭冠哭於大廟三日君不舉軍敗失地以喪歸也厭冠今喪冠其服未聞或曰君舉而哭於后土后土社也孔子惡野哭者爲其變衆周禮銜枚氏掌禁野叫呼歎嗚於國中者行歌哭於國中之道者未仕者不敢稅人如稅人則以父兄之命不專家財也稅謂遺于人士備入而后朝

祥縞

若於士喪

夕踊備猶盡也國君之喪嫌主人哭入則踊祥而縞縞冠素紕也是月禫徙月樂言禫明月可以用樂君於士有賜帟帟幕之小者所以承塵賜之則張於殯上大夫以上幕人職供焉

禮記卷第二

經五千四百二十二字

注五千三百二十字

公卿殤子　臣於君杖　君弔其臣　大夫不逐弔　季武子病且死

禮記卷第三

檀弓下第四　禮記　鄭氏注

君之適長殤車三乘公之庶長殤車一乘大夫之適長殤車一乘（皆下成人也自上而下降殺以兩成人遣車五乘長殤三乘下殤一乘尊卑以此差之庶子言公卑遠之傳曰大功之殤中從上）公之喪諸達官之長杖（謂君所命雖有官職不達於君則不服斬）君於大夫將葬弔於宮及出命引之三步則止（以義奪孝子宮殯宮出謂柩已在路）如是者三君退（退去也三命引之凡移九步）朝亦如之哀次亦如之（君弔不必於宮朝喪朝廟也次他日賓客所受大門外舍也孝子至此而哀君或於是弔焉）五十無車者不越疆而弔人（氣力始衰）季武子寢疾蟜（矯）

固不說齊衰而入見曰斯道也將亡矣士唯公門說齊衰季武子魯大夫季孫夙也世爲上卿強且專政國人事之如君蟜固能守禮不畏之矯失俗也道猶禮也武子曰不亦善乎君子表微時無如之何佯若善之表猶明也及其喪也曾點倚其門而歌明己不與也點字皙曾參父大夫弔當事而至則辭焉辭猶告也擯者以主人有事告也主人無事則爲大夫出弔於人是日不樂君子哀樂不同日於是日哭則不歌婦人不越疆而弔人不通於外行弔之日不飲酒食肉焉以全哀也弔於葬者必執引若從柩及壙皆執紼示助之以力車曰引棺曰紼從柩嬴者喪公弔之必有拜者往謝之雖朋友州里舍人可也謂無主後弔曰寡君承事

妻昆弟死

有殯聞兄弟之喪

朋友之喪

示亦為執事來主人曰臨君辱臨其臣之喪君遇柩於路必使人弔之君於民臣有父母之恩大夫之喪庶子不受弔不以賤者為有爵者主妻之昆弟為父後者死哭之適室以其正也子為主袒免哭踊親者主之夫入門右北面辟正主使人立于門外告來者狎則入哭狎相習知者父在哭於妻之室不以私喪干尊非為父後者哭諸異室有殯聞遠兄弟之喪哭于側室嫌哭殯無側室哭于門內之右近南者為之變位同國則往哭之喪無外事子張死曾子有母之喪齊衰而往哭之或曰齊衰不以弔以其無服非之曾子曰我弔也與哉於朋友哀痛甚而往哭之非若

喪擯

主婚之喪
陳正爵曰或
之者疑之則礼
未之有也礼未
之有而以義起
之施之不其義
天之譬莊公不
何以為人子矣
晉文公
秦穆公使人
弔重耳亦
弔喪吾重
耳不私而求
容致私穆公
雖賢重耳而
先納夷吾私

凡弔有若之喪，悼公弔焉。悼公魯哀公之子子游擯由左。擯相侑喪禮者喪禮廢亡時人以爲此儀當如詔辭而皆由右相是善子游正之孝經說曰以身擯侑齊。穀王姬之喪，穀當爲告聲之誤也王姬周女齊襄公之夫人魯莊公爲之大功。或曰由魯嫁，故爲之服姊妹之服。或曰外祖母也，故爲之服。春秋周女由魯嫁卒服之如内女服姊妹是也天子爲之無服嫁於王者之後乃服之莊公齊襄公女弟文姜之子當爲舅之妻非外祖母也外祖母又小功也

晉獻公之喪，秦穆公使人弔公子重耳，獻公殺其世子申生重耳辟難出奔是時在翟就弔之且曰：寡人聞之，亡國恒於斯，得國恒於斯。言在喪伐之際雖吾子儼然在憂服之中，喪亦不可久也，時亦不可失也，孺子其圖

其賂也穆公本明而私欲昏之耳

之勸其反國意欲納之喪謂亡失位孺稱也以告舅犯舅犯重耳之舅狐偃也字子犯舅犯曰孺子其辭焉喪人無寶仁親以爲寶寶謂善道可守者仁親親行仁義父死之謂何又因以爲利欲反國求爲後是利父死而天下其孰能說之孺子其辭焉說猶解也公子重耳對客曰君惠弔亡臣重耳身喪父死不得與於哭泣之哀以爲君憂謝之父死之謂何或敢有他志以辱君義稽顙而不拜哭而起起而不私他志謂利心子顯以致命於穆公使者公子縶也盧氏云古者名字相配顯當作韅穆公曰仁夫公子重耳夫稽顙而不拜則未爲後也故不成拜

帷殯 喪禮

哭而起則愛父也起而不私則遠利也帷殯非古也自敬姜之哭穆伯始也穆伯魯大夫季悼子之子公甫靖也敬姜穆伯之妻文伯歜之母也禮朝夕哭不帷喪禮哀戚之至也節哀順變也君子念始之者也始猶生也念父母生己不欲傷其性復盡愛之道也有禱祠之心焉復謂招魂且分禱五祀庶幾其精氣之反望反諸幽求諸鬼神之道也鬼神處幽闇望其從鬼神所來北面求諸幽之義也鄉其所從來也禮復者升屋北面拜稽顙哀戚之至也隱之甚也隱痛也稽顙者觸地無容飯用米貝弗忍虛也不以食道用美焉爾尊之也食道褻米貝美銘明旌也神明之旌以死者爲不可別已故

以其旗識之[不可別形貌不見]愛之斯録之矣敬之斯

盡其道焉耳[謂重與奠]重主道也[始死未作主以重主其神也重既虞而埋之乃後作主春秋傳曰虞主用桑練主用栗]殷主綴重焉[綴猶聯也殷人作主而聯其重縣諸廟也去顯考乃埋之]周主重徹焉[周人作主徹重埋之]奠以素器以

生者有哀素之心也[哀素言哀痛無飾也凡物無飾曰素]唯祭祀

之禮主人自盡焉爾豈知神之所饗亦以

主人有齊敬之心也[哀則以素敬則以飾禮由人心而已]辟踊哀

之至也有筭爲之節文也[筭數也]袒括髮變也

慍哀之變也去飾去美也袒括髮去飾之

甚也有所袒有所襲哀之節也弁絰葛而

葬與神交之道也（接神之道不可以純凶天子諸侯變服而葬冠素弁以葛爲環絰既虞卒哭乃服受服也雜記曰凡弁絰其衰侈袂）有敬心焉（踰時哀衰而敬生敬則服有飾大夫士三月而葬未踰時）周人弁而葬殷人冔而葬（周弁殷冔俱象祭冠而素禮同也）歠主人主婦室老爲其病也君命食之也（尊者奪人易也歠歠粥也）反哭升堂反諸其所作也（親所行禮之處）主婦入于室反諸其所養也（親所饋食之處）反哭之弔也哀之至也反而亡焉失之矣於是爲甚（哀痛甚）殷既封而弔周反哭而弔（封當爲窆窆下棺也）孔子曰殷已慤吾從周（慤者得哀之始未見其甚）葬於北方北首三代之達禮也之幽之故也（北方國北也）既封主人

君臨臣喪

贈而祝宿虞尸贈以幣送死者於壙也於主人贈祝先歸旣反哭主人與有司視虞牲日中將虞省其牲有司以几筵舍奠於墓左反日中而虞所使奠墓有司來歸乃虞也舍奠墓左爲父母形體在此禮其神也周禮冢人凡祭墓爲尸葬日虞弗忍一日離也弗忍其無所歸是日也以虞易奠虞喪祭也卒哭曰成事既虞之後卒哭而祭其辭蓋曰哀薦成事成祭事也祭以吉爲成是日也以吉祭易喪祭卒哭吉祭明日祔于祖父祭告於其祖之廟其變而之吉祭也比至於祔必於是日也接不忍一日末有所歸也末無也日有所用接之虞禮所謂他用剛日者其祭祝曰哀薦曰成事殷練而祔周卒哭而祔孔子善殷期而神之人情君臨臣喪以巫

祝桃茢執戈惡之也爲有凶邪之氣在側君聞大夫之喪去樂卒事而往未襲也其已襲則止巫去桃茢桃鬼所惡茢萑苕可掃不祥所以異於生也生人無凶邪喪有死之道焉言人之死有如鳥獸死之狀鳥獸之死人賤之先王之所難言也聖人不明說爲人甚惡之喪之朝也順死者之孝心也朝謂遷柩於廟其哀離其室也故至於祖考之廟而后行殷朝而殯於祖周朝而遂葬孔子謂爲明器者知喪道矣備物而不可用也神與人異道則不相傷哀哉死者而用生者之器也不殆於用殉乎哉殆幾也殺人以衛死者曰殉用其器者漸幾於用人其曰明器神明之也神明死者異於生人塗車芻靈自古有之芻靈束茅爲人馬謂

爲舊君反服

三家於君殺禮益敬子任情失禮如此生不能事死又薄之宜曾子譏之

之靈者神之類明器之道也言與明器同孔子謂爲芻靈者善謂爲俑者不仁不殆於用人乎哉俑偶人也有面目機發有似於生人孔子善古而非周穆公問於子思曰爲舊君反服古與仕焉而已者穆公魯哀公之曾孫子思曰古之君子進人以禮退人以禮故有舊君反服之禮也今之君子進人若將加諸膝退人若將隊諸淵毋爲戎首不亦善乎又何反服之禮之有言放逐之臣不服舊君也爲兵主來攻伐曰戎首悼公之喪季昭子問於孟敬子曰爲君何食悼公魯哀公之子昭子康子之曾孫名強敬子武伯之子名捷敬子曰食粥天下之達禮也吾三臣者

有鄰信之戒孟氏之得謚為敬其亦因曾子之戒而能敬也與

游夏行弔

晏子之儉

之不能居公室也四方莫不聞矣言鄰國皆知吾等不能居公室以臣禮事君也三臣仲孫叔孫季孫氏勉而爲瘠則吾能毋乃使人疑夫不以情居瘠者乎哉我則食食存時不盡忠喪又不盡禮非也孔子曰喪事不敢不勉衛司徒敬子死司徒官氏公子許之後子夏弔焉主人未小斂絰而往子游弔焉主人既小斂子游出絰反哭皆以朋友之禮往而二人異子夏曰聞之也與曰聞諸夫子主人未改服則不絰曾子曰晏子可謂知禮也已恭敬之有焉言禮者敬而已矣有若曰晏子一狐裘三十年遣車一乘及墓而反國君七个遣車七乘

及墓之位

大夫五个遣車五乘晏子焉知禮〔言其大儉偪下非之〕及墓而反言其旣窆則歸不留賓客有事也人臣賜車馬者乃得有遣車遣車之差大夫五諸侯七則天子九諸侯不以命數喪數略也个謂所包遣奠牲體之數也雜記曰遣車視牢具曾子曰國無道君子恥盈禮焉國奢則示之以儉國儉則示之以禮〔時齊方奢矯之是也〕國昭子之母死問於子張曰葬及墓男子婦人安位〔國昭子齊大夫〕子張曰司徒敬子之喪夫子相男子西鄉婦人東鄉〔夾羨道爲位夫子孔子也〕曰噫毋〔噫不寤之聲毋禁止之辭〕曰我喪也斯沾〔斯盡也沾讀曰覘覘視也國昭子自謂齊之大家有事人盡視之欲人觀之法其所爲〕爾專之賓爲賓焉主爲主焉〔專猶同也時子張相〕婦人從男子皆西鄉

非也穆伯之喪敬姜晝哭文伯之喪晝夜哭孔子曰知禮矣喪夫不夜哭嫌思情性也文伯之喪敬姜據其牀而不哭曰昔者吾有斯子也吾以將爲賢人也蓋見其有才藝吾未嘗以就公室未嘗與到公室觀其行也季氏魯之宗卿敬姜有會見之禮今及其死也朋友諸臣未有出涕者而内人皆行哭失聲斯子也必多曠於禮矣夫内人妻妾季康子之母死陳褻衣褻衣非上服陳之將以斂敬姜曰婦人不飾不敢見舅姑將有四方之賓來褻衣何爲陳於斯命徹之言四方之賓嚴於舅姑敬姜者康子從祖母有子與子游立見孺子慕者有

三字誤衍
喜陶咏搖舞慍
戚歎辟踊

子謂子游曰予壹不知夫喪之踊也予欲去之久矣情在於斯其是也夫喪之踊猶孺子之號慕子游曰禮有微情者節哭踊有以故興物者衰絰之制有直情而徑行者戎狄之道也哭踊無節衣服無制禮道則不然與戎狄異人喜則斯陶陶鬱陶也陶斯咏咏謳也咏斯猶猶當爲搖聲之誤也搖謂身動搖也秦人猶搖聲相近猶斯舞手舞之舞斯慍慍猶怒也慍斯戚戚憤恚戚斯歎歎吟息歎斯辟辟拊心辟斯踊矣踊躍品節斯斯之謂禮舞踊皆有節乃成禮人死斯惡之矣無能也斯倍之矣無能心謂之無所復能是故制絞衾設蔞翣爲使人勿惡也絞衾尸之飾蔞翣棺之牆飾周禮蔞作柳始

吳侵陳事見魯哀公元年

二人名差互 夫差謂太宰嚭

行人儀曰

死脯醢之奠將行遣而行之既葬而食之將行將葬也葬有遣奠食反虞之祭未有見其饗之者也自上世以來未之有舍也爲使人勿倍也舍猶發也故子之所刺於禮者亦非禮之訾也訾病也吳侵陳斬祀殺厲祀神位有屋樹者厲疫病吳侵陳以魯哀元年秋師還出竟陳大宰嚭使於師夫差謂行人儀曰是夫也多言盍嘗問焉師必有名人之稱斯師也者則謂之何大宰行人官名也夫差吳子光之子盍何不也嘗猶試也夫差脩舊怨庶幾其師有善名大宰嚭曰古之侵伐者不斬祀不殺厲不獲二毛獲謂係虜之二毛鬢髮斑白今斯師也殺厲與其不

顏丁之賢

梁闇之礼

君於御喪

謂之殺厲之師與欲微切之故其言似若不審然正言殺厲重人曰反爾地歸爾子則謂之何子謂所獲民臣曰君王討敝邑之罪文矜而赦之師與有無名乎又微勸之終其意異楚僭號稱王

顏丁善居喪顏丁魯人始死皇皇焉如有求而弗得及殯望望焉如有從而弗及既葬慨焉如不及其反而息從隨也慨憊貌

子張問曰書云高宗三年不言言乃讙有諸時人君無行三年之喪禮者問有此與怪之也讙喜說也言乃喜說則民臣望其言久仲尼曰胡爲其不然也古者天子崩王世子聽於冢宰三年冢宰天官卿貳王事者三年之喪使之聽朝

知悼子卒未葬悼子晉大夫荀盈魯昭九年卒平

公飲酒與羣臣燕平公晉侯彪師曠李調侍侍與君飲也燕禮記曰請旅侍臣鼓鐘樂作也燕禮賓入門奏肆夏既獻而樂闋獻君亦如之杜蕢自外來聞鐘聲曰安在怪之也杜蕢或作屠蒯曰在寢燕於寢杜蕢入寢歷階而升酌曰曠飲斯又酌曰調飲斯又酌堂上北面坐飲之降趨而出三酌皆罰平公呼而進之曰蕢曩者爾心或開予是以不與爾言曩鄉也謂始來入時開謂諫爭有所發起爾飲曠何也曰子卯不樂紂以甲子死桀以乙卯亡王者謂之疾日不以舉樂爲吉事所以自戒懼知悼子在堂斯其爲子卯也大矣言大臣喪重於疾日也雜記曰君於卿大夫比葬不食肉比卒哭不舉樂曠也大師也不以詔是以飲之也詔告也大師典奏樂

謚法

爾飲調何也曰調也君之褻臣也爲一飲一食忘君之疾是以飲之也 言調貪酒食褻嬖也近臣亦當規君疾憂 爾飲何也曰蕢也宰夫也非刀匕是共又敢與知防是以飲之也 防禁放溢 平公曰寡人亦有過焉酌而飲寡人 聞義則服 杜蕢洗而揚觶 舉爵於君也禮揚作騰揚舉也騰送也揚近得之 公謂侍者曰如我死則必毋廢斯爵也 欲後世以爲戒 至于今既畢獻斯揚觶謂之杜舉 此爵遂因杜蕢爲名畢獻獻賓與君 公叔文子卒 文子衛獻公之孫名拔或作發 其子戍請謚於君曰日月有時將葬矣請所以易其名者 謚者行之迹有時猶言有數也大夫士三月而葬 君曰

卜後
石祁子知礼

昔者衛國凶饑，夫子為粥與國之餓者，是不亦惠乎？君靈公也昔者衛國有難，夫子以其死衛寡人，不亦貞乎？難謂魯昭公二十年盜殺衛侯之兄縶也時齊豹作亂公如死鳥夫子聽衛國之政，脩其班制，以與四鄰交，衛國之社稷不辱，不亦文乎？班制謂尊卑之差故謂夫子貞惠文子。後不言貞惠者文足以兼之石駘仲卒，駘仲衛大夫石碏之族無適子，有庶子六人，卜所以為後者，莫適立也曰：「沐浴佩玉則兆。」言齊絜則得吉兆五人者皆沐浴佩玉。石祁子曰：「孰有執親之喪而沐浴佩玉者乎？」不沐浴佩玉。心正且知禮石祁子兆，衛人

貧者之孝

以龜爲有知也陳子車死於衛其妻與其
家大夫謀以殉葬子車齊大夫定而后陳子亢至
以告曰夫子疾莫養於下請以殉葬子亢子車弟孔子弟
子下地下子亢曰以殉葬非禮也雖然則彼疾當
養者孰若妻與宰得已則吾欲已不得已
則吾欲以二子者之爲之也度諫之不能止以斯言拒之巳猶止
也於是弗果用果決子路曰傷哉貧也生無以
爲養死無以爲禮也孔子曰啜菽飲水盡
其歡斯之謂孝斂手足形還葬而無槨稱
其財斯之謂禮還猶疾也謂不及其日月衛獻公出奔反於

柳莊之賢

衛及郊將班邑於從者而后入欲賞從者以懼居者獻公以魯襄十四年出奔齊二十六年復歸於衛柳莊曰如皆守社稷則孰執羈靮而從如皆從則孰守社稷言從守若一靮紖也君反其國而有私也毋乃不可乎言有私則生怨弗果班衛有大史曰柳莊寢疾公曰若疾革雖當祭必告革急也公再拜稽首請於尸曰有臣柳莊也者非寡人之臣社稷之臣也聞之死請往急弔賢者不釋服而往遂以襚之脫君祭服以襚臣親賢也所以此襚之者以其不用襲也凡襚以歛與之邑裘氏與縣潘氏書而納諸棺曰世世萬子孫毋變也所以厚賢也裘縣潘邑名陳乾

不從亂命

卿卒

家語此章因子游之問云

季康子母死

昔寢疾屬其兄弟而命其子尊己曰如我死則必大爲我棺使吾二婢子夾我婢子妾也陳乾昔死其子曰以殉葬非禮也況又同棺乎弗果殺善尊己不陷父於不義

仲遂卒于垂壬午猶繹萬入去籥春秋經在宣八年仲遂魯莊公之子東門襄仲先日辛巳有事於大廟而仲遂卒明日而繹非也萬干舞也籥籥舞也傳曰去其有聲者廢其無聲者仲尼曰非禮也卿卒不繹

季康子之母死公輸若方小公輸若匠師方小言年尚幼未知禮也斂般(班)請以機封斂下棺於椁般若之族多技巧者見若掌斂事而年尚幼請代之而欲嘗其技巧將從之時人服般之巧公肩假曰不可夫魯有初初謂故事公室視豐碑言視者時僭天子也豐碑斲大木爲之形如石碑於椁前後四角樹

國殤

之穿中於間爲鹿盧下棺以繂繞天子六繂四碑前後各重鹿盧也三家視桓楹時僭諸侯諸侯下天

子也斲之形如大楹耳四植謂之桓諸侯四繂二碑碑如桓矣大夫二繂二碑士二繂無碑般爾以人

之母嘗巧則豈不得以以巳字言寧有強使女者與僭於禮有似作機巧非也以

與巳字本同其母以嘗巧者乎則病者乎毋無也於女寧有病苦與

上之噫不寤之聲弗果從戰于郎郎魯近邑也哀十一年齊國書帥師伐我是也

公叔禺人遇負杖入保者息遇見也見走辟齊師將入保罷倦加其杖

頸上兩手掖之休息者保縣邑小城禺人昭公之子春秋傳曰公叔務人曰使之雖病也謂時繇役

任之雖重也謂時賦稅君子不能爲謀也士弗能

死也不可君子謂卿大夫也魯政既惡復無謀臣士又不能死難禺人恥之我則既言

矣欲敵齊師踐其言與其鄰重汪踦綺往皆死焉奔敵死齊寇鄰

出處之死

工尹商陽
程子不亦爲然
家語此章之下
子路怫然而進
曰人臣之節當
君大事唯力

鄰里也重皆當爲童童未冠者之稱姓汪名踦鄰或爲談春秋傳曰童汪踦魯人欲勿殤重汪踦見其死君事有士行欲以成人之喪治之言魯人者死君事國爲斂葬問於仲尼仲尼曰能執干戈以衛社稷雖欲勿殤也不亦可乎善之子路去魯謂顏淵曰何以贈我贈送曰吾聞之也去國則哭于墓而后行反其國不哭展墓而入無君事主於孝哭哀去也展省視之謂子路曰何以處我處猶安也子路曰吾聞之也過墓則式過祀則下居者主於敬工尹商陽與陳弃疾追吳師及之工尹楚官名弃疾楚公子弃疾也以魯昭八年帥師滅陳縣之楚人善之因號焉至十二年楚子狩於州來使蕩侯潘子司馬督囂尹午陵尹喜圍徐以懼吳於時有吳師陳或作陵楚人聲陳弃疾謂工尹

所及死而後已夫子何善此子曰然如汝言也吾取其有不忍殺人之心而已履祥按家語所載詳備程子似不必疑

襚曹宣公殁王事故加等然後諸侯襚已非矣楚康何嬌而請嘗襚蓋楚之僭而魯弱也

商陽曰王事也子手弓而可手弓子射諸商陽仁不忍傷人以王事勸之射之斃一人韔弓不忍復射斃仆也韔韜也又及謂之又斃二人每斃一人揜其目揜其目不忍視之止其御曰朝不坐燕不與殺三人亦足以反命矣朝燕於寢大夫坐於上士立於下然則商陽與御者皆士也兵車參乘射者在左戈盾在右御在中央孔子曰殺人之中又有禮焉善之諸侯伐秦曹桓公卒于會魯成十三年曹伯廬卒於師是也廬謚宣言桓聲之誤也諸侯請含以朋友有相唅食之道使之襲非也襲賤者之事襄公朝于荆康王卒在魯襄二十八年康王楚子昭也楚言荆者州言之荆人曰必請襲欲使襄公衣之魯人曰非禮也荆人強之欲尊康王巫先拂

蕢不路弔

柩。荊人悔之巫祝桃茢君臨臣喪之禮滕成公之喪魯昭三年使子叔敬叔弔。進書子叔敬叔魯宣公弟叔肸之曾孫叔弓也進書奉君弔書子服惠伯爲介惠伯慶父玄孫之子名椒介副也及郊。爲懿伯之忌不入郊滕之近郊也懿伯惠伯之叔父忌怨也敬叔有怨於懿伯難惠伯也春秋傳曰敬叔不入惠伯曰。政也。不可以叔父之私。不將公事政君命所爲敬叔於昭穆以懿伯爲叔父遂入惠伯強之乃入哀公使人弔蕢尚。遇諸道。辟於路。畫宮而受弔焉哀公魯君也畫宮畫地爲宮象曾子曰。蕢尚不如杞梁之妻之知禮也行弔禮於野非齊莊公襲莒于奪。杞梁死焉魯襄二十三年齊侯襲莒是也春秋傳曰杞殖華還載甲夜入且于之隧隧奪聲相近或爲兌梁即殖也其妻迎其柩於路。而哭

二丶九十八小　禮記三　十四　三十

三家僭礼

之哀莊公使人弔之對曰君之臣不免於罪則將肆諸市朝而妻妾執 肆陳尸也大夫以上於朝士以下於市執拘也 君之臣免於罪則有先人之敝廬在君無所辱命 無所辱命辭不受也春秋傳曰齊侯弔諸其室 孺子䵒之喪 魯哀公之少子 哀公欲設撥 撥可撥引輴車所謂紼 問於有若有若曰其可也君之三臣猶設之 猶尚也以臣況子也三臣仲孫叔孫季孫氏 顏柳曰天子龍輴而椁幬 輴殯車也畫轅為龍幬覆也殯以椁覆棺而塗之所謂菆塗龍輴以椁 諸侯輴而設幬 輴不畫龍 為榆沈故設撥 以水澆榆白皮之汁有急以播地於引輴車滑 三臣者廢輴而設撥竊禮之不中者也而君何學焉 止其學非禮也廢去也紼繫於輴三臣於禮去

哀公以妾為夫人

葬不買道

遊宦

諱

輴今有紼是用輴僭禮也殯禮大夫菆置西序士掘肂見衽悼公之母死毋哀公之妾哀公為之齊衰有若曰為妾齊衰禮與譏而問之妾之貴者為之緦耳公曰吾得已乎哉魯人以妻我言國人皆名之為我妻重服嬖妾文過非也季子皐葬其妻犯人之禾季子皐孔子弟子高柴孟氏之邑成宰或氏季犯躐也申祥以告曰請庚之申祥子張子庚償也子皐曰孟氏不以是罪予時僭修朋友不以是弃予言非大故以吾為邑長於斯也買道而葬後難繼也恃寵虐民非也仕而未有祿者君有饋焉曰獻使焉曰寡君見在臣位與有祿同也君有饋有饋於君違而君薨弗為服也以其恩輕也違去也虞而立尸有几筵卒哭而諱諱辟

軍有憂

火灾

（其名）生事畢而鬼事始已（謂不復饋食於下室而鬼神祭之已辭也）既卒哭宰夫執木鐸以命于宮曰舍故而諱新（故謂高祖之父當遷者也易說帝乙曰易之帝乙為成湯書之帝乙六世王天之錫命疏可同名）自寢門至于庫門（百官所在庫門宮外門明堂位曰庫門天子皐門）二名不偏諱夫子之母名徵在言在不稱徵言徵不稱在（稱舉也雜記曰妻之諱不舉諸其側）軍有憂則素服哭於庫門之外（憂謂爲敵所敗也素服者縞冠也）赴車不載櫜韔（兵不戢示當報也以告喪之辭言之謂還告於國櫜甲衣韔弓衣）有焚其先人之室則三日哭（謂火燒其宗廟哭者哀精神之有虧傷）故曰新宮火亦三日哭（火人火也新宮火在魯成三年）孔子過泰山側有婦人哭於墓者而哀夫子式而

苛政猛於虎

周豐

聽之怪其哀甚使子貢問之曰子之哭也壹似重有憂者而曰然昔者吾舅死於虎吾夫又死焉今吾子又死焉而猶乃也夫之父曰舅夫子曰何爲不去也曰無苛政夫子曰小子識之苛政猛於虎也

魯人有周豐也者哀公執摯請見之下賢也執摯禽摯也諸侯而用禽摯降尊就卑之義而曰不可辭君以尊見卑士禮先生異爵者請見之則辭公曰我其已夫已止也重強變賢使人問焉曰有虞氏未施信於民而民信之夏后氏未施敬於民而民敬之何施而得斯於民也時公與三桓始有惡懼將不安對曰墟墓之間未施哀於民而民哀

吳季子喪子之礼

社稷宗廟之中，未施敬於民，而民敬。言民見悲哀之處則悲哀，見莊敬之處則莊敬，非必有使之者。墟毀滅無後之地。殷人作誓，而民始畔。周人作會，而民始疑。會謂盟也。盟誓所以結衆以信，其後外恃衆而信不由中，則民畔疑之。孔子曰：其身正，不令而行；其身不正，雖令不從。苟無禮義忠信誠慤之心以涖之，雖固結之，民其不解乎。涖臨。喪不慮居，謂賣舍宅以奉喪。毀不危身。謂憔悴將滅性。喪不慮居，爲無廟也；毀不危身，爲無後也。延陵季子適齊，於其反也，其長子死，葬於嬴博之閒。季子名札，魯昭二十七年吳公子札聘於上國是也。季子讓國居延陵，因號焉。春秋傳謂延陵延州來。嬴博，齊地，今泰山縣是也。孔子曰：延陵季子，吳之習於禮者也。往而

徐戎之僭

觀其葬焉往弔之其坎深不至於泉以生恕死其斂以時服以行時之服不改制節既葬而封廣輪揜坎其高可隱也亦節也輪從也隱據也封可手據謂高四尺所既封左袒右還其封且號者三曰骨肉歸復于土命也若魂氣則無不之也無不之也還圜也號哭且言也命猶性也而遂行行去也孔子曰延陵季子之於禮也其合矣乎

邾婁考公之喪考公隱公益之曾孫考或爲定徐君使容居來弔含弔且含曰寡君使容居坐含進侯玉其使容居以含欲親含非也含不使賤者君行則親含大夫歸含耳言侯王者時徐僭稱王自比天子有司曰諸侯之來辱敝邑者易則易于

嫁母之喪

天子崩

則于易于雜者未之有也易謂臣禮于謂君禮雜者容居以臣欲行君禮徐自比天子使大夫敵諸侯有司拒之容居對曰容居聞之事君不敢忘其君亦不敢遺其祖昔我先君駒王西討濟於河無所不用斯言也容居魯人也不敢忘其祖言我祖與今君於諸侯初如是不聞義則服駒王徐先君僭號容居其子孫也濟渡也言西討渡於河廣大其國魯魯鈍也言魯鈍者欲自明不妄

子思之母死於衛嫁母也姓庶氏赴於子思子思哭於廟門人至曰庶氏之母死何爲哭於孔氏之廟乎門人弟子也嫁母與廟絕族子思曰吾過矣吾過矣遂哭於他室

天子崩三日祝先服祝佐含斂先病五日官長服官長大夫士七

賢而過之
微小也謂小節也

日國中男女服三月庶人天下服諸侯之大夫虞人虞人掌山澤之官百
致百祀之木可以爲棺椁者斬之祀畿內百縣之祀也以爲棺椁作棺椁也斬伐也不至者廢其祀刎其人齊
大饑黔敖爲食於路以待餓者而食之有
餓者蒙袂輯屨貿貿然來蒙袂不欲見人也輯斂也斂屨力憊不能屨也貿貿目不明之貌
黔敖左奉　以曰嗟來食揚
其目而視之曰予　嗟來之食以
至於斯也嗟來人呼之　謝焉終不食而
死從猶就也曾子聞　其嗟也可去其謝
也可食微猶無也止其狂猶　定公之時有弒其

大二·四六

善頌禱

父者（定公貜且也魯文十四年即位）有司以告。公瞿然失席曰。是寡人之罪也（民之無禮教之罪）曰寡人嘗學斷斯獄矣。臣弑君。凡在官者殺無赦。子弑父。凡在官者。殺無赦（言諸臣子孫無尊卑皆得殺之其罪無赦）殺其人。壞其室。洿其宮而豬焉（明其大逆不欲人復處之豬都也南方謂都為豬）蓋君踰月而后舉爵（自貶損）晉獻文子成室。晉大夫發焉（文子趙武也作室成晉君獻之謂賀也諸大夫亦發禮以往）張老曰。美哉輪焉。美哉奐焉（心識其奢也輪輪囷言高大奐言衆多）歌於斯。哭於斯。聚國族於斯（祭祀死喪燕會於此足矣言此者欲防其後復為）文子曰。武也得歌於斯。哭於斯。聚國族於斯。是

廣愛

廣敬

盡飾

或問脩容事

文公曰未必恁地

全要領以從先大夫於九京也北面再拜稽首（全要領者免於刑誅也晉卿大夫之墓地在九原京蓋字之誤當為原）君子謂之善頌善禱（善頌謂張老之言善禱謂文子之言禱求也）仲尼之畜狗死（畜狗馴守）使子貢埋之曰吾聞之也敝帷不弃為埋馬也敝蓋不弃為埋狗也丘也貧無蓋於其封也亦予之席毋使其首陷焉（封當為窆陷謂没於土）路馬死埋之以帷（路馬君所乘者其他狗馬不能以帷蓋）季孫之母死哀公弔焉曾子與子貢弔焉閽人為君在弗内也（閽人守門者）曾子與子貢入於其廄而脩容焉（更莊飾）子貢先入閽人曰鄉

哀矜
家語曰天下其孰能當之是以周任有言曰民悅其愛者弗可敵也

內亂埞喪

既不敢止以言下之曾子後入閽人辟之見兩彌益恭也霤卿大夫皆辟位公降一等而揖之禮之君子言之曰盡飾之道斯其行者遠矣陽門之介夫死陽門宋國門名介夫甲衞士司城子罕入而哭之哀宋以武公諱司空爲司城子罕戴公子樂甫術之後樂喜也晉人之覘宋者反報於晉侯曰陽門之介夫死而子罕哭之哀而民說殆不可伐也覘闚視也孔子聞之曰善哉覘國乎善其知微詩云凡民有喪扶服救之救猶助也雖微晉而已天下其孰能當之微猶非也魯莊公之喪既葬而絰不入庫門時子般殺慶父作亂閔公不敢居喪葬已吉服而反正君臣欲

故舊之失夫子不責其喪歌而譏責其弟佚蓋小過當規而大過當絕故隱之也

趙文子

以防過之微弱之至士大夫既卒哭、麻不入麻猶絰也羣臣畢虞卒哭亦除喪也閔公既吉服不與虞卒哭孔子之故人、曰原壤、其母死、夫子助之沐椁沐治也原壤登木曰、久矣予之不託於音也木椁材也託寄也謂叩木以作音歌曰、貍首之斑然、執女手之卷然說人辭也夫子為弗聞也者而過之佯不知從者曰、子未可以已乎已猶止也夫子曰、丘聞之、親者、毋失其為親也、故者、毋失其為故也

趙文子與叔譽、觀乎九原叔譽叔向也晉羊舌大夫之孫名肸文子曰、死者如可作也、吾誰與歸作起也叔譽、曰其陽處父乎陽處父襄公之大傅文子曰、行并、植於晉

婦爲舅姑之服
之失　其妻是其
夫失之

國不沒其身其知不足稱也并猶專也謂剛而專己爲狐射姑所殺沒終也植或爲特其舅犯乎文子曰見利不顧其君其仁不足稱也謂父與文公辟難至將及國無安君之心及河授璧詐請亡要君以利是我則隨武子乎利其君不忘其身謀其身不遺其友武子士會也食邑於隨范字季晉人謂文子知人見其所善於前則知其來所舉文子其中退然如不勝衣中身也退柔和貌鄉射記曰弓二寸以爲侯中退或爲妥其言吶（奴劣）吶然如不出諸其口吶吶舒小貌所舉於晉國管庫之士七十有餘家管庫之士府史以下官長所置也舉之於君以爲大夫士也管鍵也庫物所藏生不交利廉也死不屬其子焉絜也叔仲皮學子柳叔仲皮魯叔孫氏之族學教也子柳仲皮之子叔仲

子皐先聲

皮死其妻魯人也衣衰而繆絰衣當爲齊壞字也繆讀爲木樛垂之樛士妻爲舅姑之服也言雖魯鈍其於禮勝學叔仲衍以告告子柳言此非也衍蓋皮之弟衍或爲皮請繐衰而環絰繐衰小功之縷而四升半之衰環絰弔服之絰時婦人好輕細而多服此者衍既不知禮之本子柳亦以爲然而請於衍使其妻爲舅服之曰昔者吾喪姑姊妹亦如斯末吾禁也衍荅子柳也姑姊妹在室齊衰與婦爲舅姑同末無也言無禁我欲其言行退使其妻繐衰而環絰婦以諸侯之大夫爲天子之衰弔服之絰服其舅非成人有其兄死而不爲衰者聞子皐將爲成宰遂爲衰成人曰蠶則績而蟹有匡范則冠而蟬有緌兄則死而子皐爲之衰蚩兄死者言其衰之不爲兄死如蟹有匡蟬有緌不爲蠶之績范之冠也范蜂也蟬蜩也緌謂蜩喙長在腹下樂

以情敢癢

歲旱以喪礼處之

正子春之母死五日而不食曰吾悔之勉強過禮自吾母而不得吾情吾惡乎用吾情子春曾子弟子惡乎猶於何也歲旱穆公召縣子而問然然之言焉也凡穆或作繆曰天久不雨吾欲暴尫而奚若奚若何如也尫者面鄉天覬天哀而雨之曰天則不雨而暴人之疾子虐毋乃不可與錮疾人之所哀暴之是虐然則吾欲暴巫而奚若曰天則不雨而望之愚婦人於以求之毋乃已疏乎巳猶甚也巫主接神亦覬天哀而雨之春秋傳說巫曰在女曰巫在男曰覡周禮女巫旱暵則舞雩徙市則奚若曰天子崩巷市七日諸侯薨巷市三日爲之徙市不亦可乎徙市者庶人之喪禮今徙市是憂戚於旱若喪

孔子曰衛人之祔也離之祔謂合葬也離之有以間其椁中魯人之祔也合之善夫善夫善魯人也祔葬當合也

禮記卷第三經五千八十一字注四千九百三十六字

虞氏中云此篇乃漢文帝博士諸生所作○李氏曰劉氏七略其本制兵制服制等篇今但有一篇疑小戴所删履祥按文公儀禮有王制十篇蓋得古意

劉氏別録屬制度
制爵天下
制祿一國
封建
王國之餘
縣內諸侯祿

禮記卷第四

王制第五　禮記　鄭氏注

王者之制祿爵公侯伯子男凡五等諸侯之上大夫卿下大夫上士中士下士凡五等二五象五行剛柔十日祿所受食爵秩次也上大夫曰卿天子之田方千里象日月之大亦取晷同也此謂縣內以祿公卿大夫元士公侯田方百里伯七十里子男五十里不能五十里者不合於天子附於諸侯曰附庸天子之三公之田視公侯天子之卿視伯天子之大夫視子男天子之元士視附庸皆象星辰之大小也不合謂不朝會也小城曰附庸附庸者以國事附於大國

井田
等而上之爲侯國之祿
侯國之祿

未能以其名通也視猶比也元善也善士謂命士也此地殷所因夏爵三等之制也殷有鬼侯梅伯春秋變周之文從殷之質合伯子男以爲一則殷爵三等者公侯伯也異畿内謂之子周武王初定天下更立五等之爵增以子男而猶因殷之地以九州之界尚狹也周公攝政致太平斥大九州之界制禮成武王之意封王者之後爲公及有功之諸侯大者地方五百里其次侯四百里其次伯三百里其次子二百里其次男百里所因殷之諸侯亦以功黜陟之其不合者皆益之地爲百里焉是以周世有爵尊而國小爵卑而國大者唯天子畿内千里不增以祿羣臣不主爲治民

制農田百畝百畝之分上農夫食九人其次食八人其次食七人其次食六人下農夫食五人庶人在官者其祿以是爲差也農夫皆受田於公田肥墽有五等收入不同也庶人在官謂府史之屬官長所除不命於天子國君者分或爲糞

諸侯之下士視上農夫祿足以代其耕也中士倍下士上士

封建制祿文皆漢儒

倍中士。下大夫倍上士。卿四大夫祿。君十卿祿。次國之卿。三大夫祿。君十卿祿。小國之卿倍大夫祿。君十卿祿（此班祿尊卑之差）次國之上卿位當大國之中。中當其下。下當其上大夫。小國之上卿。位當大國之下卿。中當其上大夫。下當其下大夫（此諸侯使卿大夫覜聘並會之序也其位爵同小國在下爵異固在上耳）其有中士下士者數各居其上之三分（謂其爲介若特行而並會也居猶當也此據大國而言大國之士爲上次國之士爲中小國之士爲下士之數國皆二十七人各三分之上九中九下九以位相當則次國之上士當大國之中中當其下小國之上士當大國之下凡非命士亦無出會之事春秋傳謂士爲微）凡四海之內。九州。州方千里。州之說只是立一箇养法非惟施之當今不可求之昔時亦有難曉者且如九州之地冀州極闊雍州亦闊若青兗徐豫則疆界有不足者矣設是夏時封建之國革命之後不成地多者削其國以予少者如此則彼未必服或以生亂又如周王以京田與晉

建百里之國三十七十里之國六十五十里之國百有二十凡二百一十國名山大澤不以封其餘以爲附庸閒田八州州二百一十國

建立也立大國三十三公也立次國六十十六卿也立小國百二十十二小卿也名山大澤不以封者與民同財不得障管亦賦稅之而已此大界方三千里三三而九方千里者九也其一爲縣內餘八各立一州此殷制也周公制禮九州大界方七千里七七四十九方千里者四十有九也其一爲畿內餘四十八八州各有方千里者六設法一州封地方五百里者不過四謂之大國又封方四百里者不過六又封方三百里者不過十一謂之次國又封方二百里者不過二十五及餘方百里者謂之小國盈上四等之數并四十九一州二百一十國則餘方百里者百六十四也凡處地方千里者五方百里者五十九其餘方百里者四十一附庸地也

天子之縣內方百里之國九七十里之國二十有一五十里之國

大公其民不服至於伐之蓋世守其地不欲從它人若封王子弟必擅有空地方可封履群楙方百里惟以田計青兖徐豫山少田多故疆界若狹冀与雍田少山多故疆界其闊

六十有三凡九九十三國名山大澤不以朌其餘以禄士以爲閒田縣内夏時天子所居州界名也殷曰畿詩殷頌曰邦畿千里維民所止周亦曰畿畿内大國九者三公之田三爲有致仕者副之爲六也其餘三待封王之子弟次國二十一者卿之田六亦爲有致仕者副之爲十二又三爲三孤之田其餘六亦待封王之子弟小國六十三大夫之田二十七亦爲有致仕者副之爲五十四其餘九亦以待封王之子弟三孤之田不副者以其無職佐公論道耳雖其致仕猶可即而謀焉朌讀爲班凡九州千七百七十三國天子之元士諸侯之附庸不與不與不在數中也春秋傳曰禹會諸侯於塗山執玉帛者萬國言執玉帛則是唯謂中國耳中國而言萬國則是諸侯之地有方百里有方七十里有方五十里者禹承堯舜而然矣要服之内地方七千里乃能容之夏末既衰夷狄内侵諸侯相并土地减國數少殷湯承之更制中國方三千里之界亦分爲九州而建此千七百七十三國焉周公復唐虞之舊域分其五服爲九其要服之内亦方七千里而因殷諸侯之數廣其土增其爵耳孝經説曰周千八百

縣內

縣外　侯伯

諸侯布列五千里內此文改周之法關盛衰之中三七之間以爲說也終此說之意五五二十五方千里者二十五也其一爲畿內餘二十四州各有方千里者三其餘諸侯之地大小則未得而聞

天子百里之內以共官，千里之內以爲御。謂此地之田稅所給也官謂其文書財用也御謂衣食

千里之外設方伯。五國以爲屬，屬有長。十國以爲連，連有帥。三十國以爲卒，卒有正。二百一十國以爲州，州有伯。屬連卒州猶聚也伯帥正亦長也凡長皆因賢侯爲之殷之州長曰伯虞夏及周皆曰牧

八州，八伯，五十六正，百六十八帥，三百三十六長。八伯各以其屬，屬於天子之老二人，分天下以爲左右，曰二伯。老謂上公周禮曰九命作伯春秋傳曰自陝以東周公主之自陝以西召公主之

千里之內

制爵
王國之爵
侯國之爵

曰甸服治田出穀稅千里之外曰采九州之內地取其美物以當穀稅曰流謂九州之外也夷狄流移或貢或不禹貢荒服之外三百里蠻二百里流天子三公九卿二十七大夫八十一元士此夏制也明堂位曰夏后氏之官百舉成數也大國三卿皆命於天子下大夫五人上士二十七人次國三卿二卿命於天子一卿命於其君下大夫五人上士二十七人小國二卿皆命於其君下大夫五人上士二十七人命於天子者天子選用之如今詔書除吏矣小國亦三卿一卿命於天子二卿命於其君此文似誤脫耳或者欲見畿內之國二卿與天子使其大夫為三監監於方伯之國國三人使佐方伯領諸侯天子之縣內諸侯祿也

大字二百十九

選舉

任賢

選賢置之於位其國之祿如諸侯不得世外諸侯嗣也有功乃封之使之世也冠禮記曰繼世以立諸侯象賢也制三公一命卷若有加則賜也不過九命次國之君不過七命小國之君不過五命卷俗讀也其通則曰衮三公八命矣復加一命則服龍衮與王者之後同多於此則賜非命服也虞夏之制天子服有日月星辰周禮曰諸公之服自衮冕而下如王之服大國之卿不過三命下卿再命小國之卿與下大夫一命不著次國之卿者以大國之下互明之此卿命則異大夫皆同周禮公侯伯之卿三命其大夫再命子男之卿再命其大夫一命凡官民材必先論之論謂考其德行道藝論辨然後使之辨謂考問得其定也易曰問以辨之任事然後爵之爵謂正其秩次位定然後祿之與之以常食爵人於朝與士共之刑人於市與衆

去邪

朝聘

巡守

弃之（必共之者所以審慎之也書曰克明德慎罰）是故公家不畜刑人大夫弗養士遇之塗弗與言也屏之四方唯其所之不及以政亦弗故生也（屏猶放去也已施刑則放之弃之役賦不與亦不授之以田困乏又無賙餼也虞書曰五流有宅五宅三居是也周則墨者使守門劓者使守關宮者使守內刖者使守囿髡者使守積）

諸侯之於天子也比年一小聘三年一大聘五年一朝（比年每歲也小聘使大夫大聘使卿朝則君自行然此大聘與朝晉文霸時所制也虞夏之制諸侯歲朝周之制侯甸男采衛要服六者各以其服數來朝）

天子五年一巡守（天子以海內為家時一巡省之五年者虞夏之制也周則十二歲一巡守）歲二月東巡守至于岱宗（岱宗東嶽）柴而望祀山川（柴祭天告至也）覲諸侯（覲見也）問百年者就見之（就見老人也）命大

大二百二十八字

師陳詩以觀民風（陳詩謂采其詩而視之）命市納賈以觀民之所好惡志淫好辟（市典市者賈謂物貴賤厚薄也質則用物貴淫則侈物貴民之志淫邪則其所好者不正）命典禮考時月定日同律禮樂制度衣服正之（同陰律也）山川神祇有不舉者為不敬不敬者君削以地（舉猶祭也）宗廟有不順者為不孝不孝者君絀（黜）以爵（不順者謂若逆昭穆）變禮易樂者為不從不從者君流（流放也）革制度衣服者為畔畔者君討（討誅也）有功德於民者加地進律（律法也）五月南巡守至于南嶽如東巡守之禮八月西巡守至于西嶽如南

摠巡守朝會

學校

巡守之禮十有一月北巡守至于北嶽如西巡守之禮歸假于祖禰用特假至也特特牛也祖下及禰皆一牛天子將出類乎上帝宜乎社造乎禰諸侯將出宜乎社造乎禰帝謂五德之帝所祭於南郊者類宜造皆祭名其禮亡天子無事與諸侯相見曰朝事謂征伐考禮正刑一德以尊于天子天子賜諸侯樂則以柷將之賜伯子男樂則以鼗將之將謂執以致命柷鼗皆所以節樂諸侯賜弓矢然後征賜鈇鉞然後殺賜圭瓚然後爲鬯未賜圭瓚則資鬯於天子得其器乃敢爲其事圭瓚鬯爵也鬯秬酒也天子命之教然後爲學小學

大一百四十字

田獵

在公宮南之左，大學在郊。學所以學士之宮。尚書傳曰：百里之國，二十里之郊；七十里之國，九里之郊；五十里之國，三里之郊。此小學大學，殷之制。天子曰辟廱，諸侯曰頖宮。尊卑學異名。辟，明也。廱，和也。所以明和天下。頖之言班也，所以班政教也。天子將出征，類乎上帝，宜乎社，造乎禰，禡於所征之地。禡，師祭也，爲兵禱。其禮亦亡。受命於祖，告祖也。受成於學，定兵謀也。出征執有罪，反，釋奠于學，以訊馘告。釋菜奠幣，禮先師也。訊馘所生獲斷耳者。詩曰：執訊獲醜。又曰：在頖獻馘。馘或爲國。天子諸侯無事則歲三田：一爲乾豆，二爲賓客，三爲充君之庖。三田者，夏不田，蓋夏時也。周禮春曰蒐，夏曰苗，秋曰獮，冬曰狩。乾豆，謂腊之以爲祭祀豆實也。庖，今之廚也。無事而不田曰不敬，田不以禮曰暴天物。不敬者，簡祭祀，略賓客。天

冢宰
財用

子不合圍諸侯不掩羣為盡物也天子殺則下大綏諸侯殺則下小綏綏當為緌緌有虞氏之旌旗也下謂獘之大夫殺則止佐車佐車止則百姓田獵佐車驅逆之車獺祭魚然後虞人入澤梁豺祭獸然後田獵鳩化為鷹然後設罻尉羅草木零落然後入山林昆蟲未蟄不以火田取物必順時候也梁絕水取魚者罻小網也昆明也明蟲者得陽而生得陰而藏不麛不卵不殺胎不殀夭重傷未成物殀斷殺少長曰夭不覆巢覆敗也冢宰制國用必於歲之杪五穀皆入然後制國用制國用如今度支經用杪末也用地小大視年之豐耗小國大國豐凶之年各以歲之收入制其用多少多不過禮少有所殺以

三十年之通制國用量入以爲出通三十年之率當有九年之蓄出謂所當給爲祭用數之仂筭今年一歲經用之數用其什一喪三年不祭唯祭天地社稷爲越紼而行事不敢以卑廢尊越猶躐也紼輴車索喪用三年之仂喪大事用三歲之什一喪祭用不足曰暴有餘曰浩暴猶耗也浩猶饒也祭豐年不奢凶年不儉常用數之仂國無九年之蓄曰不足無六年之蓄曰急無三年之蓄曰國非其國也三年耕必有一年之食九年耕必有三年之食以三十年之通雖有凶旱水溢民無菜色然後天子食日舉以樂菜色食菜之色民無食菜之飢色天

喪紀

祭祀

朱子曰王制祭法廟制不同以周禮言之恐王制為是

子乃日舉樂以食天子七日而殯七月而葬諸侯五日而殯五月而葬大夫士庶人三日而殯三月而葬尊者舒卑者速春秋傳曰天子七月而葬同軌畢至諸侯五月同盟至大夫三月同位至士踰月外姻至三年之喪自天子達下通庶人於父母同天子諸侯降期庶人縣封葬不為雨止不封不樹喪不貳事縣封當為縣窆縣窆者至卑不得引紼下棺雖雨猶葬以其禮儀少封謂聚土為墳不封之不樹之又為至卑無飾也周禮曰以爵等為丘封之度與其樹數則士以上乃皆封樹貳之言二也庶人終喪無二事不使從政也喪大記曰大夫士既葬公政入於家既卒哭弁絰帶金革之事無辟也自天子達於庶人喪從死者祭從生者支子不祭從死者謂衣衾棺椁從生者謂奠祭之牲器天子七廟三昭三穆與大祖之廟而七此周制七者大祖及文王

武王之祧與親廟四大祖后稷廟則六廟契及湯與二昭二穆夏則五廟無大祖禹與二昭二穆而已諸侯五廟二昭二穆與大祖之廟而五大祖始封之君王者之後不爲始封之君廟大夫三廟一昭一穆與大祖之廟而三大祖別子始爵者大傳曰別子爲祖謂此雖非別子始爵者亦然士一廟謂諸侯之中士下士名曰官師者上士二廟庶人祭於寢寢適寢也天子諸侯宗廟之祭春曰礿夏曰禘秋曰嘗冬曰烝此蓋夏殷之祭名周則改之春曰祠夏曰礿以禘爲殷祭詩小雅曰礿祠烝嘗于公先王此周四時祭宗廟之名天子祭天地諸侯祭社稷大夫祭五祀五祀謂司命也中霤也門也行也厲也此祭謂大夫有地者其無地祭三耳天子祭天下名山大川五嶽視三公四瀆視諸侯視視其牲器之數諸侯祭名山大川之

在其地者魯人祭泰山晉人祭河是也天子諸侯祭因國之在其地而無主後者謂所因之國先王先公有功德宜享世祀今絕無後爲之祭主者昔夏后氏郊鯀至杞爲夏後而更郊禹晉侯夢黃熊入國而祀夏郊此其禮也天子犆礿祫禘祫嘗祫烝犆猶一也祫合也天子諸侯之喪畢合先君之主於祖廟而祭之謂之祫後因以爲常天子先祫而後時祭諸侯先時祭而後祫凡祫之歲春一礿而已不祫以物無成者不殷祭周改夏祭曰礿以禘爲殷祭也魯禮三年喪畢而祫於大祖明年春禘於羣廟自爾之後五年而再殷祭一祫一禘諸侯礿則不禘禘則不嘗嘗則不烝烝則不礿虞夏之制諸侯歲朝廢一時祭諸侯礿犆互明犆礿文禘一犆一祫下天子也祫歲不禘嘗祫烝祫天子社稷皆大牢諸侯社稷皆少牢大夫士宗廟之祭有田則祭無田則薦有田

賦役
上不專利
下不專利

者既祭又薦新祭以首時薦以仲月士薦牲用特豚大夫以上用羔所謂羔豚而祭百官皆足詩曰四之日其早獻羔祭韭

庶人春薦韭夏薦麥秋薦黍冬薦稻韭以卵麥以魚黍以豚稻以鴈庶人無常牲取與新物相宜而已祭天地之牛角繭栗宗廟之牛角握賓客之牛角尺握謂長不出膚諸侯無故不殺牛大夫無故不殺羊士無故不殺犬豕庶人無故不食珍故謂祭饗庶羞不踰牲祭以羊則不以牛肉爲羞燕衣不踰祭服寢不踰廟古者公田藉而不稅藉之言借也借民力治公田美惡取於此不稅民之所自治也孟子曰夏后氏五十而貢殷人七十而助周人百畝而徹則所云古者謂殷時市廛而不稅廛市物邸舍稅其舍不稅其物關譏而不征譏譏異服識異言征亦稅也周禮國

司空

居四民時地利

民力

民材

民俗

凶札則無門關之征征猶譏也林麓川澤以時入而不禁麓山足也夫圭田無征夫猶治也征稅也孟子曰卿以下必有圭田治圭田者不稅所以厚賢也此則周禮之士田以任近郊之地稅什一用民之力歲不過三日治宮室城郭道渠田里不粥墓地不請皆受於公民不得私也粥賣也請求也司空執度度地司空冬官卿掌邦事者度丈尺也居民山川沮澤時四時觀寒煖燥濕沮謂萊沛量地遠近制邑井之處興事任力事謂築邑廬宿市也凡使民任老者之事食壯者之食寬其力饒其食凡居民材必因天地寒煖燥濕使其材埶堪地氣也廣谷大川異制謂其形象民生其閒者異俗謂其所好惡剛柔輕重遲速異齊謂其情性緩急五味異和謂香臭與鹹苦器

南昌嚴誠

械異制（謂作務之用）衣服異宜（謂氈裘與絺綌）脩其教不易其俗齊其政不易其宜（教謂禮義政謂刑禁）中國戎夷五方之民皆有性也不可推移（地氣使之然）東方曰夷被髮文身有不火食者矣南方曰蠻雕題交趾有不火食者矣（雕文謂刻其肌以丹青涅之交趾足相鄉然浴則同川臥則僢不火食地氣煖不爲病）西方曰戎被髮衣皮有不粒食者矣北方曰狄衣羽毛穴居有不粒食者矣（不粒食地氣寒少五穀）中國夷蠻戎狄皆有安居和味宜服利用備器（其事雖異各自足）五方之民言語不通嗜欲不同達其志通其欲東方

量民
任民
教民
司徒
簡不肖

曰寄南方曰象西方曰狄鞮北方曰譯皆俗間之名依其事類耳鞮之言知也今冀部有言狄鞮者凡居民量地以制邑度地以居民地邑民居必參相得也得猶足也無曠土無游民食節事時民咸安其居樂事勸功尊君親上然後興學立小學大學司徒脩六禮以節民性明七教以興民德齊八政以防淫一道德以同俗養耆老以致孝恤孤獨以逮不足上賢以崇德簡不肖以絀惡司徒地官卿掌邦教者逮及也簡差擇也命鄉簡不帥教者以告帥循也不循教謂敖很不孝弟者司徒使鄉簡擇以告者鄉屬司徒耆老皆朝于庠元日習射上

上賢

功習鄉上齒大司徒帥國之俊士與執事焉
將習禮以化之使之觀焉者老致仕及鄉中老賢者朝猶會也此庠謂鄉學也鄉謂飲酒也鄉禮春秋射國蜡而飲酒養老
不變命國之右鄉簡不帥教者移之左命
國之左鄉簡不帥教者移之右如初禮中年考校而又不變使轉徙其居覬其見新人有所化也亦復習禮於鄉學使之觀焉
不變移之郊如
初禮郊鄉界之外者也稍出遠之後中年又爲之習禮於郊學不變移之遂如初
禮遠郊之外曰遂遂大夫掌之又中年復移之使居遂又爲習禮於遂之學不變屛之遠方
終身不齒遠方九州之外齒猶録也命鄉論秀士升之司徒
曰選士移名於司徒也秀士鄉大夫所考有德行道藝者司徒論選士之秀
者而升之學曰俊士可使習禮者學大學升於司徒者不

簡不帥教

征於鄉升於學者不征於司徒曰造士不征不給其繇役造成也能習禮則爲成士樂正崇四術立四教樂正樂官之長掌國子之教虞書曰夔命汝典樂教胄子崇高也高尚其術以作教也幼者教之於小學長者教之於大學尚書傳曰年十五始入小學十八入大學順先王詩書禮樂以造士順此四術而教以成是士也春秋教以禮樂冬夏教以詩書春夏陽也詩樂者聲聲亦陽也秋冬陰也書禮者事事亦陰也互言之者皆以其術相成王大子王子羣后之大子卿大夫元士之適子國之俊選皆造焉皆以四術成之王子王之庶子也羣后公及諸侯凡入學以齒皆以長幼受學不用尊卑將出學小胥大胥小樂正簡不帥教者以告于大樂正大樂正以告于王此所簡者謂王太子王子羣后之太子卿大夫元士之適

教戒道

子大胥小胥皆樂官屬也出學謂九年大成學止也王命三公九卿大夫元士皆入學不變王親視學亦謂使習禮以化之不變王又親為之臨視重弃賢者子孫此習禮皆於大學也不變王三日不舉去食樂重弃人屏之遠方西方曰棘東方曰寄終身不齒棘當為僰僰之言偪使之偪寄於夷戎不屏於南北為其大遠大樂正論造士之秀者以告于王而升諸司馬曰進士移名於司馬司馬夏官卿主邦政者進士可進受爵祿也司馬辨論官材辨其論官其材觀其所長論進士之賢者以告於王而定其論各署其所長論定然後官之使之試守任官然後爵之命之位定然後祿之大夫廢其事終身不仕死以士禮葬之以不任大夫也

藝

司寇

有發則命大司徒教士以車甲乘兵車衣甲之儀有發謂有軍師發卒凡執技論力適四方贏股肱決射御謂擐衣出其臂脛使之射御決勝負見勇力凡執技以事上者祝史射御醫卜及百工言技謂此七者凡執技以事上者不貳事不移官欲專其事亦為不德出鄉不與士齒賤也於其鄉中則齒親親也仕於家者出鄉不與士齒亦賤司寇正刑明辟以聽獄訟司寇秋官卿掌刑者辟罪也必三刺以求民情斷其獄訟之中一曰訊羣臣二曰訊羣吏三曰訊万民有旨無簡不聽簡誠也有其意无其誠者不論以為罪附從輕附施刑也求出之使從輕赦從重雖是罪可重猶赦之凡制五刑必即天論制斷也即就也必即天論言與天意合閔子曰古之道不即人心即或為則論或為倫郵

罰麗於事郵過也麗附也過人罰人當各附於其事不可假他以喜怒凡聽五刑之訟必原父子之親立君臣之義以權之權平也意論輕重之序慎測淺深之量以別之意思念也淺深謂俱有罪本心有善惡悉其聰明致其忠愛以盡之盡其情疑獄氾與衆共之衆疑赦之必察小大之比俾以成之小大猶輕重已行故事曰比成獄辭史以獄成告於正正聽之史司寇吏也正於周鄉師之屬今漢有正平丞秦所置正以獄成告于大司寇大司寇聽之棘木之下周禮鄉師之屬辨其獄訟異其死刑之罪而要之職聽於朝司寇聽之朝王之外朝也左九棘孤卿大夫位焉右九棘公侯伯子男位焉面三槐三公位焉大司寇以獄之成告於王王命三

刑

公參聽之王使三公復與司寇及正共平之重刑也周禮王欲免之乃命公會其期三公以獄之成告於王王三又然後制刑又當作宥宥寛也一宥曰不識再宥曰過失三宥曰遺忘凡作刑罰輕無赦法雖輕不赦之爲人易犯刑者侀也侀者成也一成而不可變故君子盡心焉變更也析言破律亂名改作執左道以亂政殺析言破律巧賣法令者也亂名改作謂變易官與物之名更造法度左道若巫蠱及俗禁作淫聲異服奇技奇器以疑衆殺淫聲鄭衛之屬也異服若聚鷸冠瓊弁也奇技奇器若公輸般請以機窆行僞而堅言僞而辯學非而博順非而澤以疑衆殺皆謂虛華捷給無誠者也假於鬼神時日卜筮以疑衆殺今時持喪葬築蓋嫁取卜數文書使民倍禮違制此四

誅者不以聽為其為害大而辭不可明凡執禁以齊衆不赦過亦為人將易犯有圭璧金璋不粥於市命服命車不粥於市宗廟之器不粥於市犧牲不粥於市戎器不粥於市尊物非民所宜有戎器軍器也粥賣也用器不中度不粥於市兵車不中度不粥於市布帛精麤不中數幅廣狹不中量不粥於市姦色亂正色不粥於市凡以其不可用也用器弓矢耒耜飲食器也度丈尺也數升縷多少錦文珠玉成器不粥於市衣服飲食不粥於市不示民以奢與貪也成猶善也五穀不時果實未孰不粥於市物未成不利人木不中伐不粥於市伐之非時

大史
歲會

不中用周禮仲冬斬陽木仲夏斬陰木禽獸魚鼈不中殺不粥於市殺之非時不中用月令季冬始漁周禮春獻鼈蜃關執禁以譏禁異服識異言關竟上門譏呵察大史典禮執簡記奉諱惡簡記策書也諱先王名惡忌日若子卯天子齋戒受諫歲終羣臣奏歲事諫王當所改爲也司會以歲之成質於天子司會冢宰之屬掌計要者成計要也質猶平也平其計要冢宰齋戒受質贊王受之大樂正大司寇市三官以其成從質於天子大樂正於周宗伯之屬市司市也於周司徒之屬從從於司會也大司徒大司馬大司空齋戒受質百官各以其成質於三官大司徒大司馬大司空以百官之成質於天子百官此三官之屬百官齋戒受

養老
養耆老
以致孝

貧受平報也然後休老勞農饗養之成歲事斷計要也制國用凡養老有虞氏以燕禮夏后氏以饗禮殷人以食禮周人脩而兼用之兼用之備陰陽也凡飲養陽氣凡食養陰氣陽用春夏陰用秋冬五十養於鄉六十養於國七十養於學達於諸侯天子諸侯養老同也國國中小學在王宮之左學大學也在郊此殷制明矣八十拜君命一坐再至瞽亦如之九十使人受命謂君不親饗食必以其禮致之五十異粻六十宿肉七十貳膳八十常珍九十飲食不離寢膳飲從於遊可也粻糧也貳副也遊謂出入止觀六十歲制七十時制八十月制九十日脩唯絞紟衾冒

死而后制絞紟衾冒一日二日而可爲者五十始衰六十非肉不飽七十非帛不煖八十非人不煖九十雖得人不煖矣煖温五十杖於家六十杖於鄉七十杖於國八十杖於朝九十者天子欲有問焉則就其室以珍從尊養之七十不俟朝大夫士之老者揖君則退八十月告存每月致膳九十日有秩秩常也有常膳五十不從力政六十不與服戎七十不與賓客之事八十齊齋喪之事弗及也力稍衰也力政城道之役也與及也八十不齊則不祭也子代之祭是謂宗子不孤五十而爵賢者命爲大夫六十不親學不能備弟子禮七十致政唯衰麻爲喪致政

（還君事）有虞氏養國老於上庠養庶老於下庠夏后氏養國老於東序養庶老於西序殷人養國老於右學養庶老於左學周人養國老於東膠養庶老於虞庠虞庠在國之西郊（皆學名也異者四代相變耳或上西或上東或貴在國或貴在郊上庠右學大學也在西郊下庠左學小學也在國中王宮之東東序東膠亦大學在國中王宮之東西序虞庠亦小學也西序在西郊周立小學於西郊膠之言糾也庠之言養也周之小學爲有虞氏之庠制是以名庠云其立鄉學亦如之膠或作絿）有虞氏皇而祭深衣而養老夏后氏收而祭燕衣而養老殷人冔而祭縞衣而養老周人冕而祭玄衣而養老（皇冕屬也畫羽飾焉凡冕屬其服皆玄上纁下有虞氏十二章周九章夏殷未聞凡

政役

恤孤 恤孤獨逮不足

養老之服皆其時與羣臣燕之服有虞氏質深衣而已夏而改之尚黑而黑衣裳殷尚白而縞衣裳周則兼用之玄衣素裳其冠則牟追章甫委貌也諸侯以天子之燕服爲朝服燕禮曰燕朝服服是服也王者之後亦以燕服爲之魯季康子朝服以縞僭宋之禮也天子皮弁以日視朝也

凡三王養老皆引年已而引戶校年當行復除也老人衆多非賢者不可皆養八十者一子不從政九十者其家不從政廢疾非人不養者一人不從政廢癈於人事父母之喪三年不從政齊衰大功之喪三月不從政將從於諸侯三月不從政自諸侯來從家期不從政自從也少而無父者謂之孤老而無子者謂之獨老而無妻者謂之矜老而無夫者謂之寡此四者天民

禮教

自養老以下至此皆當在司徒章內

井田

之窮而無告者也皆有常餼餼廩也瘖聾跛躃壁斷段者侏儒百工各以其器食之斷謂支節絕也侏儒短人也器能也道路男子由右婦人由左車從中央道有三塗遠別也父之齒隨行兄之齒鴈行朋友不相踰廣敬也謂於塗中輕任并重任分斑白者不提挈皆謂以與少者雜色曰斑君子耆老不徒行庶人耆老不徒食徒猶空也大夫祭器不假祭器未成不造燕器造爲也方一里者爲田九百畝一里方三百步方十里者爲方一里者百爲田九萬畝方百里者爲方十里者百爲田九十億畝億今十萬方千里者

爲方百里者百爲田九萬億畝（萬億今萬萬也）自恒山至於南河千里而近（冀州域）自南河至於江千里而近（豫州域）自江至於衡山千里而遥（荊州域）自東河至於東海千里而遥（徐州域）自東河至於西河千里而近（亦冀州域）自西河至於流沙千里而遥（雍州域）西不盡流沙南不盡衡山東不盡東海北不盡恒山凡四海之内斷長補短（短）方三千里爲田八十萬億一萬億畝（九州之大計）方百里者爲田九十億畝山陵林麓川澤溝瀆城郭宫室塗巷三分去一其餘

六十億畝（以一大國爲率其餘所以授民也山足曰麓）古者以周尺八尺爲步今以周尺六尺四寸爲步古者百畝當今東田百四十六畝三十步古者百里當今百二十一里六十步四尺二寸二分（周尺之數未詳聞也案禮制周猶以十寸爲尺蓋六國時多變亂法度或言周尺八寸則步更爲八八六十四寸以此計之古者百畝當今百五十六畝二十五步古者百里當今百二十五里）方千里者爲方百里者百封方百里者三十國其餘方百里者七十又封方七十里者六十爲方百里者二十九方十里者四十其餘方百里者四十方十里者六十又封方五十里者

百二十爲方百里者三十其餘方百里者
十方十里者六十名山大澤不以封其餘
以爲附庸閒田諸侯之有功者取於閒田
以祿之其有削地者歸之閒田天子之縣
內方千里者爲方百里者百封方百里者
九其餘方百里者九十一又封方七十里
者二十一爲方百里者十方十里者二十
九其餘方百里者八十方十里者七十一又
封方五十里者六十三爲方百里者十五
方十里者七十五其餘方百里者六十四

方十里者九十六諸侯之下士祿食九人
中士食十八人上士食三十六人下大夫
食七十二人卿食二百八十八人君食二
千八百八十人次國之卿食二百一十六
人君食二千一百六十人小國之卿食百
四十四人君食千四百四十人次國之卿
命於其君者如小國之卿天子之大夫爲
三監監於諸侯之國者其祿視諸侯之卿
其爵視次國之君其祿取之於方伯之地
方伯爲朝天子皆有湯沐之邑於天子之

縣內視元士給齊戒自絜清之用浴用湯沐用潘諸侯世子世國象賢也大夫不世爵使以德爵以功謂縣內及列國諸侯爲天子大夫者不世爵而世祿辟賢也未賜爵視天子之元士以君其國列國及縣內之國也諸侯之大夫不世爵祿六禮冠昏喪祭鄉相見鄉鄉飲酒鄉射七教父子兄弟夫婦君臣長幼朋友賓客八政飲食衣服事爲異別度量數制飲食爲上衣服次之事爲謂百工技藝也異別五方用器不同也度丈尺也量斗斛也數百十也制布帛幅廣狹也

禮記卷第四

經四千三百三十九字
注五千一百六十一字

李氏心傳曰月令別錄屬明堂陰陽
孟春

蔟奏也謂吹灰也
候十二月皆然

禮記卷第五

月令日躔所在及昏旦中星上與堯典不合下與今日不同此曆家所謂歲差也

月令第六　禮記　鄭氏注

孟春之月日在營室昏參中旦尾中孟長也日月之行一歲十二會聖王因其會而分之以爲大數焉觀斗所建命其四時此云孟春者日月會於娵訾而斗建寅之辰也凡記昏明中星者爲人君南面而聽天下視時候以授民事其日甲乙乙之言軋也日之行春東從青道發生萬物月爲之佐時萬物皆解孚甲自抽軋而出因以爲日名焉乙不爲月名者君統臣功也其帝大皞其神句芒此蒼精之君木官之臣自古以來著德立功者也大皞宓戲氏句芒少皞氏之子曰重爲木官其蟲鱗象物孚甲將解鱗龍蛇之屬其音角謂樂器之聲也三分羽益一以生角角數六十四屬木者以其清濁中民象也春氣和則角聲調樂記曰角亂則憂其民怨凡聲尊卑取象五行數多者濁數少者清大不過宮細不過羽律中大蔟律候氣之管以銅爲之中猶應也孟春氣至則大蔟之律應應謂吹灰也大蔟

鴻鴈來呂氏淮南子並作候鴈社

者林鍾之所生三分益一律長八寸凡律空圍九分周語曰大蔟所以金奏贊陽出滯**其數八**數者五行佐天地生物成物之次也易曰天一地二天三地四天五地六天七地八天九地十而五行自水始火次之木次之金次之土爲後木生數三成數八但言八者舉其成數**其味酸其臭羶**木之臭味也凡酸羶者皆屬焉**其祀户祭先脾**春陽氣出祀之於户内陽也祀之先祭脾者春爲陽中於藏直脾脾爲尊凡祭五祀於廟用特牲有主有尸皆先設席于奥祀户之禮南面設主于户内之西乃制脾及腎爲俎奠于主北又設盛于俎西祭黍稷祭肉祭醴皆三祭肉脾一腎再既祭徹之更陳鼎俎設饌于筵前迎尸略如祭宗廟之儀**東風解凍蟄蟲始振魚上冰獺祭魚鴻鴈來**皆記時候也振動也夏小正正月啓蟄魚陟負冰漢始亦以驚蟄爲正月中此時魚肥美獺將食之先以祭也鴈自南方來將北反其居今月令鴻皆爲候**天子居青陽左个乘鸞路駕倉龍載青旂衣青衣服倉玉食麥與羊其器疏以達**皆所以順

迎春
慶賞

時氣也青陽左个大寢東堂北偏鸞路有虞氏之車有鸞和之節而飾之以青取其名耳春言鸞冬夏言色互文馬八尺以上爲龍凡所服玉謂冠飾及所佩者之衡璜也麥實有孚甲屬木羊火畜也時尚寒食之以安性也器疏者刻鏤之象物當貫土而出也凡此車馬衣服皆所取於䣜時而有變焉非周制也周禮朝祀戎獵車服各以其事不以四時爲異又玉藻曰天子龍衮以祭玄端而朝日皮弁以日視朝與此皆殊

是月也以立春先立春三日大史謁之天子曰某日立春盛德在木天子乃齊大史禮官之屬掌正歲年以序事謁告也立春之日天子親帥三公九卿諸侯大夫以迎春於東郊還反賞公卿諸侯大夫於朝迎春祭倉帝靈威仰於東郊之兆也王居明堂禮曰出十五里迎歲蓋䣜禮也周近郊五十里賞謂有功德者有以顯賜之也朝大寢門外命相布德和令行慶施惠下及兆民相謂三公相王之事也德謂善教也令謂時禁

正曆

祈穀

躬耕

也慶謂休其善也惠謂恤其不足也天子曰兆民慶賜遂行毋有不當遂猶達也言使當得者皆得得者無非其人乃命大史守典奉法司天日月星辰之行宿離不貸（忒）毋失經紀以初爲常典六典法八法也離讀如儷偶之儷宿儷謂其屬馮相氏保章氏掌天文者相與宿偶當審候伺不得過差也經紀謂天文進退度數是月也天子乃以元日祈穀于上帝謂以上辛郊祭天也春秋傳曰夫郊祀后稷以祈農事是故啓蟄而郊郊而後耕上帝大微之帝也乃擇元辰天子親載耒耜措之于參保介之御閒帥三公九卿諸侯大夫躬耕帝藉天子三推三公五推卿諸侯九推元辰蓋郊後吉辰也耒耜之上曲也保介車右也置耒於車右與御者之閒明已勸農非農者也人君之車必使勇士衣甲居右而參乘備非常也保猶衣也介甲也帝藉爲

布農事

正疆界

入學

滋生

天神借民力所治之田也反執爵于大寢三公九卿諸侯大夫皆御命曰勞酒既耕而宴飲以勞羣臣也大寢路寢御侍也是月也天氣下降地氣上騰天地和同草木萌動此陽氣蒸達可耕之候也農書曰土長冒橛陳根可拔耕者急發王命布農事命田舍東郊皆脩封疆審端徑術田謂田畯主農之官也舍東郊順時氣而居以命其事也封疆田首之分職術周禮作遂夫間有遂遂上有徑遂小溝也步道曰徑令尚書曰分命羲仲宅嵎夷也善相丘陵阪險原隰土地所宜五穀所殖以教道民必躬親之相視也田事既飭先定準直農乃不惑説所以命田舍東郊之意也準直謂封疆徑遂也夏小正曰農率均田是月也命樂正入學習舞爲仲春將釋菜乃脩祭典重祭禮歲始省

掩死

禁兵

或問孟春行夏令等處不知是天行令是人行令文公曰是人行此令則召天之灾履祥按月令每月自有當行之政若不行當月之政而行它時之政則它時之氣應之而灾異至矣

録也命祀山林川澤犧牲毋牝爲傷妊生之類禁止伐木盛德所在毋覆巢毋殺孩蟲胎夭飛鳥毋麛毋卵爲傷萌幼之類毋聚大衆毋置城郭爲妨農之始掩骼埋胔謂死氣逆生也骨枯曰骼肉腐曰胔是月也不可以稱兵稱兵必天殃逆生氣兵戎不起不可從我始爲客不利主人則可毋變天之道以陰政犯陽毋絶地之理易剛柔之宜毋亂人之紀仁之時而舉義事孟春行夏令則雨水不時巳之氣乘之也四月於消息爲乾草木蚤落生日促國時有恐以火訛相驚行秋令則其民大疫申之氣乘之也七月始殺猋風暴雨總至正月宿直尾箕箕好風其氣逆也回風爲猋藜莠蓬蒿並興生氣

仲春唐宋昏旦中星日在並以分至為定

昏弧旦建星 唐井廿三 斗二 宋井廿一 箕六 日奎二少奎一少 宋以承平為定

亂惡物茂行冬令則水潦爲敗雪霜大摯至首種不入亥之氣乘之也舊說首種謂稷

仲春之月日在奎昏弧中旦建星中仲中也仲春者日月會於降婁而斗建卯之辰也弧在輿鬼南建星在斗上其日甲乙其帝大皞其神句芒其蟲鱗其音角律中夾鍾其數八其味酸其臭羶其祀戶祭先脾夾鍾者夷則之所生三分益一律長七寸二千一百八十七分寸之千七十五仲春氣至則夾鍾之律應周語曰夾鍾出四隙之細始雨水桃始華倉庚鳴鷹化爲鳩皆記時候也倉庚驪黃也鳩搏穀也漢始以雨水爲二月節天子居青陽大廟乘鸞路駕倉龍載青旂衣青衣服倉玉食麥與羊其器疏

大百九十

禮記五

省刑

祠高禖

以達青陽大廟東堂當大室是月也安萌牙養幼少存諸孤助生氣也擇元日命民社社后土也使民祀焉神其農業也祀社日用甲命有司省囹圄去桎梏毋肆掠止獄訟順陽寬也省減也囹圄所以禁守繫者若今別獄矣桎梏今械也在手曰梏在足曰桎肆謂死刑暴尸也周禮曰肆之三日掠謂捶治人是月也玄鳥至至之日以大牢祠于高禖天子親往玄鳥燕也燕以施生時來巢人堂宇而孚乳嫁娶之象也媒氏之官以為候高辛氏之世玄鳥遺卵娀簡吞之而生契後王以為媒官嘉祥而立其祠焉變媒言禖神之也后妃帥九嬪御御謂從往侍祠周禮天子有夫人有嬪有世婦有女御獨云帥九嬪舉中言也乃禮天子所御帶以弓韣授以弓矢于高禖之前天子所御謂今有娠者於祠大祝酌酒飲於高禖之庭以神惠顯之也帶以弓韣授以弓矢求男之祥也王居明堂禮曰帶以弓韣禮之禖下其子必得天材是月

省察也

春分　婦戒　程戒　滋生　開氷

也日夜分雷乃發聲始電蟄蟲咸動啓戶始出又記時候發猶出也先雷三日奮木鐸以令兆民曰雷將發聲有不戒其容止者生子不備必有凶災主戒婦人有娠者也容止猶動靜日夜分則同度量鈞衡石角斗甬正權概因晝夜等而平當平也同角正皆謂平之也丈尺曰度斗斛曰量三十斤曰鈞稱上曰衡百二十斤曰石甬今斛也稱錘曰權概平斗斛者是月也耕者少舍乃脩闔扇寢廟畢備舍猶止也因蟄蟲啓戶耕事少閒而治門戶也用木曰闔用竹葦曰扇畢猶皆也凡廟前曰廟後曰寢毋作大事以妨農之事大事兵役之屬是月也毋竭川澤毋漉陂池毋焚山林順陽養物也畜水曰陂穿地通水曰池天子乃鮮羔開冰先薦寢廟

大一百八十二　五百八十二　禮記五　五

釋菜

習樂

鮮當爲獻聲之誤也獻羔謂祭司寒也祭司寒而出冰薦於宗廟乃後賦之春秋傳曰古者日在北陸而藏冰西陸朝覿而出之其藏冰也深山窮谷固陰沍寒於是乎取之其出之也朝之祿位賓食喪祭於是乎用之其藏之也黑牡秬黍以享司寒其出之也桃弧棘矢以除其災其出入也時食肉之祿冰皆與焉大夫命婦喪浴用冰祭寒而藏之獻羔而啓之公始用之火出而畢賦自命夫命婦至于老疾無不受冰

上丁，命樂正習舞，釋菜。樂正樂官之長也命習舞者順萬物始出地鼓舞也將舞必釋菜於先師以禮之夏小正曰丁亥萬用入學

天子乃帥三公、九卿、諸侯、大夫，親往視之。順時達物也

仲丁，又命樂正入學習樂。爲季春將合樂也習樂者習歌與八音

是月也，祀不用犧牲，用圭璧，更皮幣。爲季春將選而合騰之也更猶易也當祀者古以玉帛而已

仲春行秋令，則其國大水，寒氣揔至，酉之氣乘之也八月宿直昴畢畢好雨寇戎來征。金氣動也畢又

季春

爲邊兵行冬令則陽氣不勝麥乃不熟子之氣乘之也

十一月爲大陰民多相掠陰姦衆也行夏令則國乃大旱煖

氣早來午之氣乘之也蟲螟爲害暑氣所生爲災害也

季春之月日在胃昏七星中旦牽牛中季少

春者日月會於大梁而斗建辰之辰其日甲乙其帝大皞其神句

芒其蟲鱗其音角律中姑洗其數八其味

酸其臭羶其祀戶祭先脾姑洗者南呂之所生也三分益一律長七寸九

分寸之一季春氣至則姑洗之律應周語曰姑洗所以脩絜百物考神納賓桐始華田鼠化

爲鴽加虹始見萍始生皆記時候也鴽鴾母無螮蝀謂之虹萍苹也其大者曰蘋天

子居青陽右个乘鸞路駕倉龍載青旂衣

大三百卅八 禮記五 六

鴽

薦衣　具舟　薦鮪　賑施　聘賢

青衣服倉玉食麥與羊其器疏以達青陽右个東堂南偏是月也天子乃薦鞠衣于先帝爲將蠶求福祥之助也鞠衣黃桑之服先帝大皞之屬命舟牧覆舟五覆五反乃告舟備具于天子焉舟牧主舟之官也覆反舟者備傾漏也天子始乘舟薦鮪于寢廟進時美物乃爲麥祈實於含秀求其成也不言所祈承寢廟可知是月也生氣方盛陽氣發泄句者畢出萌者盡達不可以內時可宣出不可收斂也句屈生者芒而直曰萌天子布德行惠命有司發倉廩賜貧窮振乏絕振猶救也開府庫出幣帛周天下勉諸侯聘名士禮賢者周謂給不足也勉猶勸也聘問也名士不仕者是月也命司空

通水陸

理蠶事

曰時雨將降下水上騰循行國邑周視原野脩利隄防道達溝瀆開通道路毋有障塞廣平曰原國也邑也平野也溝瀆與道路皆不得不通所以除水潦便民事也古者溝上有路田獵罝罘羅罔畢翳餧獸之藥毋出九門為鳥獸方孚乳傷之逆天時也獸罟曰罝罘鳥罟曰羅罔小而柄長謂之畢翳射者所以自隱也凡諸罟及毒藥禁其出九門明其常有時不得用耳天子九門者路門也應門也雉門也庫門也皐門也城門也近郊門也遠郊門也關門也今月令無罘翳爲弋是月也命野虞無伐桑柘愛蠶食也野虞謂主田及山林之官鳴鳩拂其羽戴勝降于桑蠶將生之候也鳴鳩飛且翼相擊趨農急也戴勝織紝之鳥是時恒在桑言降者若時始自天來重之也具曲植籧筐時所以養蠶器也曲薄也植槌也后妃齊戒親東鄉躬桑禁婦女毋觀省婦使

審工材

以勸蠶事后妃親採桑示帥先天下也東鄉者鄉時氣也是明其不常留養蠶也留養者所卜夫人與世婦婦謂世婦及諸臣之妻也內宰職曰仲春詔后帥外內命婦始蠶于北郊女外內子女也夏小正曰妾子始蠶執養宮事毋觀去容飾也婦使縫線組紃之事蠶事既登分繭稱絲效功以共郊廟之服無有敢惰登成也敕往蠶者蠶畢將課功以勸戒之是月也命工師令百工審五庫之量金鐵皮革筋角齒羽箭幹脂膠丹漆毋或不良工師司空之屬官也五庫藏此諸物之舍也量謂物善惡之舊法也幹器之木也凡輮幹有當用脂良善也百工咸理監工日號毋悖于時毋或作爲淫巧以蕩上心咸皆也於百工皆理治其事之時工師則監之日號令之戒之以此二事也悖猶逆也百工作器物各有時逆之則不善時者若弓人春液角夏治筋秋合三材冬定體之屬也淫巧謂僞飾不如法也蕩謂動之使生奢泰

大合樂

孳尾

儺禳

也令月令無王時作爲爲詐僞是月之末擇吉日大合樂天子乃率三公九卿諸侯大夫親往視之大合樂者所以助陽達物風化天下也其禮亡今天子以大射郡國以鄉射禮代之是月也乃合累牛騰馬遊牝于牧累騰皆乘匹之名是月所合牛馬謂繫在廄者其牝欲遊則就牧之牡而合之犧牲駒犢舉書其數以在牧而校數書之明出時无他故至秋當録內且以知生息之多少也命國難那九門磔攘以畢春氣此難難陰氣也陰寒至此不止害將及人所以及人者陰氣右行此月之中日行歷昴昴有大陵積尸之氣氣佚則厲鬼隨而出行命方相氏帥百隸索室敺疫以逐之又磔牲以攘於四方之神所以畢止其災也王居明堂禮曰季春出疫于郊以攘春氣季春行冬令則寒氣時發草木皆肅丑之氣乘之也肅謂枝葉縮栗國有大恐以水訛相驚行夏令則民多疾疫時雨不

降未之氣乘之也六月宿直鬼鬼爲天尸時又有暑也山陵不收高者暵於熱也行秋令則天多沈陰淫雨蚤降戌之氣乘之也九月多陰淫霖也雨三日以上爲霖今月令曰衆雨兵革並起陰氣勝也

孟夏之月日在畢昏翼中旦婺女中孟夏者日月會於實沈而斗建巳之辰其日丙丁丙之言炳也日之行夏南從赤道長育萬物月爲之佐時萬物皆炳然著見而強大又因以爲日名焉易曰齊乎巽相見乎離其帝炎帝其神祝融此赤精之君火官之目自古以來著德立功者也炎帝大庭氏也祝融顓頊氏之子曰黎爲火官其蟲羽象物從風鼓葉飛鳥之屬其音徵三分宮去一以生徵徵五十四屬火者以其微清事之象也夏氣和則徵聲調樂記曰徵亂則哀其事勤律中中呂孟夏氣至則中呂之律應中呂者無射之所生三分益一律長六寸萬九千六百八十三分寸之萬二千九百七十四周語曰中呂宣中氣其數七火生數二成數七但言七者亦舉其成數

迎夏

其味苦。其臭焦。火之臭味也。凡苦焦者皆屬焉。其祀竈。祭先肺。夏陽氣盛熱於外，祀之於竈，從熱類也。祀之先祭肺者，陽位在上，肺亦在上，肺爲尊也。竈在廟門外之東。祀竈之禮，先席於門之奧，東面設主于竈陘，乃制肺及心肝爲俎，奠于主西，又設盛于俎南，亦祭黍三，祭肺心肝各一，祭醴二，亦旣祭徹之，更陳鼎俎，設饌于筵前，迎尸，如祀户之禮。螻蟈鳴。丘蚓出。王瓜生。苦菜秀。皆記時候也。螻蟈，蛙也。王瓜，萆挈也。今月令云王萯生，夏小正云王萯秀，未聞孰是。天子居明堂左个。乘朱路。駕赤駵。載赤旂。衣朱衣。服赤玉。食菽與雞。其器高以粗。明堂左个，大寢南堂東偏也。菽實孚甲堅合，屬水。雞，木畜。時熱，食之亦以安性也。粗猶大也。器高大者，象物盛長。

是月也。以立夏。先立夏三日。大史謁之天子曰：某日立夏，盛德在火。天子乃齊。謁，告也。立夏之日。天子親

慶賞

習禮樂

選材武

助長

帥三公九卿大夫以迎夏於南郊還反行賞封諸侯慶賜遂行無不欣説迎夏祭赤帝赤熛怒於南郊之兆也不言帥諸侯而云封諸侯諸侯時或無在京師者空其文也祭統曰古者於禘也發爵賜服順陽義也於嘗也出田邑發秋政順陰義也今此行賞可也而封諸侯則違於古封諸侯出土地之事於時未可似失之乃命樂師習合禮樂為將飲酎命大尉贊桀俊遂賢良舉長大助長氣也贊猶出也桀俊能者也遂猶進也三王之官有司馬無大尉秦官則有大尉今俗人皆云周公作月令未通於古行爵出祿必當其位使順之也是月也繼長增高謂草木盛蕃廡毋有壞墮亦為逆時氣毋起土功毋發大衆為妨蠶農之事毋伐大樹亦為逆時氣是月也天子始絺初服暑服命野虞出行田原為天子

勞農 登麥 蓄藥 小刑

勞農勸民、毋或失時、重敕之 命司徒巡行縣鄙、命農勉作、毋休于都、急趨於農也縣鄙鄉遂之屬主民者也王居明堂禮曰毋休于國今月令休爲伏 是月也、驅獸毋害五穀、毋大田獵、爲傷蓄廡之氣 農乃登麥、天子乃以彘嘗麥、先薦寢廟、登進也麥之新氣尤盛以彘食之散其熱也彘水畜 是月也、聚畜百藥、蕃廡之時毒氣盛 靡草死、麥秋至、斷薄刑、決小罪、舊說云靡草薺亭歷之屬祭統曰草艾則墨謂立秋後也刑無輕於墨者今以純陽之月斷刑決罪與毋有壞墮自相違似非 出輕繫、崇先寬先 蠶事畢、后妃獻繭、乃收繭稅、以桑爲均、貴賤長幼如一、以給郊廟之服、后妃獻繭者內命婦獻繭於后妃收繭稅者收於外命婦外命婦雖就公桑蠶室而蠶其夫亦當有祭服以助祭收以近郊之稅耳貴賤長幼如一國服

汪文二佰卅二 禮 巳五 一 公+

飲酎

仲夏　夏至
昏亢　疑誤
旦危　疑誤
唐氐一　室一
宋亢六　危四
日井九弱　井九半弱

同

是月也，天子飲酎，用禮樂。酎之言醇也，謂重釀之酒也。春酒至此始成，與羣臣以禮樂飲之於朝，正尊卑也。孟冬云大飲蒸，此言用禮樂，互其文。孟夏行秋令，則苦雨數來，五穀不滋，申之氣乘之也。苦雨，白露之類，時物得雨傷。四鄙入保。金氣爲害也。鄙，界上邑。小城曰保。行冬令，則草木蚤枯，長日促。後乃大水敗其城郭，亥之氣乘之也。行春令，則蝗蟲爲災，暴風來格，寅之氣乘之也。必以蝗蟲爲災者，寅有啓蟄之氣，行於初暑，則當蟄者大出矣。格，至也。秀草不實。氣更生之，不得成也。

仲夏之月，日在東井，昏亢中，旦危中。仲夏者，日月會於鶉首，而斗建午之辰也。其日丙丁，其帝炎帝，其神祝融，其蟲羽，其音徵，律中蕤賓，其數七，其味苦，其

樂器

祈穀

臭焦其祀竈祭先肺蕤賓者應鍾之所生三分益一律長六寸八十一分寸之二十六仲夏氣至則蕤賓之律應周語曰蕤賓所以安靜神人獻酬交酢小暑至螳蜋生鵙始鳴反舌無聲皆記時候也螳蜋螵蛸母也鵙博勞也反舌百舌鳥天子居明堂大廟乘朱路駕赤駵載赤旂衣朱衣服赤玉食菽與雞其器高以粗明堂太廟南堂當大室也養壯佼助長氣也是月也命樂師脩鞀鞞鼓均琴瑟管簫執干戚戈羽調竽笙箎簧飭鐘磬祝敔為將大雩帝習樂也脩均執調飭者治其器物習其事之言命有司為民祈祀山川百源大雩帝用盛樂乃命百縣雩祀百辟卿士有益於民者以祈穀實陽氣盛而常旱山川

登黍

助長

艾藍以染上多毋字夏小正五月啓灌藍蓼啓灌讀其汁也今五月正取藍汁爲澱古人多用藍以染月令安得反禁之多毋字無疑

馬政

百源能興雲雨者也衆水始所出爲百源必先祭其本乃雩雩吁嗟求雨之祭也雩帝謂爲壇南郊之旁雩五精之帝配以先帝也自鞀鞞至柷敔皆作曰盛樂凡他雩用歌舞而已百辟卿士古者上公若句龍后稷之類也春秋傳曰龍見而雩雩之正當以四月凡周之秋三月之中而旱亦脩雩禮以求雨因著正雩此月失之矣天子雩上帝諸侯以下雩上公周冬及春夏雖旱禮有禱無雩

農乃登黍 登進也

是月也天子乃以雛嘗黍羞以含桃先薦寢廟 此嘗雛也而云以嘗黍不以牲主穀也必以黍者黍火穀氣之主也含桃櫻桃也

令民毋艾藍以染 爲傷長氣也此月藍始可別夏小正曰五月啓灌藍蓼

毋燒灰 爲傷火氣也火之氣於是爲盛火之滅者爲灰

毋暴布 不以陰功干大陽之事

門閭毋閉關市毋索 順陽敷縱不難物

挺重囚益其食 挺猶寬也

游牝別羣 孕妊之欲止也

則縶騰駒 爲其牡氣有餘相蹄齧也

班馬政 馬政謂養馬之政教也廋人職曰掌十有二閑之政教以阜馬佚特教駣攻駒

夏至

齋戒

貴靜

養陰

順陽

此之謂也是月也日長至陰陽爭死生分爭者陽方盛陰欲起也分猶半也君子齊戒處必掩身毋躁掩猶隱翳也躁猶動也今月令毋躁爲欲靜止聲色毋或進進猶御見也聲謂樂也易及樂春秋說夏至人主與羣臣從八能之士作樂五日今止之非其道也薄滋味毋致和爲其氣異此時傷人節耆欲定心氣微陰扶精不可散也百官靜事毋刑罪罰之事不可以聞今月令刑爲徑以定晏陰之所成晏安也陰稱安鹿角解蟬始鳴半夏生木菫榮又記時候也半夏藥草木菫王蒸也是月也毋用火南方陽氣盛又用火於其方害微陰也可以居高明可以遠眺望可以升山陵可以處臺榭順陽在上也高明謂樓觀也闍者謂之臺有木者謂之榭仲夏行冬令則雹凍傷穀子之氣乘之也

季夏

陽爲雨陰起脅之凝爲雹道路不通暴兵來至盜賊攻劫亦雹之類行春令則五穀晚孰卯之氣乘之也生日長百螣時起其國乃饑螣蝗之屬言百者明衆類並爲害行秋令則草木零落酉之氣乘之也八月宿直昴畢爲天獄主殺果實早成生日短民殃於疫大陵之氣來爲害也

季夏之月日在柳昏火中旦奎中季夏者日月會於鶉火而斗建未之辰也其日丙丁其帝炎帝其神祝融其蟲羽其音徵律中林鍾其數七其味苦其臭焦其祀竈祭先肺林鍾者黃鍾之所生三分去一律長六寸季夏氣至則林鍾之律應周語曰林鍾和展百物俾莫不任肅純恪温風始至蟋蟀居壁鷹乃學習腐草爲螢皆記時候也鷹學習謂攫摶也夏小正曰六月鷹始摯螢飛蟲螢火也天

澤藪之利

子居明堂右个，乘朱路，駕赤駵，載赤旂，衣朱衣，服赤玉，食菽與雞，其器高以粗。明堂右个，南堂西偏也。命漁師伐蛟取鼉，登龜取黿。四者甲類，秋乃堅成。周禮曰：秋獻龜魚。又曰：凡取龜用秋時。是夏之秋也。作月令者以爲此秋據周之時也。周之八月，夏之六月，因書於此，似誤也。蛟言伐者，以其有兵衛也。龜言登者，尊之也。鼉黿言取，羞物賤也。鼉皮又可以冒鼓。今月令漁師爲榜人。命澤人納材葦。蒲葦之屬，此時柔刃，可取作器物也。是月也，命四監大合百縣之秩芻，以養犧牲，令民無不咸出其力。四監，主山林川澤之官。百縣，鄉遂之屬，地有山林川澤者也。秩，常也。百縣給國養犧牲之芻，多少有常，民皆當出力爲艾之。今月令四爲田。以共皇天上帝、名山大川、四方之神，以祠宗廟社稷之靈，以爲民祈福。牲以供祠神靈，爲民求福。

染采

助長養
命上有乃字
今本無

戒擾農

明使民艾芻是不虛取也皇天北辰耀魄寶冬至所祭於圜丘也上帝太微五帝是月也命婦官染采黼黻文章必以法故無或差貸婦官染人也采五色黑黃倉赤莫不質良毋敢詐僞質正也良善也所用染者當得眞采正善也以給郊廟祭祀之服以爲旗章以別貴賤等給之度旗章旌旗及章識也是月也樹木方盛乃命虞人入山行木毋有斬伐爲其未堅刃也不可以興土功不可以合諸侯不可以起兵動衆土將用事氣欲靜毋舉大事以摇養氣大事興繇役以有爲毋發令而待以妨神農之事也發令而待謂出繇役之令以預驚民也民驚則心動是害土神之氣土神稱曰神農者以其主於稼穡水潦盛昌神農

將持功舉大事則有天殃言土以受天雨澤安靜養物爲功動之則致害也孝經説曰地順受澤謙虚開張含泉任萌滋物歸中是月也土潤溽暑潤溽謂塗溫也大雨時行燒薙行水利以殺草如以熱湯薙謂迫地芟草也此謂欲稼萊地先薙其草草乾燒之至此月大雨流水潦畜於其中則草死不復生而地美可稼也薙人掌殺草職曰夏日至而薙之又曰如欲其化也則以水火變之可以糞田疇可以美土彊土潤溽膏澤易行也糞美互文耳土彊彊㯺之地季夏行春令則穀實鮮落國多風欬辰之氣乘之也未屬巽辰又在巽位二氣相亂爲害民乃遷徙象風轉移物也行秋令則丘隰水潦戌之氣乘之也九月宿直奎奎爲溝瀆溝瀆與此月大雨并而高下皆水禾稼不孰傷於水也乃多女災含任之類敗也行冬令則風寒不時丑之氣乘之也

中央土
土分旺四季
每季十八日惟
季夏十八日火
生土為最旺
故以為中央

鷹隼蚤鷙得疾厲之氣也四鄙入保象鳥雀之走竄也都邑之城曰保

中央土火休而盛德在土也其日戊己戊之言茂也己之言起也日之行四時之間從黃道月為之佐至此萬物皆枝葉茂盛其含秀者抑屈而起故因以為日名焉其帝黃帝其神后土此黃精之君土官之神自古以來著德立功者也黃帝軒轅氏也后土亦顓頊氏之子曰黎兼為土官其蟲倮象物露見不隱藏虎豹之屬恒淺毛其音宮聲始於宮宮數八十一屬土者以其最濁君之象也季夏之氣和則宮聲調樂記曰宮亂則荒其君驕律中黃鍾之宮黃鍾之宮最長也十二律轉相生五聲具終於六十焉季夏之氣至則黃鍾之宮應禮運曰五聲六律十二管還相為宮其數五土生數五成數十但言五者土以生為本其味甘其臭香土之臭味也凡甘香者皆屬之其祀中霤祭先心中霤猶中室也土主中央而神在室古者複穴是以名室為霤云祀之先祭心者五藏之次心次肺至此心為尊也祀中霤之禮設主於牖下乃制心及肺肝為俎其祭肉心肺肝各一他皆如祀戶之禮

天子居大廟大室，乘大路，駕黃騮，載黃旂，衣黃衣，服黃玉，食稷與牛，其器圜以閎。大廟大室，中央室也。大路，殷路也，車如殷路之制而飾之以黃。稷，五穀之長。牛，土畜也。器圜者，象土周帀於四時。閎讀如紘，紘謂中寬，象土含物。

孟秋之月，日在翼，昏建星中，旦畢中。孟秋者，日月會於鶉尾而斗建申之辰也。

其日庚辛。庚之言更也，辛之言新也。日之行，秋西從白道，成孰萬物，月爲之佐，萬物皆肅然改更，秀實新成，又因以爲日名焉。

其帝少皞，其神蓐收。此白精之君，金官之臣，自古以來著德立功者也。少皞，金天氏。蓐收，少皞氏之子曰該，爲金官。

其蟲毛。象物應涼氣而備寒，狐貉之屬生旃毛也。

其音商。三分徵益一以生商，商數七十二，屬金者，以其濁次宫，臣之象也。秋氣和則商聲調。樂記曰：商亂則陂，其官壞。

律中夷則。孟秋氣至，則夷則之律應。夷則者，大呂之所生也，三分去一，律長五寸七百二十九分寸之四百五十一周語曰夷則所以詠歌九則平民無貳其數九金生數四成數九但言九者亦舉其成數其味辛其臭腥金之臭味也凡辛腥者皆屬焉其祀門祭先肝秋陰氣出祀之於門外陰也祀之先祭肝者秋為陰中於藏直肝肝為尊也祀門之禮北面設主于門左樞乃制肝及肺心為俎奠于主南又設盛于俎東其他皆如祭竈之禮涼風至白露降寒蟬鳴鷹乃祭鳥用始行戮皆記時候也寒蟬寒蜩謂蜺也鷹祭鳥者將食之示有先也既祭之後不必盡食若人君行刑戮之而已天子居總章左个乘戎路駕白駱載白旂衣白衣服白玉食麻與犬其器廉以深總章左个大寢西堂南偏戎路兵車也制如周革路而飾之以白白馬黑鬣曰駱麻實有文理屬金犬金畜也器廉以深象金傷害物入藏是月也以立秋先立秋三日大史謁之天子曰某日立秋盛德在

迎秋氣

經武功

行刑罰

決獄訟

金謁告天子乃齊。立秋之日。天子親帥三公九卿諸侯大夫。以迎秋於西郊。還反賞軍帥武人於朝迎秋者祭白帝白招拒於西郊之兆也軍帥諸將也武人謂環人之屬有勇力者天子乃命將帥選士厲兵簡練桀俊專任有功以征不義征之言正也伐也詰誅暴慢。以明好惡順彼遠方詰謂問其罪窮治之也順猶服也是月也命有司脩法制繕囹圄具桎梏禁止姦慎罪邪務搏執順秋氣政尚嚴命理瞻傷察創視折理治獄官也有虞氏曰士夏曰大理周曰大司寇創之淺者曰傷審斷決獄訟必端平端猶正也戮有罪嚴斷刑天地始肅不可以贏肅嚴急之言也贏猶解也是月也

登穀

繕補緝

順收斂

農乃登穀，天子嘗新，先薦寢廟。黍稷之屬於是始孰。命百官始收斂，順秋氣收斂物。完隄坊〔防〕，謹壅塞，以備水潦。備者備八月也。八月宿直畢，畢好雨。脩宮室，坏〔增〕牆垣，補城郭。象秋收斂物當藏也。是月也，毋以封諸侯、立大官，毋以割地、行大使、出大幣。古者於嘗出田邑，此其月也，而禁封諸侯割地，失其義。孟秋行冬令，則陰氣大勝，亥之氣乘之也。介蟲敗穀，介，甲也。甲蟲屬冬，敗穀者稻蟹之屬。戎兵乃來。十月宿直營室，營室之氣爲害也。營室主武士。行春令，則其國乃旱，寅之氣乘之也。雲雨以風除也。陽氣復還，五穀無實。陽氣能生而不能成。行夏令，則國多火災，巳之氣乘之也。寒熱不節，民多瘧疾。瘧疾，寒熱所爲也。今月令「瘧疾」爲「疾疫」。

仲秋 秋分
昏牽牛旦觜觿
唐斗十九 井五
宋斗十 參七
日軫五半弱 軫
五半弱

養老

仲秋之月，日在角，昏牽牛中，旦觜觿中。仲秋者日月會於壽星而斗建酉之辰也其日庚辛，其帝少皞，其神蓐收，其蟲毛，其音商，律中南呂，其數九，其味辛，其臭腥，其祀門，祭先肝。南呂者大蔟之所生三分去一律長五寸三分寸之一仲秋氣至則南呂之律應周語曰南呂者贊陽秀物盲風至，鴻鴈來，玄鳥歸，羣鳥養羞。皆記時候也盲風疾風也玄鳥燕也歸謂去蟄也凡鳥隨陰陽者不以中國爲居羞謂所食也夏小正曰九月丹鳥羞白鳥說曰丹鳥也者謂丹良也白鳥也者謂閩蚋也其謂之鳥者重其養者也有翼爲鳥養也者不盡食也二者文異君羣鳥丹良未聞孰是天子居總章大廟，乘戎路，駕白駱，載白旂，衣白衣，服白玉，食麻與犬，其器廉以深。總章大廟西堂當大室也是月也，養衰老，

制衣

審刑

省牲

授几杖，行麋粥飲食。助老氣也。行猶賜也。乃命司服具飭衣裳，文繡有恒，制有小大，度有短長。此謂祭服也。文謂畫也。祭服之制，畫衣而繡裳。衣服有量，必循其故。此謂朝燕及他服。凡此爲寒益至也。詩去七月流火，九月授衣。於是作之可也。冠帶有常。因制衣服而作之也。乃命有司申嚴百刑，斬殺必當，毋或枉橈。枉橈不當，反受其殃。申，重也。當謂值其罪。是月也，乃命宰祝循行犧牲，視全具，案芻豢，瞻肥瘠，察物色，必比類，量小大，視長短，皆中度。五者備當，上帝其饗。於鳥獸肥充之時，宜省羣牲也。宰祝，大宰、大祝，主祭祀之官也。養牛羊曰芻，犬豕曰豢。五者，謂所視也，所案也，所瞻也，所察也，所量也。此皆得其正，則上帝饗之。上帝饗之，而無神不饗也。天子乃難

儺　嘗麻　收斂　種麥　秋分

以達秋氣此難難陽氣也陽暑至此不衰害亦將及人所以及人者陽氣左行此月宿直昴畢昴畢亦得大陵積尸之氣氣佚則厲鬼亦隨而出行於是亦命方相氏帥百隸而難之王居明堂禮曰仲秋九門磔攘以發陳氣禦止疾疫以犬嘗麻先薦寢廟麻始孰也是月也可以築城郭建都邑穿竇窖脩囷倉爲民將入物當藏也穿竇窖者入地圓曰竇方曰窖王居明堂禮曰仲秋命庶民畢入于室曰時殺將至毋罹其災乃命有司趣民收斂務畜菜多積聚始爲禦冬之備乃勸種麥毋或失時其有失時行罪無疑麥者接絶續乏之穀尤重之是月也日夜分雷始收聲蟄蟲坏戸殺氣浸盛陽氣日衰水始涸又記時候也雷始收聲在地中動内物也坏益也蟄蟲益戸謂稍小之也涸竭也此甫八月中雨氣未止而云水竭非也周語曰辰角見而雨畢天根見而水涸又曰雨畢而除道水涸而成

程度
通貨

梁辰角見九月本也天根見九月末也王居明堂禮曰季秋除道致梁以利農也日夜分則同度量平權衡正鈞石角斗甬是月也易關市來商旅納貨賄以便民事四方來集遠鄉皆至則財不匱上無乏用百事乃遂易關市謂輕其稅使民利之商旅賈客也匱亦乏也遂猶成也凡舉大事毋逆大數必順其時愼因其類事謂興土功合諸侯舉兵衆也季夏禁之孟秋始征伐此月築城郭季秋敎田獵是以於中爲之戒焉仲秋行春令則秋雨不降卯之氣乘之也卯宿直房心心爲大火草木生榮應陽動也國乃有恐以火訛相驚行夏令則其國乃旱蟄蟲不藏五穀復生午之氣乘之也行冬令則風災數起子之氣乘之也北風殺物收雷先行

季秋

收斂

先猶蚤也冬主閉藏草木蚤死寒氣盛也

季秋之月日在房昏虛中旦柳中季秋者日月會於大火而斗建戌之辰也其日庚辛其帝少皞其神蓐收其蟲毛其音商律中無射其數九其味辛其臭腥其祀門祭先肝無射者夾鍾之所生三分去一律長四寸六千五百六十一分寸之六千五百二十四季秋氣至則無射之律應周語曰無射所以宣布喆人之令德示民軌儀鴻鴈來賓爵入大水爲蛤鞠有黄華豺乃祭獸戮禽皆記時候也來賓言其客止未去也大水海也戮猶殺也天子居總章右个乘戎路駕白駱載白旂衣白衣服白玉食麻與犬其器廉以深總章右个西堂北偏是月也申嚴號

粢盛　休工　入學　饗帝　頒朔　頒制

令申重命百官貴賤無不務内以會天地之藏無有宣出 内謂收斂入之也會猶聚也 乃命冢宰農事備收 備猶盡也 舉五穀之要 定其租稅之簿 藏帝藉之收於神倉祗敬必飭 重粢盛之委也帝藉所耕千畝也藏祭祀之穀爲神倉祗亦敬也 是月也霜始降則百工休 寒而膠漆之作不堅好也 乃命有司曰寒氣總至民力不堪其皆入室 總猶摠卒 上丁命樂正入學習吹 爲將饗帝也春夏重舞秋冬重吹也 是月也大饗帝 言大饗者遍祭五帝也曲禮曰大饗不問卜謂此也 嘗犧牲告備于天子 嘗者謂嘗羣神也天子親嘗帝使有司祭于羣神禮畢而告焉 合諸侯制百縣爲來歲受朔日與諸侯所稅於民輕重之

法貢職之數以遠近土地所宜爲度以給焉合諸侯制者定其國家宫室車旗衣服禮儀也諸侯言合制百縣言受朔日互文也貢職謂所入天子凡周之法以正月和郊廟之事無有所私秦以建亥之月爲歲首於是歲終使諸侯及鄉遂之官受此法之正歲而縣於象魏是月也天子乃教於田獵以習五戎班馬政教於田獵因田獵之禮教民以戰法也五戎謂五兵弓矢殳矛戈戟也馬政謂齊其色度其力使同乘也校人職曰凡軍事物馬而頒之命僕及七騶咸駕載旌旐授車以級整設于屏外僕戎僕及御夫也七騶謂趣馬主爲諸官駕說者也旣駕之又爲之載旌旗司馬職曰仲秋教治兵如振旅之陳辨旗物之用王載大常諸侯載旂軍吏載旗師都載旜鄉遂載物郊野載旐百官載旟是也級等次也整正列也設陳也屏所田之地門外之蔽司徒搢扑北面誓之誓衆以軍法也天子乃厲飾執弓挾矢以獵厲飾謂戎服尚威武也今

伐薪
决遣
嘗稻

月令獵為射　命主祠祭禽于四方　以所獲禽祀四方之神也司馬職曰羅弊致禽以祀祊　是月也草木黄落乃伐薪為炭　伐木必因殺氣　蟄蟲咸俯在内皆墐其户　墐謂塗閉之辟殺氣　乃趣獄刑毋留有罪　殺氣已至有罪者即决也　收禄秩之不當供養之不宜者　天氣殺而萬物咸藏可以去之也禄秩之不當恩所增加也供養之不宜欲所貪者熊蹯之屬非常食　是月也天子乃以犬嘗稻先薦寢廟　稻始熟也

季秋行夏令則其國大水冬藏殃敗民多鼽(求)嚏(帝)　未之氣乘之也六月宿直東井氣多暑雨　行冬令則國多盜賊邊竟不寧土地分裂　丑之氣乘之也極陰為外邊竟之象也大寒之時地隆坼也　行春令則煖風來至民氣解惰　辰之氣乘之也巽為風　師

興不居辰宿直角角主兵不居象風行不休止也

孟冬之月日在尾昏危中旦七星中孟冬者日月會於析木之津而斗建亥之辰也其日壬癸壬之言任也癸之言揆也日之行冬北從黑道閉藏萬物月爲之佐時萬物懷任於下揆然萌牙又因以爲日名焉其帝顓頊其神玄冥此黑精之君水官之臣自古以來著德立功者也顓頊高陽氏也玄冥少皞氏之子曰脩曰熙爲水官其蟲介介甲也象物閉藏地中龜鼈之屬其音羽三分商去一以生羽羽數四十八屬水者以爲最清物之象也冬氣和則羽聲調樂記曰羽亂則危其財匱律中應鍾孟冬氣至則應鍾之律應應鍾者姑洗之所生三分去一律長四寸二十七分寸之二十周語曰應鍾均利器用俾應復其數六水生數一成數六但言六者亦舉其成數其味鹹其臭朽水之臭味也凡鹹朽者皆屬焉氣若有若無爲朽其祀行祭先腎冬陰盛寒於水祀之於行從辟除之類也祀之先祭腎者陰位在下腎亦在下腎爲尊也行在廟門外之西爲軷壤

迎冬

卹死

厚二寸廣五尺輪四尺祀行之禮北面設主于軷上乃制腎及脾為俎奠于主南又設盛于俎東祭肉腎一脾再其他皆如祀門之禮水始冰地始凍雉入大水為蜃虹藏不見皆記時候也大水淮也大蛤曰蜃天子居玄堂左个乘玄路駕鐵驪載玄旂衣黑衣服玄玉食黍與彘其器閎以奄玄堂左个北堂西偏也鐵驪色如鐵黍秀舒散屬火寒時食之亦以安性也彘水畜也器閎而奄象物閉藏也今月令曰乘軫路似當為袗字之誤也是月也以立冬先立冬三日大史謁之天子曰某日立冬盛德在水天子乃齊謁告立冬之日天子親帥三公九卿大夫以迎冬於北郊還反賞死事恤孤寡迎冬者祭黑帝叶光紀於北郊之兆也死事謂以國事死者若公叔禺人顏涿聚者也孤寡其

釁分卜

蓋藏

妻子也有以惠賜之大功加賞是月也命大史釁龜筴占兆審卦吉凶筴蓍也占兆龜之繇文也周禮龜人上春釁龜謂建寅之月也秦以其歲首使大史釁龜筴與周異矣卦吉凶謂易也審省録之而不釁筴筮筮短賤於兆也今月令曰釁祠祠衍字是察阿黨則罪無有掩蔽阿黨謂治獄吏以私恩曲橈相爲也是月也天子始裘九月授衣至此可以加裘命有司曰天氣上騰地氣下降天地不通閉塞而成冬使有司助閉藏之氣門戶可閉閉之窻牖可塞塞之命百官謹蓋藏謂府庫囷倉有藏物命司徒循行積聚無有不斂謂芻禾薪蒸之屬坏城郭戒門閭脩鍵閉愼管籥固封疆備邊竟完要塞謹關梁塞徯徑坏益也鍵牡閉牝也管籥搏鍵器也固封疆謂使有司循其溝樹及其衆庶之守法也要塞邊城要害處也梁橋橫也徯徑禽

工器

烝祭

獸之道也今月令彊或爲壟飭喪紀辨衣裳審棺椁之薄厚
塋丘壟之大小高卑薄厚之度貴賤之等
級此亦閉藏之具順時飭正之也辨衣裳謂襲斂尊卑所用也所用又有多少是月也命工
師效功陳祭器案度程毋或作爲淫巧以
蕩上心必功致緻爲上霜降而百工休至此物皆成也工師工官之長也效功錄見百
工所作器物也主於祭器祭器尊也度謂制大小也程謂器所容也淫巧謂奢偽怪好也蕩謂搖動生其奢淫物勒
工名以考其誠勒刻也刻工姓名於其器以察其信知其不功致功有不當
必行其罪以窮其情功不當者取材美而器不堅也是月也大
飲烝十月農功畢天子諸侯與其羣臣飲酒於大學以正齒位謂之大飲別之於他其禮亡今天子以燕禮郡國以
鄉飲酒禮代之燕謂有牲體爲俎也黨正職曰國索鬼神而祭祀則以禮屬民而飲酒于序以正齒位亦謂此時也詩云十月

臘

講武

漁賦

滌場朋酒斯饗曰殺羔羊躋彼公堂稱彼兕觥受福無疆是頌大飲之詩天子乃祈來年于天宗大割祠于公社及門閭臘先祖五祀此周禮所謂蜡祭也天宗謂日月星辰也大割大殺羣牲割之也臘謂以田獵所得禽祭也五祀門戶中霤竈行也或言祈年或言大割或言臘互文勞農以休息之黨正屬民飲酒正齒位是也天子乃命將帥講武習射御角力爲仲冬將大閱簡習之亦因營室主武士也凡田之禮唯狩最備夏小正十一月王狩是月也乃命水虞漁師收水泉池澤之賦毋或敢侵削衆庶兆民以爲天子取怨于下其有若此者行罪無赦因盛德在水收其稅孟冬行春令則凍閉不密地氣上泄寅之氣乘之也民多流亡象蟄蟲動行夏令則國多暴風方冬

小二百四十三字

仲冬　冬至
昏辟　旦軫
唐辟三　角三
宋室十　軫宍
日斗三度　斗三
巳上中星日度
並以承平爲例
至景定甲子冬
至日在斗初度
可以類推

不寒蟄蟲復出巳之氣乘之也立夏巽用事巽爲風行秋令則雪霜不時申之氣乘之也小兵時起土地侵削申陰氣尚微申宿直參伐參伐爲兵

仲冬之月日在斗昏東辟中旦軫中仲冬者日月會於星紀而斗建子之辰也其日壬癸其帝顓頊其神玄冥其蟲介其音羽律中黃鍾其數六其味鹹其臭朽其祀行祭先腎黃鍾者律之始也九寸仲冬氣至則黃鍾之律應周語曰黃鍾所以宣養六氣九德冰益壯地始坼鶡旦不鳴虎始交皆記時候也鶡旦求旦之鳥也交猶合也天子居玄堂大廟乘玄路駕鐵驪載玄旂衣黑衣服玄玉食黍與彘其

冬藏

閉藏

爲酒

器閎以奄玄堂大廟北堂當大室飭死事飭軍士戰必有死志命有司曰土事毋作愼毋發蓋毋發室屋及起大衆以固而閉地氣沮泄是謂發天地之房諸蟄則死民必疾疫又隨以喪命之曰暢月而猶女也暢猶充也大陰用事尤重閉藏是月也命奄尹申宮令審門閭謹房室必重閉奄尹主領奄豎之官也於周則爲内宰掌治王之内政宮令譏出入及開閉之屬重閉外内閉也省婦事毋得淫雖有貴戚近習毋有不禁省婦事所以靜陰類也淫謂女功奢僞怪好物也貴戚謂姑姊妹之屬近習天子所親幸者乃命大酋秫稻必齊麴蘗必時湛熾必絜水泉必香陶器必良火齊必得兼用六

祠水神

警收藏

施山澤

冬至

齋戒

物大酋監之毋有差貸　酒孰曰酋大酋者酒官之長也於周則爲酒人秫稻必齊謂孰成也湛漬也熾炊也火齊腥孰之調也物猶事也差貸謂失誤有善有惡也古者穫稻而漬米麴至春而爲酒詩云十月穫稻爲此春酒以介眉壽　天子命有司祈祀四海大川名源淵澤井泉　順其德盛之時祭之也今月令淵爲深　是月也農有不收藏積聚者馬牛畜獸有放佚者取之不詰　此收斂尤急之時人有取者不罪所以警懼其主也王居明堂禮曰孟冬之月命農畢積聚繫收牛馬　山林藪澤有能取蔬食田獵禽獸者野虞教道之其有相侵奪者罪之不赦　務收斂野物也大澤曰藪草木之實爲蔬食　是月也日短至陰陽爭諸生蕩　爭者陰方盛陽欲起也蕩謂物動將萌牙也　君子齊戒處必掩身身欲寧

取堅勁
助閉藏

去聲色禁耆欲安形性事欲靜以待陰陽之所定寧安也聲謂樂也易及樂春秋說去冬至人主與羣臣從八能之士作樂五日此言去聲色又相反芸始生荔挺出蚯蚓結麋角解水泉動又記時候也芸香草也荔挺馬薤也水泉動潤上行日短至則伐木取竹箭此其堅成之極時是月也可以罷官之無事去器之無用者謂先時權所建作者也天地閉藏而萬物休可以去之塗闕廷門閭築囹圄此所以助天地之閉藏也順時氣也仲冬行夏令則其國乃旱午之氣乘之也氛霧冥冥霜露之氣散相亂也雷乃發聲震氣動也午屬震行秋令則天時雨汁瓜瓠不成酉之氣乘之也酉宿直昴畢畢好雨雨汁者水雪雜下也子宿直虛危虛危內有瓜瓠國

有大兵兵亦軍之氣行春令則蝗蟲爲敗當蟄者出卯之氣乘之也水泉咸竭大火爲旱民多疥癘疥癘之病孚甲象也

季冬之月，日在婺女，昏婁中，旦氐中。季冬者日月會於玄枵而斗建丑之辰也其日壬癸，其帝顓頊，其神玄冥，其蟲介，其音羽，律中大呂，其數六，其味鹹，其臭朽，其祀行，祭先腎。大呂者蕤賓之所生也三分益一律長八寸二百四十三分寸之百四季冬氣至則大呂之律應周語曰大呂助陽宣物鴈北鄉，鵲始巢，雉雊，雞乳，皆記時候也雊雉鳴也詩云雉之朝雊尚求其雌天子居玄堂右个，乘玄路，駕鐵驪，載玄旂，衣黑衣，服玄玉，食黍與彘，其器閎以奄。玄堂右个北堂東偏命有司大難，旁磔，出

索享　嘗魚　藏氷　農備

土牛以送寒氣此難難陰氣也難陰始於此者陰氣右行此月之中日歷虛危虛危有墳墓四司之氣爲厲鬼將隨強陰出害人也旁磔於四方之門磔攘也出猶作也作土牛者丑爲牛牛可牽止也送猶畢也征鳥厲疾殺氣當極也征鳥題肩也齊人謂之擊征或名曰鷹仲春化爲鳩乃畢山川之祀及帝之大臣天之神祇四時之功成於冬孟月祭其宗至此可以祭其佐也帝之大臣句芒之屬天之神祇司中司命風師雨師是月也命漁師始漁天子親往乃嘗魚先薦寢廟天子必親往視漁明漁非常事重之也此時魚絜美冰方盛水澤腹堅命取冰冰腹厚也此月日在北陸冰堅厚之時也北陸謂虛也今月令無堅冰以入令告民出五種冰既入而令田官告民出五種明大寒氣過農事將起也命農計耦耕事脩耒耜具田器耜者耒之金也廣五寸田器鎡錤之屬命樂師大合吹而罷歲將終與

收薪　休農　先備　賦牲

族人大飲作樂於大寢以綴恩也言罷者此用禮樂於族人最盛後年若時乃復然也凡用樂必有禮用禮則有不用樂者王居明堂禮季冬命國爲酒以合三族君子説小人樂乃命四監收秩薪柴以共郊廟及百祀之薪燎四監主山林川澤之官也大者可析謂之薪小者合束謂之柴薪施炊爨柴以給燎春秋傳曰其父析薪今月令無及百祀之薪燎是月也日窮于次月窮于紀星回于天數將幾終言日月星辰運行于此月皆周帀於故處也次舍也紀會也歲且更始專而農民毋有所使而猶女也言專一女農民之心令之豫有志於耕稼之事不可傜役傜役之則志散失業也天子乃與公卿大夫共飭國典論時令以待來歲之宜飭國典者和六典之法也周禮以正月爲之建寅而縣之今用此月則所因於夏郡也乃命大史次諸侯之列賦之犧牲以共皇天上帝社稷之

饗[此所與諸侯共者也列國有大小也賦之犧牲大者出多小者出少饗獻也]乃命同姓之邦共寢廟之芻豢[此所以與同姓共也芻豢猶犧牲]命宰歷卿大夫至于庶民土田之數而賦犧牲以共山林名川之祀[此所與卿大夫庶民共者也歷猶次也卿大夫采地亦有大小其非采也以其邑之民多少賦之]凡在天下九州之民者無不咸獻其力以共皇天上帝社稷寢廟山林名川之祀[民非神之福不生雖有其邦國采地此賦要由民出]季冬行秋令則白露蚤降介蟲爲妖[戌之氣乘之也九月初尚有白露月中乃爲霜丑爲鼈蟹]四鄙入保[畏兵辟寒象]行春令則胎夭多傷[辰之氣乘之也夭少長也此月物甫萌牙季春乃句者畢出萌者盡達胎夭多傷者生氣早至不充其性]國多固疾

生不充性有久疾也命之曰逆衆害莫大於此行夏令則水潦敗國時雪不降冰凍消釋未之氣乘之也季夏大雨時行

禮記卷第五

經四千三百三十九字

注五千三百六十一字

禮記卷第六

（文公曰曾子問一篇都是問喪祭变礼微細處想是經礼聖人平日已說底都一一理會了只是变礼未說底須要人逐一問過）

曾子問第七　禮記

鄭氏注

曾子問曰君薨而世子生如之何孔子曰卿大夫士從攝主北面於西階南（變於朝夕哭位也攝主上卿代君聽國政）大祝裨冕執束帛升自西階盡等不升堂命毋哭（將有事宜清靜也裨冕者接神則祭服也諸侯之卿大夫所服裨冕絺冕也玄冕也士服爵弁服大祝裨冕則大夫）祝聲三告曰某之子生敢告（聲噫歆警神也某夫人之氏也）升奠幣于殯東几上哭降（几筵於殯東明繼體也）衆主人卿大夫士房中皆哭不踊（衆主人君之親也房中婦人）盡一哀反位遂朝奠（反朝夕哭位）小宰升舉幣（所主

日當作月註誤非

君葬世子生

也舉而下埋之階間三日衆主人卿大夫士如初位北面
三日負子日也初告生時大宰大宗大祝皆裨冕少師奉子
以衰祝先子從宰宗人從入門哭者止宰宗人詔
賛君事者子升自西階殯前北面祝立于殯東南
隅祝聲三曰某之子某從執事敢見子
拜稽顙哭奉子者拜哭祝宰宗人衆主人卿大夫
士哭踊三者三降東反位皆袒子踊房中亦
踊三者三襲衰杖踊襲衰杖成子禮也奠出亦謂朝奠大
宰命祝史以名徧告于五祀山川因負子名之喪於禮略也
曾子問曰如已葬而世子生則如之何孔子

諸侯告行之礼因徧告而言

曰大宰大宗從大祝而告于禰告生也三月乃名于禰以名徧告及社稷宗廟山川孔子曰諸侯適天子必告于祖奠于禰皆奠幣以告之互文也冕而出視朝聽國事也諸侯朝天子必裨冕爲將廟受也裨冕者公袞侯伯鷩子男毳命祝史告于社稷宗廟山川臨行又徧告宗廟孝敬之心也乃命國家五官而后行五官五大夫典事者命者勑之以其職道而出祖道也聘禮曰出祖釋軷祭酒脯也告者五日而徧過是非禮也既告不敢久留凡告用牲幣反亦如之牲當爲制字之誤也制幣一丈八尺諸侯相見必告于禰道近或可以不親告祖朝服而出視朝朝服爲事故也命祝史告于五廟所過山川山川所不過則不告貶於適天子也

並有喪

殯註作賓非當是重喪之殯

冠礼之變

亦命國家五官道而出反必親告于祖禰乃命祝史告至于前所告者而后聽朝而入（反必親告祖禰同出入禮）曾子問曰並有喪如之何何先何後（並謂父母若親同者同月死）孔子曰葬先輕而後重其奠也先重而後輕禮也自啓及葬不奠（不奠務於當葬者）行葬不哀次（不哀次輕於在殯者）反葬奠而后辭於殯遂脩葬事（殯當爲賓聲之誤也辭於賓謂告將葬啓期也）其虞也先重而後輕禮也孔子曰宗子雖七十無無主婦（族人之婦不可無統）非宗子雖無主婦可也曾子問曰將冠子冠者至揖讓而入聞齊衰大功

祭不旅酬

之喪如之何（冠者賓及贊者）孔子曰內喪則廢外喪則冠而不醴徹饌而埽即位而哭如冠者未至則廢（內喪同門也不醴不醴子也其廢者喪成服因喪而冠）如將冠子而未及期日而有齊衰大功小功之喪則因喪服而冠（廢吉禮而因喪冠俱成人之服及至也）除喪不改冠乎孔子曰天子賜諸侯大夫冕弁服於大廟歸設奠服賜服於斯乎有冠醮無冠醴（酒爲醮冠禮醴重而醮輕此服賜服酌用酒尊賜也不醴明不爲改冠改冠當醴之）父沒而冠則已冠埽地而祭於禰已祭而見伯父叔父而后饗冠者（饗謂禮之）曾子問曰祭如之何則不

行旅酬之事矣孔子曰聞之小祥者主人練祭而不旅奠酬於賓賓弗舉禮也奠無尸虞不致爵小祥不旅酬大祥無無筭爵彌吉昔者魯昭公練而舉酬行旅非禮也孝公大祥奠酬弗舉亦非禮也孝公隱公之祖父曾子問曰大功之喪可以與於饋奠之事乎饋奠在殯時也孔子曰豈大功耳自斬衰以下皆可禮也曾子曰不以輕服而重相爲乎怪以重服而爲人執事孔子曰非此之謂也非謂爲人謂於其所爲服也天子諸侯之喪斬衰者奠爲君服者皆斬衰唯主人不奠大夫齊衰者奠服斬衰者不奠辟正君也齊衰者其兄弟士則朋友奠不足

喪服變祭

則取於大功以下者，不足，則反之。服齊衰者不奠，辟大夫也。祭謂虞卒言不足者謂殷奠時哭時曾子問曰：「小功可以與於祭乎？」孔子曰：「何必小功耳？自斬衰以下與祭，禮也。」曾子曰：「不以輕喪而重祭乎？」怪使重者執事孔子曰：「天子諸侯之喪祭也，不斬衰者不與祭。大夫，齊衰者與祭。士，祭不足，則取於兄弟大功以下者。」曾子問曰：「相識，有喪服，可以與於祭乎？」問已有喪服可以助所識者祭否孔子曰：「緦不祭，又何助於人？」曾子問曰：「廢喪服，可以與於饋奠之事乎？」謂新除喪服也孔子曰：「說衰與奠，非

昏礼
女有故
壻有故

禮也執事於人之神爲其忘哀疾也以擯相可也曾子問曰昏禮既納幣有吉日女之父母死則如之何吉日取女之吉日孔子曰壻使人弔如壻之父母死則女之家亦使人弔必使人弔者未成兄弟父喪稱父母喪稱母禮宜各以其敵者也父使人弔之辭云某子聞某之喪某子使某如何不淑母則若云宋蕩伯姬聞姜氏之喪伯姬使某如何不淑凡弔辭一耳父母不在則稱伯父世母弔禮不可廢也伯父母又不在則稱叔父母壻已葬壻之伯父致命女氏曰某之子有父母之喪不得嗣爲兄弟使某致命女氏許諾而弗敢嫁禮也必致命者不敢以累年之喪使人失嘉會之時壻免喪女之父母使人請壻弗取而

親迎女在途有故

親迎有齊衰之喪

摠論昏礼

后嫁之禮也（請請成昏）女之父母死壻亦如之（女免喪壻之父母亦使人請其已葬時亦致命）曾子問曰親迎女在塗而壻之父母死如之何孔子曰女改服布深衣縞總以趨喪（布深衣縞總婦人始喪未成服之服）女在塗而女之父母死則女反（奔喪服期）如壻親迎女未至而有齊衰大功之喪則如之何孔子曰男不入改服於外次女入改服於內次然後即位而哭（不聞喪即改服者昏禮重於齊衰以下）曾子問曰除喪則不復昏禮乎（復猶償也）孔子曰祭過時不祭禮也又何反於初（重喻輕也同牢及饋饗相飲食之道）孔子曰嫁女之家三

女未廟見而死

請期女死

廟有二主

夜不息燭，思相離也。親骨肉也 取婦之家三日不舉樂，思嗣親也。重世變也 三月而廟見，稱來婦也。擇日而祭於禰，成婦之義也。謂舅姑沒者也必祭成婦義者婦有共養之禮猶舅姑存時盥饋特豚於室。

曾子問曰：女未廟見而死，則如之何？孔子曰：不遷於祖，不祔於皇姑，壻不杖，不菲，扶畏 不次，歸葬于女氏之黨，示未成婦也。遷朝廟也壻雖不備喪禮猶爲之服齊衰也

曾子問曰：取女有吉日而女死，如之何？孔子曰：壻齊衰而弔，既葬而除之。夫死，亦如之。未有期三年之恩也女服斬衰

曾子問曰：喪有二孤，廟有二主，禮與？怪時有之 孔子曰：

喪有二孤

天無二日。土無二王。嘗禘郊社。尊無二上。未知其爲禮也。尊喻卑也神雖多猶一一祭之昔者齊桓公亟舉兵作僞主以行。及反。藏諸祖廟。廟有二主。自桓公始也。僞猶假也舉兵以遷廟主行無則主命爲假主非也喪之二孤。則昔者衛靈公適魯。遭季桓子之喪。衛君請弔。哀公辭不得命。公爲主。客入弔。康子立於門右。北面。公揖讓升自東階。西鄉。客升自西階弔。公拜。興。哭。康子拜。稽顙於位。有司弗辯也。今之二孤。自季康子之過也。辯猶正也若康子者君弔其臣之禮也鄰國之君弔君爲之主主人拜稽顙非也當哭踊而已靈公先桓子以魯哀公二年夏卒柏子以三年秋卒是出公也曾子問曰古者師行必以遷廟主行乎孔子曰天子巡守以遷廟主行載于齊車言必有尊也今也取七廟之主以行則失之矣齊車金路當七廟五廟無虛主虛主者唯天子崩諸侯薨與去其國與祫祭於祖爲無主耳吾聞諸老聃曰天子崩國君薨則祝取羣廟之主而藏諸祖廟禮也卒哭成事而后主各反其廟老聃古壽考者之號也與孔子同時藏諸主於祖廟象有凶事者聚也卒哭成事先祔之祭名也君去其國大宰取羣廟之主以從禮也鬼神依人者也祫祭於祖則祝迎四廟

師行無主

喪慈母

之主（祝接神者也）主出廟入廟必蹕（蹕止行者）老聃云曾子問曰古者師行無遷主則何主孔子曰主命問曰何謂也孔子曰天子諸侯將出必以幣帛皮圭告于祖禰遂奉以出載于齊車以行每舍奠焉而后就舍（以脯醢禮神乃敢即安也所告而不以出即埋之）反必告設奠卒斂幣玉藏諸兩階之閒乃出蓋貴命也子游問曰喪慈母如母禮與（如母謂父卒三年也子游意以爲國君亦當然禮所云者乃大夫以下父所使妾養妾子）孔子曰非禮也古者男子外有傅內有慈母君命所使教子也何服之有（言無服也此指謂國君之子也大夫士之子爲庶母

朝不終礼

慈己者服小功父卒乃不服昔者魯昭公少喪其母有慈母良及其死也公弗忍也欲喪之有司以聞曰古之禮慈母無服據國君也良善也謂之慈母固爲其善國君之妾子於禮不服也昭公年三十乃喪齊歸猶無慼容是不少又安能不忍於慈母此非昭公明矣未知何公也今也君爲之服是逆古之禮而亂國法也若終行之則有司將書之以遺後世無乃不可乎公曰古者天子練冠以燕居公弗忍也遂練冠以喪慈母喪慈母自魯昭公始也公之言又非也天子練冠以燕居蓋謂庶子王爲其母

曾子問曰諸侯旅見天子入門不得終禮廢者幾旅衆孔子曰四請問之曰

相朝不終礼

大祭遇變

大廟火日食后之喪雨霑服失容則廢（大廟始祖廟宗廟皆然主於始祖耳）如諸侯皆在而日食則從天子救日各以其方色與其兵（示奉時事有所討也方色者東方衣青南方衣赤西方衣白北方衣黑兵未聞也）大廟火則從天子救火不以方色與兵曾子問曰諸侯相見揖讓入門不得終禮廢者幾孔子曰六請問之曰天子崩大廟火日食后夫人之喪雨霑服失容則廢（夫人君之夫人）曾子問曰天子嘗禘郊社五祀之祭簠簋既陳天子崩后之喪如之何孔子曰廢（既陳謂夙興陳饌牲器時也天子七祀言五者關中言之）曾子問曰當祭而

諸侯當祭而變

大夫當祭而變

日食大廟火其祭也如之何孔子曰接祭而已矣如牲至未殺則廢接祭而已不迎尸也天子崩未殯五祀之祭不行既殯而祭其祭也尸入三飯不侑酳不酢而已矣自啓至于反哭五祀之祭不行已葬而祭祝畢獻而已既葬彌吉畢獻祝而後止郊社亦然唯嘗禘宗廟俟吉也曾子問曰諸侯之祭社稷俎豆既陳聞天子崩后之喪君薨夫人之喪如之何孔子曰廢亦謂夙興陳饌牲器時也自薨比至于殯自啓至于反哭奉帥天子帥循也所奉循如天子者謂五祀之祭也社稷亦然曾子問曰大夫之祭鼎俎既陳籩

重喪不出吊

豆既設不得成禮廢者幾孔子曰九請問之曰天子崩后之喪君薨夫人之喪君之大廟火日食三年之喪齊衰大功皆廢外喪自齊衰以下行也（齊衰異門則祭）其齊衰之祭也尸入三飯不侑酳不酢而已矣大功酢而已矣小功緦室中之事而已矣（室中之事謂賓長獻）士之所以異者緦不祭（然則士不得成禮者十一）所祭於死者無服則祭（謂若舅舅之子從母昆弟）曾子問曰三年之喪弔乎孔子曰三年之喪練不羣立不旅行（爲其苟語忘哀也）君子禮以飾情三年之喪而弔哭不亦

私喪有君服

過制

君殯臣有喪

虚乎（爲彼哀則不專於親也爲親哀則是妄乎）曾子問曰大夫士有私喪可以除之矣而有君服焉其除之也如之何孔子曰有君喪服於身不敢私服又何除焉（重喻輕也私喪家之喪也喪服四制曰門外之治義斷恩）於是乎有過時而弗除也君之喪服除而后殷祭禮也（謂主人也支子則否）曾子問曰父母之喪弗除可乎（以其有終身之憂）孔子曰先王制禮過時弗舉禮也非弗能勿除也患其過於制也故君子過時不祭禮也（言制禮以爲民中過其時則不成禮）曾子問曰君薨既殯而臣有父母之喪則如之何孔子曰歸

君啓臣有喪

君未殯臣有喪

誄

居于家有殷事則之君所朝夕否居家者因其哀後隆於父母殷事朔月月半薦新之奠也曰君既啓而臣有父母之喪則如之何孔子曰歸哭而反送君言送君則既葬而歸也歸哭者服君服而歸不敢私服也曰君未殯而臣有父母之喪則如之何孔子曰歸殯反于君所有殷事則歸朝夕否其哀雜主於君大夫室老行事士則子孫行事大夫士其在君所之時則攝其事大夫内子有殷事亦之君所朝夕否謂夫之君既殯而有舅姑之喪者内子大夫適妻也妻爲夫之君如婦爲舅姑服齊衰賤不誄貴幼不誄長禮也誄累也累列生時行迹讀之以作謚謚當由尊者成唯天子稱天以誄之以其無尊焉春秋公羊說以爲讀誄制謚於南郊若云受之於

君薨於外喪祭

君引聞父母喪

天然 諸侯相誄非禮也 禮當言誄於天子也天子乃使大史賜之謚 曾子問曰君出疆以三年之戒以椑從君薨其入如之何 其出有喪備疑喪入必異也戒猶備也謂衣衾也親身棺曰椑其餘可死乃具也 孔子曰共殯服 比謂君已大斂殯服謂布深衣苴絰散帶垂殯時主人所服共之以待其來也其餘殯事亦皆具焉 則子麻弁絰疏衰菲杖 棺柩未安不忍成服於外也麻弁絰者布弁而加環絰也布弁如爵弁而用布杖者爲已病 入自闕升自西階 闕謂毀宗也柩毀宗而入異於生也升自西階亦異生也所毀宗殯宮門西也於此正棺而服殯服既塗而成服郣柩出毀宗周柩入毀宗禮相變也 如小斂則子免而從柩 謂君已小斂也主人布深衣不括髮者行遠不可無飾 入自門升自阼階 親未在棺不忍異入使如生來反 君大夫士一節也曾子問曰君之喪既引聞父母之喪

親引聞君之喪

宗子之變

厭祭祝酌奠於鉶南祝奠訖且復以辭享告神是室奧陰陽之處故云陰厭旅酬之後祝告利成尸起主人降佐食徹尸俎設於西北隅厞謂陽厭

如之何。孔子曰：遂既封而歸，不俟子。遂，遂送君也。封當爲窆。子，嗣君也。曾子問曰：父母之喪，既引，及塗，聞君薨，如之何。孔子曰：遂。既封，改服而往。封亦當爲窆。改服，括髮徒跣，布深衣，扱上衽，不以私喪包至尊。曾子問曰：宗子爲士，庶子爲大夫，其祭也如之何。孔子曰：以上牲祭於宗子之家。貴祿重宗也。上牲，大夫少牢。祝曰：孝子某爲介子某薦其常事。介，副也。不言庶，使若可以祭然。若宗子有罪，居于他國，庶子爲大夫，其祭也，祝曰：孝子某使介子某執其常事。此之謂宗子攝大夫。攝主不厭祭，不旅，不假，不綏祭，不配。皆辟正主。厭，厭飫神也。厭有陰有陽。迎尸之前，祝酌旅之酬也受嘏之後嗣子舉奠註賓坐取薦南之觶酬長兄弟長兄弟酬衆賓衆賓酬衆兄弟嘏祝與二佐食取黍以授尸尸執以命祝祝受以東北面嘏于主人曰皇尸命工祝承致多福于汝孝孫綏祭尸出迎尸尸入即席坐而執祝前之觶祝命尸綏祭尸取菹于醢祭于豆間及祭黍稷肺等是謂尸

奠奠之且饗是陰厭也尸謖之後徹薦俎敦設於西北隅是陽厭也此不厭者不陽厭也不旅不旅酬也假讀爲嘏不嘏不嘏主人也不綏祭謂今主人也綏周禮作墮不配者祝辭不言以某妃配某氏布奠於賓賓奠而不舉布奠謂主人酬賓奠觶於薦北賓奠謂取觶奠於薦南也此酬之始也奠之不舉止旅不歸肉肉俎也謂與祭者留之共燕其辭於賓曰宗兄宗弟宗子在他國使某辭辭猶告也宿賓之辭與宗子爲列則曰宗兄若宗弟昭穆異者曰宗子而已其辭若云宗兄某在他國使某執其常事使某告

曾子問曰宗子去在他國庶子無爵而居者可以祭乎孔子曰祭哉有子孫存不可以之先祖之祀請問其祭如之何孔子曰望墓而爲壇以時祭不祭于廟無爵者賤遠辟正主若宗子死告於墓而后祭於家言祭於家容無廟也宗子死稱名不

綏祭也尸酢主人主人拜受爵尸佐食取黍稷肺授主人主人受佐食坐祭之所謂綏祭也祭必有尸

言孝（孝宗子之稱不敢與之同其辭但言子某薦其常事）身沒而已（至子可以稱孝）子游之徒有庶子祭者以此（以用也用此禮祭也）若義也（若順）今之祭者不首其義故誣於祭也（首本也誣猶妄也）曾子問曰祭必有尸乎（言無益無用爲）若厭祭亦可乎（厭時無尸）孔子曰祭成喪者必有尸尸必以孫孫幼則使人抱之無孫則取於同姓可也（人以有子孫爲成人子不殤父義由此也）祭殤必厭蓋弗成也（厭飫而已不成其爲人）祭成喪而無尸是殤之也（與不成人同）孔子曰有陰厭有陽厭（言祭殤之禮有於陰厭之者有於陽厭之者）曾子問曰殤不祔祭何謂陰厭陽厭（祔當爲備聲之誤也言殤乃不成人祭之不備）

禮而云陰厭陽厭乎此失孔子指也祭成人始設奠於奧迎尸之前謂之陰厭尸謖之後改饌於西北隅謂之陽厭殤則不備

孔子曰宗子爲殤而死庶子弗爲後也族人以其倫代之明不序昭穆立之廟其祭之就其祖而已代之者主其禮其吉祭特牲尊宗子從成人也凡殤則特豚自卒哭成事之後爲吉祭祭殤不舉無肵俎無玄酒不告利成此其無尸及所降也其他如成人舉肺脊肵俎利成禮之施於尸者是謂陰厭是宗子而殤祭之於奧之禮小宗爲殤其祭禮亦如之凡殤與無後者祭於宗子之家當室之白尊于東房是謂陽厭凡殤謂庶子之適也或昆弟之子或從父昆弟無後者如有昆弟及諸父此則令死者皆宗子大功之內親共祖禰者言祭於宗子之家者爲有異居之道也無廟者爲墠祭之親者共其牲物宗子皆主其禮當室之白尊於東房異於宗子之爲殤當室之白謂西北隅得戶明者也明者曰陽凡祖廟在小宗之家小宗祭之亦然宗子之適亦爲凡殤過此以往則不祭也祭適者天子下

（祭五諸侯下祭三大夫下祭二士以下祭子而止）曾子問曰葬引至于堩日有食之則有變乎且不乎（堩道也變謂異禮）孔子曰昔者吾從老聃助葬於巷黨及堩日有食之老聃曰丘止柩就道右止哭以聽變既明反而后行曰禮也（巷黨黨名也就道右者行相左也變日食也反復也）反葬而丘問之曰夫柩不可以反者也日有食之不知其已之遲數則豈如行哉（已止也數讀為速）老聃曰諸侯朝天子見日而行逮日而舍奠大夫使見日而行逮日而舍（舍奠每將舍奠行主）夫柩不蚤出不莫宿（侵晨夜則近姦寇）見星而行者唯罪人

使卒于館

葬下殤

與奔父母之喪者乎日有食之安知其不見星也爲無日而慝作豫止也且君子行禮不以人之親痁患痁病也以人之父母行禮而恐懼其有患害不爲也吾聞諸老聃云曾子問曰爲君使而卒於舍禮曰公館復私館不復凡所使之國有司所授舍則公館已何謂私館不復也復始死招魂孔子曰善乎問之也善其問難明也自卿大夫士之家曰私館公館與公所爲曰公館公館復此之謂也公館若今縣官宮也公所爲君所命使舍己者曾子問曰下殤土周葬于園遂輿機而往塗邇故也土周堲周也周人以夏后氏之堲周葬下殤於園中以其去成

注義豈絕句不可絕句非

人遠不就墓也機輿尸之牀也以繩絙其中央又以繩從兩旁鉤之禮以機舉尸輿之以就園而斂葬焉塗近故耳輿機或爲餘機 今墓遠則其葬也如之何 今人斂下殤於宮中而葬於墓與成人同墓塗乃遠其葬當輿其棺乎載之也問禮之變也 孔子曰吾聞諸老聃曰昔者史佚有子而死下殤也墓遠 蓋欲葬墓如長殤從成人也長殤有送葬車者則棺載之矣史佚武王時賢史也賢猶有所不知 召公謂之曰何以不棺斂於宮中 欲其斂於宮中如成人也斂於宮中則葬當載之 史佚曰吾敢乎哉 畏知禮也 召公言於周公 爲史佚問 周公曰豈不可 言是豈於禮不可不許也 史佚行之 失指以爲許也下遂用召公之言 殤用棺衣棺自史佚始也 棺謂斂於棺 曾子問曰卿大夫將爲尸於公受宿矣而有齊衰內

喪則如之何孔子曰出舍於公館以待事禮也（吉凶不可以同處）孔子曰尸弁冕而出（爲君尸或弁者先祖或有爲大夫士者）卿大夫士皆下之（見而下車）尸必式（小俛禮之）必有前驅（爲辟道）子夏問曰三年之喪卒哭金革之事無辟也者禮與初有司與（疑有司初使之然）孔子曰夏后氏三年之喪既殯而致事殷人既葬而致事周人卒哭而致事（致事還其職位於君則卒哭而致事）記曰君子不奪人之親亦不可奪親也此之謂乎（二者恕也孝也）子夏曰金革之事無辟也者非與（疑禮當有然）孔子曰吾聞諸老聃曰昔者魯公伯禽有爲爲之也

伯禽周公子封於魯有徐戎作難喪卒哭而征之急王事也征之作費誓 今以三年之喪從其利者吾弗知也 時多攻取之兵言非禮也

文王世子第八　鄭氏注

文王之爲世子朝於王季日三 三皆曰朝以其禮同 雞初鳴而衣服至於寢門外問内豎之御者曰今日安否何如 内豎小臣之屬掌外内之通命者御如今小史直日矣 内豎曰安文王乃喜 孝子恒兢兢 及日中又至亦如之 又復也 及莫又至亦如之 莫夕也 其有不安節則内豎以告文王文王色憂行不能正履 節謂居處故事履蹈地也 王季復膳 飲食安也 然後亦復初 憂解 食上必在

武王爲世子

此並單前葉題

視寒煖之節（在察也）食下問所膳（問所食者）命膳宰曰末有原應曰諾然後退（末猶勿也原再也勿有所再進爲其失餁臭味惡也退反其寢）武王帥而行之不敢有加焉（庶幾程式之帥循也）文王有疾武王不說冠帶而養（言常在側）文王一飯亦一飯文王再飯亦再飯（欲知氣力箴藥所勝）旬有二日乃間（間猶瘳也）文王謂武王曰女何夢矣（間後容臥）武王對曰夢帝與我九齡（帝天也）文王曰女以爲何也武王曰西方有九國焉君王其終撫諸（撫猶有也言君王則此受命之後也）文王曰非也古者謂年齡齒亦齡也我百爾九十吾與爾三

周公示成王世子之道

申述文王教世子法因述學制必於學而學則國之俊選皆在焉所為學士也

焉年天氣也齒人壽之數也九齡九十年之祥也文王以勤憂損壽武王以安樂延年言與爾三者明傳業於女女受而成之文王九十七乃終，武王九十三而終君子曰終終其成功成王幼不能涖阼涖視也不能視阼階行人君之事周公相，踐阼而治踐履也代成王履阼階攝王位治天下也抗世子法於伯禽，欲令成王之知父子、君臣、長幼之道也抗猶舉也謂舉以世子之法使與成王居而學之成王有過，則撻伯禽，所以示成王世子之道也以成王之過擊伯禽則足以感喻焉文王之為世子也題上事凡學世子及學士，必時四時各有宜學士謂司徒論俊選所升於學者春、夏學干戈，秋、冬學羽籥，皆於東序干盾也戈句子戟也干戈萬舞象武也用動作之時學之羽籥籥舞象文也用安靜之時學之詩去左手執籥右手秉翟小樂正學干大胥贊之籥師學戈籥師丞贊之四人皆樂官之屬也通職秋冬亦學以羽籥小樂正樂師也周禮樂師掌國學之政教國子小舞大胥掌學士之版以待致諸子春入學舍菜合舞秋頒學合聲籥師掌教國子舞羽吹籥胥鼓南南南夷之樂也胥掌以六樂之會正舞位旄人教夷樂則以鼓節之詩去以雅以南以籥不僭春誦夏弦大師詔之瞽宗秋學禮執禮者詔之冬讀書典書者詔之禮在瞽宗書在上庠誦謂歌樂也弦謂以絲播詩陽用事則學之以聲陰用事則學之以事因時順氣於功易成也周立三代之學學書於有虞氏之學典謨之教所興也學舞於夏后氏之學文武中也學禮樂於殷之學功成治定與己同也凡祭與養老乞言合語之禮皆小樂正詔之於東序學以三者之威儀也養老乞言養老人之賢者因從乞善言可行者也合語謂鄉射鄉飲酒大射燕射之屬也鄉射記曰古者於旅

也語大樂正學舞干戚語說命乞言皆大樂正授數學以三者之義也戚斧也語說合語之說也數篇數大司成論說在東序論說課其義之深淺才能優劣此云樂正司業父師司成則大司成司徒之屬師氏也師氏掌以美詔王教國子以三德三行及國中失之事也凡侍坐於大司成者遠近閒三席可以問閒猶容也容三席則得指畫相分別也席之制廣三尺三寸三分則是所謂函丈也終則負牆卻就後席相辟列事未盡不問錯尊者之語不敬也凡學春官釋奠于其先師秋冬亦如之官謂禮樂詩書之官周禮曰凡有道者有德者使教焉死則以爲樂祖祭於瞽宗此之謂先師之類也若漢禮有高堂生樂有制氏詩有毛公書有伏生億可以爲之也不言夏夏從春可知也釋奠者設薦饌酌奠而已無迎尸以下之事凡始立學者必釋奠于先聖先師及行事必以幣謂天子命之教始立

學官者也先聖周公若孔子凡釋奠者必有合也國無先聖先師則所釋奠者當與鄰國合也有國故則否若唐虞有夔伯夷周有周公魯有孔子則各自奠之不合也凡大合樂必遂養老大合樂謂春入學舍菜合舞秋頒學合聲於是時也天子則視學焉遂養老者謂用其明日也鄉飲酒鄉射之禮明日乃息司正徵唯所欲以告於先生君子可也是養老之象類凡語于郊者語謂論說於郊學必取賢斂才焉或以德進或以事舉或以言揚大樂正論造士之秀者升諸司馬曰進士謂此矣曲藝皆誓之曲藝爲小技能也誓謹也皆使謹習其事以待又語又語爲後復論說也三而一有焉三說之中有一善則取之以有曲藝不必盡善乃進其等進於衆學者以其序又以其藝爲次謂之郊人遠之俟事官之缺者以代之遠之者不曰俊選曰郊人賤技藝於成均以及取爵於上尊也董仲

結上文

三王教世子

舒曰五帝名大學曰成均則虞庠近是也天子飲酒于虞庠則郊人亦得酌于上尊以相旅始立學者既興器用幣興當爲釁字之誤也禮樂之器成則釁之又用幣告先聖先師以器成然後釋菜告先聖先師以器成有時將用也不舞不授器釋菜禮輕也釋奠則舞舞則授器司馬之屬司兵司戈盾祭祀授舞者兵也乃退儐于東序一獻無介語可也言乃退者謂得立三代之學者釋菜于虞庠則儐賓于東序魯之學有米廩東序瞽宗也教世子亦題上事凡三王教世子必以禮樂樂所以脩內也禮所以脩外也禮樂交錯於中發形於外是故其成也懌恭敬而溫文中心中也懌說懌立大傅少傅以養之欲其知父子君臣之道也養猶敎也言養者積浸成長之大傅審父子君

申明上章周公相踐阼抗世子

臣之道以示之謂爲之行其禮少傅奉世子以觀大傅之德行而審喻之爲說其義大傅在前少傅在後謂其在學時入則有保出則有師謂燕居出入時是以教喻而德成也以有四人維持之師也者教之以事而喻諸德者也保也者愼其身以輔翼之而歸諸道者也愼其身者謹安護之記曰虞夏商周有師保有疑丞記所云謂天子也取以成說設四輔及三公不必備唯其人語使能也語言也得能則用之無則已不必備其官也小人處其位不如且闕君子曰德德成而教尊教尊而官正官正而國治君之謂也仲尼曰昔者周公攝政

法按家語子夏問於孔子曰記云周公相成王教之以世子之礼有諸孔子曰昔者成王嗣立幼未能涖阼周公攝政而治抗世子法於伯禽云云止萬國以貞

踐阼而治。抗世子法於伯禽。所以善成王也。聞之曰。爲人臣者。殺其身有益於君。則爲之。況于其身以善其君乎。周公優爲之聞之者聞之於古也于讀爲迂迂猶廣也大也是故知爲人子然後可以爲人父。知爲人臣。然後可以爲人君。知事人然後能使人。成王幼不能涖阼。以爲世子則無爲也以爲世子君爲世子時是故抗世子法於伯禽。使之與成王居亦學此禮於成王側欲令成王之知父子君臣長幼之義也。君之於世子也。親則父也。尊則君也。有父之親有君之尊然後兼天下而有之是故養世子不可不愼也處君父之位覽海内之士而近不能教其子則其餘不足觀矣行一物而三善皆得者唯世子而已其齒於學之謂也物猶事也故世子齒於學國人觀之曰將君我而與我齒讓何也曰有父在則禮然然而衆知父子之道矣其二曰將君我而與我齒讓何也曰有君在則禮然然而衆著於君臣之義也其三曰將君我而與我齒讓何也曰長長也然而衆知長幼之節矣故父在斯爲子君在斯謂之臣居子與臣之節

結上文又因世子而及庶子公族之法

所以尊君親親也故學之爲父子焉學之爲君臣焉學之爲長幼焉學教父子君臣長幼之道得而國治語曰樂正司業父師司成一有元良萬國以貞世子之謂也司主也一一人也元大也良善也貞正也周公踐阼亦題上事庶子之正於公族者教之以孝弟睦友子愛明父子之義長幼之序正者政也庶子司馬之屬掌國子之倅爲政於公族者其朝于公內朝則東面北上臣有貴者以齒內朝路寢庭其在外朝則以官司士爲之外朝路寢門之外庭司士亦司馬之屬也掌羣臣之班正朝儀之位也其在宗廟之中則如外朝之位宗人授

事以爵以官宗人掌禮及宗廟也以爵貴賤異位也以官官各有所掌也若司徒奉牛司馬奉羊司空奉豕其登餕獻受爵則以上嗣上嗣君之適長子以特牲饋食禮言之受爵謂上嗣舉奠也獻謂舉奠洗爵酌入也餕謂宗人遣舉奠盥祝命之餕也大夫之嗣無此禮辟君也庶子治之雖有三命不踰父兄治之治公族之禮也唯於內朝則然其餘會聚之事則與庶姓同一命齒于鄉里再命齒于父族三命不齒不齒者特爲位不在父兄行列中其公大事則以其喪服之精麤爲序雖於公族之喪亦如之以次主人大事謂死喪也其爲君雖皆斬衰序之必以本親也主人主喪者次主人者主人恒在上主人雖有父兄猶不得下齒君公與族燕則異姓爲賓同宗無相賓客之道膳宰爲主人君尊不獻酒公與父兄齒親親也族食世降一等親者稠疏者希其在軍則守於公禰

謂從軍者公禰行主也行以遷主言禰在外親也公若有出疆之政謂朝覲會同也庶子以公族之無事者守於公宮正室守大廟正室適子也大廟大祖之廟諸父守貴宮貴室謂守路寢諸子諸孫守下宮下室下宮親廟也下室燕寢或言宮或言廟通異語五廟之孫祖廟未毀雖爲庶人冠取妻必告死必赴練祥則告赴告於君也實四廟孫而言五廟者容顯考爲始封子也族之相爲也宜弔不弔宜免不免有司罰之弔謂六世以往免謂五世至于賵賻承含皆有正焉承讀爲贈聲之誤也正正禮也公族其有死罪則磬于甸人不於市朝者隱之也甸人掌郊野之官縣縊殺之曰磬其刑罪則纖纎剸亦告于甸人纖讀爲殲殲刺也剸割也宮割

大三百十九　禮記七　二十一

臏墨劓刖皆以刀鋸刺割人體也告讀爲鞠讀書用法曰鞠

公族無宮刑宮割淫刑獄成有司讞魚列于公其死罪則曰某之罪在大辟其刑罪則曰某之罪在小辟成平也讞之言白也辟亦罪也公曰宥之宥寬也欲寬其罪出於刑也有司又曰在辟公又曰宥之又復也有司又曰在辟及三宥不對走出致刑于甸人對荅也先者君每言宥則荅之以將更寬之至於三罪定不復荅走往刑之爲君之恩無已公又使人追之曰雖然必赦之有司對曰無及也罪既正不可宥乃欲赦之重刑殺其類也反命于公白已刑殺公素服不舉爲之變如其倫之喪無服素服於凶事爲吉於吉事爲凶非喪服也君雖不服臣卿大夫死則皮弁錫衰以居往弔當事則弁經於士蓋疑衰同姓則緦衰以弔之今無

申明上文公族之義

服者不往弔也倫謂親疏之比也素服亦皮弁矣親哭之不往弔爲位哭之而已君於臣使有司哭之公族朝于內朝內親也雖有貴者以齒明父子也謂以宗族事會外朝以官體異姓也體猶連結也宗廟之中以爵爲位崇德也崇高也宗人授事以官尊賢也官各有能登餕受爵以上嗣尊祖之道也上嗣祖之正統喪紀以服之輕重爲序不奪人親也紀猶事也公與族燕則以齒而孝弟之道達矣以至尊不自異於親之列其族食世降一等親親之殺也殺差也戰則守於公禰孝愛之深也行主君父之象正室守大廟尊宗室而君臣之道著矣

（以其不敢以庶守君所重）諸父、諸兄守貴室，子弟守下室，而讓道達矣。（以其貴者守貴，賤者守賤。上言父子孫，此言兄弟，互相備也）五廟之孫，祖廟未毀，雖及庶人，冠、取妻必告，死必赴，不忘親也。親未絕而列於庶人，賤無能也。敬弔臨賻（附）賵（芳鳳），睦友之道也。古者庶子之官治而邦國有倫，邦國有倫而衆鄉方矣。（鄉方）（言知所鄉）公族之罪，雖親，不以犯有司正術也，所以體百姓也。（犯猶干也。術，法也）刑于隱者，不與國人慮兄弟也。弗弔，弗爲服，哭于異姓之廟，爲忝祖，遠之也。素服居外，不聽樂，私喪之

因教世子章內學制而申明之此周公所立學制前是世子入學此是天子視學

更 蔡邕獨斷曰當作叟

也骨肉之親無絶也公族無宫刑不翦其類

也翦割截也天子視學大昕鼓徵所以警衆也

早昧爽擊鼓以召衆也警猶起也周禮凡用樂大胥以鼓徵學士衆至然後天子

至乃命有司行事興秩節祭先師先聖焉

興猶舉也秩常也節猶禮也使有司攝其事舉常禮祭先師先聖不親祭之者視學觀禮耳非爲彼報也有司

卒事反命告祭畢也祭畢天子乃入始之養也又之養老之處凡大合樂必遂養老是以

往焉言始始立學也適東序釋奠於先老親奠之者已所有事也養老東序則

是視學於上庠遂設三老五更羣老之席位焉三老五更各一

人也皆年老更事致仕者也天子以父兄養之示天下之孝弟也名以三五者取象三辰五星天所因以照明天下者羣老無

數其禮亡以鄉飲酒禮言之席位之處則三老如賓五更如介羣老如衆賓必也適饌省醴養

大百八三　禮記六　二十三

老之珍具親視其所有遂發咏焉退脩之以孝養也發咏謂以樂納之退脩之謂既迎而入獻之以醴獻畢而樂闋反登歌清廟反謂獻羣老畢皆升就席也反就席乃席工於西階上歌清廟以樂之既歌而語以成之也言父子君臣長幼之道合德音之致禮之大者也既歌謂樂正告正歌備也語談說也歌備而旅旅而說父子君臣長幼之道說合樂之所美以成其意鄉射記曰古者於旅也語下管象舞大武大合衆以事達有神興有德也象周武王伐紂之樂也以管播其聲又爲之舞皆於堂下衆謂所合學士也達有神明天授命周家之有神也興有德美文王武王有德師樂爲用前歌後舞正君臣之位貴賤之等焉而上下之義行矣由清廟與武也有司告以樂闋闋終也告君以歌舞之樂終此所告者謂無筭樂王乃命公侯伯子

語意當無幼字註亦止各及養老蓋俗本衍幼字

申述世子之記

男及羣吏曰反養老幼于東序終之以仁也羣吏鄉遂之官王於燕之末而命諸侯時朝會在此者各反養老如此禮是終其仁心孝經說所謂諸侯歸各帥於國大夫勤於朝州里𩞄於邑是也是故聖人之記事也慮之以大謂先本於孝弟之道愛之以敬謂省其所以養老之具行之以禮謂親迎之如見父兄脩之以孝養謂親獻之薦之紀之以義謂既歌而語之終之以仁謂又以命諸侯歸於國復自行之是故古之人一舉事而衆皆知其德之備也古之君子舉大事必慎其終始而衆安得不喻焉言其爲之本末露見盡可得而知也喻猶曉也兌命曰念終始典于學兌當爲說說命書篇名殷高宗之臣傅說之所作典常也念事之終始常於學學禮義之府世子之記曰朝夕至于大寢之

門外問於內豎曰今日安否何如 朝夕朝朝暮夕也日中又朝文王之爲世子非禮之制世子之禮亡言此存其記 內豎曰今日安世子乃有喜色其有不安節則內豎以告世子世子色憂不滿容 色憂憂淺也不及文王行不能正履 內豎言復初然後亦復初朝夕之食上世子必在視寒煖之節食下問所膳羞必知所進以命膳宰然後退 羞必知所進必知親所食 若內豎言疾則世子親齊玄而養 親猶自也養疾者齊玄玄冠玄端也 膳宰之饌必敬視之 疾者之食齊和所欲或異 疾之藥必親嘗之 試毒味也 嘗饌善則世子亦能食 善謂多於前 嘗饌寡世子亦不

能飽又不及武王一飯再飯以至于復初然後亦復初

復常所服

禮記卷第六

經五千七百六十四字

注五千五百字